预防腐败　势在必行

——国内外预防腐败问题研究

张法连　主　编

山东大学出版社

前　言

贪污腐败是阻碍社会稳定、发展与进步的因素，它干扰社会政治体制的正常运转和国家政策的实施，扰乱社会秩序和资源的合理分配，破坏社会公平和正义的原则，侵蚀社会道德和人们的精神世界。人民群众的拥护和支持是中国共产党执政最牢固的政治基础和最深厚的力量源泉。这正如胡锦涛同志所说，我们党的执政基础最容易因腐败而削弱，执政能力最容易因腐败而降低，执政地位最容易因腐败而动摇。坚持自觉反腐倡廉，是我们党同一切剥削阶级政党的本质区别之一。因此只有切实抓好反腐败工作，我们才能始终得到最广大人民群众的拥护和支持，不断提高执政能力、巩固执政地位；也只有及时发现、坚决惩处贪污腐败，才能够维护社会公平与正义的原则，化解社会矛盾，消除可能引发的突发性事件，促进社会稳定、发展与进步。

治标和治本、惩治和预防，是反腐倡廉相辅相成、互相促进的两个方面。只有严惩腐败，才能为治本创造前提条件；只有从源头上预防腐败，才能巩固反腐败成果，逐步减少腐败现象的产生。因此，我们既要坚决惩治腐败，更要注重有效预防腐败，进一步加大治本抓源头的力度。我国自古就重视"万事防为先"、"防患于未然"、"防微杜渐"等。坚持标本兼治、综合治理、惩防并举、注重预防，建立健全与社会主义市场经济体制相适应的惩治和预防腐败体系，是党中央在总结历史经验、科学判断形势基础上作出的重大战略决策，也是反腐倡廉工作向纵深发展的必然要求，更是在发展社会主义市场经济条件下更好地防治腐败的必由之路。无数事实说明，亡羊补牢不如未雨绸缪。加大预防，防患于未然，无疑是成本较低、效果更好的反腐败措施。

注重预防成为党的十六大以来党中央确立的反腐倡廉战略方针的重要内容，也是当前和今后一个时期反腐倡廉建设的工作重点。我国已经加入了《联合国反腐败公约》，并根据该公约的要求以及我国反腐败工作的实际需要，于2007年9月13日正式成立了国家级预防腐败的专门机构——国家预防腐败局。由于我国预防腐败机构刚刚成立，在预防腐败的理论架构、对策措施研究等方面还需要继续完善，因此将各家的精言宏论融于一炉，特别是借鉴当今发达国家在预防腐败问题上的成熟做法就具有非常重要的意义。

本人在中央机关工作多年，也曾在美国的法学院和司法部门学习、工作过很长一段时间，一直关注并从事预防腐败问题的研究。本书所选文章均内容翔实，分析全面、透彻，特别是不少文章对西方发达国家预防和惩处腐败的方法措施、先进经验进行了详尽的比较研究，这毫无疑问会为我们开展预防腐败工作提供大量宝贵的素材与经验。为求得本论文集内容的连贯性和文字的协调，编者对个别篇名和少数文字作了必要的调整，这一点请原作者谅解。我相信该书对我国开展预防腐败工作的理论研究和实际工作定将大有裨益。

张法连

2008年1月18日

目　录

上篇　国内论述

中共中央关于印发《建立健全教育、制度、监督并重的惩治和预防腐败体系实施纲要》的通知 …… (3)
建立健全教育、制度、监督并重的惩治和预防腐败体系实施纲要 …… (4)
胡锦涛在中国共产党第十七届中央纪律检查委员会第二次全体会议上发表重要讲话 …… (13)
中国共产党第十七届中央纪律检查委员会第二次全体会议公报 …… (15)
胡锦涛:标本兼治,加大预防腐败工作力度 …… (18)
中国反腐倡廉要惩防并举、注重预防
——胡锦涛主席在国际反贪局联合会第一次年会暨会员代表大会上的讲话 …… (20)
全面贯彻党的十七大精神,努力开创党风廉政建设和反腐败斗争新局面
——贺国强在中国共产党第十七届中央纪律检查委员会第二次全体会议上的工作报告 …… (22)
贺国强:切实抓好国有企业党风建设和反腐倡廉工作 …… (31)
吴官正:标本兼治,注重预防,从源头上防治腐败 …… (32)
吴官正:要从源头上防治腐败 …… (35)
吴官正:拓宽从源头上防治腐败工作领域 …… (38)
何勇:认真学习贯彻胡锦涛同志重要讲话精神,着力加强以完善惩治和预防腐败体系为重点的反腐倡廉建设 …… (41)
马驭:扎实推进重要领域重点部位和关键环节预防腐败工作 …… (42)
马驭同志在国家预防腐败局成立新闻发布会上的讲话 …… (43)
屈万祥同志在国家预防腐败局成立新闻发布会上的讲话 …… (46)

如何建立健全教育、制度、监督并重的惩治和预防腐败体系
——中央纪委副书记、起草工作领导小组组长
刘峰岩权威解读《实施纲要》…………………………………………………………（49）
惩治和预防腐败实施纲要有 12 项创新 ……………………………………………（52）
惩治和预防腐败的重大战略决策
——写在中央纪委第六次全体会议召开之际…………………………………（55）
把更加注重预防的要求落实在实际工作中…………………………………………（61）
防治腐败要按照“三个更加注重”的要求，科学把握时代特点，
自觉增强政治责任感………………………………………………………………（64）
切实加大预防腐败力度
——学习吴官正同志在省部级领导干部纪检
监察专题研讨班上重要讲话的体会………………………………………………（67）
加强惩防体系建设的几点思考………………………………………………………（70）
更加重视从源头上防治腐败…………………………………………………………（72）
中国为何要组建国家预防腐败局……………………………………………………（74）
聚焦国家预防腐败局：中国反腐必由之路 …………………………………………（79）
中国组建预防腐败局的八大意义……………………………………………………（82）
我国 2010 年前将建成惩治和预防腐败体系框架 …………………………………（84）
遏制腐败高发：预防比惩治更重要 …………………………………………………（89）
浅论教育与监督并重的惩治和预防腐败体系的构筑………………………………（92）
充分发挥检察职能，加强新形势下职务犯罪预防 …………………………………（97）
预防职务犯罪　加强反腐倡廉　构建和谐社会 ……………………………………（102）
浅论渎职犯罪的原因及预防 …………………………………………………………（106）
我国腐败预防工作的战略选择 ………………………………………………………（114）
浅谈惩治和预防腐败体系评价机制的构建 …………………………………………（134）
加强惩治和预防腐败体系建设，切实做好反腐倡廉工作……………………………（137）
论惩防腐败机制的缺失与创新 ………………………………………………………（142）
试论职务犯罪的原因和预防对策 ……………………………………………………（147）
反腐败注重预防的思考 ………………………………………………………………（153）
在实践中不断完善惩治和预防腐败体系的几点思考 ………………………………（157）
构建教育、制度、监督并重的惩治和预防腐败体系的思考 …………………………（161）
关于建立预防腐败备案机制的设想 …………………………………………………（167）
怎样做到让公务员不敢腐败 …………………………………………………………（171）
家属在预防腐败上也能有所作为 ……………………………………………………（176）
制度反腐败论 …………………………………………………………………………（178）
科斯定理与寻租性腐败——产权主义的解读 ………………………………………（192）

权力腐败的成因及预防 …………………………………………………… (196)
防腐如防火——论对腐败的抑制 ………………………………………… (199)
标本兼治,从源头预防和治理腐败 ……………………………………… (206)
腐败的原理——兼论民主选举不能治防腐败 …………………………… (211)
关于预防和减少腐败现象的几点思考 …………………………………… (220)

下篇 国外经验

预防——国际反腐大趋势 ………………………………………………… (227)
国外防止政府官员腐败经验谈 …………………………………………… (230)
联合国反腐败公约与中国法律的衔接 …………………………………… (233)
注重预防:国际社会治理腐败的基本理念………………………………… (236)
国际腐败犯罪预防制度的三个发展方向 ………………………………… (238)
看看外国是如何预腐反腐的 ……………………………………………… (240)
看发达国家如何反腐败 …………………………………………………… (246)
国际反腐败经验揭秘 ……………………………………………………… (249)
当代清廉国家和地区反腐败启示录 ……………………………………… (254)
美国人怎样反腐败:注重事先预防“利益冲突”………………………… (258)
美国预防行政官吏腐败的基本制度 ……………………………………… (260)
美国反腐败:法律和半圣开道……………………………………………… (267)
以政务公开构建反腐机制——从美国的反腐败说起 …………………… (269)
美国如何构建和谐社会 …………………………………………………… (273)
美国慈善基金会如何预防腐败 …………………………………………… (282)
北欧国家如何解决腐败问题 ……………………………………………… (283)
说“北欧公务员想腐败都难” …………………………………………… (286)
看英、德、法如何反腐败 …………………………………………………… (288)
德国政府如何惩治腐败 …………………………………………………… (297)
德国反腐败的体制与策略 ………………………………………………… (300)
德国政府制定腐败预防准则体现十大特色 ……………………………… (303)
法国如何让公务员保廉 …………………………………………………… (305)

附 录

联合国反腐败公约(中文本) …………………………………………… (309)

上篇　国内论述

中共中央
关于印发《建立健全教育、制度、监督并重的惩治和预防腐败体系实施纲要》的通知

各省、自治区、直辖市党委，中央各部委，国家机关各部委党组（党委），解放军各总部、各大单位党委，各人民团体党组：

现将《建立健全教育、制度、监督并重的惩治和预防腐败体系实施纲要》（以下简称《实施纲要》）印发给你们，请认真贯彻执行。

坚持标本兼治、综合治理、惩防并举、注重预防的方针，建立健全与社会主义市场经济体制相适应的教育、制度、监督并重的惩治和预防腐败体系，是党中央从完成经济社会发展的重大任务和巩固党的执政地位的全局出发，为做好新形势下反腐倡廉工作作出的重大战略决策。这是我们党对执政规律和反腐倡廉工作规律认识的进一步深化，是从源头上防治腐败的根本举措，对于提高党的执政能力、巩固党的执政地位，具有极其重要的意义。

《实施纲要》是当前和今后一个时期深入开展党风廉政建设和反腐败工作的指导性文件。各级党委和政府要从政治和全局的高度，深刻认识贯彻《实施纲要》的重要意义，深入学习、广泛宣传、坚决贯彻，把建立健全惩治和预防腐败体系的工作纳入经济社会发展的总体规划，认真组织实施。要全面把握《实施纲要》的基本精神和主要内容，结合实际制定贯彻落实《实施纲要》的意见和办法。要认真开展监督检查，建立健全有效的工作机制，切实把反腐倡廉的各项工作落到实处。

各地区各部门对贯彻执行《实施纲要》的意见和建议，请及时报告中央。

中共中央
2005 年 1 月 3 日

建立健全教育、制度、监督
并重的惩治和预防腐败体系实施纲要

为深入贯彻落实党的十六大和十六届三中、四中全会精神，建立健全与社会主义市场经济体制相适应的教育、制度、监督并重的惩治和预防腐败体系（以下简称建立健全惩治和预防腐败体系），深入开展党风廉政建设和反腐败工作，制定本实施纲要。

一、建立健全惩治和预防腐败体系的重要性和紧迫性

（一）建立健全惩治和预防腐败体系是党中央在新形势下对反腐倡廉工作作出的重大战略决策。党风廉政建设和反腐败斗争关系党的生死存亡。党越是长期执政，反腐倡廉的任务越艰巨，越要坚定不移地反对腐败，越要提高拒腐防变和抵御风险的能力。执政55年来，党的三代中央领导集体高度重视党风廉政建设和反腐败工作，作出了一系列重大决策和部署，取得了明显成效。以胡锦涛同志为总书记的党中央科学总结反腐倡廉的经验，从加强党的执政能力建设的战略高度，坚持标本兼治、综合治理、惩防并举、注重预防的方针，提出建立健全惩治和预防腐败体系。这是我们党对执政规律和反腐倡廉工作规律认识的进一步深化，是在发展社会主义市场经济和对外开放条件下深入开展党风廉政建设和反腐败工作的新要求，是从源头上防治腐败的根本举措，对于提高党的执政能力、巩固党的执政地位，具有十分重要的意义。

（二）建立健全惩治和预防腐败体系是一项紧迫而长期的任务。进入新世纪新阶段，国际形势发生了新的深刻变化，我国改革发展处在关键时期，党所处的执政环境发生了重大变化，反腐败工作体制、机制和工作方式还存在与新形势新任务不相适应的问题。腐败现象滋生蔓延的土壤和条件依然存在，腐败现象在一些领域易发多发，反腐败斗争的形势还比较严峻。一些地方、部门和单位的违纪违法案件不断发生，特别是少数高级干部的腐败案件造成了很坏的社会影响；形式主义、官僚主义作风，弄虚作假、铺张浪费现象仍然突出；损害群众利益的不正之风屡禁不止。从实践看，教育不扎实，制度不健全，监督不得力，仍然是腐败现象滋生蔓延的重要原因。我们既要增强反腐败斗争的紧迫感，又要充分认识其长期性、艰巨性和复杂性，树立长期作战的思想，抓紧建立健全惩治和预防腐败体系。

二、建立健全惩治和预防腐败体系必须坚持党反腐倡廉的基本经验

（三）坚持党反腐倡廉的基本经验。我们党始终把党风廉政建设和反腐败工作作为全党一项重大的政治任务来抓，改革开放特别是党的十三届四中全会以来，采取了一系列有力措施，初步探索出一条新的历史条件下有效开展反腐倡廉工作的路子，形成了江泽民反腐倡廉重要思想，积累了宝贵经验，必须在实践中长期坚持和发展。

——必须坚持中国共产党的领导，保证反对和防止腐败的正确方向。中国共产党是以马克思主义科学理论武装起来的、以全心全意为人民服务为宗旨的先进政党，是与腐败根本不相容的。只有坚持党的领导，才能确立和坚持正确的反腐败指导思想、基本原则和领导体制，才能有效地反对和防止腐败，维护社会政治稳定，促进经济社会全面发展。

——必须坚持指导思想上的与时俱进，用发展着的马克思主义指导党风廉政建设和反腐败工作的新实践。深入开展党风廉政建设和反腐败工作，必须坚持以马克思列宁主义、毛泽东思想、邓小平理论和“三个代表”重要思想为指导，适应形势任务的发展变化，解放思想、实事求是、与时俱进，积极探索党风廉政建设和反腐败工作的规律，不断丰富和发展党的反腐倡廉理论，推动反腐倡廉工作取得新成效。

——必须紧紧围绕发展这个党执政兴国的第一要务，为全面建设小康社会、加快推进社会主义现代化提供政治保证。发展是解决中国一切问题的关键。党风廉政建设和反腐败工作必须围绕发展，服务大局，研究解决妨碍改革发展稳定的突出问题，优化经济社会发展环境，促进社会主义物质文明、政治文明、精神文明协调发展。

——必须坚持立党为公、执政为民，切实纠正损害群众利益的不正之风。党风廉政建设的核心问题是密切党同人民群众的血肉联系。切实把实现好、维护好、发展好最广大人民的根本利益作为出发点和归宿，认真解决损害群众利益的突出问题，做到权为民所用、情为民所系、利为民所谋。

——必须坚持深化改革，创新体制机制制度，注重从源头上预防和解决腐败问题。要按照党要管党、从严治党的方针，坚持标本兼治、综合治理、惩防并举、注重预防。既要严肃党的纪律，坚决查办违纪违法案件，严厉惩处腐败分子；更要注重预防，通过深化改革、创新体制，加强教育、发展民主、健全法制、强化监督，把反腐败寓于各项重要政策和措施之中，用发展的思路和改革的办法防治腐败。

——必须坚持和完善反腐败领导体制和工作机制，形成反腐败斗争的整体合力。党委统一领导、党政齐抓共管、纪委组织协调、部门各负其责、依靠群众支持和参与的反腐败领导体制和工作机制，是深入开展反腐败斗争的组织保证。只要坚持反腐败领导体制和工作机制，认真贯彻党风廉政建设责任制，切实抓好各项任务的落实，就能巩固和发展全党动手反对和防止腐败的良好局面。

三、建立健全惩治和预防腐败体系的指导思想、主要目标和工作原则

（四）建立健全惩治和预防腐败体系的指导思想。坚持以马克思列宁主义、毛泽东思想、邓小平理论和“三个代表”重要思想为指导，紧紧围绕加强党的执政能力建设，紧

紧围绕发展这个党执政兴国的第一要务，树立和落实科学发展观，坚持立党为公、执政为民，坚持科学执政、民主执政、依法执政，坚持为民、务实、清廉，坚持党要管党、从严治党，坚持标本兼治、综合治理、惩防并举、注重预防，建立健全教育、制度、监督并重的惩治和预防腐败体系，不断提高党的领导水平和拒腐防变能力。

（五）建立健全惩治和预防腐败体系的主要目标。到 2010 年，建成惩治和预防腐败体系基本框架。再经过一段时间的努力，建立起思想道德教育的长效机制、反腐倡廉的制度体系、权力运行的监控机制，建成完善的惩治和预防腐败体系。

（六）建立健全惩治和预防腐败体系的工作原则。(1)坚持与完善社会主义市场经济体制、发展社会主义民主政治、建设社会主义先进文化、构建社会主义和谐社会相适应。要为完善社会主义市场经济体制，实现社会主义民主政治的制度化、规范化和程序化，发展社会主义先进文化、构建社会主义和谐社会提供保证。(2)坚持教育、制度、监督并重。教育是基础，制度是保证，监督是关键。三者统一于惩治和预防腐败体系之中，相互促进，共同发挥作用。既要从严治标，更要着力治本，惩防并举，注重预防。(3)坚持科学性、系统性、可行性相统一。理论与实际相结合，立足全党，着眼全局，总体规划，分阶段实施；注重科学合理、系统配套和可操作性，充分发挥惩治和预防腐败体系的整体效能。(4)坚持继承与创新相结合。认真运用党反腐倡廉的基本经验，借鉴国外反腐败的有益做法，加强全局性、前瞻性问题的研究，解决新问题，总结新经验，在继承中发展，在发展中创新。

四、加强反腐倡廉教育，筑牢拒腐防变的思想道德防线

（七）反腐倡廉教育要以领导干部为重点。要以树立马克思主义的世界观、人生观、价值观和正确的权力观、地位观、利益观为根本，以艰苦奋斗、廉洁奉公为主题，以更好地做到立党为公、执政为民为目标，坚持进行党的基本理论、基本路线、基本纲领和基本经验教育，进行理想信念和从政道德教育、党的优良传统和作风教育、党纪条规和国家法律法规教育。把反腐倡廉教育贯穿于领导干部的培养、选拔、管理、使用等各个方面，坚持教育与管理、自律与他律相结合，督促领导干部加强党性修养，廉洁自律，反对和防止腐化堕落，常修为政之德、常思贪欲之害、常怀律己之心，牢记“两个务必”，做到“八个坚持、八个反对”，自觉经受住发展社会主义市场经济和改革开放条件下长期执政的考验。

要把反腐倡廉理论作为各级党委理论学习中心组学习的重要内容，定期安排专题学习。把反腐倡廉教育纳入党校、行政学院和其他干部培训机构的教学计划，编写教材，保证课时。对新任职领导干部进行廉政培训。党政主要负责人定期讲廉政党课。中央纪委、中央组织部和中央宣传部要切实抓好对省部级领导干部的反腐倡廉教育工作。

（八）反腐倡廉教育要面向全党全社会。要把反腐倡廉教育纳入在全党开展的以实践“三个代表”重要思想为主要内容的保持共产党员先进性教育活动中。注重研究反腐倡廉教育的规律，使教育内容贴近党员干部的思想和工作实际。既善于依靠各级党组织进行灌输教育，又善于引导广大党员干部进行自我教育；既善于运用“三会一

课"等传统教育手段，又善于运用信息技术等现代化手段开展教育。加强示范教育，充分发挥先进典型的引导作用。深化警示教育，深刻剖析违纪违法案件发生的原因，分类分层次开展教育。每年集中一段时间开展反腐倡廉主题教育活动，把专题学习、群众评议与改进工作、解决实际问题结合起来。把反腐倡廉教育作为公务员培训的重要内容。

反腐倡廉教育要面向全社会，把思想教育、纪律教育与社会公德、职业道德、家庭美德教育和法制教育结合起来。大力加强廉政文化建设，积极推动廉政文化进社区、家庭、学校、企业和农村。社区组织要积极开展丰富多彩的廉政文化创建活动。妇联等人民团体要积极开展多种形式的家庭助廉教育活动。教育行政部门、学校和共青团组织要把廉洁教育作为青少年思想道德教育的重要内容，培养青少年正确的价值观念和高尚的道德情操。积极引导企业廉洁诚信、依法经营，开展农村廉政文化建设活动，增强全社会的反腐倡廉意识，形成以廉为荣、以贪为耻的良好社会风尚。

（九）完善反腐倡廉宣传教育工作格局，形成反腐倡廉教育的强大合力。要把反腐倡廉教育纳入党的宣传教育总体部署，完善宣传教育制度，健全工作机制，改进工作方法。纪检监察、组织人事、宣传思想等部门要做好经常性的反腐倡廉教育工作。坚持党管媒体的原则，坚持正面宣传为主，掌握反腐倡廉舆论工作的主动权。大力宣传我们党反对腐败的坚定决心、方针政策和取得的重大成果，引导广大干部群众正确看待反腐败斗争的形势。大力宣传各条战线立党为公、执政为民的先进典型，弘扬主旋律。建立健全新闻发布制度，适时通报反腐倡廉工作情况，加强对热点问题的引导。党报党刊、电视台、电台要开设廉政专栏或专题节目。加强反腐倡廉网络宣传教育，开设反腐倡廉网页、专栏，正确引导网上舆论。加强对互联网站反腐倡廉宣传教育的指导和管理。

五、加强反腐倡廉制度建设，充分发挥制度在惩治和预防腐败中的保证作用

（十）建立健全反腐倡廉基本制度。完善对权力制约和监督的制度。坚持民主集中制这一党的根本组织制度，健全民主集中制的各项具体制度。建立和完善党内情况通报、情况反映、重大决策征求意见等制度，逐步推进党务公开。建立党的代表大会代表提案制度。积极探索党的代表大会闭会期间发挥代表作用的途径和形式，建立代表提议的处理和回复机制。扩大在市、县实行党代会常任制的试点。完善重大决策的规则和程序。完善领导干部民主生活会制度，提高民主生活会质量。制定落实党内监督条例的各项配套措施，建立和完善巡视制度。

完善反腐倡廉相关法律和规范国家工作人员从政行为的制度。加快廉政立法进程，研究制定反腐败方面的专门法律。修订和完善刑法、刑事诉讼法等相关法律制度。抓紧制定公务员法。探索制定公务员从政道德方面的法律法规。完善领导干部重大事项报告和收入申报制度。

完善对违纪违法行为的惩处制度。抓紧制定《中国共产党纪律处分条例》、《国家行政机关公务员行政处分条例》的配套规定和党纪政纪处分的相关制度，制定和完善对损害群众利益行为的责任追究办法。探索和完善辞职、辞退、免职、降职、降薪、任职

限制等有关制度规定。完善违纪违法财物没收追缴责令退赔的规定。建立执法合作、司法协助、人员遣返、涉案资金返还等方面的反腐败国际合作机制。

完善反腐败领导体制、工作机制。抓紧制定纪委协助党委组织协调反腐败工作的规定。制定《关于实行党风廉政建设责任制的规定》的实施办法。改革和完善纪检监察体制和工作机制。

(十一)推进从源头上防治腐败的制度改革和创新。深化干部人事制度改革。积极推进干部人事工作的科学化、民主化、制度化进程,扩大党员和群众对干部选拔任用的知情权、参与权、选择权和监督权。继续推行和完善民主推荐、民主测评、差额考察、任前公示、公开选拔、竞争上岗、任职试用期等制度。规范和全面推行党的地方委员会全体会议无记名投票表决下一级党委、政府领导班子正职拟任人选和推荐人选制度。落实和完善党政领导干部辞职制度和任职回避、交流制度,实行党政领导干部职务任期制度,完善职务和职级相结合的制度。抓紧制定体现科学发展观和正确政绩观要求的干部实绩考核评价标准。完善党内选举制度,改进候选人提名方式,适当扩大差额推荐和差额选举的范围和比例。逐步扩大基层党组织领导班子成员直接选举的范围。进一步完善和规范党和国家机关工作人员工资和津贴、补贴制度。

深化行政审批制度改革,完善规范政府共同行为的有关制度。按照全面推进依法行政、建设法治政府的要求,进一步清理、取消和规范行政审批事项,加快转变政府职能,推进相关制度建设,完善审批方式,加强后续监管,建立科学合理的行政管理和监控机制。加快行政许可法的配套制度建设。完善行政执法责任制和评议考核制。制定行政效能投诉、行政过错责任追究办法。研究制定行政收费、行政强制和行政程序等方面的法律法规。规范并加强对社团、行业组织和社会中介组织的管理。完善国有资产管理体制和监管方式,健全法律法规和工作制度。推进垄断行业的改革,引入竞争机制,完善监管制度。健全政务公开、厂务公开、村务公开制度,制定规范电子政务的法律法规。

深化财政、金融和投资体制改革。进一步深化收支两条线管理改革,完善转移支付制度,全面推行部门预算、国库集中收付制度,完善预算法律,加快建立财政资金绩效评价体系,形成财政资金规范、安全、有效运行的机制。加快银行、证券、保险业的改革,建立健全现代金融企业制度、金融监管制度,确保资金运营安全。建立健全金融账户实名制、现金交易限制及反洗钱制度、征信管理制度。建立对大额资金外流有效监控的预警机制和金融信息共享制度。加强投资领域法规制度建设,建立和完善投资监管体系,改进并加强对政府投资的管理。

推进司法体制改革。制定和修改有关法律,完善司法机关的机构设置、职权划分和管理制度,形成权责明确、相互配合、相互制约、高效运行的司法体制,保障审判机关和检察机关依法独立公正地行使审判权和检察权。完善诉讼程序,完善人民陪审员制度,严格执行审判公开制度,保障公民、法人和其他组织的合法权益。完善执行工作机制。完善检察机关的法律监督职能,健全检务公开制度。健全司法工作规范和违法司法行为责任追究制度。

规范和完善工程建设招标投标、土地使用权出让、产权交易、政府采购等制度。修订城市规划法、建筑法和环境保护法等法律，完善城市规划许可制度和工程建设招标投标制度。严格市场准入退出制度，加快信用体系建设。修订土地管理的相关法律法规，加强土地出让制度建设，严格控制划拨用地和协议出让土地范围，逐步把工业用地纳入招标拍卖挂牌出让的范围。完善产权交易市场功能和各项监管制度，积极探索建立企业国有产权交易信息监测体系，促进市场竞价机制的形成。健全政府采购制度，完善管理职责与执行职责分离的政府采购管理体制。建立健全对房地产、市政公用等市场的监管制度。

（十二）提高制度建设的质量和水平，严格贯彻执行反腐倡廉各项制度。加强党对反腐倡廉法制建设的领导，善于使党的主张通过法定程序成为国家意志，从法律制度上保证反腐败政策措施的贯彻执行。根据经济社会发展和反腐败工作的实际，制定反腐倡廉法规制度建设总体规划和中长期计划。做到制度建设与反腐倡廉决策相统一，制度建设进程与反腐倡廉进程相适应，制度建设与从政道德建设相结合，党内制度建设与国家法制建设相协调。对现行反腐倡廉法规，已经过时的要及时废止，有明显缺陷的要适时修订完善，需要细化的要尽快制定实施细则，需要制定配套制度的要抓紧制定，实现制度建设的与时俱进。必须认真贯彻依法治国基本方略，把反腐倡廉法规制度的贯彻执行作为大事来抓，促使广大干部增强法律意识和法制观念，严格执行各项法规制度。更好地用制度和法律规范权力的运行、约束干部的从政行为。对反腐倡廉法规制度的落实情况要定期督促检查，加强责任追究，做到有法必依、执法必严、违法必究。

六、加强对权力运行的制约和监督，确保权力正确行使

（十三）加强对领导机关、领导干部特别是各级领导班子主要负责人的监督。要认真检查党的路线、方针、政策和决议的执行情况，监督民主集中制及领导班子议事规则落实情况，凡属重大决策、重要干部任免、重大项目安排和大额度资金的使用，必须由领导班子集体作出决定。认真执行集体领导和个人分工负责相结合的制度。加强对党员领导干部民主生活会的指导，督促领导班子成员认真开展批评与自我批评，针对自身存在的问题和党员、群众提出的意见进行整改，整改情况应在一定范围内公开。检查领导干部个人重大事项报告、述职述廉、民主评议、谈话诫勉、回复组织函询等制度的执行情况。切实加强巡视工作，健全机构，增强力量，综合运用巡视成果。全面实行纪检监察机关对派驻机构的统一管理，加强对驻在部门领导班子及其成员的经常性监督。逐步加大党委、人大、政府、政协之间的干部交流。对县级以上地方党政领导班子、行政执法机关、司法机关和管理人财物部门的主要负责人，实行定期交流。

（十四）加强对重点环节和重点部位权力行使的监督。加强对干部选拔任用工作的监督。着重检查党政领导干部选拔任用工作条例的执行情况，切实加强推荐、提名、考察考核、讨论决定等各个环节的监督。推荐干部要充分发扬民主，多数人不拥护的干部不能确定为考察对象。考察干部要全面深入了解德、能、勤、绩、廉的表现情况。任用干部必须如实记录拟任人选的推荐、考察、酝酿、讨论决定的情况，按规定进行表决。领导班子成员个人向党组织推荐领导干部人选，必须负责任地写出推荐材料并署

名。对选人用人失察失误的，要依照有关规定予以追究。

加强对财政资金运行的监督。健全公共财政体制，规范财政资金分配行为。监督检查部门预算、国库集中收付、政府采购和收支两条线管理的落实情况。完善预算编制、执行的制衡机制。强化部门内部制约机制，加强财政资金管理，提高财政资金使用效益。

加强对国有资产和金融的监管。健全国有资本投资决策和项目法人约束机制，实行重大投资项目论证制和重大投资决策失误追究制。完善国有企业法人治理结构，规范公司股东会、董事会、监事会和经营管理者的权责。加强对资本运营各个环节的监管，防止国有资产流失，维护职工合法权益。建立健全金融机构监管协调机制和内控机制，强化金融监管，有效防止金融领域违纪违法案件的发生。

（十五）充分发挥各监督主体的积极作用，提高监督的整体效能。综合运用多种监督形式，努力形成结构合理、配置科学、程序严密、制约有效的权力运行机制。

切实加强党内监督。严格执行党章，全面贯彻党内监督条例和党员权利保障条例。加强党的代表大会对党的委员会和纪律检查委员会、党的委员会对党委常务委员会、纪律检查委员会对党的委员会成员的监督。常委会要向全委会负责、报告工作并接受其监督。党委要加强对党内监督工作的领导，注重对下一级党组织及其领导班子特别是主要负责人进行监督。纪委要协助同级党委组织协调党内监督工作，组织开展对党内监督工作的督促检查，对党员领导干部履行职责和行使权力情况进行监督。拓宽党员参与党内事务的渠道，切实保障党员的知情权、参与权和监督权。大力发展党内民主，营造党内不同意见平等讨论的环境，为党内监督创造条件。

支持和保证人大监督。切实发挥人大及其常委会的依法监督作用。认真听取和审议有关工作报告。加强对行政法规、部门规章、地方性法规和地方政府规章的备案审查，维护法制统一。严格审查财政预算和执行、国民经济和社会发展计划。加强对司法工作的监督，防止执法不公、贪赃枉法行为的发生。加强执法检查、监督及人大代表视察工作。

支持和保证政府专门机关监督。强化行政监察职能，保证政令畅通，维护行政纪律，促进廉政建设，改善行政管理，提高行政效能。强化审计监督，逐步推行效益审计，突出对重点领域、重点部门、重点资金和领导干部经济责任的审计。依法实行审计公告制度。支持和保证监察、审计机关依法独立开展监督，对拒不执行监督决定的，要依法追究有关机关和责任人员的责任。

支持和保证司法监督。审判机关要依法审理行政案件，维护和监督行政机关依法行使行政职权。检察机关要依法加强对公安机关立案侦查活动、法院审判活动和判决生效后执行活动的监督。健全公安、审判、检察机关相互配合和制约的工作机制，加大惩治和预防职务犯罪力度。

支持和保证政协的民主监督。切实发挥人民政协通过提出建议和批评，对国家宪法、法律和法规的实施，重大方针政策的贯彻执行，国家机关及其工作人员工作的监督作用。充分发挥政协特邀监督员在反腐倡廉中的作用。各级党委和政府要认真倾听政协、民主党派和无党派人士的批评和建议，自觉接受监督。认真办理政协提案。

切实加强社会监督。依法保障人民群众对党和国家机关及其工作人员批评、建议、控告、检举等权利。发挥工会、共青团、妇联等人民团体的监督作用，扩大群众有序的政治参与，拓宽对施政行为的监督渠道，增强涉及群众切身利益的有关政策和工作的透明度。设立专用举报电话，提倡实名举报。建立健全受理群众举报违纪违法行为的工作机制，及时处理群众反映的问题。在党的领导下，充分发挥新闻媒体的舆论监督作用。各级党委和政府应当重视和支持舆论监督，听取意见，改进工作。新闻媒体要坚持党性原则，遵守新闻纪律和职业道德，把握舆论监督的正确导向，注重舆论监督的社会效果。

七、在惩治和预防腐败体系中充分发挥惩治的重要作用

（十六）惩治腐败，必须从严。惩治和预防，是反腐倡廉相辅相成、互相促进的两个方面。惩治有力，才能增强教育的说服力、制度的约束力和监督的威慑力。要坚决查办违纪违法案件特别是大案要案。以查处发生在领导机关和领导干部中滥用权力、谋取私利的违纪违法案件为重点，严厉惩处腐败分子。严肃查处违反政治纪律的案件，严肃查处利用审批权、人事权、司法权违纪违法的案件，严肃查处贪污、受贿、行贿、挪用公款等违法案件，严肃查处失职渎职、严重损害国家利益的案件，严肃查处各种以权谋私、严重损害群众利益的案件。对顶风作案的要依纪依法从严惩处。对领导干部违反规定收钱送钱和买官卖官、参加赌博以及利用职权和职务影响为配偶、子女和身边工作人员谋取非法利益等不正之风和腐败现象，要采取有效措施认真解决。

（十七）严格依纪依法办案，提高执纪执法水平。坚持法律和纪律面前人人平等，对任何组织和个人的违纪违法行为，都必须依纪依法严肃处理。坚持实事求是，做到事实清楚、证据确凿、定性准确、处理恰当、手续完备、程序合法。坚持惩前毖后、治病救人。坚持惩治腐败与保护党员干部权利并重。执纪执法机关必须严格按照法定权限使用办案手段和措施，做到严格执法、公正执法、文明执法。正确运用政策和策略，体现宽严相济，区别对待。加强纪检、审判、检察、公安、监察、审计等执纪执法机关之间的协调配合，建立跨区域协作办案及追逃、追赃机制，完善相关程序，形成整体合力。综合运用法律、纪律、经济处罚、组织处理、限制从业资格等方式和手段，增强办案的政治、经济和社会效果，切实提高执纪执法水平。

（十八）重视和发挥查办案件的治本功能。针对案件中暴露出的问题，深入剖析，举一反三，查找体制机制制度方面的原因，建章立制，堵塞漏洞，逐步铲除腐败现象滋生蔓延的土壤。

八、加强领导，齐抓共管，把建立健全惩治和预防腐败体系的任务落到实处

（十九）各级党委（党组）要把建立健全惩治和预防腐败体系作为一项重要政治任务抓紧抓好。要把建立健全惩治和预防腐败体系纳入经济社会发展总体规划，列入党委和政府的重要议事日程，制定贯彻落实《实施纲要》的意见和办法。完善各级党委反腐败协调制度，定期召开会议，及时通报情况，研究协调重要问题。党委书记负总责，确定一名党委负责同志具体抓。

（二十）各级纪委要充分发挥组织协调作用。协助党委抓好建立健全惩治和预防腐败体系主要任务的分解和落实。制定切实可行的实施方案，作出周密部署。各级纪检监察机关对牵头负责的工作要认真组织实施。各地区各部门要按照职能分工，发挥优势，切实抓好各项任务的落实。

（二十一）形成有效的工作机制。建立责任机制，按照权责分明的原则，落实责任分工，明确工作规范。建立督查机制，定期检查，推动工作。建立奖惩机制，实行奖优罚劣。建立测评机制，搞好科学分析，使反腐败工作更有预见性。建立保障机制，在人员、经费等方面给予保证。通过建立健全惩治和预防腐败体系，深入开展党风廉政建设和反腐败工作，为全面推进中国特色社会主义伟大事业和党的建设新的伟大工程提供重要保证。

胡锦涛在中国共产党第十七届中央纪律检查委员会第二次全体会议上发表重要讲话

中共中央总书记胡锦涛于2008年1月15日在中国共产党第十七届中央纪律检查委员会第二次全体会议上发表重要讲话。他强调，准确把握党风廉政建设和反腐败斗争面临的形势和任务，充分认识反腐败斗争的长期性、复杂性、艰巨性，坚持反腐倡廉常抓不懈，坚持拒腐防变警钟长鸣，把反腐倡廉建设贯穿于社会主义经济建设、政治建设、文化建设、社会建设各个领域，体现在党的思想建设、组织建设、作风建设、制度建设各个方面，不断把党风廉政建设和反腐败斗争引向深入。

胡锦涛指出，我们党历来高度重视反腐倡廉工作，特别是在革命、建设、改革的重大历史关头和关键发展阶段，更是高度自觉地把反腐倡廉工作摆在非常重要的位置。这充分表明，我们党对马克思主义政党取得执政地位尤其是在长期执政的条件下必须抓好反腐倡廉工作的认识是十分清醒的、态度是一以贯之的，对改革开放和发展社会主义市场经济新形势下党内可能出现的问题特别是可能遇到的风险的认识是十分清醒的、态度是一以贯之的，对反腐败斗争的长期性、复杂性、艰巨性的认识是十分清醒的、态度是一以贯之的，对抓好反腐倡廉工作对保证党和国家事业健康发展、巩固党的执政地位和保持党的先进性的重大意义的认识也是十分清醒的、态度也是一以贯之的。我们要从夺取全面建设小康社会新胜利、开创中国特色社会主义事业新局面的战略高度出发，深刻认识加强反腐倡廉建设的重要性和紧迫性。

胡锦涛强调，当前和今后一个时期，加强反腐倡廉建设，必须全面贯彻党的十七大精神，高举中国特色社会主义伟大旗帜，坚持以邓小平理论和“三个代表”重要思想为指导，深入贯彻落实科学发展观，坚持标本兼治、综合治理、惩防并举、注重预防的方针，以完善惩治和预防腐败体系为重点，强化权力制约和监督，深化改革和创新体制，拓展从源头上防治腐败工作领域，努力形成拒腐防变教育长效机制、反腐倡廉制度体系、权力运行监控机制，切实提高反腐倡廉建设成效，为全面建设小康社会提供有力政治保证。

胡锦涛指出，在实践中，要注意把握和体现改革创新、惩防并举、统筹推进、重在建设的基本要求。要以改革精神推进制度建设，以创新思路寻求治本办法，注重总结新经验、研究新情况、解决新问题，从我国实际出发，借鉴国外有益做法，创新工作思路，完善工作机制，破解工作难题，更加科学有效地防治腐败。要坚持治标和治本、惩治和预防两手抓、两手都要硬，惩治于已然，防患于未然，既坚决查处违纪违法案件、依法严惩腐败分子，又加大预防工作力度、不断铲除腐败滋生的土壤，努力把腐败现象减少到最低程度。要把反腐倡廉建设纳入经济社会发展和党的建设的全局之中，把改革的推动力、教育的说服力、制度的约束力、监督的制衡力、惩治的威慑力结合起来，把阶段性任务与战略性目标结合起来，整合各方面资源和力量，增强反腐倡廉建设的整体性、协调性、系统性、实效性。要不断认识和把握规律，以建设性的思路、建设性的举措、建设性的方法推进反腐倡廉建设，在坚决惩治腐败的同时，更加注重治本，更加注重预防，更加注重制度建设，不断形成有利于反腐倡廉建设的思想观念、文化氛围、体制条件、法制保证。

胡锦涛指出，党的十七大强调，要以完善惩治和预防腐败体系为重点加强反腐倡廉建设。这是我们党深刻总结反腐倡廉实践经验、准确把握我国现阶段反腐倡廉形势得出的科学结论，也是我们推进党风廉政建设和反腐败斗争必须抓好的战略任务。我们要继续抓住完善惩治和预防腐败体系这个重点，着力加强反腐倡廉建设，坚持加强思想道德建设与加强制度建设相结合，坚持严肃查办大案要案与切实解决损害群众切身利益的问题相结合，坚持廉政建设与勤政建设相结合，坚持加强对干部的监督与发挥干部主观能动性相结合。

胡锦涛强调，坚持党的领导，是加强反腐倡廉建设的根本政治保证。各级党委是反腐倡廉建设的责任主体，要坚持党要管党、从严治党，担负起全面领导反腐倡廉建设的政治责任，以更加坚决的态度、更加有力的措施推进反腐倡廉建设，以更加扎实的工作、更加明显的成效取信于广大干部群众。要完善总体部署，全面分析反腐倡廉建设面临的形势，把反腐倡廉建设纳入经济社会发展总体规划、寓于各项改革和重要政策措施之中，同改革发展工作一起部署、一起检查。要加强工作指导，旗帜鲜明地支持纪委行使职权，充分发挥预防腐败机构的职能作用，抓好预防腐败的组织协调、综合规划、政策制定，努力提高预防腐败的能力和水平。要狠抓工作落实，坚持党风廉政建设责任制，对重点任务要统一组织力量进行检查督促，确保落实到位。各级纪律检查机关要不断探索新形势下反腐倡廉建设的特点和规律，努力实现思想观念和思想方法、工作思路和工作方法、人员素质和工作作风的与时俱进，不断提高反腐倡廉建设质量和水平。

贺国强在主持会议时指出，胡锦涛总书记的重要讲话，从党和国家事业发展全局和战略的高度，精辟分析了当前党风廉政建设和反腐败斗争面临的形势，深刻阐述了新形势下加强反腐倡廉建设的重要性和紧迫性，明确提出了当前和今后一个时期加强反腐倡廉建设的指导思想、基本要求、工作原则和主要任务，对于深入开展党风廉政建设和反腐败斗争，全面推进党的建设新的伟大工程，不断开创中国特色社会主义事业新局面，具有十分重大的意义。我们一定要认真学习，深刻领会，坚决贯彻，扎实推进以惩治和预防腐败体系为重点的反腐倡廉建设，深入推进党风廉政建设和反腐败斗争，为完成党的十七大提出的各项任务提供有力保证。

中国共产党第十七届中央纪律检查委员会第二次全体会议公报

（2008年1月16日中国共产党第十七届
中央纪律检查委员会第二次全体会议通过）

中国共产党第十七届中央纪律检查委员会第二次全体会议，于2008年1月14日至16日上午在北京举行。出席会议的中央纪委委员125人，列席299人。

中央纪委常务委员会主持了会议。会议认真学习贯彻党的十七大精神，高举中国特色社会主义伟大旗帜，以邓小平理论和“三个代表”重要思想为指导，深入贯彻落实科学发展观，进一步明确了当前和今后一个时期党风廉政建设和反腐败斗争的总体要求，部署了2008年党风廉政建设和反腐败工作。全会审议通过了中央纪委书记贺国强代表中央纪委常委会所作的《全面贯彻党的十七大精神，努力开创党风廉政建设和反腐败斗争新局面》的工作报告。

中国共产党中央委员会总书记胡锦涛出席全会第二次大会并发表了重要讲话。吴邦国、温家宝、贾庆林、李长春、习近平、李克强、贺国强、周永康等党和国家领导人出席了会议。有关方面的负责同志参加了会议。

全会认真学习了胡锦涛同志的重要讲话，一致认为，讲话高举中国特色社会主义伟大旗帜，以邓小平理论和“三个代表”重要思想为指导，深入贯彻落实科学发展观，从党和国家事业发展全局和战略的高度，精辟分析了当前党风廉政建设和反腐败斗争面临的形势，深刻阐述了新形势下加强反腐倡廉建设的重要性和紧迫性，明确了当前和今后一个时期加强反腐倡廉建设的指导思想、基本要求、工作原则和主要任务，强调要注意把握和体现改革创新、惩防并举、统筹推进、重在建设的基本要求，坚持加强思想道德建设与加强制度建设相结合、严肃查办大案要案与切实解决损害群众切身利益的问题相结合、廉政建设与勤政建设相结合、加强对干部的监督与发挥干部主观能动性相结合，号召全党把反腐倡廉建设放在更加突出的位置，更加坚决地惩治腐败，更加有效地预防腐败。胡锦涛同志的重要讲话，是加强反腐倡廉建设的纲领性文献，对于深入开展党风廉政建设和反腐败斗争，全面推进党的建设新的伟大工程，不断开创中国特色社会主义事业新局面，具有十分重大的意义。全党同志和广大纪检监察干部一定要认真学习，深刻领会，坚决贯彻执行。

会议指出，2008 年是全面贯彻落实党的十七大精神的第一年，是改革开放 30 周年，也是恢复和重建党的纪律检查机关 30 周年，还将迎来北京奥运会，认真抓好今年的党风廉政建设和反腐败工作意义重大。各级纪委要坚持标本兼治、综合治理、惩防并举、注重预防的方针，加强以保持党同人民群众血肉联系为重点的作风建设，加强以完善惩治和预防腐败体系为重点的反腐倡廉建设，坚持改革创新，突出工作重点，加大工作力度，狠抓任务落实，为推进全面建设小康社会提供有力保证。

第一，认真开展对党的十七大重大决策部署执行情况的监督检查，推动深入贯彻落实科学发展观。要严明党的纪律尤其是政治纪律，保持全党在指导思想、路线方针政策和重大原则问题上高度一致。要加大监督检查力度，坚决纠正有令不行、有禁不止的现象，促进中央关于市场价格调控、节能减排、固定资产投资、土地管理、房地产调控等方面政策措施的贯彻落实，确保中央政令畅通。

第二，加大专项治理力度，坚决纠正损害群众利益的不正之风。配合有关部门加强监督检查，重点解决生态环境保护、食品药品质量、安全生产、征地拆迁等方面群众反映强烈的问题。强化对社保基金、住房公积金和扶贫救灾专项资金的监管。继续治理教育乱收费、医药购销和医疗服务中的不正之风，注意查处侵害农民利益问题。

第三，继续保持查办案件工作力度，坚决惩治腐败。以查办发生在领导机关和领导干部中的案件为重点，严厉查办官商勾结、权钱交易、权色交易和严重侵害群众利益的案件。严肃查办工程建设、土地管理、矿产资源开发、国有企业、金融、组织人事、司法等领域的案件。加大治理商业贿赂工作力度。始终保持惩治腐败的强劲势头，对腐败分子决不放过、决不姑息。

第四，扎实开展反腐倡廉教育，加强领导干部廉洁自律工作。要把反腐倡廉教育列入干部教育培训规划，同领导干部培养、选拔、管理、使用等结合起来，以树立正确的权力观为重点，加强对党员干部特别是领导干部的理想信念、党风党纪、廉洁从政和艰苦奋斗教育。针对当前领导干部廉洁从政方面的突出问题，重点抓好以下工作：深入治理领导干部违反规定收送现金、有价证券、支付凭证和收受干股，以及以赌博和交易等形式收受财物、利用婚丧嫁娶等事宜收钱敛财等问题；严禁党员干部利用职务上的便利获取内幕信息进行股票交易，配合有关部门制定党政领导干部证券投资行为的具体规定；严禁领导干部超标准建房、多占住房、违规购买经济适用房，清理纠正领导干部在住房上以权谋私的问题；纠正和查处领导干部放任、纵容配偶、子女和身边工作人员利用其职权和职务影响经商办企业等问题；治理领导干部违规插手招标投标、土地出让、产权交易、政府采购等市场交易活动谋取私利的问题。严肃组织人事工作纪律，严肃查处跑官要官、买官卖官、拉票贿选和突击提拔干部等行为，坚决反对和纠正用人上的不正之风。

第五，深化改革和创新制度，进一步推进治本抓源头工作。配合相关部门深入推进行政管理体制、干部人事制度、司法体制和工作机制、财政管理制度、投资体制、国有资产经营管理体制和金融体制改革，严格执行工程建设项目招标投标、经营性土地和工业用地招标拍卖挂牌出让、产权交易、政府采购等制度。积极发挥国家预防腐败机构的职能作用。

第六，深入推进监督工作，促使领导干部正确行使权力。认真落实党内监督各项制度，进一步加强和改进巡视工作，继续完善对纪检监察派驻机构的统一管理，加强对领导干部特别是主要领导干部的监督。推进党务公开，深化政务公开、厂务公开、村务公开。

第七，加强国有企业党风建设和反腐倡廉工作，促进企业健康发展。要继续探索充分发挥企业党组织政治核心作用的方法和途径。进一步加强对国有企业及其领导人员的管理和监督。国有企业领导人员要严格自律，不准利用职务上的便利通过同业经营或关联交易为本人或特定关系人谋取利益；不准相互为对方及其配偶、子女和其他特定关系人从事营利性经营活动提供便利条件；不准在企业资产整合、引入战略投资者等过程中利用职权谋取私利；不准擅自抵押、担保、委托理财；不准利用企业上市或上市公司并购、重组、定向增发等过程中的内幕信息为本人或特定关系人谋取利益；不准授意、指使、强令财会人员提供虚假财务报告；不准违规自定薪酬、兼职取酬、滥发补贴和奖金。

全会要求，各级纪委要以改革创新的精神大力加强自身建设，广大纪检干部要始终做党的忠诚卫士、群众的贴心人。

全会号召，全党同志要高举中国特色社会主义伟大旗帜，更加紧密地团结在以胡锦涛同志为总书记的党中央周围，以更加坚定的信心、更加积极的态度、更加有力的措施，努力开创党风廉政建设和反腐败斗争新局面！

胡锦涛：标本兼治，加大预防腐败工作力度

胡锦涛在中央纪律检查委员会第五次全体会议上发表重要讲话，强调：从提高党的执政能力的战略高度，标本兼治，加大预防腐败工作力度。

中共中央总书记胡锦涛于2005年1月11日在中央纪律检查委员会第五次全体会议上发表重要讲话。他强调，反腐倡廉能力，是党的执政能力的重要体现，是巩固党的执政地位的重要保证。各级党委和政府都要增强忧患意识，做到居安思危，从提高党的执政能力、巩固党的执政地位的战略高度进一步认识做好反腐倡廉工作的极端重要性，始终把反腐倡廉作为一件大事来抓，始终旗帜鲜明、毫不动摇地反对腐败。

胡锦涛指出，我们党的执政能力和执政地位从根本上说都来自于人民。人民群众的拥护和支持，是党执政最牢固的政治基础和最深厚的力量源泉。坚持自觉反腐倡廉，是我们党同一切剥削阶级政党的本质区别之一。必须深刻认识到，执政基础最容易因腐败而削弱，执政能力最容易因腐败而降低，执政地位最容易因腐败而动摇。只有切实抓好党风廉政建设和反腐败工作，我们党才能始终得到最广大人民的拥护和支持，才能不断提高执政能力、巩固执政地位，永远立于不败之地。

胡锦涛强调，坚决惩治腐败是我们党执政能力的重要体现，有效预防腐败更是我们党执政能力的重要标志。坚持标本兼治、综合治理，惩防并举、注重预防，抓紧建立健全与社会主义市场经济体制相适应的教育、制度、监督并重的惩治和预防腐败体系，这是党中央在总结历史经验、科学判断形势基础上作出的重大战略决策，是反腐倡廉工作向纵深发展的必然要求，是在发展社会主义市场经济条件下更好地防治腐败的必由之路。进一步加大预防腐败的工作力度，必须继续在加强教育上下功夫，使领导干部自觉拒腐防变，带头廉洁自律；继续在完善制度上下功夫，推进反腐倡廉工作的制度化、法制化，发挥法规制度的规范和保障作用；继续在强化监督上下功夫，保证把人民赋予的权力用来为人民谋利益；继续以改革统揽预防腐败的各项工作，通过深化改革、创新体制，从源头上预防和解决腐败问题。要经过努力，建立起思想道德教育的长效机制、反腐倡廉的制度体系、权力运行的监控机制，建成完善的惩治和预防腐败体系。

胡锦涛强调，治标和治本，是反腐倡廉相辅相成、相互促进的两个方面。只有抓紧治标，严惩各种腐败行为，有效抑制腐败分子的猖獗活动，才能为治本创造前提条件。只有抓好治本，从源头上不断铲除腐败滋生蔓延的土壤，才能巩固和发展反腐败取得

的成果，从根本上解决腐败问题。要通过坚决查办违纪违法案件、惩处腐败分子，严肃党的纪律，使广大党员、干部受到教育，而且要针对案件中暴露出来的苗头性问题和薄弱环节，及时制定规范，堵塞漏洞，发挥办案在治本方面的建设性作用。要通过深化改革、创新制度，注重从源头上预防和解决腐败问题，增强干部群众对惩治腐败的信心，更好地形成惩治和预防腐败的合力。当前，我们要继续保持查处违纪违法案件的工作力度，以查处发生在领导机关和领导干部中滥用权力、谋取私利的违法违纪案件为重点，严厉惩处腐败分子；以解决群众反映的突出问题为重点，严肃查办发生在基层的以权谋私的案件，坚决纠正损害群众利益的不正之风。总之，对任何违纪违法行为，都必须毫不留情地予以追究，决不能手软。

胡锦涛强调，提高纪律检查工作能力，是加强党的执政能力建设的重要组成部分。要进一步加强对反腐倡廉工作的领导，充分发挥纪委的组织协调作用。要进一步加强反腐倡廉的理论建设，努力增强反腐倡廉工作的原则性、系统性、预见性、创造性。要进一步加强纪律检查机关自身建设，不断提高纪律检查干部队伍素质。

吴官正在主持会议时指出，胡锦涛同志的重要讲话，以邓小平理论和“三个代表”重要思想为指导，从提高党的执政能力和巩固党的执政地位的高度，深刻阐述了新形势下推进反腐倡廉工作的极端重要性，要求全党把反腐倡廉作为一项重大政治任务抓紧抓实。讲话高屋建瓴，内容丰富，是注重治本、注重预防，从源头上防治腐败的纲领性文件，对于我们深入开展反腐倡廉工作、全面加强党的建设、保证改革开放和现代化建设事业的顺利进行，具有重大的现实意义和深远的历史意义。我们一定要认真学习，深入领会，坚决贯彻。

吴官正说，胡锦涛同志在讲话中对各级纪律检查机关提出了明确要求，体现了党中央对纪律检查工作的高度重视，对纪检监察干部的深切关怀和严格要求。各级纪律检查机关和广大纪检监察干部一定要按照中央的要求和人民的期望，求真务实，努力工作，为提高党的执政能力、落实科学发展观、全面建设小康社会作出贡献。

中国反腐倡廉要惩防并举、注重预防

——胡锦涛主席在国际反贪局联合会第一次年会暨会员代表大会上的讲话

(2006 年 10 月 22 日)

尊敬的各位来宾,女士们,先生们,朋友们:

值此国际反贪局联合会第一次年会暨会员代表大会在北京召开之际,我谨代表中国政府和中国人民,并以我个人的名义,向会议的召开表示热烈的祝贺!向前来参加会议的各国总检察长、司法部长、内务部长、监察部长、反贪机构负责人、国际组织领导人、专家学者以及各位代表,表示热烈的欢迎!

维护和平,谋求发展,促进和谐,是世界各国人民的共同愿望。倡导廉政,反对腐败,营造公平正义、清明廉洁、和谐稳定的良好社会氛围,是实现国家经济社会发展的必然要求,对促进世界和平与发展也具有重要意义。

腐败现象是人类社会一个危害严重的痼疾,其存在有着深刻的历史和现实原因。当今世界,随着经济全球化深入发展,一些腐败犯罪呈现出有组织、跨国化的特点,这不仅影响有关国家政治、经济、文化、社会的健康发展,也损害各国人民的切身利益。反对腐败,是各国面临的一项重大任务,也是国际社会面临的共同课题。加强反腐败国际合作,有利于各国更加有效地惩治和预防腐败,也有利于实现各国人民要求政治廉洁的共同期盼。

近年来,国际社会致力于共同惩治和预防腐败,就开展反腐败国际合作形成了重要共识。2003 年,第五十八届联合国大会审议通过了《联合国反腐败公约》,把各国在惩治和预防腐败方面形成的共识用国际法的形式确定下来,反映了各国反对腐败的共同决心和加强反腐败国际合作的强烈意愿。成立国际反贪局联合会,有助于国际社会在尊重各国政治制度、法律制度以及历史文化特点等差别的基础上,推动建设反腐败互信合作机制,加强各国在反腐败领域的务实合作,推动《联合国反腐败公约》有效实施。

这次会议以加强国际合作、有效实施《联合国反腐败公约》为主题,与会人士将交流反腐败国际合作的经验,研究反腐败国际合作中存在的问题,建立国际反贪局联合会直接合作机制。这对于提高反腐败国际合作的水平和效率,推动《联合国反腐败公约》有效实施,具有十分重要的意义。

女士们、先生们!

坚决惩治和积极预防腐败，是中国政府的一贯立场。我们认为，反对腐败是关系国家发展全局、关系最广大人民根本利益、关系社会公平正义和社会和谐稳定的重大问题和紧迫任务。我们反腐倡廉的战略方针是标本兼治、综合治理、惩防并举、注重预防。我们在开展反腐败斗争中，既坚定不移地查办腐败犯罪，依法对腐败犯罪案件进行侦查、起诉、审判，严惩各类腐败犯罪人员，同时又坚持不懈地健全教育、制度、监督并重的惩治和预防腐败体系，加强廉政法治建设，推进廉政文化建设，强化对权力运行的制约和监督，通过深化改革从源头上防治腐败，不断铲除腐败现象滋生蔓延的土壤。我们注重建立健全民众支持和参与反腐倡廉的有效机制，建立公众举报制度，保障公民对国家机关和国家工作人员违法失职行为的检举权、控告权、申诉权，不断深化反腐败斗争。经过不懈努力，中国的反腐败斗争取得了明显成效。今后，中国政府将继续旗帜鲜明、毫不动摇地开展反腐败斗争，以实现好、维护好、发展好最广大人民的根本利益。

中国政府高度重视在反腐败领域同世界各国和有关国际组织进行合作。我们主张，各国应该在互相尊重主权的前提下开展互利互惠的国际合作，在尊重各国国情的基础上加强反腐败务实合作。

中国是《联合国反腐败公约》的主要参与国，是该公约较早的签署国和批准国。目前，中国正在制定、修订和完善有关惩治和预防腐败的法律法规，以使之更加适应《联合国反腐败公约》对缔约国提出的要求。中国政府将在所承诺的公约义务范围内认真承担相应的国际责任。

我相信，在各位代表共同努力下，这次会议必将对推动反腐败国际合作产生重要影响，也必将对推动建设持久和平、共同繁荣的和谐世界产生积极作用。

最后，预祝会议取得成功！

谢谢各位。

全面贯彻党的十七大精神，努力开创党风廉政建设和反腐败斗争新局面

——贺国强在中国共产党第十七届中央纪律检查委员会第二次全体会议上的工作报告

（2008 年 1 月 14 日）

现在，我代表中央纪律检查委员会常务委员会向第二次全体会议作工作报告，请予审议。

这次全会是在全党全国各族人民深入学习贯彻党的十七大精神，全面推进中国特色社会主义事业的新形势下召开的。会议的主要任务是：认真学习贯彻党的十七大精神，高举中国特色社会主义伟大旗帜，以邓小平理论和“三个代表”重要思想为指导，深入贯彻落实科学发展观，进一步明确当前和今后一个时期党风廉政建设和反腐败斗争的总体要求，部署 2008 年党风廉政建设和反腐败工作。党中央对这次全会十分重视，中央政治局和中央政治局常委会专门审议了这个报告，胡锦涛同志将出席会议并发表重要讲话，我们一定要认真学习，深刻领会，坚决贯彻落实。

一、准确把握党的十七大对党风廉政建设和反腐败斗争的总体要求

党的十七大是在我国改革发展关键阶段召开的一次十分重要的大会。胡锦涛同志所作的报告，是我们党团结带领全国各族人民坚定不移走中国特色社会主义道路、在新的历史起点上继续发展中国特色社会主义的政治宣言和行动纲领，是马克思主义的纲领性文献。大会通过的《中国共产党章程（修正案）》体现了党的理论创新和实践发展的成果，对坚持和完善党的领导、加强和改进党的建设提出了明确要求。大会强调，坚决惩治和有效预防腐败，关系人心向背和党的生死存亡，是党必须始终抓好的重大政治任务；全党同志一定要充分认识反腐败斗争的长期性、复杂性、艰巨性，把反腐倡廉建设放在更加突出的位置，坚持标本兼治、综合治理、惩防并举、注重预防的方针，扎实推进惩治和预防腐败体系建设，旗帜鲜明地反对腐败。各级党组织要按照中央的要求，把学习贯彻党的十七大精神作为当前和今后一个时期的首要政治任务，组织党员干部认真研读党的十七大报告和党章，深刻领会党的十七大精神，把思想统一到党的十七大精神上来，把力量凝聚到实现党的十七大确定的各项任务上来。要准确把握党的十七大对反腐倡廉建设提出的新要求，推动党风廉政建设和反腐败斗争深入开展。

——高举中国特色社会主义伟大旗帜，更加坚定地贯彻执行党的路线、方针、政策。中国特色社会主义伟大旗帜，是当代中国发展进步的旗帜，是全党全国各族人民团结奋斗的旗帜。各级党组织和广大党员要按照党的十七大的要求，高举中国特色社会主义伟大旗帜，更加坚定不移地坚持中国特色社会主义道路，更加坚定不移地坚持用中国特色社会主义理论体系武装头脑、指导实践、推动工作，更加坚定不移地继续解放思想、坚持改革开放、推动科学发展、促进社会和谐。各级纪委要严明党的纪律尤其是政治纪律，使各级党组织和广大党员更加自觉地坚持党的基本理论、基本路线、基本纲领、基本经验，保持全党在指导思想、路线方针政策和重大原则问题上高度一致。要自觉学习、运用党的三代中央领导集体反腐倡廉重要思想和以胡锦涛同志为总书记的党中央反腐倡廉重要论述指导反腐倡廉工作，增强高举旗帜的坚定性，始终保持党的纪律检查工作的正确政治方向。要认真总结改革开放特别是党的十六大以来反腐倡廉工作的宝贵经验，深入探索新形势下反腐倡廉建设规律，不断完善反腐倡廉基本原则、工作方针、工作格局、领导体制和工作机制，与时俱进地全面履行党章赋予的职责，使我们的工作更好地体现时代性、把握规律性、富于创造性。

——深入贯彻落实科学发展观，为促进经济社会又好又快发展和全面建设小康社会提供有力保证。科学发展观是同马克思列宁主义、毛泽东思想、邓小平理论和“三个代表”重要思想既一脉相承又与时俱进的科学理论，是我国经济社会发展的重要指导方针，是发展中国特色社会主义必须坚持和贯彻的重大战略思想，对于深入开展党风廉政建设和反腐败斗争具有重要指导作用。各级党组织和广大党员要深刻领会科学发展观的科学内涵、精神实质和根本要求，切实增强贯彻落实科学发展观的自觉性和坚定性，着力把握发展规律、创新发展理念、转变发展方式、破解发展难题，提高发展质量和效益，实现经济社会全面协调可持续发展。各级纪委要适应新的形势，更加自觉地把科学发展观的要求贯彻落实到纪律检查工作各个方面，更加自觉地把纪律检查工作放在党和国家工作全局中去谋划和部署，不断探索和拓宽服务科学发展的有效途径，促进科学发展观的贯彻落实。要认真履行监督检查职能，纠正违背科学发展观的错误行为，优化发展环境，促进中央重大决策部署的贯彻落实。要督促有关部门着力解决影响和制约科学发展的深层次矛盾和问题，认真推进行政管理体制等各项改革，完善领导班子和领导干部综合考核评价制度，健全保障科学发展的体制机制。要大力支持和保护党员干部改革创新的积极性，努力营造聚精会神搞建设、一心一意谋发展的良好氛围，促进经济社会又好又快发展，推进全面建设小康社会进程。

——切实维护人民群众的根本利益，促进和谐社会建设。全心全意为人民服务是党的根本宗旨。社会和谐是中国特色社会主义的本质属性。维护群众利益是纪律检查机关践行党的宗旨、促进社会和谐的重要职责。各级纪委要坚持立党为公、执政为民，紧紧围绕人民群众最关心、最直接、最现实的利益问题，督促有关部门推进社会体制改革，扩大公共服务，完善社会管理，促进社会公平正义，把保障和改善民生的各项政策落到实处，努力使全体人民学有所教、劳有所得、病有所医、老有所养、住有所居，推动和谐社会建设。要针对损害群众利益的突出问题，进一步加大治理力度，坚决纠正漠视群众疾苦、与民争利的行为。要配合有关部门采取切实有效措施，维护人民群众的合法权益,引导群众依法管理基层公共事务和公益事业,建立健全有效的利益协调、诉求表达、矛盾调处、权益保障的长效机制,营造注重公平、崇尚正义的社会环境。

——以保持党同人民群众的血肉联系为重点,加强党的作风建设。优良的党风是党的执政能力和先进性的重要体现,是做好党和国家工作的重要保证,是凝聚党心民心的巨大力量。各级党委和纪委要全面加强党的作风建设特别是领导干部作风建设,认真落实"八个坚持、八个反对"的要求,大力倡导八个方面良好风气,使领导干部切实做到为民、务实、清廉,不断巩固党同人民群众的血肉联系。要教育引导领导干部继承优良传统、牢记根本宗旨、心系人民群众,进一步树立群众观点和公仆意识,认真执行联系群众制度,关心群众生产生活,切实为群众办好事、办实事,做到权为民所用、情为民所系、利为民所谋。大力弘扬求真务实精神,改进学风、文风和会风,坚决纠正形式主义、官僚主义、弄虚作假和奢侈浪费行为。着力解决作风方面存在的突出问题,促使领导干部保持清正廉洁,讲党性、重品行、作表率,模范实践社会主义核心价值体系,以优良的党风促政风带民风。

——以完善惩治和预防腐败体系为重点,加强反腐倡廉建设。党的十七大第一次把反腐倡廉建设与党的思想建设、组织建设、作风建设和制度建设一起,确定为党的建设的基本任务,对于深入开展党风廉政建设和反腐败斗争、全面推进党的建设新的伟大工程,具有重大而深远的意义。全党同志一定要从巩固党的执政地位和保持党的先进性的高度,充分认识加强反腐倡廉建设的极端重要性,把反腐倡廉建设放在更加突出的位置。建立健全惩治和预防腐败体系在反腐倡廉建设中具有全局性、战略性的地位。要以改革创新的精神完善惩治和预防腐败体系,坚持与中国特色社会主义事业总体布局相适应,把反腐倡廉工作融入经济建设、政治建设、文化建设和社会建设之中;坚持与科学发展观的要求相适应,为经济社会又好又快发展提供可靠的政治保障;坚持与加强党的执政能力建设和先进性建设相适应,不断提高拒腐防变和抵御风险的能力;坚持与完善社会主义市场经济体制相适应,与经济社会各项改革同步推进、协调发展。要抓紧制定并实施《建立健全惩治和预防腐败体系 2008－2012 年工作规划》,坚持惩治和预防两手抓、两手都要硬,始终保持惩治腐败的强劲势头,在坚决惩治腐败的同时,更加注重治本,更加注重预防,更加注重制度建设,努力拓展从源头上防治腐败工作领域。要以改革统揽预防腐败各项工作,协调推进重要领域和关键环节的改革,努力建立比较完善的拒腐防变教育长效机制、反腐倡廉制度体系、权力运行监控机制。各级党委要把推进惩治和预防腐败体系建设作为一项重要政治任务来抓,认真执行党风廉政建设责任制,把反腐倡廉各项工作任务落到实处;各级纪委要切实履行职责,加强组织协调,进一步巩固和发展全党动手抓反腐倡廉的局面。

二、2008 年主要工作任务

2008 年是全面贯彻落实党的十七大精神的第一年,是改革开放 30 周年,也是恢复和重建党的纪律检查机关 30 周年,还将迎来北京奥运会,认真抓好今年的党风廉政建设和反腐败工作意义重大。我们要全面贯彻党的十七大精神,高举中国特色社会主义伟大旗帜,以邓小平理论和"三个代表"重要思想为指导,深入贯彻落实科学发展观,坚持标本兼治、综合治理、惩防并举、注重预防的方针，加强以保持党同人民群众血肉联系为重点的作风建设，加强以完善惩治和预防腐败体系为重点的反腐倡廉建设，坚持改革创新，突出工作重点，加大工作力度，狠抓任务落实，为推进全面建设小康社会提供有力保证。

(一)认真开展对党的十七大重大决策部署执行情况的监督检查，推动深入贯彻落实科学发展观

保证党的政治纲领和政治目标的顺利实现，是党的纪律检查机关的重大责任。要坚持把维护党的政治纪律放在首位，督促领导机关和党员干部坚决落实党的十七大确定的各项任务。要深入开展党的政治纪律教育，促使广大党员干部增强党性观念，始终保持正确的政治方向、政治立场和政治观点，在“举什么旗、走什么路”的问题上毫不动摇。要加强对党的政治纪律执行情况的监督检查，坚决反对任何否定党的领导和社会主义制度的言论，自觉抵制各种否定改革开放的错误思想。要严肃查处违反党的政治纪律的行为，坚决维护党的集中统一，坚决维护以胡锦涛同志为总书记的党中央的权威。

按照党的十七大的战略部署和中央经济工作会议精神，紧紧围绕转变经济发展方式和完善社会主义市场经济体制，开展对加强和改善宏观调控、推进改革开放和自主创新、优化经济结构和提高经济增长质量、加强节能减排和生态环境保护、重视改善民生和促进社会和谐等重大政策措施落实情况的监督检查。加大对违规违法行为的查处力度，坚决纠正有令不行、有禁不止的现象，确保中央政令畅通。当前，要配合有关部门重点加强对以下几个方面的监督检查：(1)加强对市场价格调控政策执行情况的检查，及时发现和坚决纠正违规行为，维护正常的市场经营秩序。(2)加强对节能减排工作落实情况的检查，健全节能减排工作监督和奖惩机制，落实节能减排工作责任制，严肃处理违反国家能源管理和环境保护法律法规的问题。(3)加强对固定资产投资政策执行情况的检查，督促落实产业政策和区域发展政策，规范新开工项目管理，防止投资过快增长。(4)加强对土地管理法律法规和节约集约用地政策执行情况的检查，从严控制新增建设用地，着力纠正违反耕地保护制度的行为。(5)加强对房地产市场调控政策执行情况的检查，严肃查处在房地产规划、开发建设、销售中以权谋私等问题，促进房地产市场健康发展。

(二)加大专项治理力度，坚决纠正损害群众利益的不正之风

配合有关部门加强监督检查，重点解决物价、生态环境保护、食品药品质量、安全生产、征地拆迁等方面群众反映强烈的问题。加强对环境污染防治政策措施落实情况的监督检查，对不认真履行环保职责、严重损害群众环境权益的地方和单位，要追究有关人员特别是领导干部的责任。健全食品药品安全监管制度，严肃处理重大质量安全事件。开展对安全生产法律法规执行情况的监督检查，进一步加大责任事故调查处理力度，坚决查处事故背后的失职渎职行为和腐败问题。严肃查处征收征用土地和矿产资源开发中的违纪违法行为。

配合有关部门强化对社保基金、住房公积金和扶贫救灾专项资金的监管，加强审计和财政监督，维护资金安全。认真治理公共服务行业侵害群众消费权益等问题。规

范行业协会、市场中介组织的服务和收费行为。继续治理教育乱收费、医药购销和医疗服务中的不正之风，查处侵害农民和进城务工人员利益问题。继续做好清理规范评比达标表彰工作，纠正举办节庆活动过多过滥等问题。认真落实纠风工作责任制，加强部门和行业作风建设，做好民主评议和政风行风热线工作。

（三）继续保持查办案件工作力度，坚决惩治腐败

以查办发生在领导机关和领导干部中的案件为重点，严厉查办官商勾结、权钱交易、权色交易和严重侵害群众利益的案件。严肃查办规避招标、虚假招标的案件，非法批地批矿、低价出让土地和矿产资源或擅自变更规划获取利益的案件，在企业重组改制、产权交易、资本运营和经营管理中隐匿、私分、侵占、转移国有资产以及企业领导人员失职渎职造成国有资产流失的案件，金融领域违规授信、内幕交易、挪用保险资金、违规处置不良资产、侵占上市公司资产的案件，严重违反组织人事纪律的案件，利用司法权索贿受贿、徇私舞弊的案件，领导干部和执法人员为黑恶势力充当“保护伞”的案件。坚持在法律和纪律面前人人平等，对腐败分子绝不放过、绝不姑息。

加强和改进查办案件工作。发挥各级党委反腐败协调小组的作用，健全查办案件的协调机制，提高有效突破大案要案的能力。严格依纪依法办案，正确使用案件检查措施，加强对查办案件工作的管理和监督。综合运用组织处理和纪律处分手段，加大组织处理工作力度。加强案件审理和申诉复查工作，确保案件质量。健全来信来访实名举报办理规定，完善督办机制。正确把握政策，坚持惩前毖后、治病救人，努力取得良好的政治效果、社会效果和法纪效果。加强案件剖析，健全制度，充分发挥查办案件的治本功能。

加大治理商业贿赂工作力度。认真做好自查自纠的检查评估和问题整改，坚决纠正不正当交易行为。严肃查办重点领域和重点方面的商业贿赂案件，既要严厉惩处受贿行为，又要严厉惩处行贿行为。严禁中资企业在国（境）外的商业贿赂行为，依法查处国（境）外经济组织在我国内地的商业贿赂行为。加大改革和制度建设力度，加快推进社会信用体系建设，对失信市场主体依法实行经济处罚、降低或撤销资质、吊销证照，并将有关单位和个人的不良行为记录在案。

（四）扎实开展反腐倡廉教育，加强领导干部廉洁自律工作

要把反腐倡廉教育列入干部教育培训规划，同领导干部培养、选拔、管理、使用等结合起来，以树立正确的权力观为重点，加强对党员干部特别是领导干部的理想信念、党风党纪、廉洁从政和艰苦奋斗教育，使他们牢记党的性质和宗旨，忠诚于党和人民的事业。年轻干部要自觉加强党性修养和党内生活锻炼。要巩固和发展先进性教育活动成果，充分发挥先进典型的示范作用，进一步树立党组织和党员干部的良好形象；运用反面案例开展警示教育，增强教育的针对性和有效性。完善反腐倡廉宣传教育工作格局。制定关于加强廉政文化建设的指导性意见，深入开展面向全党全社会的廉政文化建设，形成以廉为荣、以贪为耻的良好社会风尚。

认真执行中央纪委《关于严格禁止利用职务上的便利谋取不正当利益的若干规定》。针对当前领导干部廉洁从政方面的突出问题，重点抓好以下工作：(1)深入治理领导干部违反规定收送现金、有价证券、支付凭证和收受干股，以及以赌博和交易等形

式收受财物、利用婚丧嫁娶等事宜收钱敛财等问题。(2)配合有关部门制定关于党政领导干部证券投资行为的具体规定。严禁党员干部利用职务上的便利获取内幕信息进行股票交易。(3)清理纠正领导干部在住房上以权谋私的问题,严禁领导干部超标准建房、多占住房、违规购买经济适用房,坚决处理领导干部违规违法收受房屋的问题。(4)纠正和查处领导干部放任、纵容配偶、子女和身边工作人员利用其职权和职务影响经商办企业等问题。(5)治理领导干部违规插手招标投标、土地出让、产权交易、政府采购等市场交易活动谋取私利的问题。修订党员领导干部廉洁从政若干准则。

严肃组织人事工作纪律,坚决反对和纠正用人上的不正之风。教育和引导领导干部讲党性、顾大局、守纪律,克服浮躁情绪,正确对待个人职务升迁。严格执行党政领导干部选拔任用工作有关规定,加强对干部选拔任用工作全过程的监督,防止和纠正"带病上岗"、"带病提拔"等问题。认真落实中央关于地方党委换届工作的纪律要求,加强对地方人大、政府、政协领导班子换届工作的监督检查,严肃查处跑官要官、买官卖官、拉票贿选和突击提拔干部等行为,努力营造风清气正的良好环境。

大力提倡勤俭节约、艰苦奋斗作风,坚决反对和制止奢侈浪费。配合有关部门深入推进规范津贴补贴工作,开展"小金库"专项治理,规范中央和国家机关经营性资产管理。加强监督检查,坚决制止公款出国(境)旅游,严格控制党政机关修建楼堂馆所,纠正超标准超编制配备使用小汽车、违规新建和装修办公用房等行为。

围绕建设社会主义新农村,加强农村基层党风廉政建设。开展对中央支农惠农政策以及农村综合改革措施执行情况的监督检查,强化对农村集体资金、资产、资源的管理,制定和完善农村基层干部行为规范,逐步建立农村基层党风廉政建设制度体系,促进农村基层党员干部廉洁奉公、勤政为民。

加强高等学校反腐倡廉建设,健全领导班子科学民主决策机制,加强对财务、基建、采购、科研经费、校办企业的管理和监督,提高校务公开制度化和规范化水平。

(五)深化改革和创新制度,进一步推进治本抓源头工作

加强对权力运行的规范和制约,配合相关部门深入推进行政管理体制、干部人事制度、司法体制和工作机制改革。切实转变政府职能,优化组织结构,改进行政管理与服务方式,减少和规范行政审批,减少政府对微观经济运行的干预。规范干部任用提名制度,健全领导干部职务任期、回避、交流制度,完善科学的干部选拔任用和管理监督机制。优化司法职权配置,健全司法机关监督制度,规范司法行为,认真解决群众反映强烈的司法不公问题。

配合相关部门积极推进财政管理制度改革,强化预算管理和监督,推进综合预算,完善政府收支分类体系,逐步将政府非税收入全部纳入财政预算,实行"收支两条线"管理,完善国库单一账户体系,在中央和省级预算单位推行公务卡制度。深化投资体制改革,规范政府投资行为,健全政府投资项目决策责任追究制度和后评价制度,推行非经营性政府投资项目代建制。加快国有资产经营管理体制改革,推进国有资本经营预算制度建设。深化金融体制改革,加强和改进金融监管,防范金融风险,强化现金和外汇管理,落实金融账户实名制,完善反洗钱合作机制,逐步将特定非金融机构纳入统一的反洗钱监管体系。

从制度上更好地发挥市场在资源配置中的基础性作用。完善工程建设项目招标投标监督机制，强化对招标投标重点环节的监管。严格执行经营性土地和工业用地招标拍卖挂牌出让制度，规范协议出让行为。落实探矿权、采矿权招标拍卖挂牌出让制度。加强对国有产权交易的监管。扩大政府采购的范围，规范采购行为，严格实行"管采分离"。

积极发挥国家预防腐败机构的职能作用。加强对预防腐败工作的组织协调、综合规划和调查研究，推动建立预防腐败信息系统和信息共享机制，注意总结基层预防腐败工作的有效做法，加强预防腐败国际交流与合作。

（六）深入推进监督工作，促使领导干部正确行使权力

认真落实党内监督各项制度，完善制约和监督机制，重点加强对领导干部特别是主要领导干部的监督，加强对人财物管理使用、关键岗位的监督，提高监督的有效性。开展对党内监督条例实施情况的专项检查。坚持民主集中制，加强党内生活的原则性，积极开展批评和自我批评，提高民主生活会的质量。严格执行述职述廉、诫勉谈话、函询和党员领导干部报告个人有关事项等制度，实施地方党委委员、纪委委员党内询问和质询办法。继续推行对地（厅）级及以下党政主要领导干部的经济责任审计，试行对省（部）级主要领导干部的经济责任审计，加强对重点专项资金和重大投资项目的审计。

进一步加强和改进巡视工作。认真总结巡视工作经验，重视巡视成果的运用，健全巡视工作制度，制定《中国共产党巡视工作条例》，完善巡视工作领导体制和工作机制。继续做好对省（区、市）、金融机构、国有重要骨干企业的巡视，开展对中央和国家机关、国家重点工程项目的巡视试点；各省（区、市）党委要认真开展对地（市、州、盟）的巡视，并延伸到县（市、区、旗），逐步开展对所属国有企业、高等学校和直属机关的巡视。中央和国家机关可结合部门实际开展对直属单位、派出（驻）机构的巡视。

继续完善对纪检监察派驻机构的统一管理，健全对驻在部门领导班子和主要领导干部监督的措施和制度，进一步完善有关工作机制，充分发挥派驻机构的监督作用。派驻机构要认真履行职责，协助党组（党委）建立部门领导班子及其成员自我约束机制，加强对驻在部门的重大决策、重要干部任免、重大项目安排和大额度资金使用等情况的监督，进一步提高履行职责的能力和主动性。

发展党内民主，保障党员民主权利。加强对党员权利保障条例实施情况的监督检查。推进党务公开，认真总结试点经验，研究制定党务公开的有关规定。深化政务公开，认真贯彻政府信息公开条例，推行电子政务，推进行政权力公开透明运行。不断拓展公共企事业单位办事公开工作领域。完善厂务公开、村务公开，大力推行社会听证、专家咨询、新闻发布等公开形式。拓宽监督渠道，把党内监督与人大监督、政府专门机关监督、政协民主监督、司法监督、群众监督等结合起来，发挥民主党派、社会团体和新闻舆论的监督作用。

加强和改进行政监察工作，充分发挥监察机关的职能作用，紧紧围绕政府中心工作，认真开展执法监察、廉政监察和效能监察，加强对国家行政机关及其工作人员履行职责、依法行政的监督。结合行政管理体制改革，推行以行政首长为重点对象的行政

问责制，试行绩效管理制度，促进行政效能的全面提高。开展对公务员法、行政许可法等法律法规执行情况的监督检查。推进行政执法责任制，加大行政执法过错责任追究力度。发挥特邀监察员监督作用。积极推广电子监察系统。加强行政服务中心的建设和管理。

（七）加强国有企业党风建设和反腐倡廉工作，促进企业健康发展

加强国有企业党风建设和反腐倡廉工作，对于推进国有企业改革和发展，增强企业核心竞争力，实现国有资产保值增值具有十分重要的作用。要坚持党对国有企业的政治领导，按照建立现代企业制度的要求，继续探索充分发挥企业党组织政治核心作用的方法和途径。进一步完善国有企业领导班子和领导干部管理体制，把坚持党管干部原则与董事会依法选择经营管理者结合起来，严把选人用人关。重视和支持企业纪检监察工作，发挥其监督保障作用。

认真抓好国有企业领导人员廉洁自律工作，重申并提出以下要求：(1)不准利用职务上的便利通过同业经营或关联交易为本人或特定关系人谋取利益。(2)不准相互为对方及其配偶、子女和其他特定关系人从事营利性经营活动提供便利条件。(3)不准在企业资产整合、引入战略投资者等过程中利用职权谋取私利。(4)不准擅自抵押、担保、委托理财。(5)不准利用企业上市或上市公司并购、重组、定向增发等过程中的内幕信息为本人或特定关系人谋取利益。(6)不准授意、指使、强令财会人员提供虚假财务报告。(7)不准违规自定薪酬、兼职取酬、滥发补贴和奖金。进一步规范职务消费行为，完善收入分配、薪酬管理等制度，研究制定科学合理的股权、期权激励和约束办法。抓紧修订国有企业领导人员廉洁从业若干规定。

进一步加强对国有企业及其领导人员的管理和监督，健全体制机制，整合企业监督力量，形成监督合力。完善"三重一大"集体决策制度，明确集体决定事项的范围和程序，试行票决和程序记录办法。试行国有企业主要负责人任期制，加强任中和离任审计。深入开展企业效能监察，强化企业风险管理，加强对经营管理者履职行为的过程监督。坚持和完善职工代表大会制度，发挥职工群众在民主决策、民主管理、民主监督中的作用。加强对境外国有资产的监管。

三、大力加强纪检监察机关自身建设

多年来，各级纪检监察机关全面履行职责，扎实开展工作，为推进党风廉政建设和反腐败斗争作出了重要贡献。实践证明，纪检监察干部队伍是一支党和人民可以完全信赖的队伍。在新的形势下，各级纪检监察机关要深入学习贯彻党的十七大精神，按照"政治坚强、公正清廉、纪律严明、业务精通、作风优良"的要求，以改革创新的精神切实加强自身建设。

（一）加强思想政治建设，始终与党中央保持高度一致

紧密联系纪检监察工作和干部思想实际，深入学习中国特色社会主义理论体系，坚定中国特色社会主义信念和推进改革发展的信心。认真学习贯彻党章，忠实履行党章赋予的职责，坚决维护党章和党的纪律，坚决维护党和人民的利益。扎实开展理想信念教育、作风教育和党规党纪教育，进一步提高纪检监察干部的思想政治素质。完

善理论学习制度，将集体学习与个人自学结合起来，进一步增强自觉性，努力提高学习效果。发扬理论联系实际的马克思主义学风，弘扬求真务实精神，不断提高运用科学理论分析和解决实际问题的水平。广大纪检监察干部要讲政治、讲党性、讲大局、讲原则，增强政治鉴别力和政治敏锐性，在思想上、政治上、行动上与党中央保持高度一致，始终做党的忠诚卫士、群众的贴心人。

（二）加强纪检监察能力建设，努力提高工作水平

按照加强党的执政能力建设的要求，适应形势和任务的发展变化，不断提高适应社会主义市场经济体制和改革开放要求的能力，对领导干部特别是主要领导干部有效监督的能力，依纪依法查办案件的能力，发展党内民主、维护党员权利的能力，协助党委加强党风建设和组织协调反腐败工作的能力。要切实加强纪检监察机关领导班子建设，提高把握全局、执行政策的能力和水平，并带动纪检监察机关整体工作能力和水平的提高。要重视县级纪检监察机关建设，加强对基层纪检工作的指导。要坚持与时俱进、改革创新，把反腐倡廉工作放在更广领域、更高层次来谋划和部署。在继承优良传统的基础上，认真研究新情况，解决新问题，努力探索新形势下反腐倡廉建设的规律，不断改进工作方式和工作方法。加强组织协调，对于纪检监察机关直接抓的重点工作，要毫不放松，牢牢抓在手上；对于纪检监察机关牵头抓的工作，要发挥主抓作用，同时注意调动相关部门的积极性；对于其他部门承担的反腐倡廉工作，要加强指导、协调、检查，督促有关部门认真履行职责，抓好相关工作的落实。要深入开展调查研究，及时发现和总结基层的好做法、好经验。进一步加强和创新教育培训工作，把纪检监察业务知识和金融、财经、法律、现代科学知识作为教育培训的重要内容，改善知识结构，加强实践锻炼，拓宽工作视野，增强工作本领，努力提高纪检监察工作的专业化水平。

（三）严格教育、管理和监督，增强廉洁自律的自觉性

广大纪检监察干部处于反腐倡廉第一线，面临着腐蚀与反腐蚀的严峻考验。要加强教育，使纪检监察干部筑牢拒腐防变的思想道德防线，以更高的标准、更严的纪律要求自己，努力成为加强学习的模范、真抓实干的模范、严格自律的模范。要健全制度，进一步规范纪检监察工作程序，建立科学严密的业务流程，严格依纪依法规范执纪办案行为，坚决防止以权谋私问题的发生。要加强监督，严格执行各项工作纪律尤其是办案工作纪律和保密纪律，对不适合在纪检监察机关工作的，要坚决调离；对违纪违法的，必须严肃处理。要进一步加大纪检监察干部轮岗和交流力度。纪检监察干部要坚持原则、秉公执纪，严于律己、以身作则，切实做到对党和国家无限忠诚、对腐败分子和消极腐败现象坚决斗争、对广大干部和群众关心爱护、对自己和亲属严格要求，努力树立纪检监察干部可亲、可信、可敬的形象。

同志们，在推进中国特色社会主义伟大事业的进程中，反腐倡廉任务艰巨，纪检监察机关责任重大。让我们高举中国特色社会主义伟大旗帜，更加紧密地团结在以胡锦涛同志为总书记的党中央周围，以更加坚定的信心、更加积极的态度、更加有力的措施，努力开创党风廉政建设和反腐败斗争新局面！

贺国强:切实抓好国有企业党风建设和反腐倡廉工作

中共中央政治局常委、中央纪委书记贺国强在北京市调研时强调,国有企业要认真学习贯彻党的十七大精神和中央经济工作会议精神,以邓小平理论和"三个代表"重要思想为指导,深入贯彻落实科学发展观,扎实推进国有企业党风建设和反腐倡廉工作,为国有企业的改革发展提供有力保证,为全面建设小康社会作出应有贡献。

在燕山石化公司调研时,贺国强指出,国有企业领导班子要以党的十七大和中央经济工作会议精神统一思想认识,坚定搞好国有企业的信心,理清工作思路,加快改革发展步伐。要进一步增强政治意识,确保国有企业改革和发展的正确方向;要进一步增强科学发展意识,实现国有企业又好又快地发展;要进一步增强大局意识,不折不扣地贯彻执行中央关于经济工作的方针政策和重大部署,在国家加强和改善宏观调控中发挥积极作用。

贺国强在与国有企业负责人座谈时指出,要把国有企业反腐倡廉工作作为明年的一项重点任务,摆上突出位置切实抓好。要结合完善公司法人治理结构,健全决策机制和经营管理制度,加强效能监察,形成监督企业领导人员正确行使权力、防止滥用权力的有效机制。要严肃查处企业领导人员违纪违法案件,坚决杜绝以权谋私行为的发生,促进企业领导人员廉洁从业。要加强和改进国有企业领导人员作风建设,引导他们牢记"两个务必",自觉树立"八个方面"良好风气,维护职工合法权益,关心职工群众尤其是困难职工的生产生活,切实做到为民、务实、清廉。

贺国强强调,当前,加强国有企业领导人员廉洁自律工作,需要重申并提出以下要求:不得利用职务上的便利通过同业经营或关联交易为本人或特定关系人获取非法利益;不得相互为对方及其配偶、子女、亲属等从事营利性经营活动提供便利条件;不得在企业资产整合、引入战略投资者等过程中违规决策,谋取私利;不得擅自抵押、担保、委托理财;不得利用企业上市或上市公司并购、重组、定向增发等过程中的内幕消息为本人或特定关系人谋取不正当利益;不得授意、指使、强令财会人员提供虚假财务报告;不得违规自定薪酬、兼职取酬、滥发住房补贴。

贺国强指出,要按照党的十七大提出的要求深入开展党风廉政建设和反腐败工作,坚决查处一批腐败案件,严厉整治一批严重损害群众利益的不正之风,重点解决一批领导干部违反廉洁自律规定的突出问题,制定出台一批反腐倡廉制度规定,努力开创纪检监察工作新局面。

吴官正:标本兼治,注重预防,从源头上防治腐败

中国共产党中央纪律检查委员会第五次全体会议于 2005 年 1 月 10 日在北京开幕。中央纪律检查委员会常务委员会主持了会议。中共中央政治局常委、中央纪委书记吴官正代表中央纪律检查委员会常务委员会作了题为《严肃党的纪律,加大预防力度,深入开展党风廉政建设和反腐败斗争》的工作报告。中央纪委委员 115 人出席了会议。本文是吴官正同志 2005 年 1 月 12 日在中央纪委召开的学习贯彻《建立健全教育、制度、监督并重的惩治和预防腐败体系实施纲要》座谈会上的讲话要点。

最近,中央印发了《建立健全教育、制度、监督并重的惩治和预防腐败体系实施纲要》。我们要认真学习、深刻领会、坚决贯彻,切实把反腐倡廉各项工作落到实处。

建立健全惩治和预防腐败体系,是党中央在总结历史经验、科学判断形势基础上作出的重大战略决策,是我们运用"三个代表"重要思想指导反腐倡廉工作取得的重要成果,反映了我们党对执政规律和反腐倡廉工作规律认识的深化。从党的十三届四中全会到十六大的十三年中,江泽民同志在不同场合特别是连续十次在中央纪委全体会议上发表重要讲话,深刻分析了改革开放和发展社会主义市场经济条件下反腐倡廉面临的新情况、新问题,强调在坚决惩治腐败的同时,要坚持标本兼治、综合治理,加强教育,发展民主,健全法制,强化监督,创新体制,把反腐败寓于各项重要政策措施之中,不断铲除滋生腐败的土壤和条件。以胡锦涛同志为总书记的党中央,明确提出要坚持标本兼治、综合治理、惩防并举、注重预防的方针,抓紧建立健全教育、制度、监督并重的惩治和预防腐败体系。胡锦涛同志对建立健全惩治和预防腐败体系多次提出要求。他在中央纪委第五次全会上明确指出,总体上讲,当前加大预防腐败工作力度,条件基本具备,时机比较成熟。要继续在加强教育、完善制度、强化监督上下功夫,以改革统揽预防腐败的各项工作,经过努力,建立起思想道德教育的长效机制、反腐倡廉的制度体系、权力运行的监控机制,建成完善的惩治和预防腐败体系。

《实施纲要》明确了建立健全惩治和预防腐败体系的指导思想、主要目标、工作任务和基本要求,体现了标本兼治、注重预防、从源头上防治腐败的精神,是当前和今后一个时期深入开展党风廉政建设和反腐败工作的指导性文件,对于提高党的执政能力、落实科学发展观、全面建设小康社会具有重要意义。学习贯彻《实施纲要》,应当注

意把握好以下几个重要问题：

第一，要坚持教育、制度、监督并重。建立健全惩治和预防腐败体系，教育是基础、制度是保证、监督是关键。我们要按照《实施纲要》的要求，结合在全党开展的保持共产党员先进性教育活动，通过加强理想信念和从政道德教育、党的优良传统和作风教育、党纪条规和国家法律法规教育，筑牢拒腐防变的思想道德防线，同时要大力加强廉政文化建设，在全社会形成以廉为荣、以贪为耻的道德价值观念和社会风尚；通过建立健全反腐倡廉基本制度、完善相关法律和规范从政行为、完善对违纪行为的惩处制度，充分发挥制度在惩治和预防腐败中的保证作用；通过加强对领导机关和领导干部、重点环节和重点部位的监督，发挥各监督主体的积极作用，建立健全依法行使权力的制约机制，确保权力正确行使。同时要注重教育、制度、监督相互配套，相互促进，统一于惩治和预防腐败体系之中，共同发挥整体效能。

第二，要坚持依靠发展民主来防治腐败。用发展民主来防治腐败，是我们党反腐倡廉的一条重要经验。《实施纲要》在通过发展民主防治腐败方面作了新的探索。我们要大力发展党内民主，认真贯彻党员权利保障条例，逐步推进党务公开，推进决策的科学化民主化，使广大党员更好地了解、参与和管理党内事务。要进一步发展人民民主，扩大公民有序的政治参与，保证人民依法实行民主选举、民主决策、民主管理和民主监督。要通过建立健全党和国家各项民主制度，不断增强全党全社会的民主意识，切实保障广大党员和人民群众的民主权利，充分发挥人民群众在反腐倡廉工作中的重要作用。

第三，要坚持以改革统揽预防腐败的各项工作。把反腐败寓于各项重要改革措施之中，用改革的办法解决导致腐败现象发生的深层次问题，是有效预防腐败的根本途径。《实施纲要》明确提出要加大治本抓源头工作力度，积极推进各个方面的改革。要认真总结从源头上防治腐败的经验，继续深化干部人事制度、司法体制、行政审批制度改革和财政金融体制、投资体制、国有资产监管等方面的改革，大力推行工程建设项目招标投标、经营性土地使用权出让、产权交易和政府采购等制度，深化政务公开、厂务公开、村务公开，努力减少和遏制腐败现象的发生。

第四，要坚持惩治和预防腐败相统一。惩治和预防是反腐倡廉相辅相成、相互促进的两个方面。《实施纲要》突出了加大预防腐败力度的精神，但是，加大预防力度决不是要放松惩治腐败的工作。有效预防本身就要求严厉惩治，严厉惩治本身又有利于有效预防。我们要按照《实施纲要》的要求，继续保持惩治腐败的力度，加强对政治纪律执行情况的监督检查，坚决查办违反政治纪律的案件。重点查办领导机关和领导干部中滥用权力、谋取非法利益的案件，严肃查办利用人事权、司法权、审批权违纪违法的案件，注意查办发生在基层的以权谋私、与民争利的案件。坚决纠正党员干部中违反规定收送“红包”、跑官要官等问题，促进领导干部廉洁从政。坚决纠正各种损害群众利益的不正之风，维护好人民群众的切身利益。在查办案件工作中，要综合运用法律、纪律、经济处罚、组织处理、限制从业资格等方式，增强办案的政治、经济和社会效果。

第五，要坚持与时俱进、开拓创新。《实施纲要》反映了我们党在反腐倡廉方面积极探索的最新成果，又对反腐倡廉工作必须进一步适应新形势提出了明确要求。建立健全惩治和预防腐败体系是一个动态的开放的系统工程，必须在实践中不断完善和发展。我们要坚持指导思想上的与时俱进，用发展着的马克思主义指导惩治和预防腐败体系的构建工作。要不断研究新情况，总结新经验，使惩治和预防腐败的各项措施更好地适应经济社会发展的要求。要加强国际交流与合作，注意研究国外在反腐倡廉方面的有益做法，并结合我国国情加以借鉴。

贯彻落实《实施纲要》，建立健全惩治和预防腐败体系，关系反腐倡廉工作全局，涉及方方面面，需要做大量艰苦细致的工作。各级党委政府要统筹兼顾，稳步推进，切实把这项工作抓紧抓好。一是要抓好学习和宣传。各地区各部门要认真研究，周密安排，抓好《实施纲要》的学习和培训。要发挥反腐倡廉宣传教育工作格局的作用，通过各种渠道和形式，切实做好宣传工作。二是要结合实际，抓好落实。各地区各部门要把建立健全惩治和预防腐败体系纳入经济社会发展的总体规划，结合实际情况将《实施纲要》的原则要求转化为切实可行的操作措施，认真把反腐倡廉各项工作落到实处。要建立督查、评估、考核、奖惩等工作机制，为建立健全惩治和预防腐败体系提供有效的保障。三是要加强领导，形成合力。要坚持和完善反腐败领导体制和工作机制，认真落实党风廉政建设责任制。各级党委要切实加强领导，主要领导要负总责，及时就重大问题和重要事项作出决策。各级纪委要认真履行职能，发挥组织协调作用，协助党委制定切实可行的实施方案，抓好任务分解和督促检查。各部门要按照责任分工，发挥职能优势，切实抓好本部门本系统的反腐倡廉工作。

吴官正:要从源头上防治腐败

吴官正同志于2006年2月22日在中央统战部举行的党外人士情况通报会上就中共反腐倡廉工作作了报告,本文为报告的一部分。

党的十六大报告明确指出,要"加强教育,发展民主,健全法制,强化监督,创新体制,把反腐败寓于各项重要政策措施之中,从源头上预防和解决腐败问题"。党的十六大以来,以胡锦涛同志为总书记的党中央,坚持以邓小平理论和"三个代表"重要思想为指导,积极探索新形势下反腐败斗争的特点和规律,提出坚持标本兼治、综合治理、惩防并举、注重预防的战略方针,建立健全与社会主义市场经济体制相适应的惩治和预防腐败体系。2005年1月,中共中央颁布了《建立健全教育、制度、监督并重的惩治和预防腐败体系实施纲要》,明确了建立健全惩治和预防腐败体系的指导思想、主要目标、工作任务和基本要求。近几年来,胡锦涛同志在中央纪委全会上的每次重要讲话,都强调了从源头上防治腐败的问题。特别是今年1月在中央纪委第六次全会上的重要讲话中,胡锦涛同志明确提出要通过学习贯彻党章,进一步加大防治腐败的力度。强调既要坚决惩治腐败,又要有效预防腐败;既要坚决纠正不正之风,又要重视解决苗头性、倾向性问题。讲话通篇贯穿了从源头上防治腐败的思想,是指导党的建设特别是反腐倡廉工作的纲领性文件。

从源头上防治腐败的工作,涉及政治、经济、文化和社会等各个方面,是一个互相渗透、互相作用的复杂的系统工程。我们要突出重点,统筹兼顾,整体推进。要在保持查办案件强劲势头的同时,进一步加大预防腐败的力度,努力拓展从源头上防治腐败的领域。在政治领域,按照为民、务实、清廉的要求,树立正确的权力观,强化对权力运行的制约和监督,建立健全防止权力滥用的有效机制;在经济领域,按照透明、公平、诚信的要求,树立正确的利益观,更大程度地发挥市场在资源配置中的基础性作用,建立健全防治商业贿赂等违法犯罪行为的有效机制;在社会文化领域,按照正义、责任、自律的要求,树立正确的道德观,大力加强廉政文化建设,弘扬以廉为荣、以贪为耻的良好风尚,建立健全有利于人民群众积极支持和参与反腐倡廉的有效机制。

坚持反腐倡廉战略方针,建立健全惩治和预防腐败体系,进一步加大从源头上防治腐败的力度,反映了我们党对反腐倡廉规律认识的不断深化,具有鲜明的时代特征,也是反腐倡廉工作向纵深发展的必然要求。

从经济社会发展的大背景看。我国经济已保持二十多年快速增长，2005 年人均 GDP 达到 1700 美元，正由人均国内生产总值 1000 美元向 3000 美元过渡，工业化、城镇化、市场化、信息化、国际化和经济结构调整加速，是发展机遇期，也是矛盾凸显期。随着我国经济成分、组织形式、就业方式和分配方式的多样化，社会利益关系日趋多样化，发展不平衡问题日益突出。人们思想观念活跃，追求和实现利益的意识增强，但是拜金主义、享乐主义和极端个人主义等腐朽思想也有所滋长。加上法律和制度建设滞后，一些行政行为、市场行为和企业行为短期内难以得到有效规范，各种社会问题就容易大量出现。当前腐败现象在一些领域易发多发，就同这个大背景密切相关。解决这些问题，必须深化经济、政治、文化和社会等各方面的改革，着力推进体制、机制和制度创新，进行综合治理，逐步铲除滋生腐败的土壤和条件。同时，经过二十多年的改革开放，我国综合国力大幅度提高，经济体制改革取得重大进展，政治文明建设、精神文明建设成效显著，反腐倡廉工作也积累了一些经验。从总体上讲，当前加大预防腐败的工作力度，条件已经基本具备，时机也比较成熟。从反腐倡廉工作的发展趋势看，改革开放二十多年来，惩治腐败这一手我们从来没有放松过，对腐败分子从来没有手软过。实事求是地讲，在惩治腐败方面没有哪个国家比我们更坚决的了。同时，反腐倡廉的实践反复证明，如果我们只注重惩治而忽视预防，腐败现象就会查不胜查。这些年，我们在坚决遏制腐败蔓延势头的同时，不断加大从源头上治理腐败的力度，取得了明显的成效。比如，前些年一些领导干部利用制度上的漏洞和手中的权力，通过批地谋取私利，随着土地管理制度的改革和完善以及相应市场的建立，这种现象在逐步减少。再如，随着行政审批制度改革的深入，许多行政审批项目被取消或调整，通过行政审批谋取私利的腐败现象也在逐步减少。几年前，我国东南沿海一些市场经济发育较早的地区，开始积极探索建立惩治和预防腐败体系，把工作重心向源头治理转移，取得了好的效果。实践是不断发展的，我国的反腐倡廉工作，大体经历了从十五大以前的标本兼治、侧重遏制，到十五大以后的标本兼治、综合治理、逐步加大治本力度，再到十六大以来的标本兼治、综合治理、惩防并举、注重预防这样三个阶段。这也说明，进一步加大防治腐败的力度，是我国反腐倡廉工作不断深入发展的必然趋势。

从国际反腐败的基本经验看。注重预防，是目前国际上应对腐败的普遍做法。一些国际组织提出要构建国家廉政体系的反腐败战略，其核心就是改革、注重预防和整体推进。考察世界许多国家特别是西方主要发达国家，反腐败大多也着眼于预防。北欧一些国家腐败发案率比较低，很重要的原因，就是这些国家在发展市场经济的过程中，注重对权力的制约和监督，注重对公职人员和国民的廉洁教育，逐步建立了一套预防腐败的制度。《联合国反腐败公约》把预防腐败作为基本宗旨，反映了国际社会在反腐败问题上的共识。公约特别强调，不同的腐败现象往往是相互联系的，反腐败必须着眼于系统性和整体性，指出要在有效打击腐败的基础上切实做好预防腐败的工作，在发挥专门机关作用的同时动员社会力量广泛参与。因此，进一步加大从源头上防治腐败的力度，也是对国际反腐败经验的吸收和借鉴。

中国自古就讲"万事防为先"、"防患于未然"、"防微杜渐"等道理。古人说，"良医者，常治无病之病，故无病；圣人者，常治无患之患，故无患"。《鹖冠子》中有一个故事：

魏文王问名医扁鹊，你们家兄弟三人，到底哪一位医术最好呢？扁鹊回答，大哥最好，二哥次之，我最差。文王问，那为什么你最出名呢？扁鹊说，我大哥治病，是治病于未发之前。由于一般人不知道他事先能铲除病因，所以他的名气无法传出去。我二哥治病，是治病于初起之时。一般人以为他只能治轻微的小病，所以他的名气只传于乡里。而我治病，是在病情严重之时，所以大家认为我的医术高明，名气因此响遍全国。这个故事说明了"良医治未病"的道理。我们深入推进反腐倡廉工作，也要加大预防力度，像扁鹊的大哥那样，治病于未发之前。发现一些同志有苗头性问题，要像扁鹊的二哥那样，治病于初起之时，与人为善，早打招呼，改了就好。对腐败分子，要像扁鹊那样，动手术，下猛药，严肃查处，坚决清除出党员干部队伍。

吴官正：拓宽从源头上防治腐败工作领域

胡锦涛同志在庆祝中国共产党成立85周年暨总结保持共产党员先进性教育活动大会上的重要讲话，是新形势下全面推进党的建设新的伟大工程的纲领性文献，对深入开展党风廉政建设和反腐败斗争具有重要指导意义。

一、坚持不懈地开展反腐倡廉工作

我们要深刻认识反腐倡廉工作的长期性、复杂性、艰巨性，把反腐倡廉工作作为加强党的先进性建设的重大战略任务，持之以恒地抓紧抓好，一刻都不能放松。党的建设包括反腐倡廉工作，不重视不行，不抓紧不行，不下大气力抓也不行，否则就会影响党的先进性的充分发挥。

改革开放以来，深刻变化的国际国内环境给党员队伍和党的自身建设带来了很大影响，使保持和发展党的先进性面临许多新情况、新考验。江泽民同志2001年就指出："抓住作风建设，就抓住了新形势下全面推进党的建设的一个十分重要的环节，抓住了提高党的领导水平和执政水平、提高拒腐防变和抵御风险能力的一个十分重要的切入点。"我们党的作风状况总的是好的，但是仍然存在一些比较严重的问题。比如，有的党员干部思想意识不好，说假话，沽名钓誉；有的搞形式主义，急功近利，甚至弄虚作假；有的与民争利，利用职权谋取非法利益；有的本位主义严重，对中央的决策搞"上有政策、下有对策"；有的贪图享受，讲排场、比阔气，挥霍公款、奢侈浪费；有的沉湎于灯红酒绿，生活糜烂；有的收送钱财，甚至买官卖官。这些不仅败坏党风，也毁掉一批干部。如果听任不良作风侵蚀党的肌体，就会严重损害党群干群关系，丧失党的先进性。我们必须高度重视，采取有力措施加以解决。

查办案件是党章赋予纪检机关的重要职责，任何时候都要抓得很紧。中国古代有"扁鹊三兄弟"的故事，对我们开展反腐倡廉工作启示很大。反腐倡廉要加大预防力度，像扁鹊大哥那样，治病于未发之前；发现同志有问题要早打招呼，像扁鹊二哥那样治病于初起之时；对腐败分子，要像扁鹊那样动手术、下猛药，务必严肃查处。当前，从总体上讲，违纪违法案件有所下降，但在一些地方和部门仍然呈现多发态势。一是极少数高级干部的违纪违法案件影响很坏。二是市（地）级和县（处）级领导干部违纪违法案件中涉及党政主要领导干部的案件比例较高。三是有的地方和部门大案时有发生，有的涉案人员多达几十人。四是有些基层党员干部违纪违法问题比较严重，群众反应强烈。我们要继续保持查办案件的高压态势，依纪依法严肃查办领导干部滥用权力、谋取私利、贪污贿赂、腐化堕落、失职渎职等方面的案件，重点查处利用人事权、司法权、行政审批权、行政执法权谋取非法利益的案件，查处工程建设、土地出让、产权交易、医药购销、政府采购、资源开发和经销等重点领域的商业贿赂案件。要深挖腐败分子，震慑腐败分子，让他们政治上身败名裂，经济上倾家荡产，思想上后悔莫及。

我们党历来坚持党要管党、从严治党。实践证明，中国共产党是一个好党，社会主义制度是一个好制度。同时也要看到，我国正处于体制深刻转换、结构深刻调整和社会深刻变革的历史时期，要把反腐倡廉工作贯穿于改革开放和现代化建设的全过程，通过改革和发展逐步铲除腐败现象滋生蔓延的土壤和条件。

二、拓宽从源头上防治腐败工作领域

反腐倡廉工作要树立和落实科学发展观，适应中国特色社会主义事业总体布局的要求，把反腐倡廉工作融入政治、经济、文化、社会建设之中，坚持标本兼治、综合治理、惩防并举、注重预防的方针，建立健全教育、制度、监督并重的惩治和预防腐败体系，努力形成有效防治腐败的新机制，促进社会主义经济建设、政治建设、文化建设、社会建设全面发展。

（一）在政治领域防治腐败，必须抓住正确行使权力这个关键

发展社会主义民主政治，建设社会主义政治文明，必须坚持党的领导、人民当家作主和依法治国的有机统一，必须坚持科学执政、民主执政、依法执政和廉洁施政，必须加强对权力运行的制约和监督。

加强对权力运行的制约和监督，是有效预防腐败的关键。要注意抓好以下几方面的工作：一是要建立健全决策权、执行权、监督权既相互制约又相互协调的权力结构，把对权力的科学配置与对领导干部的有效监督结合起来。二是要严格组织人事纪律。现在，有的地方干部“带病提拔”和跑官要官、买官卖官的问题时有发生。今明两年，地方各级党委集中分批换届，中央对这项工作高度重视，各级纪检机关一定要认真负责，协助组织部门把好关。要重视对拟提名、提拔的省、市、县后备干部的信访及有关问题的反映，对他们的考察不仅要了解政治立场、工作表现和廉洁情况，还要注意思想道德和生活作风方面的情况。三是要关口前移，加强事前监督和事中监督。几年来，我们建立和完善巡视制度，加强了对省、市、县领导班子特别是主要领导干部的监督。要认真总结经验，不断改进工作。要注意选配好巡视组组长、副组长。省、市、县、乡纪委书记一定要选配刚正不阿、清正廉洁的优秀干部。

党内民主是党的生命。这些年来，各地完善全委会投票表决制度，实行重大决策征求意见制度，逐步推进党务公开，效果是好的。要坚持和完善民主集中制，以保障党员民主权利为基础，以完善党的代表大会制度和党的委员会制度为重点，从改革体制机制入手，建立健全充分反映党员和党组织意愿的党内民主制度，保障党员充分行使知情权、参与权、选择权、监督权。要把发展党内民主与维护党的集中统一起来，保证全党高度一致。

严明政治纪律是开展反腐倡廉工作的重要保证。政治纪律加强了，有利于中央政

令的畅通，有利于防止不正之风和腐败现象的发生。要按照中央要求，加强对科学发展观贯彻落实情况的监督检查，促进中央重大决策部署落到实处；加强对地方党委换届工作的监督检查，防止选人用人上的不正之风；加强对公务员法执行情况的监督检查，促进公务员工资制度改革顺利进行。

（二）在经济领域防治腐败，必须抓住建立健全正确利益导向机制这个核心

坚持以经济建设为中心，不断解放和发展社会生产力，是解决我国社会一切矛盾和问题的根本途径。社会主义市场经济体制的逐步完善，为防治腐败创造了有利条件。我们要坚持用发展的思路和改革的办法，建立健全正确的利益导向机制，逐步减少违纪违法案件的发生。

要发挥市场在资源配置中的基础性作用。一些地方从规范市场秩序入手，发展有形建筑市场、土地交易市场、产权交易市场，在防治腐败方面发挥了积极作用。但也要看到，目前在工程建设领域，规避招标、虚假招标等问题还比较严重，领导干部违规违法干预的情况时有发生，必须采取有力措施解决这些问题。要继续推进行政审批制度、财税体制、投资体制和金融体制改革，进一步完善工程建设项目招标投标等制度，建立健全监管机制，逐步减少权力“寻租”的机会。

要完善领导干部廉洁从政行为规范，防止利益冲突。上个世纪 90 年代以来，中央和国家机关有关部门制定限制领导干部配偶子女从业范围等具体规定，对促进领导干部廉洁自律起到了积极作用。要针对少数领导干部“官商勾结”、“投资入股”、“期权化”和生活作风腐化等问题，不断完善和落实相关规定。

要认真做好治理商业贿赂专项工作。按照中央的部署，坚决纠正不正当交易行为，着力查处商业贿赂案件，积极探索防治商业贿赂的长效机制。一些国际反腐败组织认为，预防腐败应从限制受贿方拓展到限制行贿方，从规范权力运行拓展到规范商业行为，从规范公营部门行为拓展到规范私营部门行为，这是有一定道理的。我国一些地方和部门注意强化行业管理和行业自律，加快社会信用体系建设；建立信用情况记录在案的制度，限制或取消违规商户的市场准入资格；金融机构和公安机关加大对洗钱行为的打击力度。这些做法都是符合市场规则、有助于防治腐败的有益探索。

何勇：认真学习贯彻胡锦涛同志重要讲话精神，着力加强以完善惩治和预防腐败体系为重点的反腐倡廉建设

2008年1月19日至20日在海口市召开华东、中南、西南地区惩治和预防腐败体系建设工作座谈会。中共中央书记处书记、中央纪委副书记何勇在会上强调，要认真学习贯彻党的十七大精神和胡锦涛同志在第十七届中央纪委第二次全会上的重要讲话精神，进一步提高对完善惩治和预防腐败体系重要性和紧迫性的认识，切实加强领导，采取有效措施，着力加强以完善惩治和预防腐败体系为重点的反腐倡廉建设，为完成党的十七大提出的各项任务提供有力保证。

何勇指出，胡锦涛同志在第十七届中央纪委第二次全会上的重要讲话，是加强反腐倡廉建设的纲领性文献，对于深入开展党风廉政建设和反腐败斗争，全面推进党的建设新的伟大工程，不断开创中国特色社会主义事业新局面，具有十分重大的意义。各级纪检监察机关和广大纪检监察干部一定要认真学习、深刻领会、坚决贯彻胡锦涛同志的重要讲话精神，结合学习贯彻党的十七大精神和第十七届中央纪委第二次全会工作报告精神，以更加坚定的信心、更加务实的作风、更加积极的态度、更加有力的措施，抓好党风廉政建设和反腐败斗争各项任务的落实。

何勇强调，推进惩治和预防腐败体系建设是发展中国特色社会主义的重要举措，是深入贯彻落实科学发展观的有力保证，是提高党的执政能力、保持和发展党的先进性的必然要求，是加强反腐倡廉建设的重点任务。

何勇要求，要以党的十七大精神为指导，不断把惩治和预防腐败体系建设引向深入。要坚持围绕中心，服从和服务于党和国家工作大局；要以改革精神推进制度建设，以创新思路寻求治本办法，更加科学有效地防治腐败；要坚持惩防并举，既坚决查处违纪违法案件，又加大预防工作力度；要坚持统筹协调，整体推进反腐倡廉各项工作；要抓住重要领域和关键环节，力求取得突破；要重在建设，不断认识和把握反腐倡廉规律。要抓紧制定和实施《建立健全惩治和预防腐败体系2008～2012年工作规划》，把推进惩治和预防腐败体系建设列入党委重要议事日程，实行党政齐抓共管。各级纪委要协助党委抓好《工作规划》的落实，在抓深入、抓提高、抓落实上下功夫，把各项工作做细、做实、做具体。

马驭：扎实推进重要领域重点部位和关键环节预防腐败工作

2008年1月10日，中央纪委副书记、监察部部长兼国家预防腐败局局长马驭在北京市调研时强调，要以党的十七大精神为指导，认真学习、深刻领会、坚决贯彻党的反腐倡廉理论，充分认识加强预防腐败工作的重要意义，把思想统一到中央的决策和部署上来，坚持惩治和预防腐败两手抓，两手都要硬，不断取得新进展新成效，推动反腐倡廉建设向纵深发展。

加强预防腐败工作，是马驭此次调研的重点。她指出，要坚持反腐倡廉战略方针，围绕完善惩治和预防腐败体系，不断拓展从源头上防治腐败工作领域。要抓住防止权力滥用这个关键，抓住防止谋取非法利益这个重点，把预防腐败融入经济建设、政治建设、文化建设、社会建设之中，用发展的思路和改革的办法创新制度，逐步形成预防腐败的体制和机制，扎实推进有效预防腐败工作。马驭要求，当前和今后一段时间，在整体推进预防腐败工作中，要着力在一些容易滋生腐败的重要领域和关键环节，积极开展源头治理，努力取得突破。一要进一步推进行政管理体制、财政管理体制、投资体制、金融体制、干部人事制度、司法体制等改革，深化政务公开，促进国家机关和公务员严格依照法定权限和程序行使权力，防止权力滥用。二要进一步完善公共资源配置机制，更大程度地发挥市场在资源配置中的基础性作用，减少行政权力对微观经济活动的干预，建设公开、公平、公正和竞争有序的“阳光市场”，防止暗箱操作。三要不断拓宽预防腐败工作的领域和视野，加强国有企业反腐倡廉建设，规范社会组织从业行为；建立预防腐败信息系统、信息共享和腐败预警机制；加强廉政文化建设，动员广大人民群众积极支持参与预防腐败工作。马驭强调，要坚持反腐败领导体制和工作机制，在党委的统一领导下，强化党风廉政建设责任制，建立健全组织协调机制，整合预防腐败的资源，形成预防腐败的整体合力。要加强预防腐败的制度建设，认真组织重点领域、重点行业相关制度的廉政风险评估，查找漏洞，提出完善制度的建议，并提高制度的执行力。要尊重基层的首创精神，鼓励大胆探索，勇于实践，及时总结和推广新鲜经验，注意借鉴国际社会预防腐败的有益做法，不断探索预防腐败的新路子。

马驭同志在国家预防腐败局成立新闻发布会上的讲话

（2007 年 9 月 13 日）

同志们、朋友们：

上午好！感谢大家前来参加国家预防腐败局成立新闻发布会。下面，我向大家介绍一下为什么要成立这个机构、成立这个机构有什么意义以及下一步如何开展预防腐败工作。

一、为什么要成立国家预防腐败局

党中央、国务院历来高度重视预防腐败工作。成立国家预防腐败局，是党中央、国务院科学判断形势，为深入推进预防腐败工作采取的一项重大举措，是我国反腐倡廉建设向纵深发展的必然要求。

首先，成立国家预防腐败局是坚持反腐倡廉战略方针，构建惩治和预防腐败体系的需要。上世纪 90 年代，我们党确立了加强领导干部廉洁自律、严肃查办违纪违法案件、认真纠正部门和行业不正之风反腐败三项工作格局，并取得比较明显成效。在实践中反腐败斗争又从侧重惩治逐步转到标本兼治、综合治理的轨道。进入新世纪新阶段，我国社会主义市场经济体制不断完善，民主法制不断健全，精神文明建设不断加强，反腐倡廉工作深入开展，加大预防腐败力度的条件基本具备，时机比较成熟。以胡锦涛为总书记的党中央，审时度势，确定了“标本兼治、综合治理、惩防并举、注重预防”的反腐倡廉战略方针、部署了建立健全惩治和预防腐败体系的重大任务，预防腐败在反腐倡廉建设中的地位和作用越来越突出。设立专门的国家预防腐败机构，是贯彻反腐倡廉战略方针，推进惩治和预防腐败体系建设的一项重要组织措施。

从实际工作情况看，各地区、各部门在推进惩治和预防腐败体系建设中，加强教育、完善制度、强化监督、深化改革，在预防腐败方面做了大量工作。但是，也存在一些薄弱环节。一是综合协调机制不健全，不能很好地形成预防腐败的合力，影响了一些涉及多个部门的预防腐败的重大改革措施深入推进。二是对企事业单位、社会团体、中介机构等社会组织中的预防腐败工作，缺乏组织指导，导致预防腐败工作没有涵盖全部社会生活，影响了预防腐败工作的整体效果。三是由于缺少预防腐败的专门机构，影响了这项工作专业化、规范化、制度化水平的提高。因此，设立专门的国家预防腐败机构有利于对预防腐败工作进行统筹规划、综合协调、整体推进，是更加有效开展预防腐败工作的需要。

其次,成立国家预防腐败局是履行《联合国反腐败公约》的需要。2003 年 10 月,第 58 届联合国大会通过了《联合国反腐败公约》。这部《公约》汇集了世界各国在市场经济条件下治理腐败的经验,提出预防和打击并重的原则,强调在打击腐败的同时,要综合运用立法、司法、行政等多种手段来预防腐败。2005 年 10 月,十届全国人大常委会审议并批准了《公约》。这样,设立专门预防腐败机构就成为我国履行《公约》的一项组织措施。

二、成立国家预防腐败局的意义

国家预防腐败局是我国第一次设立的国家级专门预防腐败的机构,必将促进我国预防腐败工作进一步深入开展。

(一)有利于协调各部门预防腐败机构的力量,形成预防腐败的整体合力。国家预防腐败局首要的职责是负责全国预防腐败工作的组织协调、综合规划、政策制定、检查指导。随着改革的深入,有些根本性、综合性的从源头上预防腐败措施需要多个部门协同配合才能有效实施,国家预防腐败局可以在其中发挥组织协调作用,保证目标的实现。

(二)有利于拓展工作领域,形成全社会预防腐败的良好局面。国家预防腐败局的工作范围除了涵盖党和国家机关外,还将企业、事业单位以及社会团体、中介机构等各类社会组织纳入了预防腐败统一协调、综合指导的范围,拓展了预防腐败的工作领域和覆盖面,有利于增强预防腐败工作的整体效果。

(三)有利于增强预防腐败能力,提高预防腐败工作的专业化水平。成立国家预防腐败局,我们就有了一支专门的队伍,能够长期专注于预防腐败工作。通过采集、分析有关信息,建立反映廉政状况的指标体系,深入腐败高风险的领域和部位,建立腐败预警机制,推动制定和实施预防腐败的法规制度和政策措施,从而提高预防腐败的前瞻性、预见性和针对性,增强组织协调和监督指导的主动性。

(四)有利于加强预防腐败的国际交流与合作。腐败是国际社会共同面临的课题。通过国际交流与合作来预防和打击腐败,是国际社会的共识。加强这方面工作,有助于形成对我国反腐败有利的国际舆论环境,有利于借鉴国际社会预防腐败的经验,促进国内的反腐倡廉建设。成立国家预防腐败局,是我国履行《公约》规定义务的重要体现,展示了我国负责任大国的良好形象,向全世界展示了我们党和国家预防腐败的坚强决心和有力措施,对我国今后开展预防腐败的国际合作,将产生重要而积极的影响。成立国家预防腐败局还使我国开展预防腐败国际交流与合作和国际援助有了归口机构,有利于这项工作的统筹规划,统一部署和协调行动。

三、积极探索,扎实有效地推进预防腐败工作

国家预防腐败局下一步如何开展工作,是大家比较关心的一个问题。这里,我简要作一些介绍。

对于当前和今后一个时期的预防腐败工作,胡锦涛总书记在今年 6 月 25 日中央

党校的重要讲话中作了深刻阐述，为我们指明了方向。他指出：要坚持"标本兼治、综合治理、惩防并举、注重预防"的方针，建立健全教育、制度、监督并重的惩治和预防腐败体系，在坚决惩治腐败的同时，更加注重治本，更加注重预防，更加注重制度建设。我们要按照这一重要讲话精神来开展预防腐败工作。

总的来说，我们要认真总结各地区、各部门在预防腐败方面已有的工作经验，积极借鉴国际上的有益经验，努力把预防腐败工作引向深入。要以加强对权力运行监督制约为重点，采取有效措施防止权力滥用。我们拟从四个方面入手开展工作：一是加强对预防腐败工作全局性、战略性问题的研究，增强工作的针对性、主动性。深刻领会、准确把握国家预防腐败局的职责和定位，建立必要的组织协调机制，尽快正常运行。二是积极探索，通过深化改革，从源头上解决腐败问题。对一些腐败易发多发领域和环节，组织各方面的力量，开展专题调研，提出治本对策建议。三是加强预防腐败的政策研究，不断创新和完善预防腐败的各项制度，着力推动制度的落实，逐步实现预防腐败工作的规范化和法制化。四是集思广益，群策群力，逐步形成各部门通力合作，齐抓共管，全社会共同参与预防腐败的良好局面。

如何正确履行国家预防腐败局职能，从国家层面上加强预防腐败工作，是一个新的课题，需要我们在今后的工作中积极探索、努力实践。党的十七大即将胜利召开，我们要认真学习贯彻十七大精神，按照十七大对反腐倡廉建设的部署，扎实有效地推进预防腐败工作。

同志们，朋友们！国家预防腐败局是一个新的机构，需要社会各界关心、支持、帮助，并给予监督。国家预防腐败局全体同志一定不辱使命，努力工作，清正廉洁，履行职责，不辜负党和人民的信任和期望。

我就讲这些，谢谢大家。

屈万祥同志在国家预防腐败局成立新闻发布会上的讲话

（2007 年 9 月 13 日）

新闻界的各位朋友，同志们：

刚才，中央纪委副书记、监察部部长、国家预防腐败局局长马驭同志介绍了为什么要成立国家预防腐败局、成立这个机构的意义以及下一步如何开展预防腐败工作的情况。下面，我再介绍一下国家预防腐败局从酝酿到设立的简要过程、国家预防腐败局的职责和组织机构。

一、关于国家预防腐败局从酝酿到设立的简要过程

成立国家预防腐败局从动议到中央批准，历时四年多，应当说经过了充分的研究论证。早在《联合国反腐败公约》拟订谈判过程中，我国代表团就认真研究了设立专门预防腐败机构的问题，并同意在《公约》中写入该内容。2003 年 12 月，我国政府签署《公约》后，经中央同意，中央纪委、监察部会同 15 个部门，组成了研究实施《公约》工作协调小组。经过一年多的努力，形成了报送中央的《关于批准〈联合国反腐败公约〉并解决相关重要问题的意见》，其中的建议之一是“设立国家预防腐败局”。2005 年 6 月，中央原则同意了该意见。

2005 年 10 月全国人大常委会批准《公约》后，为切实履行好《公约》，中央纪委、监察部继续会同有关部门开展研究实施《公约》的有关工作。其中一项重要任务，就是研究提出设立国家预防腐败局的具体方案。2006 年 1 月，中央纪委、监察部成立专门工作小组承办这项工作，提出了初步方案。这个方案经中央纪委监察部认真研究后上报中央编办。2007 年 3 月，中央编办将《关于设立国家预防腐败局的请示》呈报中央审批。5 月 31 日，中央正式批准设立国家预防腐败局。

二、关于国家预防腐败局的职责

根据中央的批复，国家预防腐败局的职责有三项：

第一项职责是：负责全国预防腐败工作的组织协调、综合规划、政策制定、检查指导。

这是国家预防腐败局的首要职责，内容主要包括以下四个方面：

一是加大组织协调力度，建立预防腐败协调机制。按照党中央、国务院和中央纪

委全会关于预防腐败的工作部署，组织协调各地区、各部门贯彻落实。抓好分工协作，建立相关部门工作协调机制，及时组织研究解决工作中遇到的问题。积极参与《建立健全教育、制度、监督并重的惩治和预防腐败体系实施纲要》的组织实施工作。

二是加强综合规划，统筹安排，有计划、分步骤地推进预防腐败工作。要组织有关部门采集、分析与腐败相关的信息，建立信息共享机制；要分析识别腐败高风险的领域和部位，建立反映廉政状况的指标体系；要及时汇总相关信息，分析评估各地区、各部门预防腐败工作情况和效果，提出工作建议和规划。

三是搞好政策制定和制度建设，充分发挥政策的指导作用和制度的保证作用。通过组织评估改革措施的廉政风险，推动建立腐败预警机制，将预防腐败的要求和措施体现在有关改革措施和政策规定之中。要广泛听取各部门、相关社会组织、专家学者和人民群众的意见，集思广益，制定和组织制定预防腐败政策和法规制度，提高这项工作的规范化、法制化水平。

四是强化检查指导，推动工作落实。要加强对党中央、国务院和中央纪委关于预防腐败的决策和部署贯彻执行情况以及相关政策法规执行情况的监督检查，注意发现工作中的问题和不足，及时研究提出改进和解决的对策；搞好分类指导，组织开展预防腐败措施的试点工作；严格责任考核，强化责任追究。

第二项职责是：协调指导企业、事业单位，社会团体、中介机构和其他社会组织的防治腐败工作。

这是国家预防腐败局的一项有特色的职能，也是预防腐败工作进一步深化的重要体现。以往我们还没有一个专门机构负责在社会领域中开展预防腐败工作。腐败不仅发生在党政机关、公共领域和公职人员中，也会发生在各种非公共领域、私营机构及其工作人员中；不仅出现在国内交往中，也会出现在国际交往中。这是国际社会的共识。《联合国反腐败公约》也对加强私营部门的防治腐败工作作出了规定。预防腐败是一项需要全社会共同努力做好的工作。加强社会组织防治腐败工作是社会建设的重要组成部分。国家预防腐败局在这方面的职责主要包括：指导企业、事业单位，社会团体、中介机构和其他社会组织开展预防腐败工作；协助有关行业组织建立行业自律制度和机制；在商务活动领域防范商业贿赂；在农村自治组织和城市社区开展预防腐败工作；在全社会开展廉洁教育，加强对廉政文化建设的指导，宣传预防和揭露腐败的办法和措施，提高社会各界防范和抵制腐败的能力。

第三项职责是：负责预防腐败的国际合作和国际援助。

这项职责是《联合国反腐败公约》对缔约国预防腐败机构的要求。在人员、资金跨国流动日趋频繁的全球化背景下，许多腐败问题单纯依靠一国的力量难以解决，加强国际合作和国际援助已经成为有效防治腐败的重要手段。这方面的工作主要包括：在《公约》框架下，根据我国对外工作的需要以及所承担的国际义务，借鉴国外预防腐败的经验，改进国内预防腐败工作；在符合我国国家利益的前提下，争取国际组织或外国对我国进行技术支持和相关帮助；对发展中国家的预防腐败工作提供力所能及的援助；与国际组织和相关国家开展积极、稳妥的信息情报交流；加强各种国际交往中的预防腐败工作，维护国家形象。

三、关于国家预防腐败局的组织机构

根据中央批准的“三定”方案，国家预防腐败局列入国务院直属机构序列，在监察部加挂牌子。国家预防腐败局局长由中央纪委副书记、监察部部长兼任，副局长设两位，其中一位由监察部副部长兼任，另设一位副部长级的专职副局长主持日常工作。国家预防腐败局下设办公室，作为办事机构，承担国家预防腐败局的日常工作。该办事机构核定行政编制 30 名，其中 20 名从中央纪委、监察部已有行政编制中划转，新增 10 名。同时国家预防腐败局办公室又是中央纪委、监察部内设的预防腐败室，由国家预防腐败局专职副局长兼任中央纪委预防腐败室主任。在目前中央纪委、监察部合署办公的体制下，这样设置既有利于集中统一指挥，形成工作合力，又可避免机构重复，收到减少编制、节约行政成本的效果。

国家预防腐败局主要是组织协调、综合规划、政策制定和检查指导，不直接承担各部门各单位业务范围内的预防腐败工作。在这方面，国家预防腐败局主要是支持和配合他们开展工作。

我就讲这些，谢谢大家。

如何建立健全教育、制度、监督并重的惩治和预防腐败体系

——中央纪委副书记、起草工作领导小组组长刘峰岩权威解读《实施纲要》

一、党中央颁布《实施纲要》的重大意义

党风廉政建设和反腐败斗争关系党的生死存亡。党越是长期执政,反腐倡廉的任务越艰巨,越要坚定不移地反对腐败,越要提高拒腐防变和抵御风险的能力。新形势下,为深入开展党风廉政建设和反腐败斗争,密切党同人民群众的血肉联系,以胡锦涛同志为总书记的党中央,认真总结历史经验,科学判断形势,深入分析腐败现象产生的原因,从加强党的执政能力建设的战略高度,明确提出坚持标本兼治、综合治理、惩防并举、注重预防的方针,抓紧建立健全教育、制度、监督并重的惩治和预防腐败体系。

这是党中央从完成经济社会发展的重大任务和巩固党的执政地位的全局出发,为做好新形势下反腐倡廉工作作出的重大战略决策,是我党对执政规律和反腐倡廉工作规律认识的进一步深化,是从源头上防治腐败的根本举措,对于提高党的执政能力、巩固党的执政地位,具有极其重要的意义。《实施纲要》是当前和今后一个时期深入开展党风廉政建设和反腐败工作的指导性文件。

二、《实施纲要》的基本精神是什么

一是坚持与完善社会主义市场经济体制、发展社会主义民主政治、建设社会主义先进文化、构建社会主义和谐社会相适应。强调不断拓宽从源头上防治腐败的领域,加强社会主义民主政治建设,加强对权力运行的制约和监督,加强廉政文化建设,坚持把最广大人民的根本利益作为制定政策、开展工作的出发点和落脚点,维护社会安定团结。

二是坚持教育、制度、监督并重。全面考虑教育、制度、监督之间的紧密关系,既突出每个方面的特点,又注重三者相互配套,相互促进,使之统一于惩治和预防腐败体系之中,共同发挥整体效能。

三是坚持标本兼治、综合治理,加大预防腐败的力度。坚持惩治和预防相辅相成、互为补充,强调在坚决惩治腐败、遏制腐败现象易发多发势头的同时,采取更有力的措

施加大治本力度，不断铲除腐败现象滋生蔓延的土壤，努力从根本上遏制和减少腐败现象的发生。

四是以改革统揽预防腐败的各项工作，强调要用发展的思路审视和筹划反腐倡廉工作，不断深化改革、创新体制机制制度，积极推进各方面的改革。

三、文件在教育、制度、监督三方面提出哪些重要预防腐败的措施

在教育方面，《实施纲要》明确提出：一是以领导干部为重点进行反腐倡廉教育。二是面向全党全社会进行反腐倡廉教育，大力加强廉政文化建设。三是完善反腐倡廉宣传教育工作格局，把反腐倡廉宣传教育纳入党的宣传教育总体部署，形成反腐倡廉宣传教育的强大合力。

制度方面，从反腐倡廉基本制度和从源头上治理腐败的制度两个方面提出了许多反腐倡廉具体制度。关于建立健全反腐倡廉基本制度，提出“四个完善”：一是完善对权力制约和监督的制度。二是完善反腐倡廉相关法律和规范国家工作人员从政行为的制度。三是完善对违纪违法行为的惩处制度。四是完善反腐败领导体制、工作机制。在推进从源头治理腐败的制度改革和创新方面提出了“六项改革”、“三个公开”、“四个规范”。同时，强调提高制度建设的质量和水平，实现制度建设的与时俱进。

监督方面，从监督对象、重点环节和重点部位及监督主体提出了许多重要措施。一是提出要加强对领导机关、领导干部特别是各级领导班子主要负责人的监督。二是提出要加强对干部选拔任用工作、财政资金运行、国有资产和金融等环节和部位权力行使的监督。三是提出要充分发挥党内监督、人大监督、政府专门机关监督、司法监督、民主监督和社会监督等监督主体的积极作用，提高监督的整体效能。

四、在惩治和预防腐败体系中如何发挥惩治的重要作用

惩治有力，才能增强教育的说服力、制度的约束力和监督的威慑力。面对当前一些领域腐败现象仍然易发多发的态势，一要以查处发生在领导机关和领导干部中滥用权力、牟取私利的违纪违法案件为重点，严厉惩处腐败分子。二要严格依纪依法办案，提高执纪执法水平。坚持实事求是，坚持惩治腐败与保护党员干部权利并重，正确运用政策和策略，加强纪检、审判、检察、公安等执纪执法机关之间的协调配合，综合运用法律、纪律、经济处罚等方式和手段，增强办案的政治、经济和社会效果。三要发挥好查办案件的治本功能。针对案件中暴露的问题，深入剖析，举一反三，查找体制机制制度方面的原因，建章立制，堵塞漏洞，逐步铲除腐败现象滋生蔓延的土壤。

五、如何保障《实施纲要》的全面贯彻落实

一要认真学习领会《实施纲要》的精神实质，把学习贯彻《实施纲要》与学习贯彻胡锦涛同志的重要讲话精神结合起来，与开展保持共产党员先进性教育活动结合起来，与贯彻落实中央纪委第五次全会的工作部署结合起来，统一思想，提高认识，加强领导，列入议程，把贯彻落实《实施纲要》作为关系经济社会发展和巩固党的执政地位全局的战略性任务抓紧抓好。二要结合实际，尽快制定贯彻落实《实施纲要》的实施意见

和具体办法，把任务分解到单位，分解到部门，分解到人，落实责任，落实措施，落实要求。三要抓好督查，建立机制，对贯彻落实情况逐项检查，找出差距，解决问题，推动惩治和预防腐败体系更好地建立健全起来。

惩治和预防腐败实施纲要有 12 项创新

中共中央颁布实施的《建立健全教育、制度、监督并重的惩治和预防腐败体系实施纲要》文字不长，只有 11000 多字，分 8 个部分 21 项，但反腐倡廉政策制度创新方面的内容非常丰富，主要集中在以下 12 个方面：

一、《实施纲要》明确提出"用发展的思路和改革的办法防治腐败"。这个观点，在理论界早有讨论，在反腐倡廉实践的具体工作中也早有探索，但在中央文件中正式明确下来尚属首次。其目的就是为了全面推进各项有利于防治腐败的改革。随着各项改革的深入并不断取得成效，滋生腐败的土壤将逐步被铲除，腐败生存的空间将尽可能压缩，惩治和预防腐败的体系将日益形成，防治腐败的成效将随之显现出来。总之，把以发展为目的的改革作为建立健全惩治和预防腐败体系的重要方法和手段，这是《实施纲要》最高明的一招。

二、《实施纲要》强调："反腐倡廉教育要面向全党全社会"，"大力加强廉政文化建设"，"把思想教育、纪律教育与社会公德、职业道德、家庭美德教育和法制教育结合起来"，"积极推动廉政文化进社区、家庭、学校、企业和农村"。这些要求，以中央文件的形式明确予以规定，是前所未有的，是反腐倡廉教育思路和方法的重要创新。

三、《实施纲要》明确提出"加快廉政立法进程，研究制定反腐败方面的专门法律"。这一要求发出了明确的信号，表明中共中央已把制定反腐败方面的专门法律的立法工作纳入了重要议事日程。再联系《实施纲要》强调的"到 2010 年，建成惩治和预防腐败体系基本框架"这一目标来看，反腐败专门法律出台的时间将不会很遥远，而是近 5 年之内（即 2010 年之前）的事情。

四、《实施纲要》明确提出"探索制定公务员从政道德方面的法律法规"。这表明中共中央积极借鉴国外的成功经验，着眼于从法律的层面来解决公职人员尤其是领导干部廉洁从政的自律问题。

五、《实施纲要》明确要求："建立和完善党内情况通报、情况反映、重大决策征求意见等制度，逐步推进党务公开。建立党的代表大会代表提案制度。积极探索党的代表大会闭会期间发挥代表作用的途径和形式，建立代表提议的处理和回复机制。扩大在市、县实行党代会常任制的试点。完善重大决策的规则和程序。"这些要求是专门针对党的领导体制和工作机制的改革提出来的，有许多创新的内容。这些要求的精神实质就是要大力发展党内民主。例如"推行党务公开"问题，虽然理论界早有讨论，但由中央文件明确规定，这是第一次。

六、《实施纲要》强调："积极推进干部人事工作的科学化、民主化、制度化进程，扩大党员和群众对干部选拔任用的知情权、参与权、选举权和监督权。""规范和全面推行党的地方委员会全体会议无记名投票表决下一级党委、政府领导班子正职拟任人选和推荐人选制度。""完善党内选举制度，改进候选人提名方式，适当扩大差额推荐和差额选举的范围和比例。逐步扩大基层党组织领导班子成员直接选举的范围。""领导班子成员个人向党组织推荐领导干部人选，必须负责任地写出推荐材料并署名。对选人用人失察失误的，要依照有关规定予以追究。"这些主要是针对领导干部选拔任用工作而言的，有的是重申《领导干部选拔任用工作条例》的规定，有的是创造性的新规定。从防治腐败的角度提出这些要求，本身就是一件非常有意义的事情。

用人问题是最容易滋生腐败而又最难以调查处理的特殊问题。从现实生活中跑官要官、买官卖官、"带病"提拔的严重现象来看，切实加大对这方面问题的惩治和预防力度非常必要。党内外群众对解决这方面问题的呼声也非常之高。上述办法和措施的提出，说明中共中央对这个问题是高度重视的，对解决这个问题的决心和信心是坚定的，而且所提出的这些措施办法也是切实可行的。只要全党上下言行一致，严格按中央的规定和要求办事，用人问题上的不正之风和腐败问题，是能够得到有效防治的。

七、《实施纲要》明确要求"完善行政执法责任制和评议考核制。制定行政效能投诉、行政过错责任追究办法。""健全司法工作规范和违法司法行为责任追究制度。"这些要求的提出，表明中共中央十分重视对行政机关和司法机关的监督制约。行政机关和司法机关的权力和责任应该对等，应该对其权力运用所产生的结果负责，有多大的权力，就应该承担多大的责任。从行政机关和司法机关所发生的不正之风和腐败行为来看，大都同权力与责任不对等，只顾使用权力，而不顾及其后果，不承担因此而带来的责任密切相关。作出明确规定，从必须承担责任的角度切实加强对行政机关和司法机关的监督制约。对于防治行政和司法领域的不正之风和腐败问题，具有重要的意义和作用，是切实可行之举。

八、《实施纲要》强调："建立健全金融账户实名制、现金交易限制及反洗钱制度、征信管理制度。建立对大额资金外流有效监控的预警机制和金融信息共享制度。"这些制度的建立健全，对于防治经济领域的腐败犯罪行为，具有极其重要的意义和作用。"金融账户实名制"有利于监控公职人员个人及家庭财产的变动情况，再加上现金交易限制和反洗钱制度，堵塞了个人或家庭财产以现金形式存在的渠道，使得个人或家庭财产只能以金融资金和实物的形式存在。而且因为现金交易被限制，实物财产也必须经过金融转账才能获得。这样，金融账户就可以集中反映个人或家庭财产的变化情况。这对于及时发现和查处经济腐败案件有着关键性的作用，每一笔财产的增加或减少都必须经过银行转账才能实现，来龙去脉都有转账记录，腐败问题一查即明，而且证据确凿。这将在很大程度上降低查处经济腐败犯罪案件的难度，切实加大预防经济腐败犯罪的力度。

九、《实施纲要》强调："健全国有资本投资决策和项目法人约束机制，实行重大投资项目论证制和重大投资决策追究制。"建立健全这方面的机制和制度也是非常必要的，现实生活中，因投资决策失误，导致重大损失，导致国有资产严重流失的问题比较突出，而对这类案件的查处又往往过轻。

十、《实施纲要》强调："强化审计监督，逐步推行效益审计，突出对重点领域、重点部门、重点资金和领导干部经济责任审计。依法实行审计公告制度。支持和保证监察、审计机关依法独立开展监督，对拒不执行监督决定的，要依法追究有关机关和责任人员的责任。"这些要求，有的是对《中华人民共和国审计法》有关规定的重申，有的是创新性规定。这表明中共中央高度重视审计机关在反腐倡廉工作中的重要作用。

十一、《实施纲要》强调："支持和保证政协的民主监督"，"切实加强社会监督。依法保障人民群众对党和国家机关及其工作人员批评、建议、控告、检举等权利"。"扩大群众有序的政治参与，拓宽对施政行为的监督渠道，增强涉及群众切身利益的有关政策和工作的透明度"。这表明中共中央高度重视发挥民主监督的作用。

十二、《实施纲要》明确指出"建立执法合作、司法协助、人员遣返、涉案资金返还等方面的反腐败国际合作机制。"这项规定极其重要，随着经济全球化形势的发展，跨国作案的腐败犯罪行为日益增多，为了有力有效地打击这些行为，必须充分利用国际反腐败资源，切实加强国际合作。

（作者：李一帆）

惩治和预防腐败的重大战略决策

——写在中央纪委第六次全体会议召开之际

新年伊始，中央纪委第六次全体会议在北京举行。这次会议的一个重要内容，是总结过去一年各地区各部门贯彻落实《建立健全教育、制度、监督并重的惩治和预防腐败体系实施纲要》的情况，分析形势，明确任务，对 2006 年党风廉政建设和反腐败工作作出部署。

2005 年初，中共中央颁布了《建立健全教育、制度、监督并重的惩治和预防腐败体系实施纲要》。一年来，在党中央、国务院的坚强领导下，中央纪委监察部加强组织协调和督促检查，各地区各部门结合实际，狠抓《实施纲要》的贯彻落实，教育、制度、监督各项工作整体推进，党风廉政建设和反腐败工作在过去的基础上又取得新的成效，呈现出良好发展态势。

标本兼治、综合治理、惩防并举、注重预防。《实施纲要》抓住教育、制度、监督三个关键环节，提出有效反对和防止腐败的一系列措施和办法，表明我们党对执政规律和反腐倡廉规律认识的深化

历史和现实一再表明，一个政党，如果不坚决反对和有效预防腐败，就有丧失执政地位的危险，最终走向自我毁灭。

腐败，同马克思主义政党的性质格格不入。早在 1926 年 8 月，党中央就向全党发出《关于坚决清洗贪污腐化分子的通告》。从毛泽东提出“两个务必”、带领全党开展“三反”斗争，邓小平强调“整个改革开放过程中都要反对腐败”，江泽民号召全党“从党和国家生死存亡的高度”认识反腐倡廉的重大意义，到党的十六大以来以胡锦涛同志为总书记的党中央继续坚定不移地推进党风廉政建设和反腐败工作，反腐倡廉、拒腐防变，如同一根红线贯穿于中国共产党 85 年的奋斗历程。

认识来源于实践，实践推动认识实现新的飞跃。随着社会主义市场经济体制的逐步完善和各项改革的不断深入，党的十六届三中全会第一次提出“建立健全与社会主义市场经济体制相适应的教育、制度、监督并重的惩治和预防腐败体系”的崭新命题。党的十六届四中全会进一步发展了十五大以来“标本兼治、综合治理”的反腐倡廉方针，提出要“坚持标本兼治、综合治理、惩防并举、注重预防”，抓紧建立健全惩治和预防腐败体系。这是以胡锦涛同志为总书记的党中央在总结历史经验、科学判断形势基础上作出的重大战略决策，是反腐倡廉工作向纵深发展的必然要求，是社会主义市场经济条件下更好地防治腐败的必由之路。

根据中央纪委第三次全会的部署，2004 年 5 月，中央纪委监察部启动《建立健全教育、制度、监督并重的惩治和预防腐败体系实施纲要》起草工作。历经半年多的调研、起草、广泛征求意见和反复修改，经中央纪委常委会、中央党建工作领导小组、中央政治局常务委员会、中央政治局全体会议审议通过，2005 年 1 月 3 日，《实施纲要》正式颁发。

《实施纲要》充分显示了在新的历史条件下中国共产党不可动摇地惩治和预防腐败的坚强决心，系统总结了改革开放以来党风廉政建设和反腐败斗争的新经验，集中反映了我们党对共产党执政规律和反腐倡廉工作规律的最新认识成果，成为当前和今后一个时期深入开展党风廉政建设和反腐败工作的指导性文件。“上下交，则国泰”。想人民群众之所想，急人民群众之所急，为人民群众之所需，这是党的根本宗旨所决定的。人民群众信赖和依靠我们党，我们党相信和依靠人民群众，这是我们各项工作包括党风廉政建设工作取得胜利的根本保证。《实施纲要》一颁布，就受到广大干部群众的充分肯定，也引起了海内外舆论的高度关注。

学习好、宣传好、贯彻好《实施纲要》，成为 2005 年党风廉政建设的一项重要政治任务。从中央到地方，从沿海到内地，各地区各部门迅速行动——

印发《实施纲要》单行本、组织编写辅导读本、制作辅导光盘、印制宣传挂图、建立 16 个工作联系点……在学习、宣传的过程中，中央纪委领导多次强调，要从讲政治的全局出发，以高度的政治责任感，切实抓好贯彻落实的各项工作。他们成立了贯彻落实《实施纲要》工作领导小组和办公室，并派人到一些地方和部门进行宣讲。全国范围的《实施纲要》知识竞答活动，吸引 2313 万名党员干部参加，其中省部级干部 2057 人。

理论中心组学习、专题研讨、辅导讲座、知识竞答、演讲比赛、文艺晚会……各地区各部门普遍成立贯彻落实《实施纲要》工作领导小组和办公室，充分利用党报、党刊、广播、电视、网站等媒体和形式多样、内容丰富的各类活动，广泛宣传《实施纲要》。

实行任务分解，建立工作责任制，是推动《实施纲要》切实得到贯彻的重要举措。

截至目前,129 个省部级单位已经制定下发贯彻落实《实施纲要》的《具体意见》。中央纪委监察部制定了落实《实施纲要》2007 年底前《工作要点》,把其中的 68 项任务,分解到 23 个牵头单位和 31 个协办单位。

责任落实、措施落实、人员落实、时间落实——各地区各部门及时分解任务,细化责任。北京市把 77 项任务落实到 42 个牵头部门和 47 个协办部门,天津市 18 个区(县)、13 个直属委口全部出台了落实《具体意见》的具体办法。新闻出版总署把 60 项任务、79 项各类制度分解到 13 个职能部门,国家工商总局等结合实际制定了自己的 2007 年底前实施的《工作要点》。目前《实施纲要》确定的教育、制度、改革、监督和惩处的 231 项任务,已分解到中央和国家机关 65 个部委,落实工作的牵头单位和协办单位已全部明确。

教育是基础,制度是保证,监督是关键。《实施纲要》的贯彻落实,推动党风廉政建设和反腐败工作取得新的成效,表明中央的战略方针、工作部署符合实际、切中要害,正在反腐倡廉的实践中展现出生机和活力

"要经过努力,建立起思想道德教育的长效机制、反腐倡廉的制度体系、权力运行的监控机制,建成完善的惩治和预防腐败体系。"2005 年 1 月,中共中央总书记胡锦涛在中央纪委第五次全会上发表重要讲话,对党风廉政建设和反腐败工作提出明确要求。

教育不扎实、制度不完善、监督不得力——这是腐败现象滋生蔓延的重要原因。《实施纲要》紧紧抓住这三个关键环节,对反腐倡廉教育、反腐倡廉制度建设和加强对权力运行的制约和监督,作出一系列具体部署。

思想是行动的先导。《实施纲要》实施一年来,各地区各部门坚持把反腐倡廉教育作为反对和防止腐败的基础性工作来抓,筑牢拒腐防变的思想道德防线,取得新的明显成效。

——抓住开展保持共产党员先进性教育活动的契机,重点对党员领导干部开展理想信念教育、权力观教育、党纪条规教育和优良传统教育。郑培民、牛玉儒、任长霞、宋鱼水、张云泉、杨业功、侯祥麟等一批先进典型的推出,在党员领导干部中产生震动。广大党员干部边学习、边评议、边整改,思想、作风得到新的提高……

——妇联组织开展"家庭助廉"教育,教育部门试点廉洁教育进学校,团中央部署青少年廉洁教育工作,报刊、杂志、电视、网站刊播反腐倡廉消息、专题和公益广告。一年来,全国新创廉政歌曲 6.7 万多首,举办反腐倡廉歌咏晚会 2.4 万多场,参加的党员干部群众达 3700 多万名。2 万多场次反腐倡廉形势报告会在全国城乡次第展开,直接受教育的党员干部达 566 万人次……

——海南等开通廉政网站,贵州等开展警示教育,江西等主要领导上廉政党课……各地区各部门积极探索,努力把思想教育、纪律教育与社会公德、职业道德、家庭美德教育和法制教育结合起来,"以廉为荣、以贪为耻"的社会风尚正在全社会逐步形成……

制度,带有根本性、全局性、稳定性和长期性。依靠制度惩治和预防腐败,是坚持依法执政、依法治国的必然要求，也是做好反腐倡廉工作的重要保证。一年来，从中央到地方，各地区各部门把制度建设作为深入推进反腐倡廉工作的根本途径，进一步建立健全与经济社会发展相适应、与反腐倡廉进程相协调的制度体系，从源头上防治腐败的制度改革稳步推进。

——全国人大常委会审议并批准《联合国反腐败公约》。中央纪委制定下发《关于纪委协助党委组织协调反腐败工作的规定(试行)》等规范性文件，起草《关于治理商业贿赂的实施意见》。公务员法的制定与施行，反洗钱法、行政强制法等法规的起草，将为规范权力运行、深化反腐倡廉提供强大的法制支撑。

——干部人事制度改革不断深入。中央组织部积极推进省部级领导班子配备改革，起草了《关于进一步加强和改进干部交流工作的意见》，研究提出地方党政领导班子和领导干部综合考核评价的初步意见。领导干部公开选拔、竞争上岗制度，正在全国范围广泛推行。

——司法体制改革继续推进。中央政法机关进一步完善审判公开和检务公开制度，最高人民法院颁布了《人民法院第二个五年改革纲要》，收回死刑核准权等多项改革取得明显进展。

——工程建设招投标、土地使用权出让、产权交易、政府采购等制度进一步完善。财政、金融、投资体制改革不断向纵深推进，政府投资项目公示制和代建制逐步实行。

——行政审批制度改革继续深化。各级政府针对行政审批项目清理和减少后出现的新情况、新问题，加强政策指导，逐步建立审批方式、行为监控和责任追究制度。

——政务公开、厂务公开、村务公开进一步规范，形式不断丰富。各级政府、各部门大力推进政务公开，建立新闻发言人制度，建立和完善政府网站，及时向社会公布各种信息……

一年来，各类监督主体进一步加强对重点环节和重点部位权力行使的监督，整体监督作用进一步显现，疏于监督、不愿监督、不敢监督、无法监督的状况逐步得到改变。国家审计署加强了对中央国家机关和地方各级政府部门审计工作，进一步强化了人们对政府专门机关监督地位、作用的认识。纪检监察机关和司法机关依纪依法查处的一件件腐败案件，更让人们增强了遏制腐败的信心。

——《党内监督条例(试行)》的颁布实施，为加强党内监督提供了重要制度保证。中央纪委、中央组织部关于党员领导干部述职述廉的暂行规定、关于对党员领导干部进行诫勉谈话和函询的暂行办法的实施，使党内监督工作不断加强。全国人大常委会进一步发挥人大代表的监督作用，全国政协出台有关强化民主监督的制度化、规范化和程序化建设意见。包括新闻舆论在内的社会监督主体的监督作用得到进一步发挥。

——巡视工作力度不断加大。过去一年，中央对10个省区市、5家中央管理银行和2家资产管理公司开展巡视，各省区市对94个市(地)开展了巡视，并延伸到210个县(市、区)。中央纪委监察部对派驻机构的统一管理逐步完善，各省区市纪检监察机关实行了对双派驻机构的统一管理，派驻机构职能作用进一步发挥。

——行政监察效用进一步得到发挥。各级监察机关一年共受理涉及行政许可行为的投诉2万多件,追究责任2000多人。各级审计部门进一步加强领导干部的经济责任审计,开展专项审计和审计调查,切实规范财政资金管理。

——司法监督进一步增强。各级审判机关不断完善科学的审前程序和民事、行政再审制度,保障当事人的申诉权利。各级检察机关不断完善法律监督职能,加强对刑事立案和侦查活动的监督……

反腐败斗争,任重道远。惩治腐败,绝不放松。以改革统揽预防腐败的各项工作,积极应对在改革开放和发展社会主义市场经济条件下长期执政的挑战和考验,加快构筑惩治、预防腐败的科学体系

预防和惩治,构成反腐倡廉工作相辅相成、相互促进的两个重要环节。

按照《实施纲要》的要求,一年来,各地区各部门以查处发生在领导机关和领导干部中滥用权力、谋取私利的违纪违法案件为重点,严肃查处各类腐败案件,对党员干部参与赌博和领导干部放任、纵容配偶、子女和身边工作人员谋取非法利益的现象进行专项整治,韩桂芝、田凤山、马德等一批腐败分子受到严惩。

坚决查处损害群众切身利益的违纪违法行为,成为过去一年反腐倡廉工作重点。征收征用土地、城镇房屋拆迁、企业重组改制和破产中损害群众利益、拖欠农民工工资等问题进一步得到遏制。一年来,全国共查处7.8万多件假冒伪劣药品案件和5140起企业违法排污重点案件,查处并清退教育乱收费3亿多元,医务人员退还和上交回扣、"红包"以及各地查处这方面的问题涉及金额1亿多元,国家机关工作人员和国有企业负责人从煤矿撤资5亿多元。

《实施纲要》在各地区各部门的贯彻落实,为党风廉政建设和反腐败工作注入新的活力,赢得了广大人民群众的信赖和支持。

尽管如此,反腐败面临的形势仍然不容乐观。虽然这些年来,查处案件总体上呈现出稳中有降的趋势，但腐败易发多发的势头还没有得到根本扭转。同时，形式主义、官僚主义、弄虚作假、铺张浪费现象，在一些地方和部门仍然比较突出，损害群众利益的不正之风仍然时有发生。

坚持不懈，才能巩固成果；稍有放松，势必功亏一篑。中央政治局2005年底研究部署今年党风廉政建设和反腐败工作时深刻指出：反腐倡廉任务仍然艰巨，全党同志务必保持清醒的头脑，要继续推进惩治和预防腐败体系建设，抓紧落实《实施纲要》的《具体意见》，从源头上预防腐败。

《实施纲要》提出，到2010年，建成惩治和预防腐败体系基本框架。再经过一段时间的努力，建成完善的惩治和预防腐败体系。“这是一项长期紧迫的任务，需要长期艰辛的努力。一年来，各地区各部门为贯彻落实《实施纲要》做了许多工作，但构建惩治、预防腐败体系这一历史课题，还仅仅只是开了一个头。”中央纪委一位负责同志说。

值得注意的是，《实施纲要》规划的构建惩治和预防腐败体系的这一时期，正是我们加快发展的重要战略机遇期，也是贯彻落实科学发展观、全面建设小康社会的关键时期。这既是一个黄金发展期，也是一个矛盾凸显期。惩治和预防腐败工作既面临难得的历史机遇，也面临严峻的挑战和考验。

正是着眼于这样的战略思考，9800余字的《实施纲要》对构筑惩治和预防腐败体系，提出了一系列目标要求和步骤具体、操作性强的细致部署，仅反腐倡廉制度建设部分就提出了118项制度措施。

建成完善的社会主义市场经济体制，是党的十六大作出的战略部署。构建惩治和预防腐败的体系，必须与这一战略部署相适应，坚持用改革统领反腐败工作，把反腐败工作寓于各项重要改革之中。

经霜历雪梅犹艳，风舞霞映旗更红。《实施纲要》的颁布实施，把党风廉政建设和反腐败斗争推向新的阶段。经过全党上下的不懈努力，历经风雨伟大成熟的中国共产党，一定能构筑起惩治、预防腐败的科学体系，以更加雄迈的英姿，团结带领各族人民在中国特色社会主义道路上，实现中华民族的伟大复兴。

（作者：张宿堂　孙承斌　李亚杰）

把更加注重预防的要求落实在实际工作中

胡锦涛总书记于2007年6月25日在中央党校的重要讲话中明确要求，在坚决惩治腐败的同时，更加注重治本，更加注重预防，更加注重制度建设。吴官正同志在省部级领导干部纪检监察专题研讨班上进一步强调，要采取有效措施，进一步加大预防腐败力度。认真学习贯彻胡锦涛总书记和吴官正同志重要讲话精神，要充分认识新形势下“三个更加注重”的重要性，积极探索预防腐败的有效途径和办法。对此，笔者就如何把更加注重预防的要求落实在实际工作中作些探索。

一、深入推进权力公开透明运行，把更加注重预防体现在规范“用权”过程中

权力运行不公开、暗箱操作，是导致权力滥用、滋生腐败的一个重要原因。阳光是腐败的天敌，公开是腐败的克星。只有真正把权力运行置于阳光之下，才能有效预防和减少腐败问题的发生。更加注重预防就要深入推进权力公开透明运行，全方位规范“用权”过程。一是深入推进行政权力公开透明运行，紧紧抓住各级各部门的重要权力行使，进一步丰富公开的形式和载体，在充分发挥传统载体作用的同时，积极推进和利用信息化、现代化手段，着力推进行政权力运行的动态公开。二是在学校、医院、供水、供电、供气、供暖以及公交等各级各类公共企事业单位全面推行办事公开透明运行。对公共服务项目进行清理规范，编制公开目录，制定流程图，规范和优化办事程序，特别是要把“上学难”、“看病贵”等热点难点问题作为公开重点，广泛接受群众监督，增强公开的针对性和实效性。三是推进村务公开透明运行，进一步完善农村民主管理制度，规范农村集体资金、资产、资源的管理，强化对涉农负担的监管，保证各项惠农政策的落实，为新农村建设提供服务和保障。四是紧紧抓住国有产权交易重组、工程项目建设、大宗物资采购、企业内部分配等重点领域和关键环节，推进国有企业厂务公开透明运行，充分发挥职工的监督作用，保障职工合法权益，切实加强国有企业党风建设和反腐倡廉工作。五是认真总结试点工作经验，加强调查研究，以保障党员的知情权、参与权和监督权为重点，积极推进党务公开。

二、认真解决干部选拔任用中的问题，把更加注重预防体现在严把“用人”关中

选人用人问题，对党的作风建设乃至整个党的建设具有重要的影响和导向作用。用人上的不正之风危害严重，而且还会带来和助长其他方面的不正之风。更加注重预

防腐败，必须抓好完善选贤任能机制这个重点，切实解决干部人事工作上的不正之风。一是改进和完善干部推荐考察工作。认真贯彻《深化干部人事制度改革纲要》和《党政领导干部选拔任用工作条例》，进一步推进民主推荐、组织考察和讨论决定等各个环节的科学化、规范化、程序化。认真研究解决干部推荐中的拉票问题，既要注重民主推荐的结果，也要防止简单地以票取人。二是完善干部监督工作协调配合机制。加强组织人事部门与纪检监察、信访、检察、审计、巡视工作机构等单位的联系沟通，切实加强对干部选拔任用工作的监督。完善干部选拔任用工作责任追究制度，科学界定干部选拔任用工作各个环节的责任主体、责任内容，明确追究方式，进一步加大追究力度。三是加强对领导干部的日常管理和监督，不断完善干部经常性考察机制，加强对领导干部的日常了解，对不称职和政绩平庸的干部加大调整力度。四是综合运用组织处理与纪律处分两种手段，进一步明确实施组织处理的政策界限、适用对象、工作原则、程序步骤等，对确有问题、但一时难以查清的干部，适时进行组织处理。

三、健全完善监督机制，把更加注重预防体现在对权力的制约和监督中

不受制约的权力必然导致腐败。监督机制不完善，监督不到位，是腐败现象易发多发的一个重要原因。加强对权力运行的制约和监督，是有效预防腐败的关键。更加注重预防就要紧紧抓住领导机关、领导干部特别是党政主要领导干部这个重点，健全和落实各项监督制度，实现对权力运行全方位、全过程的监督，防止权力失控、决策失误和行为失范。一是健全完善民主集中制的各项制度和配套措施。加强对地方领导班子换届后领导体制、工作机制和运行方式的研究和探索，进一步完善领导班子议事决策规则和制度。二是认真落实党风廉政建设责任制，完善年初责任分解，年中省委常委、省政府副省长专项述职，年底省级领导带队责任考核制度。紧紧抓住责任追究这个关键环节，进一步明确责任界限，细化追究标准，规范追究程序，真正把责任追究落到实处。三是深化巡视工作，加强巡视成果的运用，规范操作程序，加强督导检查，抓好整改落实。开展省直部门派驻机构交叉巡视，进一步发挥派驻纪检监察机构的作用。经省委批准，2006 年 6 月，我省开展了试点工作，从省纪委、省直派驻机构抽调有关人员组成两个巡视组，到有关部门进行巡视，进一步发挥了巡视工作作用，取得了明显成效。四是深化民主评议活动，丰富评议内容，改进评议的方式方法，进一步探索综合运用评议结果机制，强化评议的激励作用，充分调动参评单位和人民群众的积极性。五是充分发挥审计机关的监督作用，加强对专项资金使用情况的综合治理，抓好对领导干部经济责任审计，注重审计结果的运用，加大对发现问题的整改力度。

四、进一步深化体制机制改革，把更加注重预防体现在源头治理中

把反腐败寓于各项重要改革措施之中，坚持以改革的办法解决导致腐败现象发生的深层次问题，是有效预防腐败的根本途径。要进一步扩大市场在资源配置中的基础性作用。以最大限度削减审批事项和规范审批行为为重点，进一步深化行政审批制度改革；以规范操作、强化监管为重点，完善政府采购制度；以解决虚假招标、规避招标和领导干部干预招标为重点，完善工程建设招标投标制度；以落实招拍挂制度为重点，完

善经营性土地使用权出让制度。深化财政管理制度改革，细化和改进预算编制，扩大国库集中收付范围，加强对转移支付资金的管理和监督，严格执行“收支两条线”制度，加快非税收入纳入预算管理的步伐。加强对政府投资的监管，健全政府投资决策机制，完善政府投资项目监测评价体系，严格责任追究制度。要积极开展对政府部门经营性资产的全面清理。要积极探索公务消费管理方式改革。大力推广使用公务卡，对财政支出进行全程监控，提高财政资金使用的透明度。进一步明确职务消费标准，严格财务管理制度，强化监督检查，切实解决铺张浪费问题。

五、积极创新工作方式方法，把更加注重预防体现在具体措施中

更加注重预防体现了与时俱进、改革创新的精神，这就要求我们不断健全工作机制，改进工作的方式方法，采取切实有效措施，增强工作的主动性和创造性，使党风廉政建设和反腐败工作更加符合实际，更加富有成效。一是改革基层纪检监察派驻机构领导体制。目前我省正在积极推广枣强县的做法，省委批转了省纪委、省委组织部、省人事厅、省编办、省监察厅《关于县级纪检监察派驻机构改革的意见》，在不增加机构、编制和领导职数的前提下，整合基层纪检监察力量。二是在案件检查部门明确一到两名同志，相对固定地负责预防腐败工作，分析发案规律，针对案件中暴露出来的问题，及时提出改进意见和建议，做到惩治和预防的有机结合，提高反腐倡廉的综合效果。三是建立预防腐败信息员制度。从党代会代表、人大代表、政协委员和工会、妇联、共青团组织中选聘信息员，直接向纪检监察机关反映问题、提出建议，及时了解社会各方面的意见和反映，增强预防腐败工作的针对性和实效性。四是建立健全预防腐败工作协调机制。纪检监察机关要加强与检察、组织、人事、财政、审计等部门的联系沟通，定期交流情况、分析问题，提出意见和建议。按照惩治和预防腐败工作的要求，适时调整纪检监察机关内设机构及职能。

（作者：臧胜业）

防治腐败要按照“三个更加注重”的要求，科学把握时代特点，自觉增强政治责任感

胡锦涛总书记在中央党校发表的重要讲话中指出，要“在坚决惩治腐败的同时，更加注重治本，更加注重预防，更加注重制度建设”。这“三个更加注重”，体现了我们党对反腐倡廉工作认识规律的深化，表明了党中央坚决惩治和有效预防腐败的坚强决心。我们要从政治和全局的高度，充分认识惩治和预防的辩证关系，正确把握反腐倡廉工作方针、目标和任务，增强按照“三个更加注重”要求防治腐败的自觉性；充分认识反腐败斗争的长期性、艰巨性、复杂性，增强按照“三个更加注重”要求防治腐败的紧迫感；充分认识反腐倡廉面临的新形势、新任务和新要求，全面把握在发展社会主义市场经济条件下防治腐败的特点和规律，增强按照“三个更加注重”要求防治腐败的政治责任感。

一、进一步加大改革力度，建立健全权力约束机制

近几年，各级党委、政府按照中央的部署，加大了源头防治腐败工作力度，各项改革和制度创新都取得了很大的成效。但是，腐败现象却依然存在。因此，从源头上防治腐败的出路在于改革。只有改革不适应市场经济要求的体制机制，推进制度创新，才能逐步解决滋生腐败的深层次问题。一是以改革为统揽，消除体制机制上引发权力“寻租”的因素。要深化干部人事制度改革，建立健全干部选拔任用和管理监督机制，健全干部考核评价体系，增强干部选拔任用工作的透明度，防止“带病提拔”。深化行政管理体制改革，减少和规范行政审批，探索实行重大项目审批会审制度，积极推行以行政首长为重点对象的行政问责制度。深化财政体制改革，完善预算管理制度，健全国库单一账户体系，规范财政转移支付，推进领导干部职务消费改革，完善公务活动接待制度。深化司法体制和工作机制改革，健全司法机关的机构设置、职权划分和管理制度，完善司法人员违法违纪责任追究制度，遏制司法领域的腐败现象。二是规范权力运行，健全权力制约机制。针对目前权力运行出现的问题，深入分析产生问题的原因，认真总结行之有效的经验做法，逐步建立和完善制度规定，建立健全结构合理、配置科学、程序严密、制约有效的权力运行机制。三是突出对重点部位的监督，改革和完善党内监督体制和工作机制。加强和改进巡视工作，将巡视范围向县(市、区)延伸，开展对国有大型企业和高等院校的巡视工作；加强统一管理，充分发挥纪检监察派驻机

构对驻在部门领导班子及其成员的监督作用；加大对领导干部经济责任审计力度，完善经济责任审计结果运用措施。既要管好领导干部特别是“一把手”，又要管好要害部门、重点部位、关键岗位的实权人物。

二、加快推进公共资源交易市场建设，健全市场机制

市场是配置资源的有效方式。完善的市场机制对于减少权力对微观经济的干预，从源头上预防腐败至关重要。因此，预防腐败必须健全市场机制，凡能通过市场机制解决的问题，要尽量用市场机制来解决；凡能引入竞争机制的，就不要垄断；凡能由中介机构承担的，就不要政府直接管理，更大程度地发挥市场配置资源的基础性作用。一是严格执行工程建设招投标、国有土地使用权出让、产权交易和政府采购制度。加强对“四项制度”落实情况的监督检查，完善惩处机制，及时发现和纠正违反制度、破坏制度的行为，维护制度的严肃性。二是不断完善防治措施。针对工程建设、土地管理、产权交易、政府采购等领域腐败现象产生的原因，研究应对办法，完善“四项制度”配套性规定。出台招标投标法实施细则，防止围标串标、规避招标、虚假招标等行为；建立划拨和协议出让土地公示制度，规范划拨和协议出让土地行为；健全企业国有产权信息监测系统，推进产权交易市场规范化发展；建立社会中介机构和政府采购执行人员资格管理制度，健全政府采购预算编制执行监管体系。三是规范和维护市场秩序。加强对市场活动的监督和管理，规范行业组织和中介机构。加强社会信用体系建设，建立失信惩戒制度和执业资格退出机制。

三、大力实施“阳光政务”，完善民主监督机制

公开是腐败的天敌，阳光是最好的防腐剂。只有公共权力的运作走向公开化、民主化，腐败问题才能得到有效遏制。必须坚持“以公开为原则，以不公开为例外”，把公共权力和事务置于群众监督之下，防止“暗箱操作”。进一步办好行政服务中心，建立健全“一个窗口对外”的审批和许可工作机制。完善政务公开制度，实行政府有关文件、政务资料、重要公共事务会议向公众和舆论开放，涉及群众利益的重大事项审批、收费项目、人事任免等行为实行质询、听证、报告等制度。加大政务信息公开力度，规范政务公开栏，办好“政风行风热线”，开展“政风行风民主评议”，推行社会听证、专家咨询、点题公开等适应现代社会发展需要的公开形式，让群众发表意见、反映情况、进行咨询。深入推进厂务公开，健全完善职工代表大会制度，推进厂务公开民主管理长效机制建设。深入推进村务公开，促进农村民主决策、民主管理和民主监督。公用事业单位要逐步进驻行政服务中心，实行办事公开，统一管理。

四、充分运用先进科技手段，不断提高防治腐败的科技含量

抓好现代科技设备和信息技术的应用工作，更多地把制度通过程序具体化、固定化，增强制度落实的刚性。全面推行电子政务，实行网上审批和网上举报，进行网上跟踪监督检查，有效限制人为因素对公共事务处理的影响。现在有的部门采取网上评审项目，解决了困扰多年的“关系项目”、“人情项目”问题，这些经验值得推广。建立包括

廉政档案、个人财产申报在内的领导干部廉政诚信信息系统、企业和公民诚信信息系统等数据库；建立行贿犯罪档案查询系统，限制或取消“黑名单”上行贿者的入市资格。

五、保持惩治腐败的强劲势头，为源头防治腐败创造必要条件

坚决惩治腐败是有效预防腐败的基础。要坚持从严治党方针，始终保持查办案件工作力度，对极少数腐败分子必须严厉惩处，绝不姑息，绝不手软。重点查办党员领导干部滥用职权、贪污贿赂、腐化堕落、失职渎职的案件，严肃查处利用人事权、司法权、审批权和行政执法权谋取私利的案件，严肃查处官商勾结、权钱交易、权色交易的案件，严肃查办以各种手段侵吞国有资产的案件，严肃查处违反《中共中央纪委关于严格禁止利用职务上的便利谋取不正当利益的若干规定》的案件。加大对违纪违法分子的经济处罚和赃款赃物追缴力度，真正让腐败分子政治上身败名裂、经济上倾家荡产、思想上后悔莫及。充分发挥查办案件的治本功能，健全制度、堵塞漏洞，增强教育的说服力、制度的约束力和监督的威慑力。

（作者：杨传升）

切实加大预防腐败力度

——学习吴官正同志在省部级领导干部纪检监察专题研讨班上重要讲话的体会

2007年7月16日，吴官正同志在省部级领导干部纪检监察专题研讨班开班式上发表的重要讲话，站在全局和战略的高度，科学分析了党风廉政建设和反腐败斗争面临的形势，深刻阐述了反腐倡廉工作中需要注意把握的问题，对当前和今后一个时期推进党风廉政建设和反腐败斗争提出了明确要求，具有很强的理论性、指导性和针对性。认真学习贯彻吴官正同志的这一重要讲话，对于深刻理解胡锦涛总书记在中央党校省部级干部进修班上的重要讲话精神，全面加强反腐倡廉建设，具有十分重要的意义。

胡锦涛总书记在中央党校的重要讲话中提出的“三个更加注重”的要求，为我们做好新世纪新阶段反腐倡廉工作指明了前进方向，为处理好惩治和预防的关系确立了根本原则，对各级纪检监察机关和广大纪检监察干部提出了新的更高要求。学习贯彻胡锦涛总书记和吴官正同志的重要讲话精神，就是要坚定不移地贯彻预防腐败的思想，以更高的自觉性、更明确的思路、更有效的措施，切实加大预防腐败力度。

一、认真学习领会历代中央领导集体关于预防腐败的思想，加深对预防腐败重要性的认识

我们应当进一步加深对反腐倡廉一系列重大理论和现实问题特别是预防腐败的认识。强调预防腐败，决不意味着忽视惩治腐败。惩治这一手，我们必须毫不放松地坚持下去。当前，我国消极腐败现象仍处于易发多发的历史阶段。在这一阶段，改革的深化和制度的完善是一个长期的过程。在我国加快推进新型工业化、城镇化的进程中，过去计划经济体制下不曾发生的腐败现象，市场经济体制完善中不易产生的腐败现象，都可能发生。在这种情况下，只有惩治腐败有力，才能有效彰显我们党反对腐败的坚强决心，才能更好地凝聚党心民心，团结带领广大党员干部和人民群众共同克服前进道路上的困难。这是问题的一个方面。同时，还应当看到，对惩治这一手，我们比较熟悉，在认识上也相对比较高，基本思路和办法也比较成熟。当然，惩治也有个与时俱进的问题，但相对于惩治而言，对预防这一手，虽然我们积累了大量经验，但在认识上仍需要不断提高，预防工作从某些方面看还是薄弱环节，还没有找到更为有效的措

施、更为有力的办法、更为起作用的机制。比如，在查办案件的惩处功能的发挥上，无论是发现案件、揭露案件，还是处理案件，自上而下都有较为完备的领导体制和工作机制，探索出了一套与时俱进的工作路子。但在查办案件的治本功能的发挥上，还缺乏一套管用的机制和制度。任何事情都包括两个方面，防治腐败也是如此。当前，防与治的不平衡状况要求我们进一步重视预防腐败工作，使预防腐败在认识上有新提高、理念上有新突破、政策上有新举措、实践上有新成效。

二、全面把握党的十六大以来中国特色反腐倡廉路子新发展的深刻内涵，按照新时期反腐倡廉工作的总体思路推进预防腐败工作

坚持方针、构建体系、拓展领域，构成了新时期反腐倡廉工作的总体思路。我们要十分珍惜这些来之不易的成果，继续深化对中国特色反腐倡廉路子的探索和认识。坚持方针、构建体系、拓展领域，是我们党从现阶段基本国情出发，以发展着的马克思主义为指导，全面总结改革开放以来反腐倡廉实践经验，适应发展变化的新形势，提出的带有战略性、前瞻性、系统性、指导性的工作路数，是中国特色社会主义道路的重要组成部分。当前和今后一个时期，我们应当坚定不移地沿着这样一个路子走下去，继续探索中国特色的反腐倡廉路子。

在新的形势下，全面加强反腐倡廉建设，坚持方针是核心，构建体系是目标，拓展领域是途径。坚持方针，就是要做到治标与治本、惩治与预防两手抓，两手都要硬，在坚决惩治腐败的同时，更加注重从源头上预防和解决腐败问题；构建体系，就是要通过加强教育、完善制度、强化监督，建立思想教育的长效机制、反腐倡廉的制度体系、权力运行的监控机制；拓展领域，就是要抓住防止谋取非法利益这个重点、正确行使权力这个关键、思想道德教育这个基础、维护人民群众根本利益这个根本，不断把反腐倡廉工作融入经济、政治、文化、社会建设之中。我们要按照这一总体思路，认真贯彻落实《实施纲要》及《具体意见》、《中央纪委监察部 2008 年至 2012 年贯彻落实〈实施纲要〉工作要点》，努力实现建成惩防腐败体系基本框架的目标。从各省的情况看，各地反腐败斗争的形势不同，表现出来的苗头性、倾向性问题不同，预防的措施和办法也不同，应当结合自身工作实际，切实掌握本地区本部门在党风廉政建设方面到底存在哪些突出问题，认真研究产生这些问题的根子在哪里，积极探索如何对症下药解决好这些问题。

三、进一步抓好制度建设这个预防腐败的重要途径，提高从研究新情况、新问题入手推进制度创新的本领

制度带有全局性、根本性、长期性和稳定性。胡锦涛总书记在中央党校的重要讲话中突出强调要更加注重制度建设，指明了从源头上预防腐败的重要途径。要坚持改革创新，加强制度建设。实践证明，一个时期比较突出的腐败问题，只有通过深化改革，不断完善体制机制制度，才能从源头上逐步得到遏制。

预防腐败要靠制度建设，预防腐败的难点也是制度建设。制度建设要注重研究新情况、新问题。凡是注重研究新情况、新问题的地方，就能不断坚持制度创新，推进制度建设与时俱进；反之，好的制度得不到落实，形式主义掩盖下的腐败现象的危害会更

大。要把调查研究摆在重要位置，全面系统地总结党的十六大以来制度建设取得的新进展、新成效，注意提炼和总结这几年制度建设取得的新认识新经验，研究解决制度建设面临的新情况、新问题，提出推进制度创新的新思路、新举措，推动反腐倡廉建设不断取得新突破新进展。

四、正确把握纪检监察机关在预防腐败工作中的角色定位，努力打好总体战

预防腐败是全党全社会的任务，要坚持打总体战。各级党委要把这项工作抓在手上，全党动手，全社会动员，形成预防腐败的整体合力。各个部门要发挥职能优势，各负其责，结合各自的实际加强预防腐败工作。在预防腐败的工作中，纪检监察机关承担着重要责任，大量艰苦细致的基础性工作要靠纪检监察机关去做。党委是否重视预防腐败工作，各个部门是否各负其责，都有赖纪检监察机关主观能动性的发挥。各级纪检监察机关要明确所肩负的责任，积极主动争取党委领导，组织协调各个职能部门牵头主抓，努力形成党政齐抓共管、部门各负其责的工作局面。要在创新工作体制和工作机制上下工夫，理顺纪检监察机关内部工作职能，合理配置预防和惩治力量，建立和完善推进预防工作的制度，探索纪检监察机关履行组织协调职责的有效途径，形成有利于加大预防腐败力度的发展态势和工作格局。要在创新工作方式和工作方法上下工夫，着眼于解决深层次问题，着眼于构建多层次、全方位的预防腐败工作平台，着眼于统筹兼顾、整体推进，着眼于全面履行党章赋予的职责，努力打好总体战。

（作者：宋育英）

加强惩防体系建设的几点思考

胡锦涛总书记于 2007 年 6 月 25 日在中央党校发表重要讲话，强调要“坚持标本兼治、综合治理、惩防并举、注重预防的方针，建立健全教育、制度、监督并重的惩治和预防腐败体系，在坚决惩治腐败的同时，更加注重治本，更加注重预防，更加注重制度建设”。胡锦涛总书记的重要讲话是惩治和预防腐败体系建设的纲领性文献，必须认真学习领会，深入贯彻落实。

一、建立健全惩治和预防腐败体系，标志着我们党反腐倡廉进入新的历史阶段

2005 年 1 月，中央颁布了《建立健全教育、制度、监督并重的惩治和预防腐败体系实施纲要》，这是当前和今后一个时期深入开展党风廉政建设和反腐败工作的指导性文件。贯彻落实《实施纲要》，建立健全惩治和预防腐败体系，是党中央从完成经济社会发展的重大任务和巩固党的执政地位的全局出发，为做好新形势下反腐倡廉工作作出的重大战略决策，是我们党对执政规律和反腐倡廉工作规律认识的进一步深化，是从源头上防治腐败的根本举措。改革开放特别是党的十三届四中全会以来，我们党努力探索社会主义市场经济条件下有效开展反腐倡廉的道路。20 世纪 80 年代中后期，针对价格双轨制带来的一系列问题，通过改革价格管理体制，发挥市场对价格的调节作用，遏制和减少了因双轨制引发的一些消极腐败现象。党的十四大作出了加大反腐败斗争力度的重大决策，强调要坚决惩处和遏制腐败。党的十五大进一步指出，坚持标本兼治，教育是基础，法制是保证，监督是关键，通过深化改革，不断铲除腐败现象滋生蔓延的土壤。随着形势的发展，反腐败工作逐步转到标本兼治、不断加大治本力度的轨道上来。党中央、国务院陆续作出了一系列重大决策，从源头上预防和治理腐败工作逐步展开。面对新的历史条件，党的十六届三中全会提出建立健全教育、制度、监督并重的惩治和预防腐败体系的目标，四中全会明确提出，要坚持标本兼治、综合治理、惩防并举、注重预防的方针。胡锦涛总书记也多次强调，要在惩治违纪违法案件的同时，进一步加大治本的力度，坚持用发展的思路和改革的办法解决导致腐败现象发生的深层次问题。这标志着反腐倡廉进入了惩防并举、注重预防的新阶段。

二、加强惩治和预防腐败体系建设要着重把握的几个问题

认真贯彻落实《实施纲要》，必须扎扎实实，常抓不懈。

第一，要坚持标本兼治、综合治理、惩防并举、注重预防的方针。反腐倡廉战略方针，既管当前，又管长远，是《实施纲要》的一条主线，是新时期反腐倡廉工作的总要求，是继承、发展和创新。坚持方针，首要的是处理好治标和治本、惩治和预防的辩证关系。只有严肃查处腐败案件，才能有效遏制腐败现象的蔓延，才能为注重预防创造前提条件；只有抓好预防，从源头上不断铲除腐败滋生蔓延的土壤，才能巩固和发展反腐倡廉取得的成果，从根本上解决腐败问题。要坚持惩治和预防两手抓两手都要硬，在坚决惩治腐败的同时，更加注重治本，更加注重预防，更加注重制度建设。

第二，要坚持与经济建设、政治建设、文化建设和社会建设相适应。当前，我国已进入改革发展的关键时期，经济体制深刻变革，社会结构深刻变动，利益格局深刻调整，思想观念深刻变化，为反腐倡廉工作提出了许多新情况、新问题。加强惩治和预防腐败体系建设既要在“四位一体”的总体布局中建立、完善和发展，又要为其提供服务和保证；既要把握住经济、政治、文化、社会领域防治腐败的重点，又要妥善处理相互之间的关系，融入其中，协调发展。

第三，要坚持改革创新的精神，加强反腐倡廉制度建设。建立健全惩治和预防腐败体系的核心，是以改革创新的精神加强制度建设。制度问题带有根本性、全局性、稳定性和长期性。预防腐败要靠制度，惩治腐败同样要靠制度，发挥制度的规范和保证作用，是严厉惩治腐败和有效预防腐败的前提和基础。《实施纲要》从反腐倡廉基本制度以及从源头上防治腐败的制度改革和创新两个方面提出了118项具体法规制度，其中有79项是从改革角度提出来的，初步构成了反腐倡廉法规制度体系框架。制度建设和改革的任务很繁重，头绪很多，要优先考虑那些基本的、急需的、条件成熟的法规制度项目，抓紧出台。特别是那些符合社会主义初级阶段国情、符合反腐倡廉工作实际、符合客观环境和立法条件的法规制度项目，要抓紧进行研究、制定或修改。同时要严格贯彻执行反腐倡廉各项制度，更好地用制度规范权力运行、约束从政行为。

第四，要坚持教育、制度、监督、改革、惩处整体推进。教育、制度、监督、改革、惩处既是惩治和预防腐败体系的五个关键环节，也是五大支撑点，还是五个实体部分。教育侧重于教化，是基础；制度侧重规范，是保障；监督侧重于制约，是关键；改革侧重于创新，是动力；惩处侧重于处罚，是手段。五者相互依存，相互配套，相互促进，是一个密不可分的整体，缺一不可。只有把“五者”统一于反腐倡廉的全过程，战略方针才能体现，惩治和预防腐败体系才能形成，反腐倡廉教育水平才能有新的提高，反腐倡廉法制化才能不断加强，对权力运行的监督制约才能更加有效，体制机制制度改革创新才能继续深化，惩处才能越发有力，惩防腐败的综合效应才能进一步显现。

第五，要坚持反腐败领导体制和工作机制。贯彻落实《实施纲要》、建立健全惩治和预防腐败体系，是全党一项重大的政治任务，不是纪检监察机关一家的事，既不能单打独斗，更不能越俎代庖。必须认真贯彻落实党风廉政建设责任制，在党委统一领导下，坚持党政齐抓共管，按照党章赋予的职责，加强纪委组织协调，协调各部门按照自己的分工，结合业务工作，落实反腐倡廉各项任务，组织人民群众积极支持和参与，巩固和发展全党动手抓反对和防止腐败的良好局面。

（作者：杨小平）

更加重视从源头上防治腐败

腐败既有“流”，更有“源”。从源头上防治腐败，是防中有治、治中有防。因此，源头治理腐败既要像治理河流污染淤塞一样，重视清理疏浚河道，更要追根溯源，查找污染源，加强从源头上防治腐败工作，落实标本兼治、综合治理、惩防并举、注重预防的战略方针。

第一，努力拓展从源头上防治腐败工作的领域。中央纪委第七次全会公报指出，要“适应中国特色社会主义事业总体布局的要求，把反腐倡廉工作融入经济建设、政治建设、文化建设、社会建设和党的建设之中，拓展从源头上防治腐败工作领域”。这就要求我们必须正确处理好“融入”与“拓展”的关系。一是要在融入当中拓展。要通过把反腐倡廉工作融入经济、政治、文化、社会建设和党的建设，全方位、系统地拓展防治腐败工作的领域，扩大反腐倡廉工作的覆盖面。二是要在拓展当中融入。就是要在“五项建设”中全面贯彻落实《实施纲要》，特别是要将从源头上防治腐败工作的思路和精神全方位地、系统地体现到“五项建设”之中，通过各项业务工作的拓展和深化体现融入。三是融入与拓展都要注意紧紧抓住突出的问题。在政治领域防治腐败，必须抓住正确行使权力这个关键；在经济领域防治腐败，必须抓住建立健全正确利益导向机制这个核心；在文化领域防治腐败，必须抓住加强思想道德教育这个基础；在社会领域防治腐败，必须抓住充分依靠人民群众这个根本；在党的建设中，必须紧紧抓住“解决两大历史性课题”，把反腐倡廉作为加强党的执政能力建设和先进性建设更为紧迫的任务抓紧抓好。

第二，着力深化从源头上防治腐败工作的举措。反腐倡廉的过程就是腐败与反腐败矛盾运动的过程。在我国经济体制深刻变革、社会结构深刻变动、利益格局深刻调整、思想观念深刻变化的历史时期，腐败现象在一些领域和地方仍然易发多发。因而，从源头上防治腐败的举措决不能一劳永逸，而必须不断深化、不断跟进、不断提高其防治腐败的功效。一是应特别重视法治建设。不言而喻，运用法治来防治腐败不仅是实施依法治国方略题中应有之义，而且是从源头上防治腐败最有力的举措。但是，我们的法制仍然不够健全，有些是由于缺乏法律的依据，有些是有法律但不同程度存在着法律部门化、相互不配套的问题，还有的是在执行当中存在的有法不依、执法不严、执法不公等问题。从源头上防治腐败必然要求有良好的、完备的法治基础。二是应特别重视制度建设。制度更带有根本性、全局性、稳定性和长期性。但是，我们的不少制度的确存在系统性、针对性、操作性不强的问题。当务之急是要认真解决宏观的制度多、具体的制度少，单打一的制度多、相互配套的制度少，概念化的制度多、真正解决问题的制度少以及制度不落实的问题。三是应特别重视体制建设。我们一直在推进体制改革，但不少方面体制不顺的问题解决起来却很难。体制不顺、体制不健全，不仅必然导致投机钻营者钻空子，而且会形成一种不好的导向机制。体制既有一个改革问题，也有一个建设问题。要通过体制改革和完善，不断铲除滋生腐败的土壤和条件。

第三，努力形成从源头上防治腐败工作的合力。推进从源头上防治腐败工作，必须深刻认识党风廉政建设和反腐败斗争的长期性、复杂性、艰巨性，必须自觉坚持标本兼治、综合治理、惩防并举、注重预防的战略方针，必须认真把握整体推进、突出重点的工作方法，必须切实坚持党风廉政建设和反腐败工作的领导体制和工作机制。首先，要加强组织领导。各级党委、政府要切实加强对从源头上防治腐败工作的组织领导，要将党中央、国务院和中央纪委关于反腐倡廉的工作部署与本地本单位工作实际紧密结合起来，适时提出本地本单位从源头上防治腐败工作的具体任务和目标要求，认真研究、认真部署、认真落实。其次，要加强组织协调。各级纪律检查委员会要根据《党章》的规定，认真履行协助党的委员会加强党风建设和组织协调反腐败工作的职责。在工作内容上，要坚持整体推进、突出重点，应注意选择事关本地本单位改革发展稳定大局的源头治理任务，积极进行组织协调。在工作方法上，要善于调动各方面的工作积极性，不断完善责任明确、齐抓共管的有效工作机制，同时还应处理好既要主动组织协调与又要防止越俎代庖的关系。在工作推进上，要坚持惩治和预防齐头并进，坚持教育、制度、监督、改革、惩治五个方面整体推进。再次，要加强监督检查。各级党委、政府和纪律检查机关，既要下大力气抓好本级从源头上防治腐败的工作，又要加强对下级从源头上防治腐败工作的监督检查。要以执行党风廉政建设责任制为龙头，以落实《实施纲要》为抓手，加强对建立健全惩治和预防腐败体系工作的监督检查，特别要监督检查思想上是否高度重视、工作上是否目标明确、内容上是否切合实际、措施上是否具体得力、有关制度规定执行上是否真正到位、结果和成效上是否明显。

（作者：李正印）

中国为何要组建国家预防腐败局

虽然“从源头上预防和治理腐败”已成为众多反腐文件标准用语，但事实上，基层在预防腐败工作上依然存在简单化、形式化的通病。

从酝酿筹建国家预防腐败局这一举动中可以读出，我国将进一步加大腐败预防力度的信号。将分散于各部门的预防犯罪工作统一起来，有利于推动用制度预防腐败，确保监督的连续性。

看似意料之外，却在情理之中。

“中国正酝酿组建国家级的预防腐败的专门机构”，这一消息从中共中央纪律检查委员会副书记干以胜口中透露出来后，便迅即被各媒体当成快讯从新闻发布会现场发出。

然而对于普通民众来说，“国家预防腐败局”这一提法显然陌生。为什么要成立这样一个机构，这一机构的建立对反腐有何作用，一时成为公众心中最大的疑问。

而对深谙反腐形势人士来说，一切尽在情理之中。

“成立这一机构说明，中国反腐败的思路在继续推进，反腐败端口正在前移。”反腐专家的点评简明扼要。

落实公约的一个具体举措

干以胜在发布会上还透露，组建“国家预防腐败局”是认真履行《联合国反腐败公约》所规定的义务。

据介绍，《联合国反腐败公约》第六条明确规定，“各缔约国均应当根据本国法律制度的基本原则，确保设有一个或酌情设有多个机构……预防腐败”，并赋予机构“必要的独立性，使其能够有效地履行职能和免受任何不正当的影响”，同时提供“必要的物资和专职工作人员，并为这些工作人员履行职能提供必要的培训”。

“在 2003 年 12 月签署《联合国反腐败公约》之后，中国就对公约在国内实施非常重视，专门成立了由 25 个部委组成的专门协调机构，目前，各相关部门已经就公约实施以及中国国内法与公约衔接等问题进行了全面系统的研究，并据此开始调整反腐败体制，修改相关法律，完善法律制度建设。”任建明作了进一步的解释，要“成立‘国家预防腐败局'就是落实公约的一个具体举措"。

亡羊补牢更要未雨绸缪

分析人士指出，反腐败工作重心的调整，有着特定的背景。来自中纪委的消息，2006年在受到党纪处分的人中，因妨碍社会管理秩序、失职渎职、违反廉洁自律规定和财经纪律而受到处分的党员干部为78980人，占受党纪处分人员的81.2%，涉嫌犯罪移送司法机关依法处理的为3530人，占受党纪处分人员的3.6%。除此之外，还有37775人受到政纪处分。

反腐专家认为，虽然从总量上来看，触犯党纪国法受到制裁的只占少数，但是，这些少数违纪违法者所造成的危害却是不可小视的。如果不加快建立教育和预防体制，那么，司法机关惩处腐败的压力将会越来越大，整个社会也会不断增加不满情绪。

事实上，根据各国以往的经验，反腐败工作重心的变化带有规律性。在设立反腐败机构的早期，各国往往把打击贪污犯罪作为工作的重心。随着大局的稳定，反腐败机关逐渐将工作重心从惩治腐败转移到教育公务员遵纪守法、预防公务员违法犯罪方面。

中国反腐败工作遵循同样的轨迹。相关报道显示，自20世纪80年代以来，国家反腐败的工作主要集中在惩治重大贪污犯罪案件上，先后查处了一大批罪行严重的贪官污吏。

"如果我们只抓惩治这一手，可能一时见效，但往往是出现'前腐后继'的现象，损害党和政府的肌体和形象，使反腐败工作付出更大成本。"反腐专家如是说，"就像治感冒，吃一般的药治的是表面，我们要研究病理病根，从源头抓预防，效果才会越来越明显，反腐力度才会越来越大。"

中国政府对腐败预防的重视从2000年前后就开始了，党的十五大提出从源头治理腐败，实际上就是预防。

预防成为反腐败重要战略是在2005年，这一年《建立健全教育、制度、监督并重的惩治和预防腐败体系实施纲要》(以下简称《实施纲要》)正式颁布。在实施纲要中，中央提出：要惩防并举，注重预防；到2010年，建成惩治和预防腐败体系基本框架。

2006年初，中共中央政治局常委、中纪委书记吴官正在《求是》杂志发表《要在源头上防治腐败》的署名文章，以"扁鹊治病重预防"为例，指出中国自古就讲"万事防为先"、"防患于未然"、"防微杜渐"等道理。

2007年1月11日结束的中纪委七次会议，重申了"坚持标本兼治、综合治理、惩防并举、注重预防"的战略方针。权威人士认为，这一战略方针，将会对今后的反腐工作产生积极的影响。

反腐专家认为，"从注重事后惩治向注重事先预防为主转变，是反腐败斗争走向成熟的重要标志，也是我们从查处腐败案件中总结的重要经验教训"。

无数事实说明，亡羊补牢不如未雨绸缪。加大预防，防患于未然，无疑是成本较低、效果更好的反腐败措施。在这样的背景之下,“剎风治标”逐渐向“标本兼治”发展。于是就需要有这样一个机构,来专门抓预防腐败的工作。

建立国家廉政体系的最终目标,就是使腐败行为变得“高风险”和“低回报”,因此该体系应被设计为预防腐败在先,而不是依靠事后的惩罚。

实际上,专门从事预防腐败工作的机构以前也有,如检察系统在 2000 年 8 月就成立了职务犯罪预防机关,但该机构侧重的是案件查办之后的“个案预防”,还不能完全胜任中国政府以及联合国公约对于预防的要求。

中纪委其实也有类似的预防机构,如中纪委的宣教室、党风室、纠风室等,都有预防腐败的职能,但单独成立这样一个机构,一是适应国际反腐合作的需要,二也是本身工作的要求。

预防比惩治更困难、更复杂

成立专门机构,还应有另一个原因:预防工作遇到的权力阻力更大,技术的复杂性也更高。

查办腐败案件会遇到阻力,有时阻力甚至还比较大,因为这是权力与权力的较量。但是,很多人也许没有意识到,预防腐败也会有阻力,甚至阻力更大。

事实上,预防腐败往往就是要进行体制改革和制度创新。举例来说,在 2001 年 12 月召开的中纪委第五次全会上,就提出了 3 项重大改革措施——行政审批制度、财政制度和干部人事制度改革,以后又增加了投资体制和金融体制改革,共 5 项重大改革措施。仅行政审批制度改革一项,经过 4 年的努力,国务院各部门共取消和调整审批项目 1806 项,达到了国务院部门全部审批项目的 50.1%,并直接推动了行政许可法的顺利颁布实施。

正因为预防腐败涉及的面如此广泛,牵涉的利益群体如此之多,使得“预防的阻力也就更大”。从技术的复杂性上来说,预防腐败与惩治腐败相比,也更复杂、更困难。因为要查处的毕竟是已经发生、有踪迹可循的案件,而要预防的则是尚未发生、并要努力使之不会发生的事情。

预防腐败成效初步彰显

事实上,预防腐败的效果已经初步彰显。

统计数字表明,2003 年以来,每年查处的违反党纪和政纪的案件在总量上是逐年下降的。2006 年,各级纪检监察机关查处的严重违纪并且受到司法机关处理的案件同比下降了 10.9%。

据中纪委连续多年问卷调查结果统计,1996 年群众对反腐倡廉工作的满意度只有 32.8%;到 2003 年,这一百分比超过半数达到了 51.9%。

来自中纪委的数字表明，2006 年共查处“跑官要官”等违反组织人事纪律者 424 人。严肃公务员工资制度改革和规范津贴补贴工作纪律，共查处违反有关政策规定的单位 491 个，涉及违规金额 2.55 亿元，2666 人受到纪律处分和组织处理。严格执行廉洁从政各项规定，共查处违反规定收送现金、有价证券和支付凭证的领导干部 1269 人，违纪金额 5448.37 万元，有 23534 人主动上交款额 1.27 亿元。

并不意味会削弱惩治

“治标和治本，是反腐倡廉相辅相成、相互促进的两个方面。”这是在 2005 年中纪委第五次全会上传出的声音。

2006 年，一系列贪腐大案被揭开，从地方到部委的高官都有涉及。包括北京市前副市长刘志华、天津市人民检察院原检察长李宝金、国家统计局原局长邱晓华等。就在 2006 年即将结束之时，国家药监局原局长郑筱萸亦被宣布“双规”。据中纪委统计，2006 年共有 7 名省部级干部涉嫌犯罪被移送司法机关依法处理。

在 2007 年 2 月 13 日中纪委的新闻发布会上，干以胜语气坚定：“不论什么人、不论其职务多高，只要触犯了党纪国法，都要受到严肃追究和严厉惩处。”

“如此多的高官受到惩处，在世界上哪个国家都是没有过的，人们由此看到了中国反腐败的坚定决心。”闫群力告诉记者，他曾在国外考察过，“国外在反腐上投入的人力物力精力都没有这么大。”

但人们也从另一方面看出，中国的反腐败形势非常严峻。

在国务院第五次廉政工作会议上，称反腐败形势严峻的理由被一一列举：规范权力运行的法律制度不健全，有法不依、执法不严、违法不究的现象依然存在；官商勾结、权钱交易、滥用行政权力的问题比较严重，腐败大案要案不断发生；一些损害群众利益的突出问题没有从根本上得到解决……

分析人士指出：“构建惩治、预防腐败体系这一历史课题，仅仅只是开了一个头。”

承载厚望更要不辱使命

在《联合国反腐败公约》中，对预防性反腐败机构职能的表述是：实施预防性反腐败政策和做法，并在适当情况下对这些政策的实施进行监督和协调；同时积累和传播预防腐败的知识。

干以胜在新闻发布会上透露的加强预防腐败工作的几个要点是：“加强对干部的教育”，“加强制度建设”，保证现有制度的“贯彻落实”，“加强对权力运行的制约和监督”。

“但不管怎样，建立系统的反腐败体制，组建职责明确的专门机构，强化教育预防环节，是中国反腐败的大方向。”反腐专家乐观估计，成立专门的预防腐败机构，有助于集中精力制定各种具体的规章制度，确保监督的连续性，减少因腐败而造成的经济损失和社会负面影响。

干以胜表示，2007 年在继续保持查办案件力度的同时，要进一步加大预防腐败的力度。“加强对干部的教育，特别是思想道德教育、作风教育、从政道德的教育和社会主义荣辱观的教育，使我们的党员，特别是党员领导干部，增强廉洁自律的自觉性。”他说。

“同时，加强制度建设，不断提高反腐倡廉工作的制度化水平。”干以胜说，“对于现有的制度，要加大督促检查的力度，保证这些制度的贯彻落实。”

在加强对权力运行制约和监督方面，干以胜表示：“要通过巡视工作、政务公开工作、厂务公开工作和村务公开工作以及党务公开工作，保证监督机制能够更加有效。”同时，“要加强反腐败国际合作，认真履行《联合国反腐败公约》所规定的义务”。

干以胜强调，反腐败是一个系统工程，很多任务需要有关职能部门来完成。“我们当前很重要的一项工作，就是加大组织协调的力度，加强监督检查，保证各项任务能够落到实处。”

干以胜坦陈，中国还处于并将长期处于社会主义初级阶段，由于体制机制制度还不完善，要在短期内根治腐败问题是不可能的。但“通过这个机构的建立，我们相信，预防腐败的力度将会进一步加大”。

反腐倡廉需要抓好四项工作

- 必须进一步抓好领导干部教育、监督和廉洁自律；
- 必须进一步抓好大案要案查处；
- 必须进一步抓好纠正损害群众利益不正之风的工作；
- 必须进一步抓好反腐倡廉工作体制机制创新。

1978 年以来反腐败工作情况

- 十一届三中全会至 1993 年是刹风治标；
- 1993 年至“十六大”提出注重标本兼治，综合治理；
- 十六大以后提出“标本兼治、综合治理、惩防并举、注重预防”。

怎样做到预防与惩治相结合

- 推进反腐倡廉教育的社会化，提高广大群众行使监督权利的自觉性和责任感；
- 推进反腐倡廉法制建设，实现反腐倡廉的法制化；
- 推进党政监督体制改革，增强专门监督机关的工作独立性；
- 推进新闻媒体的舆论监督，增强及时性、规范性和有效性；
- 推进对典型案件的剖析研究，充分发挥惩治腐败对预防腐败的建设性作用。

（作者：杨爱英　陈　丽）

聚焦国家预防腐败局:中国反腐必由之路

2007年2月13日,国务院新闻办举行新闻发布会,中纪委副书记、秘书长干以胜透露,目前,我国正在积极筹建国家级预防腐败的专门机构,将组建国家预防腐败局。3月8日,正在参加"两会"的全国政协常委、监察部副部长陈昌智向记者透露,国家预防腐败局将在今年成立,但具体时间待定。3月13日,十届全国人大代表、中央纪委副书记夏赞忠在参加湖南代表团评议时表示,国家预防腐败局"三定"方案已通过中央编制委员会批准。

对于万众瞩目的反腐败事业来说,成立国家预防腐败局无疑是今年鼓舞人心的事情。我们有理由相信,这一机构,不仅成立得及时,而且必将在未来反腐败斗争中发挥越来越重要的作用。

预防腐败:中国反腐必由之路

我国成立国家预防腐败局主要是基于以下四大原因:

——理论基础。2005年初,中央正式颁布《建立健全教育、制度、监督并重的惩治和预防腐败体系实施纲要》。中央提出,坚持"标本兼治、综合治理、惩防并举、注重预防"的方针;到2010年,建成惩治和预防腐败体系基本框架。2006年初,中共中央政治局常委、中纪委书记吴官正在《求是》杂志发表《要从源头上防治腐败》的署名文章,以扁鹊治病重预防为例,指出中国自古就讲"万事防为先"、"防患于未然"、"防微杜渐"等道理。2007年1月中纪委第七次全会,重申了"坚持标本兼治、综合治理、惩防并举、注重预防"的战略方针。

——实践基础。从注重事后惩治向注重事先预防的转变,是反腐败斗争走向成熟的重要标志,也是我们从查处腐败案件中总结的重要经验教训。以2006年为例,在受到党纪处分的人中,因妨碍社会管理秩序、失职渎职、违反廉洁自律规定和财经纪律而受到处分的党员干部为78980人,占受党纪处分人员的81.2%,涉嫌犯罪移送司法机关依法处理的为3530人,占受党纪处分人员的3.6%。除此之外,还有37775人受到政纪处分。虽然从总量上来看,触犯党纪国法受到制裁的只占少数;但是,这些少数违纪违法者给社会所造成的危害却是不可小视的。如果不加快建立预防体制,那么,司法机关惩处腐败的压力将会越来越大,社会的不满情绪也会不断增加。

——工作需求。眼下,我国不是没有反腐败预防机构,而是机构分散,效率低下,职能难以真正、全面发挥。在党内,中纪委的宣教室、党风室、纠风室等,都有预防腐败的职能。在国家机关中专门从事预防腐败工作的机构也有,如检察系统在2000年8月就成立了职务犯罪预防部门,但该机构侧重的是案件查办之后的"个案预防",还不能完全胜任当前反腐预防的要求。建立系统的预防腐败体制,组建职责明确的专门机构,是中国反腐败的必然要求。

——国际因素。2005年10月27日,全国人大常委会批准了我国政府签署的《联合国反腐败公约》。公约强调了"更加高效而有力地预防和打击腐败"的反腐败宗旨。成立预防腐败局就是为履行《联合国反腐败公约》所规定的义务的重要步骤。

职能手段:立足《纲要》注重合作

在《联合国反腐败公约》中,对预防性反腐败机构职能的表述是:实施预防性反腐败政策和做法,并在适当情况下对这些政策的实施进行监督和协调;同时积累和传播预防腐败的知识。国家预防腐败局的主要职能是进行宣传、教育,制度建设,机制体制创新,以及在反腐败上抓一些源头性工作。

根据各国以往的经验,反腐败工作重心的变化带有规律性。在设立反腐败机构的早期,各国往往把打击贪污犯罪作为工作的重心;随着大局的稳定,反腐败机关逐渐将工作重心从惩治腐败转移到教育公务员遵纪守法、预防公务员职务犯罪方面。我国也不例外。不过以下一些职能权力也备受公众期待:

——拥有监督公共部门资产和决策人收入的权力。作为国家预防腐败局的主要目的,就是构建一个经慎重考虑后产生的高效率的监督体系,它可以监督包括各级公务员的财产、收入、债务和生活方式。

——拥有冻结那些正在接受调查的可能的嫌疑犯财产的权力。没有这样的权力,腐败分子就能够在几分钟之内以电子方式转移他们的财产。

——拥有扣押和没收护照的权力,以防止腐败分子逃离国境。如果一个嫌疑人正处在调查中,并且预防局相信疑犯可能潜逃出国,预防局应该能够及时阻止他,而不必等候审查措施的到位。

——有一定的保护举报人的能力。这也是预防的一个重要方面。在一些情况下,举报人很可能是被举报官员的下属。如果他们有失去工作或受到其他形式侵扰的危险,那么我们就不能指望他们揭发他们的上级了。

理顺关系:未雨绸缪牵制多多

成立国家预防腐败局,首先要解决的是这个机构的工作内容、方式,有这样几个关系需要理顺：

——与现有预防职能部门的关系。如果国家预防腐败局放在国务院下面，涉及和监察部的职能划分问题，涉及与监察部的关系问题。另外，国家预防腐败局成立后，必将整合分散在其他部门的预防机构，譬如检察机关的预防职务犯罪的职能。

——与公诉人之间的关系。对预防机关来说，其掌握的证据必须移送检察机关，如果嫌疑犯不能被起诉，证据又有什么用呢？在预防腐败局与公诉人之间的有效衔接上，亟须有法可依。

——与公众之间的关系。公众参与反腐败，能够鼓舞公众的责任感。通过这种方式，不同的利益相关者都参与到预防过程中，无论他们是在政府中还是在私营企业界，都将被动员起来支持国家预防腐败局的工作。

专业队伍：反腐预防希望所在

建立一支素质高、待遇优厚的预防腐败专业队伍必不可少。否则，反腐败斗争就不可能取得显著的成效。一般来说，要建设高素质的专业队伍需要两个条件：一是有优厚的待遇吸引人；二是有良好的机制选拔人。

在国家预防腐败局高层人物的任命程序方面，只有那些受到公众广泛信任的人才可以担任那些职位。更重要的，必须特别注意监督预防腐败局内部各级官员的表现。能被选中的人应当刚正不阿、不徇私情、铁面无私而又精明强干。在党的领导下，可以广泛吸收民主党派和无党派人士参与。

收入和待遇方面可以借鉴埃及。埃及是一个并不富裕的国家，但监察官却拥有比其他政府官员好得多的收入和待遇。他们的理念是，当好后勤，保证监察官全身心投入工作，防止以权谋私。当然，监察署对监察官要求很严格，违反法规的处分比社会上要严厉。

（作者：曾亚波）

中国组建预防腐败局的八大意义

中国组建预防腐败局，至少具有八大意义。

一、组建预防腐败局、建立预防腐败机制，是实现反腐阵地前移的里程碑。根据各国的历史经验，反腐败工作重心的变化带有规律性。在设立反腐败机构的早期，各国往往把打击贪污犯罪作为工作的重心；随着大局的稳定，反腐败机关逐渐将工作重心从惩治腐败转移到教育公务员遵纪守法、预防公务员违法犯罪方面。中国反腐败工作遵循同样的轨迹。相关报道显示，自20世纪80年代以来，国家反腐败的工作主要集中在惩治重大贪污犯罪案件上，先后查处了一大批罪行严重的贪官污吏。“如果我们只抓惩治这一手，可能一时见效，但往往是出现‘前腐后继’的现象，损害党和政府的肌体和形象，使反腐败工作付出更大成本。”

二、组建预防腐败局、建立预防腐败机制，是反腐败斗争走向成熟的标志。2005年，《建立健全教育、制度、监督并重的惩治和预防腐败体系实施纲要》正式颁布，中央提出：要惩防并举，注重预防；到2010年，建成惩治和预防腐败体系基本框架。从注重事后惩治向注重事先预防为主转变，是反腐败斗争走向成熟的重要标志，也是我们从查处腐败案件中总结的重要经验教训。

三、组建预防腐败局、建立预防腐败机制，是落实科学发展观的具体实践。贪官污吏受到惩办，是自作自受，是社会正义的伸张。不过从社会成本角度看，审判的快意绝对抵偿不了贪腐给社会造成的物质损失、道义损失和人力资源损失，以及因此增加的政治成本和司法成本。惩办说到底只是一种对既成事实的评价和处理方式，本质上于事无补。这些年来，虽然“从源头上预防和治理腐败”已成为众多反腐文件标准用语，“从侧重打击转为标本兼治”的说法在各类领导讲话和经验介绍材料中也时常可见。但由于预防腐败的成效很难评估，特别是很难短期内进行科学而准确的评估，所以，高层对“预防与打击并重”的再多强调，也无法矫正基层自愿迈入“重打击轻预防”的思想误区。各地衡量反腐业绩，主要仍看立案数这一“硬指标”，而预防工作更多的是成了一种“软任务”。在这样的评价体系之下，基层领导和执(司)法人员更倾向于将预防工作视为一种表面文章。

四、组建预防腐败局、建立预防腐败机制，是坚持以人为本的必然要求。一个贪官灭亡的同时，也是一个本来有着良好前景和正能给社会创造价值的官员，政治生命或生理生命的终结。他们当中不少人，当初可说是中国的精英，是社会的佼佼者，但由于预防的空位、监督的缺失，小腐败被忽视、容忍、放纵，发展成罪大恶极，到下大牢、上刑场时，已悔之晚矣。由此可以说，预防是一种爱护，监督是一种关心。

五、组建预防腐败局、建立预防腐败机制，是维护政治社会稳定和国家长治久安的客观需要。成立专门的预防腐败机构，有助于集中精力制定各种具体的规章制度，确保监督的连续性，减少因腐败而造成的经济损失和社会负面影响。

六、组建预防腐败局、建立预防腐败机制，是加强党的执政能力建设的迫切需要。党风廉政建设和反腐败斗争关系党的生死存亡，关系国家长治久安，关系中国特色社会主义事业兴衰成败。胡锦涛同志指出："如果不能坚持不懈在做好反腐倡廉、拒腐防变工作，党的执政地位就有丧失的危险，党就有可能走向自我毁灭。这是总结我们党长期实践得出的重要结论，也是我们观察世界上一些执政党失去政权甚至分崩离析得到的深刻启示。"建立预防腐败机制，有利于保持党的肌体的纯洁性，永葆党的先进性。

七、组建预防腐败局、建立预防腐败机制，是整合预防监督力量、加大预防腐败力度的现实需要。实际上，专门从事预防腐败工作的机构以前也有，如检察系统在2000年8月就成立了职务犯罪预防机关，但该机构侧重的是案件查办之后的"个案预防"，还不能完全胜任中国政府以及联合国公约对于预防的要求。中纪委其实也有类似的预防机构，如中纪委的宣教室、党风室、纠风室等，都有预防腐败的职能，但单独成立这样一个机构，一是适应国际反腐合作的需要，二是本身工作的要求。通过组建国家预防腐败局，将分散于各部门的预防犯罪工作统一起来，有利于推动制度反腐，确保监督的连续性、预防的全面性。

八、组建预防腐败局、建立预防腐败机制，是履行《联合国反腐败公约》的具体行动。《联合国反腐败公约》第六条明确规定，"各缔约国均应当根据本国法律制度的基本原则，确保设有一个或酌情设有多个机构……预防腐败"，并赋予机构"必要的独立性，使其能够有效地履行职能和免受任何不正当的影响"，同时提供"必要的物资和专职工作人员，并为这些工作人员履行职能提供必要的培训"。在2003年12月签署《联合国反腐败公约》之后，中国就对公约在国内实施非常重视，专门成立了由25个部委组成的专门协调机构，目前，各相关部门已经就公约实施以及中国国内法与公约衔接等问题进行了全面系统的研究，并据此开始调整反腐败体制，修改相关法律，完善法律制度建设。"要成立国家预防腐败局，就是落实公约的一个具体举措。

（作者：刘定才）

我国 2010 年前将建成惩治和预防腐败体系框架

“十一五”时期反腐倡廉的总体目标，是按中央的要求，“到 2010 年，建成惩治和预防腐败体系基本框架”。这意味着，在未来五年的反腐倡廉工作中，以廉政文化氛围为基础的反腐倡廉宣传教育长效机制要初步形成，以反腐败专门法律为支撑的反腐倡廉法规制度体系要初步形成，以民主监督为重点的反腐倡廉监督制约机制要初步形成，以源头治腐为目标的各项体制机制制度改革要深入推进，以查办大要案件为手段的惩治腐败势头要继续巩固和加强。

从具体效果上看，全党全社会高度重视和积极参与反腐败的局面要初步形成，各种消极腐败现象和不正之风要得到一定程度的遏制，党风、政风和社会风气要有一定程度的好转。

反腐倡廉面临新问题

从当前国际国内形势看，反腐倡廉工作面临的机遇与挑战并存。困难主要表现在，当前党风廉政建设和反腐败工作面临着一些新情况、新问题。

一方面，中央不断加大查处大案要案的力度，2005 年，共有 47306 人被监察部门处以政纪处分；另一方面，违纪违法案件在一些地方和部门仍然呈多发态势，特别是一些权力缺乏有效制约和监督的岗位和部门的案件数量居高不下。在市（地）级和县（处）级领导干部违纪案件中涉及党政主要干部的案件比例较高，一些违反组织人事纪律特别是买官卖官的案件性质严重，金融、行政执法、司法领域的腐败问题仍然是群众反映强烈的热点问题，在一些企业的重组改制和破产、产权交易过程中国有资产流失的问题比较严重，商业贿赂问题大量存在。

近两年，国家始终坚决查处损害群众切身利益的违纪违法行为，但损害群众利益的问题比较突出。如在征收征用土地、城镇房屋拆迁、企业重组改制和破产、教育医疗收费、环境保护、食品药品安全、企业安全生产等方面损害群众利益的问题比较突出，一些问题的背后往往隐藏着腐败。因腐败和不正之风引发的群体性事件也时有发生。

在大力推进依法行政和廉洁从政，加大对政府机关及其工作人员的监督力度的同时，纠正党内不正之风的任务依然比较繁重。有的党员干部理想信念动摇，党的意识和执政意识淡薄，不能发挥先锋模范作用；有的存在着严重的地方和部门本位主义，对中央搞“上有政策，下有对策”；有的作风浮躁、急功近利、好大喜功，甚至弄虚作假；有的违反领导干部廉洁自律的规定，以权谋私；有的失职渎职，或者盲目决策，给国家财产造成重大损失；有的贪图享受，讲排场、比阔气、挥霍公款，奢侈浪费；有的对群众安危冷暖漠不关心，工作方法简单粗暴，引起人民群众强烈不满。

近年来，我国更加注重改革和体制制度创新，加大从源头上防治腐败的力度，但反腐倡廉工作仍存在薄弱环节。一些地方和部门对反腐倡廉工作重视不够，认为经济社会发展是硬指标，反腐倡廉工作是软指标，甚至认为两者是对立的，抓反腐倡廉不下真功夫；有的对如何加强预防和惩治腐败工作思路不明晰，办法不多，原则要求多、有力措施少，党风廉政建设责任制落实不到位；有的甚至从个人利益或小团体利益考虑，出了问题还掩着、护着，大事化小、小事化了，压案不查，查而不严。

这些薄弱环节还表现在反腐倡廉法规制度不够健全，真空和漏洞较多；法律赋予反腐败专门机关的手段不够用；反腐倡廉工作的体制机制及其干部队伍的编制力量和文化知识结构与反腐倡廉工作的实际需要不够适应；海关、金融控制手段欠缺，导致腐败资金和人员外逃现象严重；国际反腐败合作机制不够健全，渠道不够畅通，导致大量外逃腐败分子难以遣返，大量外逃资金难以追回，等等。这些问题表明，反腐倡廉工作形势比较严峻，任务十分艰巨。

有利因素不少

有利因素主要表现在，反腐倡廉总的形势是好的，人民群众在相当程度上是认可并支持的，国际社会也给予了积极评价。尤其是以胡锦涛为总书记的新一届党中央领导集体，在反腐倡廉问题上，态度坚决，战略方针和具体思路十分正确、清晰明了。

党的十四大尤其是十六大以来，全党在党风廉政建设和反腐败斗争中积累了丰富的经验，探索和创造了一系列惩治和预防腐败的有效措施、方法和手段，认识和掌握了在改革开放和发展社会主义市场经济的新形势下反腐倡廉工作的基本规律，确立了党政齐抓共管、纪委组织协调，部门各司其职，依靠广大人民群众积极参与的领导体制和工作机制，初步走出了一条依法治腐、以德治腐和民主治腐相结合的有效路子。

在制度建设上，《中国共产党党内监督条例（试行）》、《中国共产党纪律处分条例》、《中国共产党党员权利保障条例》、《中华人民共和国行政监察法》、《中华人民共和国公务员法》、《中华人民共和国行政许可法》、《中华人民共和国行政监察法实施条例》等党内条规和国家法律法规及其配套规定和办法的颁布实施，为反腐倡廉工作提供了有力的法规制度支持。

同时，一系列旨在源头防腐的体制机制制度改革创新，如财政管理体制、投融资体制、司法体制、干部人事制度、行政审批制度等方面的改革创新的启动和推进，为预防腐败打下了良好的基础。特别是惩治和预防腐败体系实施纲要的颁布实施，为反腐倡廉指明了方向，明确了目标，提供了全面、系统、科学的行动方案。

在国际反腐败合作方面,《联合国反腐败公约》和有关双边或多边司法协助条约(协定)、双边或多边引渡条约、双边或多边移管被判刑人条约以及其他双边或多边国际公约的签订,为反腐败的国际合作架起了司法和刑侦桥梁。认真借鉴、利用和发展这些有利条件,必将为深入推进"十一五"时期的反腐倡廉工作,产生十分重要的积极作用。

工作重点将在八个方面

基于以上要求和形势,"十一五"时期的反腐倡廉工作,按照中央要求应当突出以下工作重点:

第一,要为全面落实科学发展观提供政治保证。科学发展观既是制定"十一五"规划的根本依据,又是落实"十一五"规划必须始终坚持的根本原则。各级党组织和政府,尤其是各级纪检监察机关,应当把全面贯彻落实科学发展观作为党风廉政建设的重要内容,认真履行监督检查职责,督促各级领导干部牢固树立科学发展观和正确的政绩观,坚决防止和纠正违背科学发展观的错误行为,坚决反对搞劳民伤财的"形象工程"、"政绩工程",坚决克服形式主义、官僚主义,努力从思想上、作风上、纪律上为贯彻落实党的重大决策和部署提供有力保证。

第二,要高度重视从思想(内因)上消除腐败动机(苗头)。毛泽东同志指出,外因是变化的条件,内因是变化的根据。所有腐败问题和不正之风,都是从思想动因开始的,所以反腐倡廉必须从解决思想问题入手。各级党委、政府和纪检监察机关应当高度重视对广大党员干部尤其是领导干部加强反腐倡廉教育,认真落实"八个坚持、八个反对"的要求,深入开展理想信念和从政道德教育、党的优良传统和作风教育、国家法律法规教育。同时,要大力推进廉政文化建设,在全社会营造浓厚的廉政文化氛围,促进广大党员干部尤其是领导干部廉洁从政。

第三,要坚决维护群众利益。胡锦涛总书记多次强调,群众利益无小事。各级党委、政府和纪检监察机关应当把解决损害群众利益的突出问题作为党风廉政建设的工作重点,严肃查处征收征用土地、城镇房屋拆迁、企业重组改制和破产、教育医疗收费、环境保护、拖欠农民工工资、安全生产等方面存在的损害群众利益的突出问题。要切实解决上学难、上学贵,看病难、看病贵等问题。对损害群众利益的突出问题,要抓住不放,一抓到底。要有针对性地全面加强行风建设,深入开展专项治理,不断深化相关体制、机制改革,作出适当的政策调整和利益分配调整,建立健全巩固成果的长效机制。

第四,要认真开展对商业贿赂的专项治理。商业贿赂,其本质就是贿赂,但是,由于它比较普遍地大量存在于各种商业活动之中,而且往往披着"正当"商业回报的外衣,具有一定程度的隐蔽性和欺骗性,而对公平竞争的市场经济原则和秩序则具有极大的破坏性和危害性。因此,针对这一贿赂行为开展专项治理是非常必要的。

治理商业贿赂,是一项涉及面广、业务性和政策性很强的工作。首先要抓住重点领域，要着力解决公益性强、与人民群众利益密切相关、破坏市场经济秩序、导致国有资产流失的重点领域的重点问题，如工程建设、土地出让、产权交易、医药购销、政府采购以及矿产资源开发和经销等领域的商业贿赂行为等。

其次要抓住重点对象，商业贿赂虽然发生在生产经营者的交易活动中，但与一些政府机关及其工作人员滥用职权、以权谋私密切相关，也就是说商业贿赂的受贿对象，往往是掌握着相关项目的审批权、许可权和物资采购权的政府部门的官员，因此，治理商业贿赂，必须高度重视对掌握相关权力的政府部门及其官员的监督制约，加大相关案件的查处力度。

治理商业贿赂是一项政策性很强的工作，必须依纪依法进行，而从现行政策法规看，无论是对商业贿赂的规范，还是对治理商业贿赂的授权，却还存在着一些缺失和漏洞，因此，有必要研究修订刑法、《反不正当竞争法》等法律，加快制定《反垄断法》，进一步完善规范市场竞争行为和惩治商业贿赂的法律规定。

同时，还迫切需要深入推进行政审批制度、财政管理体制、金融监管体制等方面的改革，健全政府投资监管、国有资产监管等方面的制度。要加快统一市场体系建设，打破垄断、行政壁垒和地区封锁。要进一步完善会计制度，坚决禁止和查处做假账的行为；要加强票据管理，减少现金交易，加大反洗钱的力度；还要加强商业道德和社会信用体系建设。总之，治理商业贿赂是一项系统工程和长期任务，短期内很难解决问题，整个“十一五”时期都必须抓住不放。

第五，要切实提高依法治腐的水平。依法治腐是有效防治腐败的根本途径，也是与国际惯例接轨的有效途径。依法治腐的首要问题是要切实加强法规制度体系建设，解决有法可依问题。

中央要求在2010年建成惩治和预防腐败体系的基本框架，反腐倡廉法规制度体系建设在其中具有指标性意义，而反腐倡廉专门法律的制定，又对法规制度体系具有支撑性意义。因此，制定反腐倡廉专门法律，是“十一五”时期必须完成的硬任务。

同时，与《公务员法》配套，与党纪处分条例对称的《国家公务员行政纪律处分条例》也迫切需要制定，根据形势发展的需要，《行政监察法》迫切需要进行修订。

就党内条规而言，《党内监督条例》开辟了广阔的党内制度建设空间，加快与《党内监督条例》相配套的可操作性规定和实施办法的制定，也是一项十分迫切的任务，特别是《党内监督条例》明确规定要建立的十项监督制度，其中还有舆论监督、询问和质询、罢免或撤换要求及处理三项重要制度尚未制定具体实施的规定或办法，这些规定或办法也应该在“十一五”期间颁布实施。

再则，随着党务公开，党的代表大会常任制试点和推行的需要，以及发展党内民主其他方面的需要，《党章》、《党内监督条例》本身也面临着修订的可能和需要。另外，从反洗钱，反人员和资金外逃的需要出发，我国必须与世界绝大多数国家和地区建立双边或多边相关条约或协定，但目前，还只是与极少数国家建立这样的条约或协定，“十一五”时期，在这方面也应该有新的发展。

法规制度的生命力和价值在于其适用性，从动态看，法规制度建设是一个根据形势发展需要而进行立、改、废的否定之否定的不断进化的过程，永无绝对的完善之日。

因此，法规制度建设的任务是艰巨而长期的。

第六，要切实加大监督制约的力度。监督制约是预防腐败和把腐败问题遏止在萌芽状态，防止出大问题的重要手段。

监督工作要严格按照《党内监督条例》的规定执行，同时要按照《惩治和预防腐败体系实施纲要》的要求，切实加强对领导机关、领导干部特别是各级领导班子主要负责人的监督，加强对重点环节和重点部位权力行使的监督，如领导干部选拔任用过程，财政资金运行过程，国有资产运营过程，金融、证券运作过程，土地使用权和矿产资源开采权出让、行政审批权运用等。

要通过监督，确保权力的正确行使。要完善监督机制，科学合理地配置权力，建立健全决策权、执行权、监督权既相互制约又相互协调的权力结构，形成结构合理、配置科学、程序严密、制约有效的权力运行机制，尽可能减少权力“寻租”的机会。

要把党内监督与人大监督、政府专门机关的监督、政协民主监督、司法监督、群众监督、舆论监督等有机结合起来，发挥各方面监督的积极作用，不断拓宽监督渠道，尤其是要高度重视发挥自下而上的民主监督的积极作用，要尊重和保障群众的选举权、知情权、参与权和监督权，凡是与群众利益密切相关的重大事项，能公开的都要依照法律和规定向群众公开，听取群众意见，让这些事项在阳光下运作，以加大监督的力度，提高监督的效果。

第七，要保持和巩固查办腐败案件的高压态势。查处，是预防的基础，也是预防的后盾，查处具有巨大的威慑作用，这种作用有可能使某些本来存有以权谋私之心的人放弃谋私之念。同时，查处也是预防的补救手段，对于那些防不胜防的人来说，只有用严厉查处的办法来解决问题，来挽回和减少其对国家和人民带来的损失。所以，在反腐倡廉过程中，始终保持查处腐败案件的高压态势，十分必要。决不能因为强调预防，而放松查处，而应该坚持预防和查处两手抓，两手硬。

第八，要坚持用改革的办法解决腐败问题。俗话说，苍蝇不叮无缝的蛋，腐败问题的滋生，主要是因为公权力所涉及的领域在体制机制制度上存在着某些政策法规缺陷、监督制约真空和寻租的机会。因此，我们要坚持用改革统揽预防腐败的各项工作，要根据预防腐败的需要，积极推进相关领域的制度建设和创新，不断消除腐败滋生蔓延的条件。

（作者：李一帆）

遏制腐败高发:预防比惩治更重要

设预防腐败局,将反腐"升级"进行到底

今后的党建工作中,在大力反腐、巩固成果的同时,更要树立"防腐大于天"的思想,强化对腐败行为的监控,变"事后反腐"为"事前防腐",让"腐败的贼心"永远不能转化为"腐败的贼胆"。这样不仅贯彻了"惩前毖后,治病救人"的宗旨,挽救了"有伤""带病"的同志,而且防范和化解了个别"贪腐"者可能造成的危害,从真正意义上减小和消除腐败行为造成的损失。

中央提出建立健全教育、制度、监督并重的惩治和预防腐败体系,强调惩治和预防"两手抓"、两手都要硬的工作思路,是对世界各国反腐败经验的总结,也完全符合中国的现实。预防腐败局的主要职能是预防腐败,从目前的情况看,这项职能在有关部门中已经有所涉及,有的已经走向规范。但由于相关部门职能交叉,缺乏统一的规划,因此显得无力、无序。通过教育和制度来预防腐败是党委的职能,还是政府的职能,还是司法机关的职能,谁也说不清楚,谁也都有责任。所以,应对现有反腐资源进行整合,成立三个机构:一是反腐败机构,主要职能是惩处,也就是通常讲的查办案件;二是预防腐败机构,就是通过教育、监督、制度来遏制腐败发生;三是综合机构。从这个角度分析,成立预防腐败局是当务之急。

中国的反腐败已经与国际接轨,需要借鉴国际上预防腐败的先进经验,履行《联合国反腐败公约》成员国的义务,加强国际合作。而要完成这些职能需要把以前分散在其他机构和部门的职能,整合到一个新的机构中。成立国家预防腐败局正是适应中国反腐败格局大调整、大升级的要求。

反腐败工作重心的变化带有规律性。在设立反腐败机构的早期,反腐工作往往把打击贪污犯罪作为重心,随着反腐工作的深入,反腐败机关逐渐将工作重心从惩治腐败转移到教育、预防违法犯罪方面。从预防腐败涉及面广泛、牵涉利益群体多方面来说,预防腐败与惩治腐败相比,更复杂、更困难,阻力也更大。因为要查处的毕竟是已经发生、有踪迹可循的案件,而要预防的则是尚未发生、并要努力使之不会发生的事情。所以,预防腐败往往就是要进行体制改革和制度创新。

突破预防腐败困境，承载厚望更要不辱使命

严惩是一种必要手段，而预防与教育则是关键，从源头上解决腐败问题必须是“标本兼治、综合治理、惩防并举、注重预防”。一是进一步完善反腐倡廉“宣传”工作格局，将廉政文化宣传推向全社会。设立预防腐败局深入开展反腐倡廉教育，不仅要引导党员干部树立正确的权力观、地位观、利益观，还要向社会大力宣传反腐政策、反腐理念、反腐措施，让更多的群众能够了解反腐工作，从而在全社会营造一个以廉为荣、以贪为耻、崇廉褒廉的舆论氛围。二是创新廉政文化建设形式，提高廉政宣教工作的技巧。比如一些地方津津乐道的廉政短信、廉政扑克。反腐倡廉教育应该“润物细无声”。三是与时俱进，廉政宣传应该占领网络这块阵地。随着时代的进步，网络媒体的影响力日益扩大。所以，应该大力发展网络反腐倡廉宣传，引导正确的反腐舆论导向。

成立预防腐败局，实施预防性反腐败政策和办法，并在适当情况下对这些政策的实施进行监督和协调，同时积累和传播预防腐败的知识。如果仅仅是预防而没有惩治的授权，这个机构很可能起不到反腐倡廉所期望的作用。这几年基层反腐一个值得吸取的教训就是腐败现象多发与我们的体制有关，一把手的权力太大，且不受监督制约。地方各级纪委缺乏独立的处置权，任何一级干部的查处都要报经同级党委的同意。所以，尽管党章给纪委很大的权力，可实际上除了中纪委外，一些地方各级纪委是少有作为。

完善系统的反腐败体制，组建职责明确的专门机构，强化教育预防环节，把反腐败从理念落实到制度层面上，压缩权力“寻租”空间，是中国反腐败的大方向。设立预防腐败局有必要集中精力制定各种具体的规章制度，确保监督的连续性；有必要明确国家预防腐败局工作人员的法律责任，直接指定责任人，防止滥用职权，徇私枉法，徇情枉法，坚持执法必严和办案独立性；有必要建立鼓励举报机制，制定举报奖励机制，指导群众对身边腐败现象和腐败分子的举报工作。

深化反腐机制，构建国家防腐网络

与惩治腐败相辅相成的是如何预防腐败。《实施纲要》明确提出，要用“发展的思路和改革的办法”防治腐败。随着各项改革的深入并不断取得成效，滋生腐败的土壤将逐步被铲除，腐败生存的空间将尽可能被压缩。中央准备构建全国性的预防腐败机构网络，亦可以视为一个具体的改革步骤。在 2006 年 10 月 23 日国际反贪局联合会第一次年会上，欧盟、中国、英国等 8 个组织和国家反贪机构领导人就反贪机构预防腐败工作情况发表演讲时普遍认为，“预防胜过治疗”，尤其是多数发展中国家更是把预防腐败当作根本的发展战略。

1. 反腐败工作是关系我国依法治国、构建和谐社会成败的关键。一个理想的民

主社会是建立在依法治国基础上的,1999年我国在《宪法修正案》中明确指出:“中华人民共和国实行依法治国。”法治的核心是对权利的保障与对权力的制约,如果不能充分地对权力进行制约,就会导致公权力的滥用,腐败现象的横行,对权利的保障也无从谈起。所以说,整治腐败是我国法治进程的关键一步,也是我国构建法治国家,构建和谐社会的重中之重。

2. 重查处、轻预防会导致我国反腐败工作走入误区。长期以来,我国在反腐败工作中重查处、轻预防,纪委、反贪局、检察院等具有反腐职能的机构的工作重点均以事后查处为主。随着国家反腐败力度的加大,近年来,查处的大案要案不计其数,但是,反腐败工作并没有取得实质性进展,腐败现象依然非常普遍。究其原因,重查处,除了对腐败个人有惩戒作用,对整个社会有一定警示作用,彰显党中央的反腐决心以外,其他作用十分有限。反腐败的最终目的,不是出现了腐败去一一查处,而是从源头上遏制腐败的发生。等到腐败产生,再去查处,虽然有一定的警示作用,但是对于执政党的形象也是一种损害,同时,腐败高发会严重地降低民众建设法治国家信心,甚至导致我国民主化进程的倒退。我们需要的不仅仅是一个能严肃查处腐败的执政党,更需要一个没有腐败现象的执政党。所以说,反腐败的工作重点,应该是对权力运行的监督,建立预防机制,从源头上遏制腐败的发生。

3. 加强反腐败预防工作,建立反腐败制度体系和权力运行的监控机制是我国反腐败工作的正确方向。中央纪委七次全会的召开,给我们带来一个重要的信号,就是今后我国的反腐败工作将把反腐败预防工作作为重点。中纪委已经明确要建立反腐倡廉制度体系,并牵头就制定中国反腐败专门法律的专题调研,将来不久《廉政法》将会作为反腐败制度的一个总纲出台。国家预防腐败局在2007年成立,我国预防腐败工作将会在其指导之下有序地开展,此机构的成立对我国反腐败工作具有重大意义,国家和民众也对于这个机构的成立给予了厚望,只有真正地从源头上遏制了腐败,构建了一个健全的预防腐败体系,对权力的运行进行全程的监控,我们国家才有可能从根本上扭转目前腐败高发的形势。

浅论教育与监督并重的惩治和预防腐败体系的构筑

职务犯罪是当前经济领域和政治领域中最为严重的腐败现象，深入开展反腐败斗争，维护国家权力的廉洁、高效，保卫国家和社会利益，是立法的初衷、司法的目的、时代的要求和历史的必然。积极探索社会主义市场经济条件下产生腐败的原因以及反腐败斗争的特点和规律，进一步健全机制，建立健全监督和管理制度，构筑与市场经济相适应的教育监督并重的惩治和预防腐败体系，努力从源头上遏制腐败现象的滋长和蔓延，是惩治腐败预防职务犯罪的本质要求。教育是基础，法制是保证，监督是关键，坚持标本兼治，通过深化改革，不断铲除腐败现象滋长蔓延的土壤，是惩治和预防腐败的方针和策略。为此，要认真研究当前职务犯罪的特点和规律，深入分析职务犯罪深层次的原因和根源，把打击与预防职务犯罪紧密结合起来，使职务犯罪预防工作达到预期的目标，是当前检察工作应当深入研究的一项重大课题。

一、导致腐败现象产生的根源和历史背景

社会主义市场经济体系正在逐步建立的过程中，新旧两种体制的并存和转换，道德规范的丧失、个人信念和生活方式的变更等因素，使原本抱着铁饭碗心安理得的公务人员，在生存方式上的选择、人生观的演变等方面经历了一场前所未有的心理和心灵的震荡，有的国家公务人员在金钱、物质、美色等的诱惑下，以手中的权力作筹码，进行权钱交易，大肆进行贪污受贿，陷入职务犯罪的泥坑，跌入犯罪的深渊，走上犯罪的道路。

1. 从现存的体制和改革开放的角度来看。改革开放，发展社会主义市场经济，给我国的社会主义现代化事业带来了崭新的气象，使物质文明和精神文明都带来了巨大的变化。但外部世界的腐朽思想、歪曲的价值观念和颓废的生活方式也不可避免地乘虚而入，影响人们的世界观和价值取向。政治体制改革的不到位，深层次的矛盾得不到解决，使政治领域的吏治腐败仍有可乘之机，甚至有较大的生存和活动空间。经济体制转化时期新旧两种体制并存所带来的体制过渡性、法律法规的滞后性、政策的不完善性，以及市场经济本身的属性，均易引起权钱交易等腐败现象的滋长和蔓延，使政治和经济领域中的滥用职权、徇私舞弊、贪赃枉法、赌博嫖娼等违法乱纪现象呈多发高发的态势。有些意志薄弱者放任了自己的犯罪行为，以至于在犯罪道路上越走越远。加上国企改革、产权交易、土地批租、工程承包、物资采购、金融债券、期货交易等领域

的开拓扩大，客观上为公权的私用和权力的“寻租”活动拓宽了空间。腐败现象的高发态势从一个侧面反映了社会发展在一定阶段、一个时期或某些领域的客观必然性和不可避免性。

2. 从产生腐败的内在因素去分析。外界的不良诱惑是产生腐败的重要因素，但自身主观上缺乏抵抗力，才是职务犯罪的本质原因，外因通过内因起作用，这是辩证法的规律，也是绝大多数腐败分子在忏悔人生时的一个共同点。一是私欲膨胀，蜕化变质。俗话说，“物必自腐而后虫生”。一些国家工作人员由于放松了政治学习，世界观、人生观、价值观发生偏离，理想信念动摇，因而在改革开放、发展社会主义市场经济过程中经受不住诱惑和考验，私欲膨胀，腐化堕落，最终成为人民的罪人。经过长期的培养和自身的努力，有些人在领导岗位上施展了自己的才华，也为人民干了很多有益的事，甚至在工作上开拓了新局面，因而得到了组织的信任和人民的好评。但是由于大权在手，成了一方的公众人物，不可避免地成了某些人腐蚀拉拢的对象和“公关”的目标，当理智与私欲处于交织状态时，贪污受贿等腐败行为就会发生。二是存在侥幸心理。尽管长期以来检察机关对惩治腐败、打击职务犯罪当作严格执法强化监督的首要任务，并取得了阶段性的成果，查办了一大批大要案，将一批腐败分子送上了审判台，但仍有人铤而走险，在暴利和侥幸心理驱使下，贪婪心理和冒险心理愈发膨胀，总想着“人家可以拿我为什么不能拿”，“该出手时就出手”，侥幸心理起到了决定性的作用。三是法制观念淡薄。在思想上存在种种模糊认识，认为现在是市场经济，自己为别人办事，收受一点好处，有来有往是很正常的事，或曰：人之常情。有的则认为收受亲戚、朋友的钱财与收受他人的性质不一样，收受礼物与收受现金不一样，平时收与过年过节不一样，想打擦边球，有的则利用“581”的空子，金蝉脱壳，凡此种种，各显神通。

3. 从监督制约机制上看。现阶段普遍存在着监督不力或者说缺乏监督的现象。在一些行政机关和部门内部存在着什么都是一把手说了算的现象，对于那些素质不高、心态失衡的人，那些大权在手刚愎自用、横行霸道、搞一言堂的人，那些一团和气、无原则地迁就的人，没有监督制约，极易出问题。有的则“有福共享，有难同当”，出了事一锅端。在现实生活中虽有法律、制度、纪律、道德等约束，但这些对缺乏理想信念的人来说等于是束之高阁的点缀品。这些制度和纪律对一个单位一个部门的一把手来说，可能就是管理同僚和统治下属的合法工具，是统治和独裁的手段，对级别愈高的干部，监督的力度愈显得苍白无力。一旦监督制约机制遭到破坏，出现领导干部走上腐败之路就很自然了。

二、职务犯罪的控制与预防必须综合治理，标本兼治

职务犯罪在一定的历史条件下，如果得不到有效的控制和预防，它还会不断滋长和蔓延，变得更加复杂，新的犯罪形式会不断出现。职务犯罪的发生有其自身的规律性，它与国家和社会的制约能力有密切的关系，当诱发犯罪的因素大于控制犯罪的能力，心理失衡时，职务犯罪就可能会发生，反之就可能会避免或减少。打击与预防职务犯罪工作目的，就是尽可能地防止和减少直到至消除职务犯罪发生的原因和条件。

1. 建立职务犯罪预防体系，形成全社会的预防网络。职务犯罪是多因一果，是多

种因素综合造成的，其表现形式也纷繁复杂。职务犯罪的防范是一个综合的社会系统工程，要取得有效遏制，必须从根本上解决涉及国家的政治体制、法律体系、经济制度和社会管理方式等各方面的问题。为此，要采用政治、经济、文化、教育、行政等各种手段，积极消除滋生职务犯罪的各种因素及深层次的原因，调动全社会的力量，进行综合治理和全方位的预防。

2. 强化监督，健全法制，不断铲除滋生职务犯罪的土壤。“绝对的权力产生绝对的腐败”，这是世界公认的真理。一般西方国家都在权力的监督与制约、公民的宪法权利、宪法监督、社会监督、新闻监督（西方国家的媒介的作用就是一个借鉴）以及公务员制度等方面制定了一系列法律、法规，以健全的法制和规范的监督体系对权力运用作了特殊的限制，以确保国家权力行使的廉洁性和公正性，这是值得我们借鉴的经验。

3. 建立国家工作人员的财产申报制度。让国家工作人员的财产在阳光下让国家和社会来监督，防止国家工作人员以权谋私的重要手段。有些国家工作人员收入有限，可其所拥有的财产和支出却远远超出能说明理由的来源。在许多情况下，是利用职权非法所得。如果建立国家工作人员的财产申报制度，及时掌握上任前的财产和卸任后实际所拥有的财产情况，就能够了解其在任期间的合法收入财产状况，防止其利用职权非法敛财。

4. 加强对国家工作人员的职业道德教育和法制教育，以增强工作责任感和防腐拒变能力。从近几年的司法实践看，一些国家工作人员就是因为丧失了起码的职业道德和法制观念，经不起糖衣炮弹的袭击而走上职务犯罪的道路。

三、预防职务犯罪检察机关负有重责

法律赋予检察机关具有法律监督和侦查职务犯罪的职能，有效地遏制国家工作人员的职务犯罪，应充分发挥检察机关的严惩与预防教育并重的专门职能。严惩职务犯罪，特别是查办有影响、有震动的现职领导干部的大案要案，是预防职务犯罪不可缺少的环节，也是最为有效的预防警示手段。近几年，检察机关在各主要行政执法部门、行业建立了预防体系，先后在国土、税务、工商、供电、金融、卫生、药监、质监等部门建立了职务犯罪预防工作的组织机构、会议制度、联系制度、工作交流制度，初具社会网络的功能。目的就是加强国家工作人员的思想教育，增强法制观念，构筑思想防线，使人不想犯。加强监督机制，完善制度，构筑制度网络，使人不能犯。再通过查办有影响有震动案件，特别是党政机关、司法机关、行政执法机关和经济部门这三机关一部门的职务犯罪案件，通过打击使人不敢犯，较好地发挥教育、监督、惩治“三合一”的综合作用。

从现实的情况来看，检察机关开展职务犯罪预防工作，具有自身的优势：一是检察机关依法行使查办职务犯罪的职权，可以通过对职务犯罪的立案、侦查、公诉等活动，惩治腐败犯罪分子，起到社会的威慑作用，从而有效地预防和减少职务犯罪。二是检察机关通过近几年的职务犯罪预防工作，对职务犯罪的特点和规律以及腐败产生的原因，有了深刻的认识和比较准确的把握，积累了开展预防的经验，探索出一些行之有效的方法，这些对进一步加强职务犯罪的预防，无疑具有重要的作用。三是检察机关已经初步建立了职务犯罪预防体制、管理制度和预防机制，通过几年来的实践，培养了一批有一定经验的检察人员，这些优势决定了检察机关在职务犯罪预防中能够发挥重要的作用。

1. 加大打击职务犯罪的力度，扩大惩治腐败斗争的态势。打击职务犯罪是检察机关预防职务犯罪的最有力手段，应充分发挥检察机关的优势，采取措施，把查办贪污贿赂大案作为工作重点，通过查办一批重点、热点部位有影响、有震动的案件，有力地震慑了滥用职权、以权谋私、徇私舞弊等职务犯罪案件。更重要的是通过查办职务犯罪案件，加大职务犯罪的犯罪成本，使犯罪分子由不敢犯罪到不愿犯罪到不想犯罪，从而有效地遏制职务犯罪的势头，逐步降低案率，减少案件特别是对国家和公共财产造成重大损失、在人民群众中造成很大影响案件的发生。同时，不能放松对行贿犯罪的打击力度，在以往的工作中出于深挖的需要或者其他的原因对行贿犯罪的打击力度不够的现象比较普遍但是从查办受贿案件的情况看，索贿案件毕竟是少数，这就说明并非所有的腐败分子从一开始都是贪得无厌的，而往往是从小恩小惠、旅游度假、礼尚往来开始，在金钱和享受面前经不住诱惑。由于行贿的存在使得原本很正常的工作变为不正常，使一些功利者被拉拢腐蚀了，尤其是对一些思想意志薄弱者或者提升无望或即将卸任的群体更容易走向犯罪道路。因此，严厉打击行贿的犯罪，进一步净化执政执法的环境尤其重要。

2. 严格规范检察建议，充分发挥其作用。检察建议是预防职务犯罪的重要手段。目前，检察建议的作用尚未充分发挥出来，关键在于质量和权威不够。因而要发挥检察建议的作用，必须提高检察建议的质量，进一步规范检察建议，增强针对性、实效性和权威性。在办案中发现用人上的失误也是导致腐败的原因之一，但是，对于处在一定的层面上的人来说检察机关就缺乏权威性，当然这里还有用人机制上的深层次原因。但是有一点是明确的检察机关要结合办案，用足用活有内容、有分析、有措施、针对性强的检察建议，帮助有关机关和部门堵塞漏洞，建章立制，加强对相关单位的适时回访和对检察建议落实情况的了解。对检察建议没有及时落实的，检察机关应当向党委和政府或其主管部门通报情况，要求督促落实。

3. 努力建设高素质的专业化检察队伍。人的素质是最根本的要素，要不断开创新局面，必须进一步提高检察官的思想、作风、纪律和业务素质。虽然近几年来通过一系列的政治和业务素质的培训和整顿，新老交替，补充新鲜血液，检察官整体素质在不断提高，违法乱纪的现象有所下降，但是也不得不看检察队伍无论在政治思想上、业务水平上、道德品质上、作风纪律上仍然还有不少问题。“打铁还须自身硬”对于司法机关来说是一条永不动摇的准则，面对不断出现的新情况和新问题，检察机关不能固步自封，应自我加压，以建设一支政治坚定、公正清廉、业务精通、纪律严明、作风优良、党和人民满意的高素质的专业化检察队伍为目标，全面提高检察干警素质，提高检察机关的执法水平。

4. 加强同有关部门的联系与配合，积极推动预防网络的建设。职务犯罪预防工作是一项复杂的系统工程，不仅需要各有关部门的参与，而且更需要有关部门的联系与配合。从发展的客观要求去看检察机关必须将职务犯罪预防工作纳入党和国家的反腐败总格局之中，增强全局观念，在党委的领导下积极发挥职能作用，推动建立有关单位、部门参加的预防职务犯罪组织，形成预防犯罪的网络。加强与纪委监察、政法部门、行政执法部门、行业管理部门的联系，建立信息交流制度、案件移送制度、联席会议制度等，及时交流住处加强工作协调与沟通，以形成预防职务犯罪的合力。同时要根据办案情况，积极与有关部门联系，交流预防工作经验，主动为有关部门的廉政建设提供咨询意见，互相尊重，密切配合，共同遏制和减少职务犯罪的发生。此外，还应当加强媒体的监督和社会的监督，充分利用社会资源，共同开展职务犯罪预防工作。

5. 积极推动制定预防职务犯罪的法律。在依法治国、建设社会主义法治国家的进程中，一切机关都必须严格按照法律的规定进行活动，这是其活动具有权威性的基础。预防职务犯罪作为各机关报各部门的共同行为，要真正起到遏制和减少职务犯罪的作用，就必须制定预防职务犯罪的法律，以规范和协调各机关和部门的活动。因此，检察机关应当加强预防职务犯罪的方针政策的研究，积极开展预防职务犯罪的立法调研，通过分析新时期职务犯罪的特点、规律和产生的原因，提出完善有关制度的意见和立法建议，积极推动预防职务犯罪法律的制定，促进预防职务犯罪工作正规化和法治化。

6. 加强预防职务犯罪的宣传教育。预防职务犯罪是全社会普遍关注的大事，要做好这项工作，不仅需要权力的制衡，而且需要阳光政策。预防职务犯罪只有得到全社会的监督和支持，才能产生其威力。因而加大预防职务犯罪的宣传教育，不断拓宽宣传范围，是获得社会理解和支持的有效方法。检察机关要充分重视宣传教育的作用，广泛利用各种新闻媒体，特别是广播影视、互联网等现代媒体，以及通过召开新闻发布会、举办讲座、以案释法、警示教育等多种有效的形式揭露职务犯罪的危害性，宣传查办和预防职务犯罪的成果，促进社会公众积极参与预防职务犯罪工作。

总之，我们预防职务犯罪的根本目标是：通过宣传教育和经常性的预，防筑起廉政堤坝，使干部不想犯，达到降低发案率、保护国家和公共的财产和利益、保护干部的目的；通过加强防范、及时建章立制堵塞漏洞，建立长效的监督机制，使干部不能犯罪；通过打击犯罪分子和处理违法乱纪的苗头使干部不敢犯罪，保证国家对职务活动的管理，维护国家机关的正常活动及其公正、廉洁、高效的信誉。

（作者：张业福）

充分发挥检察职能，加强新形势下职务犯罪预防

党的十六大以来，反腐倡廉工作进入一个新的发展阶段。检察机关职务犯罪预防工作作为反腐败斗争的重要组成部分，在新形势下具有重要意义。本文通过分析当前检察机关预防职务犯罪的现状及存在的问题，提出立足检察职能，实现三个转变，提升检察机关预防职务犯罪的水平。

党的十六届四中全会强调坚持“标本兼治，综合治理，惩防并举，注重预防”的方针，确立了建立与完善社会主义市场经济体制相适应的“教育、制度、监督”并重的惩治和预防腐败体系的目标。检察机关职务犯罪预防工作作为反腐败斗争的重要组成部分，如何适应新形势和新要求，加大力度，更新措施，全面提升预防工作水平，就成了摆在各级检察机关领导和预防职务犯罪工作人员面前的重要课题。下面笔者结合预防职务犯罪工作的实践，就新的形势下如何加强检察机关职务预防工作谈一点粗浅认识。

一、新形势下加强检察机关预防职务犯罪工作的意义

党的十六大以来，反腐倡廉工作进入一个新的发展阶段。作为承担着专门法律监督职能的检察机关，既面临新的要求，也面临新的发展机遇。加强新形势下检察机关预防职务犯罪工作，具有重大的现实意义。

（一）加强检察机关预防职务犯罪，是检察机关提高法律监督能力的需要

职务犯罪预防工作是检察机关一项重要业务工作，依据宪法和法律，检察机关在职务犯罪预防工作中的职责是依法查办案件，追究贪污贿赂、渎职侵权等犯罪行为人的刑事责任；结合办案，发现职务犯罪得逞的体制、机制和制度漏洞，深入研究职务犯罪发生的原因、特点和形成规律，从源头上预防和治理职务犯罪。贾春旺检察长曾在全国检察长会议上明确指出：着力提高法律监督能力，是由检察机关作为国家法律监督机桦的宪法地位和本质属性决定的，是加强党的执政能力建设在检察机关的具体化，也是适应民主法制建设的新形势，进一步强化检察职能、维护公平与正义的迫切需要，是检察机关的一项长期而艰巨的重要任务。只有严肃查办职务犯罪的职责履行了，控制、防范职务犯罪的措施落实了，诉讼环节的监督加强了，司法不公、司法腐败的问题减少了，才真正体现出法律监督能力的加强和检察职责的全面履行。

（二）加强检察机关预防职务犯罪，是建立“教育、制度、监督”并重的预防腐败体系

的重要组成部分

在惩治和预防腐败的体系中，检察机关因担负法律监督职能而处于监督的重要环节，承担着特殊的职责。一方面要依法查办腐败现象中最严重的贪污贿赂、渎职侵权等职务犯罪，另一方面要通过预防工作的监督手段，防范和减少职务犯罪的发生，这就充分体现了惩防体系建设的重要内容和要求。检察机关的法律监督职能是道德、纪律、法制三道防线中的最后一道防线。检察机关必须忠诚坚定地坚守这道防线，综合运用法律监督的事前、事中和事后预防的各种手段，为促进惩防体系建设目标和任务的实现，发挥应有的作用。

（三）加强检察机关预防职务犯罪，是构建社会主义和谐社会的需要

十六届四中全会把构建社会主义和谐社会作为党执政的重要目标，摆到同经济建设、政治建设、文化建设并列的重要位置。要构建和谐社会，必须克服腐败带来的消极影响。职务犯罪是腐败最典型、最集中的表现。公职人员的贪污贿赂、渎职侵权行为严重损害社会公平正义，毒化社会风气，妨碍经济发展，诱发不稳定因素，是建设和谐社会的极大危害。因此，检察机关必须运用积极的预防手段，在坚决依法查处职务犯罪的同时，以对职务犯罪发生轨迹有深切了解的优势，运用预防工作以柔克刚、以善制恶的手段，为化解因腐败犯罪引发的社会矛盾和不稳定因素发挥积极作用。

（四）加强检察机关预防职务犯罪，是爱惜和保护党的人才资源的需要

党的政治路线确定之后，干部就是决定因素。我们的事业需要一大批政治、业务都过得硬的干部队伍，而党培养一个领导干部很不容易，耗费了大量的资源。有一些干部，由于经受不了市场经济的考验，走上了贪污受贿的犯罪道路，不仅会断送自己和家人的幸福，这也是党的损失。承担着法律监督职责的检察机关应当高度重视预防职务犯罪工作，以体现出现代司法的人文关怀，抓好各项制度的落实，形成一套包括“不愿为”的自律机制、“不敢为”的惩戒机制和“不能为”的防范机制在内的廉政建设制度体系，使这些人都能勤政廉政，对我们党和人民的事业，对每一个国家工作人员都有重大意义。

二、当前检察机关职务犯罪预防工作的现状和存在的问题

随着反腐败斗争的不断深入，加强职务犯罪预防，从源头上遏制职务犯罪的发生，已经深入人心，检察机关纷纷从本地实际出发，布置和开展职务犯罪预防工作，使职务犯罪预防工作呈现良好的态势。具体包括：一是各地正逐步健全预防工作机制。有的建立了预防工作网络，形成了全社会齐抓共管的预防气候。有的建立了预防调研机制，起到准确、全面的预测作用。有的出台了预防工作条例，使预防工作走上了法制化的轨道。二是强化了预防工作的组织管理，从成立专门的预防工作机构、充实专职的预防工作人员，从制定预防工作制度、工作细则、岗位目标等方面，加强预防工作的组织管理。三是各种方式开展预防工作。如在实际工作摸索出来并不断完善个案预防、行业预防、专项预防、教育预防等的工作方式。同时，各地在具体开展的过程中，还纷纷出新招，找新亮点，使预防工作呈现出许多新的思路和新的方法。

然而，从目前预防职务犯罪工作的现状来看，仍然存在一些问题和不足，与新的形

势和新的要求存在一定差距，影响预防的效果。

一是有的地方预防工作缺乏具体的分析和思考。有的地方还没有将工作思路和方法完全统一到"三个围绕"上来，在预防工作中，还存在盲目性，见什么新就做什么，见什么热就跟什么，有一些工作的开展，并不切合本地实际，预防效果难以起到。

二是有的地方预防工作抓细抓实上还有待提高。一些地方开展职务犯罪预防工作，缺乏具体深入的工作措施，把提出口号当作任务布置，把制订计划、颁发文件当作工作实效，使工作流于形式化、表面化。

三是个别地方预防工作出现干预和越位问题。个别地方在开展职务犯罪预防工作中，没有准确把握到位而不越位、服务而不代替、帮忙而不添乱的度，有的大包大揽，与预防单位签订廉洁协议、廉政责任状；有的超越检察权，在工作中脱离了检察机关在国家政治结构中的分工和定位，插手企业经济活动，干预行政机关的正常管理；还有的搞了预防，忘了查处，出现"种了别人的田，忘了自己的地"的情况。

四是有的地方预防队伍专业化水平有待提高。有的地方没有设立专门的预防职务犯罪机构，预防职务犯罪工作由其他工作捎带进行，没有专门的预防队伍。即使在设立了专业预防职务犯罪机构的地方，预防队伍在走专业化路线，在了解掌握从事预防工作所需要的相关理论、知识、方针、政策等方面也还存在一定差距。

三、立足检察职能，采取有效措施开展预防工作

为了适应新的形势和要求，从源头上遏制腐败现象滋生蔓延，检察机关要结合检察职能，紧紧"围绕法律监督职能、围绕职务、围绕犯罪"，强化预防措施，规范预防活动，创新预防机制，着力实现"三个转变"，全面提升预防工作水平。

（一）高度重视，提高认识，把预防职务犯罪工作纳入党委政府反腐败斗争总体格局，实现预防职务犯罪工作从分散状态到集中管理的转变

由于产生职务犯罪原因的多方面，决定了预防职务犯罪是一个涉及到政治、经济、文化、教育、行政、法律等方方面面的系统工程。在整个预防职务犯罪的系统工程中检察机关仅仅是一个组成部分。检察机关在预防职务犯罪工作中，把预防职务犯罪工作纳入党委政府反腐败斗争总体格局，实现预防职务犯罪工作从分散状态到集中管理相结合的转变，是做好预防工作的根本保证和关键所在。检察机关要主动争取党委对预防职务犯罪工作的重视，通过党委牵头组建预防职务犯罪工作的网络，发挥预防工作的整体效能，才能取得预期的效果。其工作方式可以通过向党委提出当地开展预防职务犯罪工作的意见，建议党委成立预防职务犯罪工作指导（领导）小组，并由检察院预防职务犯罪处（科）负责处理指导（领导）小组的日常事务工作。在各部门、厂矿、乡镇聘请纪委书记或党委书记担任预防职务犯罪工作的联络员，建立起预防职务犯罪工作的网络。坚持在党的领导下与有关部门密切配合，加强联系沟通和协调，进行信息交流，推广预防经验，走系统预防、部门预防与社会预防相结合的道路，共同推进预防工作的深入。

（二）强化措施，狠抓落实，立足检察职能开展职务犯罪预防活动，实现预防职务犯罪工作从初级形式向全面系统的转变

分析职务犯罪发生的原因，可以得知，每一种职务犯罪行为都需要具备三个必要条件：拥有权力、职务犯罪动机和职务犯罪机会。职务犯罪预防工作的主要任务，就是全力消除其中的一个或多个条件，从而彻底切断职务犯罪行为的发生链条。作为检察机关来说，做好预防职务犯罪工作，必须立足检察职能，由于第一个条件即权力的形成并不是检察机关职责之所能及，因此检察机关所能够做的，便是针对后两个条件，开展预防。

一是立足加强检察侦查权的行使，全力开展职务犯罪动机预防。对职务犯罪的惩处是遏制腐败现象的重要手段。从职务犯罪经济学分析的角度看，当行为人犯罪的收益大于付出的成本的时候，行为人便会选择犯罪。而犯罪案发受到查处是犯罪成本的主要内容，当这个成本付出的机会处于非常小的概率的情况下，职务犯罪的发生便成为一种可能甚至必然。要打破职务犯罪行为人的侥幸心理，降低他们实施犯罪的动机的产生机会，最重要的，就是要加大对职务犯罪的打击力度，增加职务犯罪查处的数量，减少犯罪数量，从而提高职务犯罪的惩罚成本，使行为人不敢犯罪、不愿犯罪。由于检察机关担负着惩治职务犯罪的特殊使命，因此，这是检察机关预防职务犯罪过程中最应该采取也是最能够采取的一个有效手段。从这个角度上讲，打击本身就是一种重要的预防方式。没有打击的预防，是软弱无力的预防，只预防不打击，则会出现防不胜防，检察机关在开展预防职务犯罪工作中，只有与查办职务犯罪案件工作紧密结合，才能够充分发挥检察机关的职能优势，才能够发现诱发职务犯罪的各种深层次原因。在此基础上所采取的预防措施才具有很强的针对性和有效性。只有做到“打防并举、标本兼治、综合治理”，才能有效地遏制职务犯罪的蔓延。

二是立足规范和完善检察建议权的行使，多角度开展职务犯罪机会预防。检察建议权，是基于检察权而产生的，是检察机关履行法律监督职能的重要手段。在预防职务犯罪过程中，就要充分发挥检察建议的作用，通过检察建议实行“三步预防”，消除职务犯罪机会，加强预防职务犯罪。即职务犯罪行为暴露之后，检察机关首先应当深入研究职务犯罪行为发生的制度原因，并向发案单位提出具体的检察建议，即“个案预防”；在此基础上，检察机关还应当根据典型的职务犯罪案例暴露出来的制度缺陷，对有关部门法律法规工作制度提出具体的改进建议，从而把研究成果的规模效应发挥到最大限度，即“行业预防”和“专项预防”中；同时，检察机关还应当力争在新的法律法规正式出台之前，就从职务犯罪预防的角度，认真审视其中可能存在的缺陷和漏洞，从而把职务犯罪机会扼杀在襁褓之中，即立法建议。

为确保预防效果，在行使检察建议权时，还应当注意掌握好三点：一是要加强专项研究，以真正发现职务犯罪机会。只有对所查处的案例进行系统和深入的分析，一方面选择好典型案例，另一方面分行业分专题进行，从而分析探究各个行业、各个领域、各种突出问题的职务犯罪行为的制度成因，才能据此提出针对性的预防检察建议，开展好职务犯罪预防。二是要立足检察权的正确行使，不越权滥权。检察建议是其他检察权的拓展和延伸，其行使范围只能是检察权的范围之内，因此，要杜绝大包大揽的工作方式；更不能脱离检察职能搞预防，防止形式主义和滥用职权情况的发生。三是上级检察机关要加强预防宏观管理，充分利用检察资源和预防成果。由于检察机关预防职务犯罪系统刚刚建立，各种资源相当有限，同时，各地职务犯罪行为在形式、手段和多发环节上均有相同之处，因此，上级检察机关应当加强预防工作的宏观管理，加强预防工作的规划与协调，既防止研究的重复投入，又使各地的优秀调研经验迅速得到推广；既避免预防资源的浪费，又使各种研究成果充分利用，从而最大限度地扩大职务犯罪预防的效果。

（三）建立机制，完善制度，适应预防工作发展要求，实现预防职务犯罪工作从普遍预防向专业化预防的转变

检察机关预防工作是一项专业性很强的工作，需要针对职务犯罪行为和涉及的公共权力配置、运行和监督中的问题，从犯罪学角度，运用犯罪学理论，通过办案研究发案，通过个案研究类案，剖析犯罪原因，揭示犯罪规律，提出防范对策，达到防止和减少职务犯罪发生的目的。其职能和专业性决定了检察预防与其他预防的区别。尤其是面对职务犯罪智能化程度越来越高、隐蔽性越来越强的特点，对检察机关提高侦查犯罪本领，走专业化路线，运用综合手段，控制、防范犯罪，降低发案率提出更高要求。

一是加强专业化基础建设，建立预防与侦查紧密结合、优势互补的工作机制。通过建立预防、侦查部门间的案件线索处理制度，协调制度、工作联系制度等，从而建立起侦查和预防优势互补、联动效应机制，提高预防工作整体专业化水平。二是借助现代化装备，强化预防工作专业化手段。建立预防职务犯罪信息计算机分析管理系统和技术预防系统，运用计算机技术对职务犯罪作案方法、特点、规律等进行存储、管理，为预测预警和预防对策研究提供信息保障，实现预防业务的专业化、系统化。三是建立、完善制度规范，促进预防工作专业化管理。制度建设带有稳定性、可操作性和超前性，实现制度化管理是专业化的基本要求。四是适应预防工作发展要求，加强预防队伍专业化建设。要开展必要的专项培训，通过集中培训、以会代训、实践锻炼等，培养一批预防工作的行家里手，形成以专业骨干为主体的队伍架构。要在预防部门加强学习和研究，善于对工作实践进行归纳提炼，随时发现不足，有针对性地改进，把理论与实践紧密结合起来。要重视预防队伍业务能力的养成，不断提高探索掌握犯罪特点、规律的能力；不断提高科学的预警、预测能力，不断提高综合运用预防手段，防患未然的能力等，适应预防工作的深入开展。

（作者：高露）

预防职务犯罪　加强反腐倡廉　构建和谐社会

加强党风廉政建设，加大反腐败工作力度，建立健全惩治和预防腐败体系是构建社会主义和谐社会的题中应有之义。逐步加大从源头上预防职务犯罪的力度，是我党适应反腐败斗争形势作出的重要决策。我党改革开放以来的反腐败斗争实践经验表明，反腐败必须要标本兼治，综合治理，教育是基础，法制是保证，监督是关键，既防范于前，又惩戒于后。近几年，党中央根据新的反腐败形势，适时采取了一系列从源头上预防和治理腐败的重大措施，比如禁止军队、党政机关经商办企业，实行"收支两条线"制度，对行政审批制度、财政制度、人事制度等进行改革等，反腐败斗争正在走上从侧重遏制到标本兼治、逐步加大治本力度的轨道上来。在中纪委十五届五次全会上，江泽民同志指出："当前，反腐败斗争应该逐步加大治本的力度，努力从源头上预防和治理腐败。"在中纪委十五届第七次全会上，江泽民同志又一次强调："要从标本兼治、更多地注重标转向标本兼治、以治本为主的工作思路上来，注重从源头上预防和解决腐败问题。"党的十六大报告指出：坚决反对和防止腐败，是全党的一项重大政治任务。要加强教育，发展民主，健全法制，强化监督，创新体制，把反腐败寓于各项政策和措施之中，从源头上预防和解决腐败问题。胡锦涛同志在中央纪委十六届二次全会上指出，加大从源头上预防和解决腐败问题的力度，是加强党风廉政建设和反腐败工作的重要任务。中央领导的重要讲话，为检察机关深入开展反腐败斗争指明了方向，提出了新的要求。1998 年 8 月《中央社会治安综合治理委员会关于成员单位参与综合治理的职责任务的通知》明确规定："人民检察院要结合检察业务，做好预防工作。分析掌握各个时期、各个行业的职务犯罪、经济犯罪以及其他刑事犯罪特点，提出预防犯罪的建议；推动有关部门建立健全规章制度，堵塞漏洞，完善防范机制；开展法制宣传教育，扩大办案效果。"

自从 1992 年最高人民检察院发出《关于加强贪污贿赂犯罪预防工作的通知》以来，各级检察机关逐渐加大预防工作的力度，最高人民检察院先后多次作出加强预防职务犯罪工作的意见和部署，并于 2000 年 12 月制定《最高人民检察院关于进一步加强预防职务犯罪工作的决定》，对预防职务犯罪工作的原则、重点、措施、制度等重要内容作了规定，要求各级检察机关要把预防职务犯罪作为检察机关一项重要业务工作，摆上日程，狠抓落实，务求实效。不久高检院设立预防厅，各省、直辖市及较大城市检察院随之专设预防工作机构。不少地、市级检察院和区、市、县人民检察院也相继单设预防处、科,《决定》的出台以及检察院预防工作机构的单独设立,标志着预防职务犯罪工作作为检察机关的一项重要职能发展到一个新的阶段。

从全国来看,近几年各级检察机关运用检察职能结合办案,在为国有企业改革和发展服务、支持国家西部大开发、三峡水利工程建设等方面发挥了积极作用;特别是2001年3月最高人民检察院办公厅专门下发通知,要求全国各级检察机关在金融证券等八个行业和领域开展系统预防工作,以及高检预防职务犯罪服务西部大开发会议及全国"十一检"会议以来,各地与有关单位和部门签订共同开展预防职务犯罪工作,通过召开联席会、法制宣传、调查研究等方式开展预防活动。在工程建设、医药市场、政府采购等经济活动中,以"工程合同、廉政协议同签,工程优质、干部优秀同创"活动为载体,积极开展专项预防,取得了明显的社会效果和经济效果。

检察机关预防工作逐渐步入规范化、专业化、社会化和法制化轨道,成为检察工作新的亮点。目前,全国检察机关已初步形成中国特色检察机关预防职务犯罪工作机制,推出"三网并举":推动建立党委统一领导下,检察机关发挥职能作用,社会各有关部门参加的社会化预防职务犯罪网络;与有关单位和行业主管部门加强联系,共同开展预防职务犯罪工作的系统预防网络;与发案单位共同开展个案预防的网络以及与经济界、科技界、教育界、法律界等社会各界建立广泛联系的多层次预防职务犯罪社会化预防网络。预防职务犯罪工作也实现了"由分散状态向集中管理转变,由初级形式预防向系统全面预防转变,由检察机关部门预防向与社会预防相结合转变"。据高检统计,截至2003年3月,全国省级检察院全部设立了预防机构,345个市(分、州)院和1730个基层检察院设置了预防机构;2707个检察院成立了院内的预防工作领导协调组织;全国检察机关共有专职预防干部5370人。与此同时,检察机关在重点行业和领域开展系统预防取得实质性进展,重大建设项目专项预防、发案单位的个案预防取得明显成效,社会各界对预防工作的认知度提高在重点行业和领域开展系统预防工作取得实质性进展。2001年4月最高人民检察院确定将金融证券、国企、海关、税务、建筑、工商、司法、医药等8个在国民经济和社会发展中处于重要地位,权力相对集中,职务犯罪多发的行业和领域作为开展预防职务犯罪工作的重点,联手与相关政府主管部门进行预防工作。目前,金融证券、国企、建筑、海关等一些行业和领域的职务犯罪发案开始下降,监督制约机制得到加强,规范权力运行的规章制度逐步完善在重点建设项目中开展专项预防工作,尽最大可能实现"工程优质、干部优秀"。据高检统计,截至2003年3月,各级检察机关共实行重点工程项目专项预防14604项。针对建设领域职务犯罪多发易发的情况,检察院积极建议主管部门实行廉政承诺制,落实廉政责任追究制,建立建筑资质与廉政记录挂钩制,加强对重点建设项目招标投标、原材料采购、资金拨付等关键环节的监督,建议当地政府制定工程建设领域廉政准入制,建立工程施工单位施工质量、事故、贿赂档案等"黑名单"制度,使那些有劣迹的施工单位难以在建筑市场立足,建筑领域职务犯罪发生率明显下降。加强西部大开发重点建设项目的预防工作，确定在总投资超过9200多亿元的330多个国家级重点建设项目开展预防职务犯罪工作，运用检察职能促进重点建设项目市场规范有序，工程质量优质高效。西部开发重点建设项目中职务犯罪的发生率始终保持在较低水平。

检察机关开展于预防职务犯罪工作的实践充分标明，检察机关运用检察职能开展预防工作，是防范和减少职务犯罪，保障改革开放和经济建设的顺利进行，促进党风廉政建设和反腐败斗争的有效措施，是检察工作为党和国家工作大局服务的重要体现，也是构建社会主义和谐社会的可靠保障，得到了各级党委、政府及广大企事业单位干部群众的欢迎和支持。

党的十六届四中全会向全党明确提出要不断提高构建社会主义和谐社会的能力。和谐社会是社会的各种要素和关系朴素融洽的状态，是充满创造活力的社会，是各方面利益关系不断得到有效协调的社会，是社会管理体制不断创新和健全的社会，是稳定有序的社会。对于我们党来说，就是要通过建设民主法治、公平正义、诚信友爱、充满活力、安定有序、人与自然和谐相处的社会主义和谐社会，进一步密切党群关系，巩固党的执政基础，不断提高党的社会影响力和社会动员力，切实维护人民群众利益。腐败是社会存在的毒瘤，是导致社会不和谐、不稳定的重要因素，它直接降低了人民群众对党和政府的认同度。因此，构建社会主义和谐社会，必须做好反腐倡廉工作。

反腐倡廉工作要解决的核心问题就是要通过查处腐败分子，规范从政行为，保障人民群众的经济利益和民主权利不受侵害，使社会秩序规范有序，社会精神风貌健康向上，人与人之间和睦相处。

我国是共产党领导的社会主义国家，其社会主义的性质和原则，党的性质和宗旨，决定了社会主义的根本目的就是满足人民日益增长的物质文化需要，决定了我们党代表着最广大人民群众的根本利益，广大党员和干部要为实现人民群众的利益不断奋斗。所有国家工作人员，都是人民的公仆。公仆的职责之一就是将人民群众创造的物质财富合理地分配给人民群众。存在于个别领导干部中的腐败行为在经济上的主要表现，是对财物的占有和挥霍，它实质上是对社会生产关系的侵犯，侵占人民群众的经济利益，破坏党和群众的血肉联系，制造干群矛盾，激化人民内部矛盾。当然，造成这一结果除社会存在的腐败原因外，还有其他方面的原因。开展反腐败斗争，就是通过查处腐败分子，维护人民群众的物质利益，保证财富合理、公正地分配。

共产党执政就是领导和支持人民掌握管理国家的权力，实行民主选举、民主决策、民主管理和民主监督，保证人民依法享有广泛的权利和自由，尊重和保障人民的权利。然而，腐败现象腐蚀党和国家的政治制度、法制制度、政府机构设施等上层建筑领域，破坏社会主义民主政治的和谐发展。腐败对社会主义民主政治的破坏，剥夺人民群众的民主权利，动摇了人民群众的主人翁地位，削弱了人民群众的责任感。民主是社会主义的国家制度，其实质是人民群众当家作主。没有民主，就没有社会主义，就没有社会主义现代化，就没有社会成员和睦相处，就没有社会关系和谐顺畅。深入开展反腐倡廉工作，就是通过制定党纪政纪和加强对党纪政纪贯彻执行情况的监督检查，建立惩治和预防腐败体系，使掌握公共权力者真正代表人民的利益，依法行使职权，保证党和国家的政治生活正常化、有序化和民主化。人民群众生活在和谐的民主环境中，依法享有广泛的民主权利，参政议政，社会成员各尽所能，全社会稳定有序发展，这是构建和谐社会要达到的目的。

总之，预防职务犯罪，加强反腐倡廉，就是要在全社会树立起正确的世界观、人生观、价值观，在社会群体中塑造诚实劳动、人人平等、积极向上的精神风貌，达到全社会各要素和关系相互融洽，全社会充满创造活力，社会各方面利益关系不断得到有效协调，社会管理体制不断创新和健全，全社会稳定而有序，最终实现政通人和、社会和谐。

（作者：游贤全）

浅论渎职犯罪的原因及预防

近几年来，行政执法人员渎职犯罪问题比较突出，不仅造成了重大的损失，而且严重危害了国家的执法活动和法律权威，因此，在打击和惩治的同时，如何在源头上解决或减少渎职犯罪问题，成为一个重要课题，具有重要的现实意义。

渎职罪是一种特殊主体的犯罪，根据新刑法的规定，是指国家机关工作人员滥用职权或者玩忽职守，危害国家机关的正常活动，给国家和人民利益造成重大损失的行为。过去有人把渎职罪称为“统治阶级内部的犯罪”，这是因为此类犯罪的主体都是政府官员，他们的渎职行为从不同的方面体现统治阶级的意志，政府官员一旦滥用职权或者玩忽职守，势必削弱国家职能，破坏政府形象，直接影响国家管理活动，造成人民群众对政府的不信任甚至反抗心理，这与所谓来自外部的，独立的个人反抗统治阶级的其他犯罪有很大的不同。因此，尽管国家的性质有所不同，渎职犯罪在各国的刑法典中都得到相当的重视。我国的新刑法在 1979 年刑法的基础上对渎职罪作了较大的修改，完善了刑法对渎职罪的规定，加大了对渎职罪惩治的力度，这对贯彻依法治国、从严治吏、提高国家机关的工作效率、完善我国的公务员制度、加强廉政建设等都有重要的意义。

一、渎职罪原因探析

（一）渎职犯罪有着深刻的历史原因

我国经历了漫长的封建社会时期，而封建社会对官员的选拔制度是“跃龙门”式的科考制，在严格的等级制度约束下，由于对身份和地位的极度崇尚，多数人通过各种途径“跃龙门”，一旦获得一官半职，便利用所获得的特权进行各种“活动”。权力、金钱居于社会的支配地位。而由于历史原因，我国在从封建社会向社会主义社会进化的过程中只经历了短暂的资本主义发展，而对作为资本主义所具有、提倡的许多先进的内容却没有成熟的吸收。可以说，这是一种意识形态的不完全进化。我国就是在这样一种意识形态的不完全进化的背景下迈进了社会主义的门槛。因此，官僚主义的腐朽思想及钱、权这两个封建等级社会所极度崇尚的东西被现今社会的多数人所“继承”下来。在社会、政治、经济生活中则表现为对权力的崇拜和对金钱的贪婪，这种“利欲熏心”的官僚主义直接导致了一部分公职人员目无法律，走向渎职犯罪道路，2004 年 5 月 11 日，阜阳市颍泉区人民检察院以涉嫌徇私舞弊不移交刑事案件罪对阜阳市工商局颍泉分局周棚工商所副所长白启祥、李亭君立案侦查，7 月 24 日向人民法院提起公诉。经查，2003 年 8 月，周棚办事处居民张伟林夫妇的女婴在食用“绿元”牌奶粉后，患营养不良综合征死亡。12 月 28 日白启祥、李亭君在明知张伟林要求追究张俊田法律责任的情况下，对此事进行调解，并接受张俊田的吃请，白启祥还接受了张俊田的贿赂 1000 元。此后，白、李二人对劣质奶粉一事不查处、不移交，也未向上级汇报。2004 年 4 月劣质奶粉事件被披露后，白将贿赂款退回，并与李指使该工商所会计胡某伪造了法律文书，以掩盖事实。从此案来看，涉案犯罪人员都是严重的官僚主义思想作祟，严重地损害了国家和人民的利益。

（二）体制弊端是渎职犯罪产生的重要原因

党的十一届三中全会以来，我国展开了对城乡经济体制的全面改革，改革为我们的党和社会增加了活力，但在这种转换的过程中出现了两种体制并存的局面，两种体制在发挥有效作用的同时，其缺陷也叠加在一起，使得有的人钻管理的漏洞，抓住时机，浑水摸鱼。在社会经济生活中，经济权力化、权力经济化、权力与经济互相转化的现象还相当严重地存在，如果缺乏必要的监控机制，一些不正之风便成为渎职犯罪的温床，在这种情况下，政府批文、领导的签字等都有可能成为商品。因此，某些公职人员便可以利用手中的职权与为了获得批件、批文的人进行权钱交易。在这里，权和钱发生了共振的效应，从客观上为渎职犯罪提供了可能。

另外，我国现行的政治体制中的权力配置存在着弊端。首先是权力过于集中。这是我国政党领导体制中的传统弊病。邓小平同志早在改革开放之初就提出了党和国家领导制度中的重要弊端之一就是权力过分集中，过分集中往往把党的领导变成个人的领导，过分集中的权力为某些掌权的人提供了自由公用的可能，膨胀了个人意志。其次，权力在使用过程中缺乏有力的制约和监督。没有制约的权力容易被滥用。当权力过度集中而有失控或约束不力的情况下，个人的意志常会处于无压的情形下，从而使掌握权力的人随意使用手中的权力；而由于缺乏制约机制作保障，权力行为常常丧失原有的权威性和严肃性，得不到真正的贯彻。所以说，权力越大就越是应当予以规范和约束。而现实中则是相反，即权力地位越高，受到的制约和监督越弱，使得有些人有恃无恐，肆意妄为。再次，权利对权力的监督力度不足。这里说的权利是指法律赋予公民的监督权。然而，在我国，监督制度尚未健全，权利对权力的制约缺乏有效的实现手段，公民对其权利行为组织性差，制度的保障也不够，对公职人员的各项权力遏制等方面尚未建立起严密的权力参与和保障制度，使得某些公务人员无视群众的抨击。而权力一旦离开了人民群众的监督，必然会造成滥用的后果。2004 年 2 月 5 日北京密云迎春灯展特大伤亡事故案中，原密云县公安局城关派出所所长孙勇、原密云县公安局城关派出所政委陈百年在负责迎春灯展现场云虹桥（亦称彩虹桥）安全保卫工作中，不认真履行职责，没有制定相应的安全保卫工作方案及应急预案，随意安排上岗时间。尤其是对 2 月 5 日元宵节的灯展值勤工作，严重不负责任，没有及时派出警力值勤，当日晚在观灯游人骤增的情况下，因桥两端没有值勤民警采取疏导控制措施，致使秩序混乱，人流密度过大，部分游人在桥西侧跌倒后相互挤压，造成37人死亡、37人受伤的特大伤亡事故。孙勇、陈百年身为国家机关工作人员，却无视国家法律，在履行安全保卫职责时，不认真履行职责，严重不负责任，致使国家和人民利益遭受重大损失，情节特别严重，已构成玩忽职守罪。

（三）法律制度的滞后和不健全是渎职犯罪发生的另一个重要原因

我国经历了几千年的人治，虽然在某些封建王朝的某些时期也曾较为注重法律的作用，但其所谓的“法治”仍是建立在人治基础上的。直到社会主义中国成立之后的相当长的一段时间内，我国的法律制度仍处于极不完善的状态。改革开放后，我国的立法活动才真正地步入正轨。近年来我国虽每年都有不少新法律、法规、制度出台，但法律制度建设在飞速发展的社会政治经济生活中仍是显得滞后，与渎职活动有关的法律制度的建设也不例外。一是行政管理和其他公共事务管理法律制度不完善，公职人员在履行渎职时主观性强，随意性强，缺乏明显的规范，使某些公职人员利用这些漏洞谋私利己，钻法律的空子。二是惩治渎职犯罪的刑事法律不够周密，远不能够适应渎职犯罪层出不穷、五花八门的形势。一些渎职犯罪分子们仍逍遥法外。三是有关打击和预防渎职犯罪的法律保障不足，尤其是预防渎职犯罪，迄今为止未见有一部相关的法律法规出台，这直接导致了预防渎职犯罪无法可依，无法形成全国性的强有力的预防渎职犯罪体系。四是民主监督缺乏法律制度保障。我国宪法规定：“国家的一切权力属于人民。”虽有一些法律制度有关于群众监督的零散规定，但迄今也是没有一部关于民主监督的法律法规。一些地方和部门在干部人事制度等方面缺乏科学的、具有足够透明度的、真正体现民意的、对人民负责的法律制度保证，使民主监督无法落实。另外，我国长期以来由于行政权力的干预，往往使司法不能真正地独立依照法律对渎职犯罪人作出公正的判决，这使很大一部分有腐败思想的公职人员心存侥幸，也在很大程度上助长了这种腐败思想的蔓延。

（四）公职人员个人素质低劣是渎职犯罪的主观原因

在现今在职的公职人员中有较大一部分素质较差。首先是个人品质和政治素质低。在同样的条件下，有的公职人员个人品质好，秉性忠直，不谋私利，任劳任怨，对于外界的各种诱惑能够自觉地抵制，在处理问题时能够秉公执法，在对待工作时能够认真负责，即使身处滋生渎职犯罪的土壤中仍能将腐败拒之门外。反观凡是参与渎职犯罪的人员，由于缺乏传统革命思想的教化，大多没有良好的思想基础，又放松自身的学习，不注意改造自己的世界观，往往对名利的追求过于苛刻，不能够严格自律，因此，在市场经济的大潮中极易受西方拜金主义、享乐主义和极端个人主义等腐朽思想的侵蚀，在经济利益的驱动下，使人生观、世界观产生错位，价值观扭曲，把手中的权力当作捞取金钱的工具，以权谋私、钱权交易，把工作的原则和规范抛之脑后，无视公正，最终走向了渎职犯罪的道路。其次是部分公职人员法制观念淡薄。渎职犯罪的人员大多数都是没有树立起牢固的法律观念，对法律、规章、制度缺乏足够的学习、认识和理解。因此，其在实际工作中也就不可能自觉地遵照法律规定做到依法办事。有相当部分人认为其在工作中不会出现问题，不会犯错误，就是出现违法违纪的情况后，仍然自我感觉良好，认为自己是正确的。在这种心态支配之下，往往其对工作便会缺乏高标准和严格要求，不能兢兢业业地对待每一项工作。2004 年 6 月 4 日至 18 日，西安市人民检察院对陕西省体彩管理中心主任贾安庆以涉嫌玩忽职守罪立案侦查；对省体彩管理中心副主任张永民以涉嫌滥用职权罪、玩忽职守罪立案侦查；对西安市体彩管理中心主任樊宏、省体育彩票发行中心吴燕华、田伟东以涉嫌玩忽职守罪立案侦查，西安市新城区人民检察院对新城区公证处公证员董萍以涉嫌玩忽职守罪立案侦查，西安市碑林区人民检察院对碑林区公证处主任万元模和公证员李群以涉嫌滥用职权罪、玩忽职守罪立案侦查。通过进一步深挖，还查明了涉嫌诈骗的体育彩票承销人杨永明向贾安庆、张永民、樊宏、吴燕华、田伟东等人行贿 40 余万元的案情。

（五）家庭因素对渎职犯罪的影响

家庭是通过血缘关系、婚姻关系和收养关系把人们联系在一起的最基本的社会单位，是社会微观环境的重要组成部分，好的家庭风气对于社会风气的进步有着巨大的促进作用。在倡导反腐倡廉的今天，家庭因素对渎职犯罪的发生是有着重要影响的。犯罪学普遍认为，家庭对犯罪的发生有着直接的影响。渎职犯罪人员大多有着正常的家庭生活，有的公职人员的家庭成员常会提出不恰当的要求，而这些渎职犯罪人员对于这些不恰当要求会产生趋同心理。有的领导干部在单位一言九鼎，盛气凌人，可一进家门就成了“妻管严”，经“枕边风”一吹，就将国法、党纪吹到脑后。有的则是因为子女对生活现状的不满而逼迫其利用手中权力去谋取私利以满足他们的“改善”生活的要求。还有一种情况就是因为家庭成员之间的麻木不仁，使得这些公职人员失去了避免犯罪的最佳时机。有的公职人员在产生以权谋私心理甚至已经初步开始进行犯罪活动的时候，由于缺少家庭成员的及时提醒，使大多数渎职犯罪者错过预防形成犯罪的机会，使“开小差”的想法变为犯罪，小错酿成大错。

（六）渎职犯罪产生的其他原因

由于受经济条件的制约，在社会上长期存在着分配不公，这也是我国社会当前存在的一个严重的问题。有的人不付出任何劳动或付出很少劳动就可以一夜之间成为腰缠万贯的富翁，而有的公职人员的工资收入却几乎与这些人的劳动和地位不成比例，这种生活条件的差距极易使公职人员产生内心的一种不平衡感，进而促成了一种攀比的心理行为。当他们不能通过自己的工资收入来满足这种攀比心理的时候，必然会出卖手中的权力，通过出卖权力来获得他人已有的现代化生活设施。这种出卖权力的行为表现为出卖国家法律、贪赃枉法、私放罪犯、出卖国家机密等。贪污、受贿、行贿、挪用等渎职犯罪便由此而生。而权力一旦成为交换或掠夺的手段，就必然会形成腐败，权力的腐败又继续制造着分配不公，刺激不正当竞争，如此恶性循环，诱发了层出不穷的渎职犯罪活动。

还有个因素就是，资产阶级的生活方式对部分人产生了巨大的诱惑。资本主义的金钱观对传统的价值理念产生了冲击。许多公职人员由于对高水平生活的盲目崇拜和向往，最终没能经得住诱惑，形成渎职犯罪。另外，由于改革开放，对于国外的一些体制和制度的引入，在一段时期内与我国的固有体制和制度产生矛盾摩擦，容易造成一些漏洞，为渎职犯罪的进行提供了可乘之机。

二、渎职犯罪的预防和对策

高发的渎职犯罪活动对社会的政治经济造成了极坏的影响,权力的腐败严重破坏了国家政治和法制的统一。各种滥用权力的行为侵犯着公民的合法权益,导致法制权威的极度削弱,引发、激化社会矛盾,破坏社会稳定。权力的腐败刺激的不正当竞争催发经济利益冲突,直接破坏了按劳分配和等价交换的原则,破坏了市场秩序,造成经济局面的混乱,损害了健康的社会经济机制。另外,权力腐败助长了腐败没落思想,使人民群众对现代化事业失去信心,并产生了对党的领导执政的不信任。所以说,要保证中国共产党的领导,保证社会主义现代化政治、经济、文化建设的顺利进行,就必须从根本上要消灭以渎职犯罪为代表的腐败行为,而要根除渎职犯罪,就必须重视渎职犯罪的预防工作。

预防是治理的最好手段。这是从古至今所共识的。在我国古代,许多思想家都对预防的重要性有所阐述:"君子以思患而豫防之","为之于未有,治之于未乱","凡事豫则立,不豫则废"。国外的思想家对此同样也有着类似的言论。孟德斯鸠说:"一个良好的立法者关心预防犯罪多于惩罚犯罪,注意激励良好风格,多于试用刑罚。"柏拉图、边沁、马克思等思想家同样支持并主张此种观点。因为预防可以把犯罪消灭在萌芽阶段,既挽救了犯罪者本人,又保护了他人的利益不会受到损害。由此可见,预防是解决渎职犯罪问题的根本途径,我们应当把预防工作放在解决渎职犯罪工作的首位。能否有效地利用各种手段做好渎职犯罪的预防工作直接关系到社会政治的稳定、经济的发展,也直接关系到我们的国家、政府形象。

(一)通过深化政治体制改革和经济体制改革强化对权力的制约,而对权力制约的最好方法就是将权力分解

"绝对权力绝对腐败。"渎职犯罪的根源在于权力的失控,这是制度、机制的问题。中外的历史实践证明:现代化建设是国家经济、政治、社会、文化的全面发展过程。我国的现代化建设目标是把社会主义中国建设成为一个富强、民主、文明的现代化国家,它要求我们要以经济建设为中心工作,但这并不是说经济的现代化可以在价值上压倒一切,如果政治、文化的现代化没有得到相应的发展,经济发展所创造的财富就很可能成为腐败分子挥霍的对象。近些年来,我国的政府围绕提高经济活动的效率进行了以放权为主的体制改革,但传统的权力结构却没有得到相应的调整,权力的配置方式只是从上级的集权转移到下级,没有解决好权力集中与权力分解之间的关系,由此而形成了许多缺乏制约和规范的小集体、小单位甚至是个人的集权。权力的配置应该是平衡的、多方相互制约的。合理的权力体制应当是在民主和科学的原则指导下的。实践证明:民主政治的发展因权力腐败而发生,通常呈反比例的关系。尽管民主政治不能做到将腐败绝对根除,但确实可以起到减少腐败发生和控制腐败规模的作用。这种民主政治主要是将国家权力尽可能地分配到每个部门,避免权力的滞留集中。但在对各部门进行权力配置的时候,又不能使某种权力完全地、毫无限制地交付某部门,这里面还应当存在别的权力或是检察监督部门的制约。权力主管部门是权力的代行使者,而不是拥有者。我国宪法明确规定,"国家的一切权力属于人民"。而要通过体制的改革

来改善权力集中的弊病，首先就要在体制的建设上有所创新，对权力进行合理的配置，并保证其有效地运作。

江泽民同志曾指出："依靠体制创新抑制腐败现象，是我们在实践中取得的一条重要经验。好的体制，可以有效地预防和遏止腐败现象的发生；反之，不好的体制则会导致腐败现象的滋生和蔓延。"前文说过，民主政治与腐败呈反比例，而将权力进行分解无疑会增加使用权力的民主化。权力集中是渎职犯罪的根源，而当权力有效分解之后，必将会增加渎职犯罪实施的难度，提高承担制裁后果的风险，从而减少其犯罪所得，由此则能够阻遏犯罪分子的犯罪心理动机的产生，或动摇、打消犯罪分子实施渎职犯罪的念头，遏止、防范渎职犯罪的实施。但在对权力分解的同时还应注意到效率的问题。权力的集中能够保证较高的工作效率，虽然在权力分解的情况下，渎职犯罪不容易发生、得逞，但是由于权力较为分散，可能会使工作效率有所下降，同时权力分解之后，被分解的权力可能成为实施犯罪的潜在因素，某些权力由多个人或部门享有、行使，相互配合，相互制约，一旦发生渎职犯罪则极有可能牵涉面比较宽，综合危害加大，预防渎职犯罪是要从根本上去消除渎职犯罪，更主要的是为社会主义现代化建设服务。现代化建设要求高效率。因此，在分解权力的时候，应通过改革政治体制和经济体制做到制度和发展的同步，减少或避免因权力分解而带来的在工作中降低效率的情况。

（二）强化思想教育建设

江泽民同志在 1993 年 8 月 21 日的中央纪委第二次全体会议上提出："惩治腐败，最基本的要靠教育，靠体制，要通过学习和教育，提高广大党员干部的思想政治素质，提高全心全意为人民服务的自觉性，提高抵制剥削阶级思想侵蚀的自觉性，提高模范遵纪守法的自觉性。"他在 1995 年 1 月 23 日的中央纪委第五次全体会议上又提出："强调注重思想政治建设，同打击和惩处违法犯罪，加强制度建设是相辅相成的。同时，必须把打击和预防结合起来，加强思想政治建设就是一项很重要的预防措施。"中共中央总书记胡锦涛在 2003 年 2 月 19 日在中央纪律检查委员会第二次全体会议上发表重要讲话时强调指出，适应新形势新任务的需要，当前和今后一个时期深入开展党风廉政建设和反腐败工作，必须高举邓小平理论伟大旗帜，以"三个代表"重要思想为指导，全面贯彻十六大精神，解放思想，实事求是，与时俱进，坚持标本兼治、综合治理的方针，在继续下大气力惩处腐败的同时，加强教育，发展民主，健全法制，强化监督，创新体制，把反腐倡廉寓于各项重要政策措施之中，从源头上预防和解决腐败问题，更好地为实现全面建设小康社会的奋斗目标服务。千腐败，万腐败，都是思想先腐败。进行渎职犯罪的公职人员之所以堕落，都是从思想蜕化变质开始的，逐步滑向腐败的深渊。因此，必须从思想上强化预防渎职犯罪的建设，在思想上筑起预防渎职犯罪的坚固堤坝，而要做到这一点就要加大思想教育的力度。早在建国初期，毛泽东就提出了"要提防资产阶级'糖衣炮弹'"的著名论述，放在现在讲就是要广大党员干部能够坚守党性，坚持艰苦奋斗的优秀传统。近几年，全党都在致力于保持共产党员先进性的教育和学习当中。这充分表明了作为执政党的中国共产党充分地认识到思想政治建设对反腐败的重要性。干部队伍建设的基础是教育，只有通过对公职人员进行全面的，经常的教育，真正的打牢思想政治基础，筑严思想政治防线，干部读物的建设才能越搞越好。对公职人员来说，打牢思想政治基础，筑牢思想政治防线，最根本的就是要牢固树立马克思主义的世界观、人生观、价值观，牢固地树立起正确的权力观、地位观、利益观，同时还应组织进行革命传统学习，向老一辈无产阶级革命家学习，继承艰苦奋斗的工作和生活作风。思想教育既要突出教育的广泛性，又要讲究教育方法的多样性和针对性，既要讲效力，又要造成一定的声势，要把纪委、组织部门、宣传部门、党校以及新闻单位、文化艺术部门的力量集中起来，发挥思想教育工作的整体优势，形成纵横交错的思想教育网络。还应注意一点，进行思想政治教育，不能仅对公职人员进行，还应面向全社会，鼓励全社会学习好的思想作风，继承优秀的思想传统，帮助人民群众树立健康的思想观念，从而牢固地筑起全社会的思想政治基础。

（三）加强法制建设

早在1988年，中共中央就发出了《关于保持党和国家机关必须保持廉洁的通知》，提出要通过法律和制度来保证廉政建设。1993年江泽民同志指出："要抓住最容易产生腐败问题的部位和环节，总结实践经验，严格纪律，建立和完善内部管理制度，建立和完善各项政策法规，对已经制定的法律法规，要严格执行；对要修改的，要抓紧时间修改、完善，要根据新的情况，尽快地研究制定新的法律法规。"加强法制建设可以说是预防渎职犯罪工作的保障性工作，而加强法制建设，首先要从立法上使应对渎职犯罪有法可依，建立起与市场机制相适应的、完善的廉政法律体系。现阶段产生的渎职犯罪有一部分就是因为长期我国法律的滞后性，钻法律的漏洞，打"擦边球"。其次就是要求有法必依，执法必严，违法必究。有法不依，法律就失去了效用，而要做到有法必依就要求法律的普及，应当鼓励公职人员乃至全社会参与对法律的学习、了解、认识、掌握，使法律制度真正地成为人们日常生活的准则。不但要提高渎职犯罪的必捉率、必受惩罚的几率，还要求有适当的力度，而在渎职犯罪的高发时期，就应当加大对其打击惩处的力度。预防与打击并不矛盾冲突，无论是预防还是打击，最终的目标都是遏止和根除渎职犯罪。打击或者说刑罚是刑法的内容，其本质不在报应，而是维护社会生存的自卫手段，是防范性的。预防是打击的目的，打击是预防的前提和基础，也是预防的一种手段。打击惩处可以使渎职犯罪分子承受违法犯罪的刑罚，也可以起威慑性作用，使未实施违法犯罪行为的公职人员有所顾忌。要对渎职犯罪分子进行严厉打击，就要坚决杜绝以言代法、以权代法、以罚代法。这就必须加强执法队伍建设，改善执法条件，保证严格执法，依法办事，形成具有中国特色的预防渎职犯罪的工作机制。

（四）重视培养、加强监督的力量

监督是国家的一种职能，是维护一定社会政治和经济秩序的手段。往往监督程度直接反映了一个国家、一种制度的发展成熟与否。虽然我们党多年来，已经积累了不少党内监督的经验，但监督体制还是不够完善，没有形成具有足够约束力的监督体系。而要搞好监督，我认为要做好以下工作：要从公职人员的内部监督着手，通过民主集中制，加强公职人员队伍的组织生活制度；要充分发挥人民代表大会的监督权，发挥各级人民代表大会及其常委会对各级国家行政机关、审判机关、检察机关的法律监督和工作监督的作用；要扩大监督部门的权限，完善行政监察体制，使之能够相对独立地行使监察权；要培养高素质的监察队伍；要真正地保障人民群众行使监督权，调动群众监督的主动性和积极性，明确便于人民群众对权力监督的方法和内容，使社会舆论力量充分发挥“眼睛”的作用，增加权力活动的透明度。

（五）加强市场经济制度建设

经济制度建设同样对预防渎职犯罪有着重要的影响。经济基础决定着上层建筑，好的经济条件对社会的文明程度有着重要的影响。正如古人所说：“仓廪实则知礼节，衣食足则知荣辱。”有的学者提出“高薪养廉”，笔者认为这不是预防渎职犯罪的好办法，社会主义的分配制度是按劳分配，但由于事实上存在分配不公，在短时期内无法实现共同富裕的目标，先富者与后富者存在很大程度上的经济能力差距，“高薪”虽然能提高公职人员的生活水平，但公职人员由于其工作性质以及社会经济环境等诸多因素的影响，这种“高薪”很有可能会刺激公职人员对金钱的更进一步崇拜，未必能达到“养廉”的目的。最切实际的方法就是在经济发展的同时保证分配制度的合理操作，尽可能地避免分配不公，实行按劳分配，多劳多得，少劳少得，不劳动不获得，以消除由于分配不公所引发的社会矛盾，净化有可能滋生渎职犯罪的土壤。

值得注意的是，以上诸多预防渎职犯罪的方法并不是互相独立，相反，几种方法应该是一个有机的结合体，应该同时进行，而放松其中任何一项工作，都有可能使预防工作出现瓶颈，使渎职犯罪的预防工作走入“死胡同”，在实际工作中，有机统一的做法尤为重要。

总之，预防渎职犯罪是适应新时期的反腐败工作的需要的，符合社会经济、政治发展乃至社会进步的需要的，已经得到党和政府的高度重视，受到社会各界的普遍认可和热烈欢迎。其作为一项系统的工程，是全社会的共同事业，所有的机关、部门、个人都有权利也有义务预防渎职犯罪，在今后一段较长的时期内遏止渎职犯罪的蔓延，努力避免渎职犯罪的发生，为改革开放和经济发展服务。

（作者：韩佳伟）

我国腐败预防工作的战略选择

1. 腐败预防包括三项任务，分别是压缩公共权力、抑制腐败动机和消除腐败机会。其中消除腐败机会是预防工作的重中之重。

2. 消除腐败机会的前提，就是要集中专业人士，对各类腐败行为进行专项研究，找出这些腐败行为的制度成因，并提出相应的解决方案。在消除腐败机会方面，最有效的做法，就是利用预防研究的成果来对法律法规进行相应的改进，从而把其中存在的制度漏洞降低到最低限度。

3. 为了提高腐败预防研究的质量和效率，并防止重复投入，有关部门应当打破地域和官民的界线，充分利用现有的一切研究资源，并加强对各地的预防研究工作的协调，而且上下级以及同级的预防机构之间也要合理分工。

4. 要想充分发挥腐败预防工作的规模效应，就必须以法律法规的形式把预防措施制度化，使其不至于仅仅停留在基层试验的水平上。

近年来我国反腐败工作的一项重大进步，就是明显加强了预防腐败的力度。最高人民检察院检察长韩杼滨在 1998 年 12 月召开的全国检察机关预防职务犯罪工作座谈会上指出，加强预防职务犯罪工作是惩治犯罪、遏制腐败的治本之策，检察机关要发挥自己的优势，积极推动发案单位和有关部门堵塞漏洞、完善制度、建立防范机制，从而力争把职务犯罪遏制到最低程度。中纪委领导在近年来的多次讲话中，也一再强调了预防工作的重要性。而 2000 年 7 月高检职务犯罪预防厅的正式成立，则表明预防已经同办案一样，成为检察机关的一项工作重点，这可以说是一个历史性的进步。

对于预防腐败的必要性，大家早已达成共识，不需赘述。然而，对于预防什么，以及怎样预防这些同等重要的问题，目前尚无定论。然而，恰恰是这些问题，决定着我国腐败预防工作的实际效果。一项复杂的系统工程能否取得成功，往往并不取决于投入资源的数量，而在于这项工程是否从一开始就拥有了一个正确的战略，因为战略决定着资源能否被有效地利用，并能够产生最大的效益。

腐败预防工作也毫不例外。我国的预防工作能否在最短时间内实现突破，并能像人们所期望的那样能够堵住腐败的源头，清除腐败的土壤，主要取决于三个因素：一是我们是否拥有一个完善而明确的预防战略，二是我们在预防过程中是否已经充分利用了一切可资利用的资源，三是我们能否最大限度地发挥预防工作的规模效应。

所以，笔者认为，目前我国腐败预防工作的当务之急，并不是各地马上埋头搞预防，而是要从实际操作中暂时抽身出来，首先对预防什么、如何预防这两个根本性的问题进行深入的研究和探讨，在此基础上再明确工作目标，确定工作重点，从而制定出一套真正适合我国国情的腐败预防战略。下面，笔者将围绕上述这两个核心问题，对我国的腐败预防工作提出一些具体的建议。

问题一：预防什么？

腐败预防的对象是什么？换句话说，我们究竟要预防什么？明确这一点至关重要，因为如果大家对这个问题的认识出现偏差，那么不但会使预防工作目标定位不准，而且还会造成巨大的资源浪费，从而直接影响预防工作的整体效果。

对于预防这个概念，大家并不陌生。其实，无论是防火、防病还是预防腐败，其目标和任务都有相通之处，那就是要设法消除不良事件发生所依赖的必要条件。我们都有这样的常识，即要预防某种疾病，首先必须了解这种疾病的发病机理和传播途径，然后才能通过消除疾病发作和传播所依赖的某些必要条件，来实现防患于未然。

预防腐败同样遵循这个规律。要想有效地防止各类腐败行为的发生，我们首先必须了解这些腐败行为究竟需要借助于哪些必要条件，然后才能通过消除其中的一个或多个条件，来使腐败行为难以完成。所以说，要想使腐败预防工作做到有的放矢，我们首先要对腐败行为的本源问题进行深入研究。只有在解决了这个疑问之后，我们才能够对症下药，提出相应的预防措施。

那么，腐败行为的本源究竟是什么呢？有些人试图从人性的角度来回答这个问题，他们认为腐败是由人性中根深蒂固的自私和贪婪心理所导致的。还有的人则把腐败行为归因于公职人员的思想堕落。不可否认，公职人员的自私、贪婪和思想堕落的确直接使其产生了强烈的腐败动机。但是，所有基于动机或思想的解释模式，都忽略了一个十分重要的问题，那就是：公职人员的腐败动机究竟是如何转化成为实际的腐败行为的？

动机和行为之间通常有一段短的距离，对于违法犯罪行为来说则更是如此。而且，由于腐败行为的违法或违规性质及其固有的难度，所以并非每个有腐败动机的公职人员，都能够完成从腐败动机到实际的腐败行为的转变。因此，腐败行为究竟是如何完成的，不仅是一个问题，而且还是一个十分核心的问题。如果我们能够解答这个问题，那么就不但能够洞悉腐败行为最深层的发生机理，而且还能够对症下药，提出系统的预防对策。

那么，腐败行为究竟是如何完成的？有没有规律可循？大家对于腐败分子的一个普遍印象，就是他们大权在握而且胆大妄为，所以搞起腐败来易如反掌。但是，实际情况并非如此简单。这些人身为公职人员，手中固然多多少少都掌握一定的权力，但是他们在运用权力的时候，仍然是受到法律法规和工作制度的约束，而不能随心所欲地行事。真正能够在局部拥有不受制约的权力的人，多为地区或部门的“一把手”，其绝对人数是相当有限的。而且，腐败行为的违法或违规性质，以及这些行为一旦败露可能会给自己造成的严重后果，也使得大多数腐败分子在滥用职权的问题上必须慎之又慎。

上述这些因素，决定了腐败分子在以权谋私的问题上并不能随心所欲，而是必须等待有利的时机，同时还要借助某些机会，以使自己能够在不被外人发现的情况下顺利地完成腐败行为。笔者把腐败分子在以权谋私的过程中所借助的各种机会统称为腐败机会。下面就让我们按照腐败行为从策划到完成的先后顺序，对腐败行为所依赖的主要条件逐一展开分析，然后再重点研究腐败机会的产生原因和预防对策。

一、腐败行为的三个必要条件

做任何事情都需要一定的条件，腐败行为也不例外。虽然不同行业和不同类型的腐败行为分别要借助于不同的条件，但总的来说有三个条件却是每一种腐败行为都需要的，那就是国家控制的稀缺资源、腐败动机和腐败机会。下面就让我们对这三个因素分别进行简要的分析。

首先，之所以会有人甘冒风险向公职人员行贿，某些公职人员之所以能够贪污和挪用公款，其主要原因，就是这些人代表国家掌握一定的稀缺资源，并具体负责这些资源的分配。在任何国度，国家为了保证经济的健康发展和社会的稳定，都要对经济进行管制和调控。为了发挥这项职能，国家手中就必须掌握一定的稀缺资源，并通过有选择性地分配这些资源来引导企业和个人的行为。国家控制的稀缺资源的范围很广，既包括某些物质形态的资源，如土地和专营物资，又包括某些非物质形态的资源，如营业执照、进出口许可证和公共工程承包权等。由于我国长期受计划经济的影响，所以国家对经济和社会生活的渗透程度很高，与此相对应，国家控制的稀缺资源也就更是包罗万象，除了上面谈到的各类资源以外，还包括农转非指标和银行贷款额度等。

正是由于这些资源本身是稀缺的，所以围绕这些资源的分配便会产生激烈的供求矛盾，这进一步提高了这些资源的相对价值。例如，在国家收紧银根的时候，银行贷款就成为企业的救命口粮。这时候，掌握贷款审批权的各级银行官员，自然便成为众厂商竞相行贿的对象。而且，这些人的腐败资本并不局限于他们控制贷款的发放这件事，而且还在于他们能以远低于市价水平（大体上相当于典当行开出的利率）的价格提供贷款。也就是说，银根紧缩使得银行审贷官员同时拥有了两种腐败资本。

国家控制的各类资源的稀缺性，使得管理和分配这些资源的公职人员拥有了充足的腐败本钱。由于对这些稀缺资源的需求永远存在，以及围绕这些资源而产生的供求矛盾难以在短时间内得到解决，所以必然会有人不惜通过包括行贿在内的非法手段来获取这些资源。因此，在一对一的腐败交易中，需求这一方永远存在。

腐败交易的供给方，即公职人员这一方，同样深知自己掌握的稀缺资源的价值。当他们面对远大于其合法收入的贿赂、抵挡不住物欲的诱惑的时候，便会产生强烈的腐败动机。在腐败动机产生之后，腐败行为就进入了临界状态。这时候，腐败行为能否顺利完成，主要取决于腐败机会的多寡。

为了加深大家对腐败机会这一概念的理解，让我们先来看一个具体的例子。我国的《税收征管法》第三十七条规定，“纳税人有三种行为之一的，由税务机关责令限期改正，逾期不改正的，可以处以2000元以下的罚款；情节严重的，处以2000元以上10000元以下的罚款……”

对违法者进行处罚，本身无可厚非，但是问题出在处罚尺度的设定上。由于《税收征管法》只规定了“情节严重的，处以2000元以上10000元以下的罚款”，而没有进一步明确究竟什么情况下应当罚款2000元，什么情况下罚款10000元，什么情况下才应当取上下限之间的某个值，所以对于某一具体的违法行为究竟如何处罚，便由税务人员自行掌握。

税务人员的这种决策自由，直接导致了这样一种情况：一方面，2000元与10000元之间的巨大差别，足以使某些违法者不惜通过行贿来减少个人的损失；另一方面，从税务人员的角度来看，收取贿赂并降低罚款额并不是一件十分困难的事情，因为这方面的法律规定本身就相当模糊，并且留有很大的空白。所以，他们只要把罚款的总额控制在2000～10000元之间，便不会违反有关的法律规定。而且，这些人甚至不必担心这种权钱交易会被会外人察觉，因为法律并未规定他们有就其最后的处罚决定向其他人作出解释或说明的义务。既然根本不必解释什么，那么他们也就根本不会遇到难以自圆其说的尴尬局面。

在上面这个例子中，腐败机会从根本上来说源于规则本身的弹性过大：首先，罚款的分布范围太大；其次，在这种情况下，《税收征管法》却并没有细化处罚标准，从而进一步扩大了税收人员的自由决定权(discretionary power)；而且，这部法律也没有强制规定税务人员有就自己的处罚决定作出解释和说明的义务，所以就使这里的舞弊行为能够从容过关。这三种规则缺陷，使得某些心怀叵测的税务人员拥有了充足的腐败机会。

在上面这个例子中，规则本身的弹性过大，直接导致了腐败机会的产生。其实，腐败机会还有很多其他来源。例如，规则不存在或存在但不明确、机构设置不当，以及政府内部的信息沟通不畅等，都可以导致腐败机会的出现。而且，每次大的制度变迁，都会引起利益的重组以及某些新的腐败机会的出现。所以，腐败机会不但种类多样，而且变化无穷。

更重要的是，腐败机会除了能够由客观条件引发之外，还可以由公职人员人为制造。

腐败分子如果发觉现有的腐败机会不合用，往往会利用自己的权势，人为制造一些机会。他们在这方面的具体做法，包括制定“土政策”、垄断官方信息，以及主动规避官方规则等。人为制造的腐败机会与法律法规本身的缺陷结合在一起，就使腐败分子始终都拥有充足的腐败机会。因此，对于任何一个国家的任何一段时期来说，腐败机会只有多和少的问题，而不存在有和无的问题。

腐败机会在腐败行为中同时发挥着两种作用，一是能够使腐败动机转化为实际的腐败行为，二是能够显著增强公职人员的腐败动机。对于第一点，我们通过上文的分析，已经不难理解。第二点其实同样易于理解——没有人比公职人员本人更熟悉其职责范围内存在的制度缺陷。而且，他们在下手之前，往往会仔细盘算究竟要利用哪些漏洞。

只有在对腐败行为的成功有相当的把握之后，他们才敢于跨出最危险的一步。

所以说，腐败机会的多寡，直接影响着公职人员腐败动机的强弱。由于腐败机会决定着腐败动机的强弱，以及腐败行为的成功的几率，所以它堪称是腐败行为最重要的必要条件，因此也就理当成为我们的预防重点。

至此，我们已经分析了腐败行为发生所要依赖的三个必要条件：国家控制的稀缺资源、腐败动机和腐败机会。如图 1 所示，国家控制的稀缺资源构成了腐败行为的物质条件，腐败动机构成了腐败行为的心理条件，而腐败机会则构成了腐败行为的制度条件。笔者认为，这三个必要条件几乎适用于所有的腐败行为，只不过每一具体的腐败行为所涉及的稀缺资源、动机和机会会存有一定的差异。

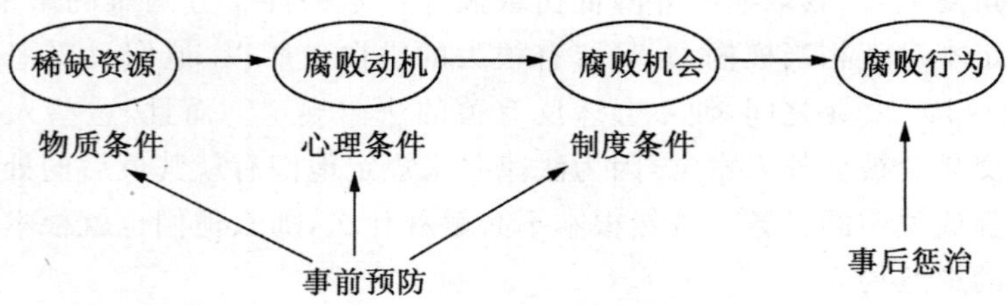

图 1

在明确了腐败行为的三个必要条件之后，腐败预防工作的主要任务，就是全力消除其中的一个或多个条件，从而彻底切断腐败行为的发生链条。由于国家控制的稀缺资源、腐败动机和腐败机会均是腐败行为不可或缺的条件，所以腐败预防工作应当同时指向这三个因素，而不能攻其一点，不计其余。具体地说，我们应当循着腐败行为的发生过程，构筑起三道防线。

二、第一道防线：权力防线

第一道防线的任务，就是要把公职人员掌握的稀缺资源压缩到最低限度。在这方面主要有两种做法：一是政府要从可以由市场自行调节、不需要政府干预的领域主动退出。二是对于那些确属必要、应予以保留的公共权力，则要规范其行使方式，防止公职人员公权私用。

我国由于长期受计划经济的影响，所以政府不但管得太宽，而且管得太死。这不但严重束缚了企业和个人的主动性和创造性，而且也使各级、各类政府部门拥有了十分广泛的权力，所以这些部门的公职人员，尤其是那些主管官员，也就拥有了充足的腐败本钱。因此，构筑防线的第一步，就是要对我国公共权力的总量和类型进行一次普查，首先摸清家底，然后再在此基础上对这些公共权力作一次彻底的清理。

广州市在这方面已经走到了全国的前列。据报道，广州市政府的审批制度改革已经完成了初审工作。审查表明，广州市原来共有掌握审批、核准事项的部门 56 个，审批、核准事项共 1211 个。在清理之后，原有的 719 个审批事项被撤销 573 项，予以保留的审批、核准事项仅占原来总数的 40%。而且，有关部门在审查过程中还发现，广州的政府审批事项范围之广，在某些方面已超出了国家规定，而且还存在着自行扩大审批范围、法律依据不充分等问题。例如，某部门设立一项审批事项的依据，竟然是被废止的 1957 年国家《农业法》；在某部门上报的 13 项审批、核准事项中，竟有 8 项是根据部门文件甚至是《会议纪要》制定的。

上述报道反映出两个问题：一是我国目前公共权力的数量和种类之多，范围之广，已经到了非清理不可的地步；二是这些公共权力本身就是鱼龙混杂，有些并没有足够的合法性基础。每个政府部门皆有自己的私利，而部门利益和客观理性决定了它们一定会想方设法扩大自己的权势。因此，我们有理由相信，生造公共权力的情况并不是广州某些政府部门的发明，类似的情况同样存在于我国的其他地区。

不论公共权力是否有充足的法律依据，它们一旦产生，就会在提高政府部门的权势地位的同时增加了公务人员的腐败本钱。因此，笔者认为，预防腐败的第一步，就是要对我国政府系统目前掌握的各项公共权力进行全面清除；然后再对这些权力逐一进行检视。对于那些法律依据的权力，要毫不犹豫地加以清除；对于那些缺乏法律依据充分的权力，则要逐一分析它们是否有存在的必要；对于那些可有可无而又监控困难的公共权力，则要尽量加以取消。

当然，压缩公共权力有一个限度。一旦超过了这个限度，国家的宏观调控作用就会被削弱，从而导致其他的不良后果。因此，我们的原则应当是在不影响政府的总体调控能力的前提下，尽量压缩公共权力的总量和类型。

由于压缩公共权力有一个限度，所以通过这种方式来压缩公职人员的腐败资本，同样有一个限度。而且，在清理完成之后，剩下来的那些公共权力仍然有可能被公职人员滥用，所以腐败行为依然不可能被除根。因此，在完成了对公共权力的全面清理之后，预防工作就应当迅速转向下一步，即如何防止那些被保留下来的公共权力不被滥用。

要想防止剩余的公共权力被滥用，必须做到两点：一是要防止公职人员生产腐败动机，二是要消除他们以权谋私的机会。这就需要我们围绕动机和机会再构筑起两道防线。

三、第二道防线：动机防线

第二道防线的主要任务，是防止公职人员产生腐败动机。在这方面我们的经验最为丰富。当腐败成为改革时期的一个十分突出的问题之后，党和国家所采取的一个重要的反腐措施，就是加强对干部的思想教育，防止其思想堕落。除此之外，我们还采取了强化干部的守法意识、推行警示教育等措施。这些措施虽然形式不同，但其目的却是一致的，那就是通过正反两方面的事例来净化公职人员的思想，提高他们廉洁奉公的自觉性。

不可否认的是，这些努力都取得了一定的效果。但是，平心而论，第二道防线的作用是比较有限的，因为上述这些教育措施毕竟是从外部发力，而人的动机的产生和变化却是一个相当微妙的内部过程。对于任何外部的影响，人们都有一个判断、选择、接受和消化的过程，更何况个体在教育水平、思维方式和接受能力等方面还存在显著的差异。

所以，谁也无法保证上述这些教育措施就一定能够提高公职人员的思想水平。

更重要的是，有很多因素都会直接改变公职人员的利益计算结果，从而使其产生腐败动机。

例如，公职人员与其他从业者之间的收入差距、亲友的教唆、自己临近退休之年等客观因素，以及某些突发事件，如家庭经济情况的突然恶化，都能够成为诱发腐败动机的导火索。然而，这些因素绝大多数却不在我们的控制之内，既无法预测，也无法有效防止。在这种情况下，某些公职人员产生腐败动机，也就成为必然。所以说，动机防线固然重要，但是其预防效果却不能尽如人意。

如果公职人员手中握有实实在在的权力，而且又因为种种原因而产生了腐败动机，那么他们以权谋私也就只剩下一个执行的问题，这时候，我们要想防止腐败行为发生，就只有依靠最后一道防线，那就是要消除腐机会，使其不能腐败。

四、第三道防线：机会防线

腐败机会总的来说有两种：一种是根本性的腐败机会，存在于公职人员掌握公共权力这件事本身，另一种则是技术性腐败机会，存在于权力的具体运用过程之中。

具体地说，公共权力固然是腐败行为的终极原因，但是，它们毕竟只是为公职人员以权谋私提供了一种理论上的可能性。至于腐败行为究竟如何完成，以及以何种形式完成，归根结底还是由权力行使过程中的腐败机会所决定的。而这些机会的多寡，则是由规范这些权力的法律法规和工作制度所决定的。

所以，尽管我们无法通过废除所有的公共权力来彻底铲除腐败机会，但是却可以通过改变公共权力的行使方式，来提高公职人员滥用职权的难度。换句话说，在一定类型的公共权力将永远存在下去的前提下，我们仍然可以通过消除权力行使过程中的腐败机会，来使公职人员难以滥用自己的权力。图 2 表明了第一道防线和第三道防线之间的关系。

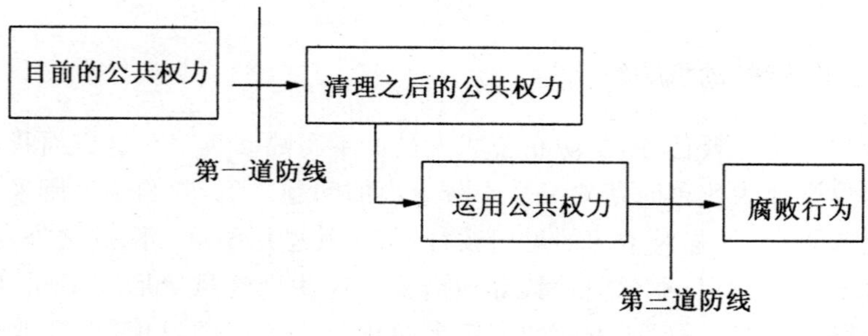

图 2

虽然我们应当针对公共权力、腐败动机和腐败机会构筑起三道线，但是这并不意味着我们应当对这三个因素同等下力。由于公共权力是腐败行为的终极根源，腐败机会是腐败行为成功直接的原因，而我们对动机的预防作用又相对有限，所以腐败预防的重点应当放在两头，即构筑权力和机会防线上来。由于上文已经探讨了清理公共权力的问题，所以下面我们将主要探讨一下第三道防线的功能和构筑方式。

第三道防线的核心任务，就是消除各类腐败机会，从而使腐败行为难以完成。消除腐败机会的首要前提，就是发现这些机会。但是，无论是发现还是消除腐败机会，都绝非朝夕之间可以完成。这是因为：(1)腐败机会类型多种多样，任何一个领域都同时存在不同的腐败机会，而且这些机会又有着不同的成因和解决方案。例如，虽然同属于国有企业内的腐败行为，但是经营者和会计人员侵吞公款的手法却是不一样的，前者主要是利用发包工程、采购原料和销售产品中饱私囊，而后者则主要利用企业的财务制度所存在的缺陷。(2)腐败机会并不是静态的，而是在不断发展变化，而且每一次制度变迁都会使腐败机会的形式和内容发生相应的变化。例如，工程招标制度的变迁，就使得腐败行为的发生环节和具体手法都发生了变化。(3)腐败机会在很多情况下来源于公职人员的个人创造，而不单纯是由制度缺陷或其他外部原因所导致的，所以腐败机会实际上会呈现更多的变化。(4)虽然任何腐败机会都不同程度地来源于制度缺陷，但是公职人员利用这些缺陷的能力有所不同，所以其腐败手法的高明程度也有很大差异。例如，同样是截留国家专项资金，有的人直接下手贪污挪用，有的人则工于心计，他们首先通过欺上瞒下在其上下级之间制造一个信息盲区，然后才把资金据为已有。所以，即使是同一种制度缺陷，有时也能够衍生出不同的腐败机会和犯罪手法。

因此，腐败机会在腐败行为的三个必要条件中不但形式最为多样，而且变化最为复杂。这就决定了对腐败机会的发现和预防都绝非易事。这种难度，再加上腐败机会在腐败行为所发挥的至关重要的作用，决定了腐败机会应当成为腐败预防工作的首要打击目标。

问题二：如何预防？

我们通过上面的分析，已经明确了腐败预防的工作目标，那就是要压缩公共权力、抑制腐败动机和消除腐败机会。对于前两个目标的实现方式，我们在前文已经作了探讨。

下面就让我们把分析的重点集于对腐败机会的预防上来。

总的来说，预防腐败机会牵扯到两个问题，首先是发现腐败机会，然后是消除已经发现的腐败机会，这两项工作其实是一个连续过程的两个有机的组成部分，其中发现腐败机会是消除腐败机会的前提。下面我们将对这两个问题分别展开分析：

一、发现腐败机会

腐败机会虽然变化无穷，但是仍然有规律可循，而且这种规律性可以在具体的腐败案例中体现出来。例如，我们在分析财务领域的腐败行为的时候可以发现，虽然这些行为的行为主体和犯罪动机有各不相同，但是其手法却无外乎收入不入账、虚列开支、公款私存等。所以，如果我们能够选取一些最典型的财务腐败案例，并对每个案例进行深入的分析，也就基本上能够掌握财务领域的主要腐败机会的类型及其变化方式。

因此，发现腐败机会的最好方式，就是进行系统和深入的案例分析。所谓“系统”是指案例分析不能零打碎敲、漫无边际，而必须分行业、分专题地进行。这是因为，不同行业所适用的法律法规和工作程序存在很大差异，而同一领域内的规则却是基本上相通的，所以通过开展行业研究，我们就能够控制行业差别这一变量，把每一行业的主要腐败机会及其变化形式研究透彻。

除了要对腐败机会开展行业研究之外，我们还可以选择某些腐败类型开展专题性研究。例如，我们可以以“小金库”为专题，结合具体的案例，分别探究各个主要领域（如国家机关、国有企业、银行）的“小金库”的制度成因。

行业研究是以行业为主线的纵向研究，而专题研究则是以问题为主线的横向研究。我们把这两种研究方式结合起来之后，便能够同时从两个方向搜寻腐败行为的制度成因，从而大大提高预防研究的质量和效率。

案例分析除了要做到系统之外，还要遵循深入的原则。所谓“深入”，是指我们在分析具体的腐败案例的时候，必须深入到腐败行为最深层的技术层面，深究这些腐败行为究竟是如何完成的，而不能满足于诸如“放松了个人的修养”之类的表面化的解释。只有在达到这种深度之后，我们才有可能做到从腐败分子的角度来看问题，也才能够发现他们在作案时究竟利用了哪些机会。

上面我们已经谈了案例研究的具体做法。其实，在选择研究素材，也就是具体的腐败案例方面，同样有一定的学问。由于研究力量的限制，我们注定只能选取极小比例的腐败案件进行研究。所以案例选取的质量，就对预防研究的总体质量有着十分直接的影响。

从某种意义上来说，任何一个腐败案例都包含一定的信息，而且都能够折射出一些宏观的制度缺陷。然而，这并不意味着每个案例对于腐败预防研究来说都是同等重要的。

从腐败预防研究的角度来讲，最有价值的当是那些典型而且甚至有些极端的腐败案例。道理很简单，一次普通的违规操作，通常比十次正常的操作包含更多的信息，而一次严重的违规操作，又比十次普通的违规操作能够给我们带来更多的信息。这是因为，任何违规操作的成功，都能够在一定程度上揭示工作程序所存在的问题，而严重的违规操作，则能够揭示出最多的制度漏洞。所以，我们在做预防性研究时所选取的，不应是俯拾即是的一般性案例，而应当是那些腐败手法高明、过程相对复杂、涉及环节和人员较多的腐败案例。由于这些案例本身包含着大量信息，所以我们如果能够从行业和制度两个角度对其进行深入研究，一般便能够以小见大、一叶知秋，对于腐败行为所借助的主要腐败机会有一个较为全面的了解。

上面我们已经探讨了开展预防研究的具体方式。需要说明的是，预防研究是一项复杂的系统工程。所以，要想使预防工作最终取得良好的效果，我们首先必须处理好一些与研究相关的问题。下面就让我们对预防研究所涉及到的几个重要问题分别展开分析。

开展预防研究时应当注意的几个问题：

（一）要加强预防研究的规划、分工与协调

腐败预防是一个需要全社会参与的工程。所谓"全社会参与"，是指预防腐败并不只是高检职务犯罪预防厅的职责范围，也不仅仅是中纪委、监察部和高检三机关的任务，而是需要全部党政机关和全体人民的积极参与和密切配合。这在预防措施的执行和推广阶段表现得更为突出。

正因为预防腐败是一项全民参与的系统工程，所以加强对这项工作的规划、分工与协调，就显得极为重要。所谓加强规划，是指在任何时期都要有一个明确的预防重点，同时还要有一套经过严格论证的近期和远期工作规划。只有这样，才能够保证我们的预防工作始终能够抓住当前的主要矛盾。

在任何一段时期，预防的重点都应是当时能够对社会造成最大损害的腐败现象。而且，这种危害并不仅仅是指对国家所造成的经济损失，而是指对全体人民的经济和个人生活所造成的损害。那么，我们目前的预防重点应当是什么呢？按照腐败行为主体的类型，我们大体上可以把腐败分成个人腐败、集体腐败和行业腐败。其中，个人腐败是指公职人员单人完成的腐败行为，如戚火贵巨额受贿案；集体腐败是指由小团体或小集团共同完成的腐败行为，如山东泰安市领导集体腐败案；而行业腐败则是指某些行业凭借自己的垄断地位和"土政策"，肆意谋取垄断利益的行为，比如电信部门在技术上不存在任何问题的情况下，仍然拒绝实行"以秒计费"，就属于此列。

在这三种腐败方式中，个人腐败行为的绝对数量最多，而且在现实生活中也表现得最为明显。但是，这些行为所造成的危害，却往往局限于本单位或本地区，并不会给全民造成损害；集体腐败与个人腐败相比，绝对数量较少，但是其危害性却远甚于前者。而且，这种危害不仅仅是经济上的，更重要的是由于官官勾结而严重损害了党政机关在群众心目中的地位和形象，广西合浦的"腐败街"就是一个再典型不过的例子。

然而，能够对全民造成最大损害的，莫过于行业腐败。

具体地说，电信、电力等国有垄断行业凭借自身的权势以及行业文件，每年都从亿万民众身上攫取超额的垄断利润。而且，由于其垄断利益已经日益法规化，所以任何受害者都无力单独地对抗这些腐败行为。除此之外，行业腐败还极易滋生个人腐败和集体腐败。由于全行业都在凭借"土政策"谋取垄断利益，所以基层分支机构的侵吞手法也就更加五花八门。大家只要数一数近年来因为电信行业乱收费而产生了多少纠纷，就明白行业腐败与集体腐败之间究竟存在着怎样一种关系。

所以说，我们目前的预防重点，应当放在行业腐败上来。而且，预防行业腐败并不仅仅是要预防行业内部的干部贪污、挪用和受贿行为，更重要的是要通过制度创新和加重惩罚，来防止这些行业凭借自己垄断地位和"土政策"来搞"三乱"，谋取不正当利益。

以行业腐败为当前的预防重点，并不意味着我们就要忽视个人腐败和集体腐败。相反，这两者之间是相辅相成的关系。对于预防腐败这项全新的事业来说，当务之急是要找到一个合适的突破点。突破点如果选择得当，抓住了主要矛盾，那么不但可以以最小的投入换取最大的预防效果，而且还能够树立预防机构的威信，从而为以后的工作打下坚实的基础。而行业腐败，就是这样的一个突破点。预防机构如果能够除掉行业腐败这一顽疾，那么不但可以积累丰富的预防经验，而且还可以赢得百姓的认可和信任，并能够显示国家打"大老虎"的决心，从而能够对个人和集体腐败构成有效的震慑。

因此，笔者认为，我们目前的预防重点，应当是各种类型的行业腐败。

预防工作除了要加强规划，始终把握主要矛盾之外，还要注重分工，以提高预防资源的综合利用效率。这里所说的分工，包括两方面的内容：一种是最高层预防机构与下属的各级预防机构之间的分工，二是指基层预防机构之间的工作分工。

让我们首先以检察院的职务犯罪预防系统为例，来仔细探讨一下上下级预防机构之间的分工。这个新建立的系统的最高领导机关，是高检职务犯罪预防厅，其下属机构主要是地方各级检察院组建的职务犯罪预防处。

笔者认为，预防厅作为全国职务犯罪预防工作的领导机构，主要应当发挥两种作用：

一是领导、规划和协调全国的职务犯罪预防工作，力图形成研究合力，同时防止资源的重复投入。二是要汇总、整理和推广基层预防机构的研究成果和预防经验，发挥预防工作的规模效应。

职务犯罪预防厅的领导和协调作用，突出地体现在它对于预防研究的统一规划上。预防厅由于自身人手有限，所以无法针对每个主要的腐败类型或专题开展独立研究。在这种情况下，它不如把主要精力集中在研究课题的选择和分发上。具体地说，预防厅可以通过对新案例的统计分析，来发现新的腐败现象或趋势，然后针对这些新的问题确定研究课题，并以研究实力为标准，把这些课题分发给基层的职务犯罪预防机构或者是其他部门，由后者具体进行研究。

这种做法的最大优点，就在于它能够把预防厅从繁杂的研究工作中解脱出来，从而使其能够集中精力于宏观战略的制定和执行。除了负责研究课题的选择和分发之外，预防厅还应当承担另外一项重要职责，那就是要对基层预防机构的研究成果和预防经验进行汇总、整理和评价，并把其中的精华部分推广到全国。

笔者在研究各省的反腐败工作时发现，几乎每个星期都有新的制度创新试验在基层地区出现。这些制度创新有的构思相当巧妙，而且在实行不久便已取得了较好的预防效果。但是，如果这些创新只是停留在基层试验的层次，而不能加以推广，那么其作用和影响也就局限于个别地区或部门，而难以发挥其应有的规模效应。除此之外，基层检察机关每年都向发案单位提出为数众多的预防建议，这些建议其实很多同样适用于其他单位。如果党政机关和企事业单位只有在本单位发生了腐败案件之后，才能够得到系统的预防建议，那么我们的预防工作其实已经大大滞后了。

为了避免上述这些情况出现，笔者认为，我们应当系统地搜集、整理和评价基层的制度创新试验，以及检察机关提出的预防建议和研究成果，并把其中最有价值、通用性最强的部分推广到全国，最大限度地发挥其规模效应。

这项工作必须由专门机构承担下来，而不能寄希望于新闻媒体的宣传和报道，因为汇总、整理和评价基层的预防经验和研究成果是一项长期的、复杂的而且是专业性很强的工作，所以它显然是以追求新闻效应为主要出发点的各类媒体所难以胜任的。因此，这项工作只能由专门机构来承担。

最适合承担这项工作的，莫过于高检职务犯罪预防厅。这是因为，它作为全国职务犯罪预工作的领导机关，不仅拥有足够的权威，而且在资料搜集方面还有着天然的优势。

同时，它还具备分析和评价基层的预防经验和研究成果所需要的专业知识。这三种优势结合在一起，就使得职务犯罪预防厅成为承担制度推广工作的当然之选。

上面我们已经探讨了职务犯罪预防厅在开展预防研究方面的职责。那么，基层预防机构又应当发挥什么样的作用呢？笔者认为，这些机构主要承担三项工作：一是随时向预防厅汇报基层的最新情况和动向，为预防厅的选题工作提供决策参考，从而起到信息前哨的作用；二是要承担具体的研究课题，起到研究基地的作用；三是要负责在当地施行由预防厅推广的预防经验和研究成果，发挥执行主力军的作用。图 3 是笔者设想的职务犯罪预防系统的上下级合作模式。

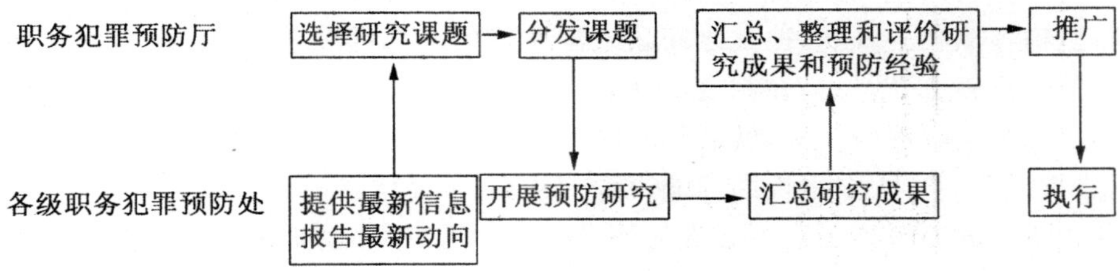

图 3

从图 3 可以看出，在预防职务犯罪这一系统工程之中，上下级预防机构之间一方面有着明确的职能分工，另一方面又始终保持着密切的互动关系，即两者的工作自始至终都围绕着腐败动向（问题）→课题（发现问题）→成果（分析问题）→推广（解决问题）这一条主线进行。通过这种分工加互动的方式，预防机构所承担的研究课题就能够始终来源于实际问题，而且最终的研究成果又能够迅速地返回去解决实际问题。

当然，加强职务犯罪预防厅对于预防工作的规划，并不意味着基层预防机构在研究和执行方面就完全没有自由度；相反，由于各地的发展水平和制度安排不尽相同，所以它们必然要有不同的预防重点。例如，沿海省份的预防重点应当放在金融和建筑腐败，而东北地区的预防重点可能主要是国企腐败，这是由其地区特点所决定的。所以，我们在坚持全国的预防工作要协调统一这一根本原则的同时，还应当充分认识到地区之间的差异，并给予基层预防机构一定的工作自由度。

在这个问题上，最好的做法就是实行“抓大放小”。具体地说，对于分布广泛的主要腐败类型，全国应当有一个统一的预防规划。对于那些次级的腐败行为，则可以把研究和执行的权力下放给基层预防机构，由后者自行决策。这样我们就能够在保证预防工作整体上协调划一的同时，又适度提高了基层预防机构的自由度，从而能够充分地调动他们的工作积极性和创造性。

至于上下级之间究竟如何分工，才能够最大限度地提高预防的效率，可以在实践中逐步摸索和调整。但是，我们的目标却应当从一开始就非常明确，那就是要使我国的职务犯罪预防系统做到上下目标一致、分工明确、调度便捷，而且系统内部要始终保持通畅的信息沟通。

除了职务犯罪预防厅和各级预防处要实行分工以外，各省的预防处之间也应当合理分工。这种分工集中体现在这些机构在开展预防研究的时候，一定要注意发挥自己的研究专长，避免重复投入。

之所以要在省级预防机构之间实行分工，主要有两个原因：首先，由于我国的职务犯罪预防系统刚刚建立，各种资源相当有限，所以任何重复投入和资源浪费都应当竭力避免。其次，由于各地的腐败行为在形式、手法和多发环节等方面上均有相通之处，所以各省的预防机构如果事先不进行分工，那么在开展预防研究的时候必然会出现重复投入和资源浪费。

例如，建筑行业目前在各地都是职务犯罪的重灾区。所以，目前几乎各省都在把建筑业腐败作为研究和预防的重点，并为此投入了大量的人力物力。但是，如果各省的预防机构各搞各的预防，彼此之间缺乏沟通，那么不但会造成重复投入，而且还会使各地的预防措施五花八门，在制度上缺乏协调和统一。这样做的结果，就是工程承包商要想在五个地方参与投标，就必须同时熟悉五种不同的地方招标规则。规则的不统一，显然有违我们建立全国性的开放市场的初衷。

预防研究的分散局面还会导致另外一种不利后果，那就是使个别地方的优秀的预防经验不能迅速地推广。例如，笔者认为，江苏泰州的“三主体分离”制度是国内目前设计最为严密的政府采购制度，但是其他地方并没有对这一制度创新给予应有的重视。

笔者认为，这主要是由于各地都在埋头搞自己的政府采购改革，彼此之间并没有进行广泛的交流。推而广之，如果各省在开展预防研究的时候同样各自为政，那么就会出现这样的结果，即A省的某项预防制度效果更好，但是B省同样围绕这个问题进行了较为系统的研究，并且已经开发出了成型的预防方案，所以一时也无法推倒重来，全盘采用A省的做法。这样做的结果，就是使最好的制度无法在最大范围内发挥预防作用。这种研究成果转化阶段的浪费比研究进行阶段的重复投入还要令人惋惜。

所以，笔者认为，开展预防研究最忌讳的，就是每人各搞一摊，相互之间缺乏协调和交流；相反，如果大家能够打破地域限制，在正式开展研究之前就进行适当分工，那么不但可以避免上述的资源浪费，而且还能够使各省的研究优势得到最大限度的发挥。具体地说，由于各省有着不同的发展水平和经济结构，所以它们最擅长预防的腐败类型也不尽相同。例如，北京和上海的建筑业比较发达，所以两省的检察机关在预防建筑腐败方面的经验较为丰富。同样道理，东北三省检察机关对于国企腐败的预防研究可能比较深入，河南和四川等农业大省则对于解决农村“三乱”问题有更多的经验。所以，预防厅应当针对各省的具体特点，下达相应的研究任务，从而把各地的研究优势和长处发挥到最大限度。这再次凸显了预防厅加强对预防工作的规划和协调的必要性。

（二）要充分利用各种研究资源

腐败行为可以发生于政府行为的所有环节，腐败机会则是由各个环节的具体的制度安排所决定的。所以，开展腐败预防研究的首要前提，就是熟知这些制度，然后才能够结合具体的案例，通过正反对照来发现制度中存在的漏洞。这就决定了预防研究有着很强的专业性。与此相对应，从事预防研究的人员就不仅需要熟悉各个领域的宏观和微观制度，而且还必须对制度的实际运行机制有着深刻的理解，然后才有可能找到问题的所在。

换句话说，他们不仅要有丰富的专业知识，而且还要具备很强的分析问题和解决问题的能力。这就对研究人员的素质提出了很高的要求。

我们可以通过三种方式来提高研究人员的水平。第一种方式，就是由预防机构广泛招纳各类专业人才，从而使自己的研究范围能够涵盖几乎所有的重要领域。在这个问题上，香港廉政公署的做法可以作为我们的借鉴。廉政公署所属的专门性预防机构——防止贪污处的工作人员，很多是已退任或由廉政公署借调而来的公务员、电脑专家、测计师、土木工程师、会计师等专业人才。由于这些人员组成的团队不但知识全面，而且实际经验丰富，所以廉政公署在向公共和私营机构提供预防咨询的时候就显得游刃有余。

由于预防研究本身的专业性很强，所以我们的各级预防机构也应当走精兵之路，广泛吸纳有志于从事腐败预防事业的各类专业人才，并使其能够对自己所擅长的领域进行长期和连续的研究，直到把这一领域的腐败问题彻底研究透为止。

有一点需要强调，那就是决定预防研究的总体质量的关键因素，往往不是研究成员个人的知识背景和研究能力，而是大家能否组成一个知识全面而且富有凝聚力和战斗力的团队，从而能够形成研究合力。这是因为，任何腐败行为都牵扯到方方面面的问题，所以一个预防课题小组，也就应当拥有具备不同知识背景的研究人员。

以国企腐败为例，国企“一把手”们之所以能够以权谋私，固然是因为其掌握的法定权力过大，但是企业财务制度所存在的某些问题，也对其腐败行为的顺利完成起到了重要的推动作用。由于任何腐败问题都牵扯到政治（制度设计）、法律（权利和义务关系）和经济（财务制度、招标制度）等多方面的问题，所以一个研究小组要想深入地研究某类腐败行为，也必须同时具备上述的专业知识。因此，预防研究的基本单位不应当是个人，而应当是既融合了多种知识背景，又富有协作和战斗精神的团队。而预防研究的整体效果，就在一定程度上取决于我们能否组成这样的独立战斗单位。

当然，对于任何一个预防机构来说，要想同时拥有各类专业人才，是比较困难的。

且不说这些人才本身就是稀缺的，即使单从财力的角度考虑，这么庞大的研究队伍恐怕也是任何预防机构（包括高检职务犯罪预防厅）都无力承担的。所以，这么庞大的研究队伍怕也是任何专业人才，但是在实际操作上还是要从现实条件出发，而不能一味追求所谓的“大而全”或“小而全”。

虽然在组建研究团队方面存在种种困难，但是我们仍然可以采用一些变通方案。

变通方法之一，就是多个预防机构之间加强合作并合理分工，每个机构都集中研究自己最擅长的一个课题，然后大家共享研究成果。这样的话，每个机构只需组建一个精英团队,其结果就是大家同时拥有了多个精英团队,即实现了预防系统内部的资源共享。

这再次凸显了加强对预防工作的规划和协调的重要意义。

预防系统除了广纳专业人才并积极挖掘内部潜力之外,还可以通过其他两种方式组建研究团队。第一种方式就是与有关部委开展合作研究,充分利用政府系统内的研究资源。例如,高检职务犯罪预防厅可以和计委、建设部等部门合作研究招投标体制的改进问题,也可以和财政部共同研究如何预防账目造假问题,等等。

这种合作研究对于预防机构来说有诸多好处:好处之一,就是使预防机构能够借助对方的研究资源来弥补自身资源的不足。这里所说的研究资源是广义的,即不仅包括专业研究人员,还包括对于腐败预防研究同样至关重要的各类信息资料,比如统计数字、档案文献等。预防机构通过与政府部门的合作研究,便能够极大地提高自己的资源总量。

合作研究的第二个好处,就在于它能够促进研究成果的推广。由于政府部门比任何人都更为关注本领域内的腐败问题,所以它们不但乐于参加这种合作研究,而且更愿意把合作的成果以法规或部门规章的形式加以推广。这就使预防研究的成果能够尽快地发挥实际作用,而不是仅仅停留在纸面上。

除了与政府部门开展合作之外,预防机构还可以通过另外一种方式解决自己的资源短缺问题,那就是与非官方的研究机构开展合作,借用后者的资源。这些机构既包括国内的大学、研究所等学术机构,又包括世界银行、透明国际(Transparency International)等长期关注腐败问题的国际组织。这些机构有几个共同特点:一是它们具有较强的研究能力。例如,国内的不少大学同时拥有政府管理、财务和法律等方面的专家学者,所以它们完全能够围绕某个预防课题组成研究小组,协同官方预防机构开展工作。

其次,这些机构往往拥有信息方面的优势。例如,国内的知名大学一般都在国外拥有一定的关系网络,所以它们能够比较便利地搜集国外的廉政信息。至于世界银行、透明国际等组织,则更是掌握了有关各国的腐败和反腐败问题的大量资料。

这些资料对于我国的腐败预防研究无疑具有十分重要的参考价值。

因此,笔者认为,为了提高我国腐败预防研究的质量和效率,我们有必要打破行业、领域甚至是国界的界线,利用一切可资利用的研究资源。只有这样,我们才能够实现最大范围内的资源共享,从而使我们的研究成果不但具有一流的研究水准,而且还能够和国际接轨。正如图 4 所示,当我们逐步突破原有的研究界线之后,我们能够获得的资源也就成倍增长。

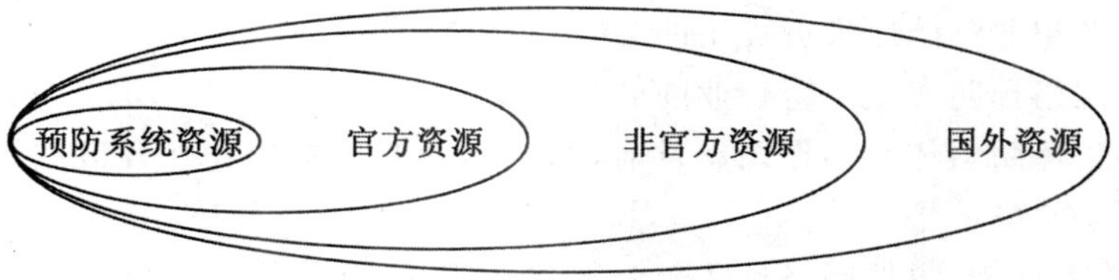

图 4

二、消除腐败机会

上面我们已经深入分析了预防研究所涉及的一些重要问题。前文曾经谈到，要想有效地防止腐败行为发生，就必须迅速发现和消除腐败机会，使腐败行为难以完成。其中，发现腐败机会这项任务，主要是由预防研究来完成的。在发现了腐败机会之后，我们则需要通过一定的制度创新来消除这些机会，从而真正实现对腐败机会的预防。因此，预防研究可以说是消除腐败机会的前提和基础，而消除腐败机会则是预防研究的升华。

那么，我们如何才能够消除腐败机会呢？笔者认为，在这方面最好的做法，就是实行“三步预防”。所谓“三步预防”，就是指在腐败行为暴露之后，检察机关首先应当深入研究腐败行为发生的制度原因，并向发案单位提出具体的预防建议，也就是我们平时所说的“个案预防”；在此基础上，预防机关还应当根据典型的腐败案例所暴露出来的制度缺陷，对有关的法律法规和工作制度提出具体的改进建议，从而把研究成果的规模效应发挥到最大限度；同时，腐败预防机关还应当力争在新的法律法规正式出台之前，就从预防的角度认真审视其中可能存在的缺陷和漏洞，从而把腐败机会扼杀在襁褓之中。下面就让我们来探讨一下“三步预防”的具体做法：

在“三步预防”中，个案预防是目前检察机关开展得最多。而且在这方面经验也最为丰富的预防活动。进行个案预防的最大价值，在于它能够通过已经发生的腐败行为来发现发案单位的制度漏洞，并通过协助单位堵塞这些漏洞来防止将来发生类似的腐败案件。个案预防的这一优点，使其成为基层地区预防腐败的重要方式。

但是，如果我们仅仅停留在个案预防的层次之上，那就失掉了预防工作应有的意义。

笔者认为，预防腐败最忌讳的就是满足于一时一地的情况改善。一种制度缺陷只要继续存在下去，就会在各地都导致大量的腐败行为，因此，如果我们通过研究某省的腐败案例时发现了某种制度缺陷的存在，那么我们就不能满足于我们的预防措施只是在这个省得到应用，而是要把它推广到更大的范围。

个案预防恰恰是在这方面存有致命的缺陷。由于个案预防主要是针对发案单位进行，所以其他单位如果没有发生腐败案件，就很少能够获得检察机关提供的预防建议，但是，这些单位很可能存在着与发案单位类似的制度缺陷。所以，如果这些单位不能及时地发现并解决这些问题，那么腐败行为的发生也就只是一个时间问题。所以，腐败预防工作如果不能产生规模效应，那便失掉了其应有的意义。

高检职务犯罪预防厅最近提出的“网络预防”，能够在一定程度上弥补个案预防的不足。由于网络预防实现了跨行业的联合以及网络内部的预防知识共享，所以它实际发挥了一种集体防卫体系的作用。目前，北京等地的检察机关在开展网络预防方面，已经取得了一定的成果。

但是，笔者认为，虽然网络预防与个案预防相比，其作用范围已经明显扩大了，但是仍然没有把预防工作的规模效应发挥到最大限度。具体地说，预防网络固然可以涵盖当地所有的政府机关和企事业单位，但是其作用和影响仍然没有突破地区的范围。这就会出现这样一种情况，即虽然各地的检察机关都在搞网络预防，但是由于彼此之间缺乏沟通，所以采用的预防措施便有优劣之分，而且有些好的工作经验不能得到广泛推广。

另外，无论是个案预防还是网络预防，都有一个共同的缺陷，那就是它们解决的主要是微观层面（单位层面）的问题，而无法解决宏观层面（规则和制度层面）的问题。腐败机会主要是由制度缺陷所导致的，这些制度主要是法律、法规和工作规则等。如果预防研究的成果不能马上导致宏观制度的改进，那么这些制度中存在的腐败机会就会长期存在下去，并在不同地区的不同部门导致更多的腐败行为。

例如，在《招标投标法》颁布之前，《建筑法》中有关招标发包的条款存在有严重的漏洞，从而使工程主管官员可以巧立名目，回避招标。即使地方检察机关能够发现这些问题，它们又如何能够修改《建筑法》？它们能够做的，最多只是推动当地政府发布一个补充规定，尽量在自己的管辖地域内弥补这些制度缺陷。

但是，从全国的范围内来看，这些缺陷却依然存在，而且还在继续为大量的工程腐败行为提供机会。所以说，解决问题的关键，并不在于对个别发案单位的微观制度进行修补，而是在于集中消除宏观制度中的缺陷和漏洞。

这项任务却绝非基层的检察机关所能完成的，因为它们既没有足够的权威来推动这件事情，而且也缺乏足够的研究能力来对法律法规提出系统的改进意见。所以，这项工作同样必须由最高层的机构，也就是高检职务犯罪预防厅来承担。具体地说，预防厅应当同有关部委密切合作，对宏观制度中的腐败机会进行专项研究。例如，双方可以共同组建多个研究小组，分别对金额、建筑、财务、国有企业等领域的腐败问题进行集中攻关。在找到解决方案之后，研究小组应当向有关部委提出系统的政策建议，并要求改进某些规则。通过这种协作方式，我们就不仅能够从制度上根除腐败机会，而且还能够推动有关部委积极参与腐败预防工作，从而实现双方之间的良性互动。

通过改进法律法规来消除腐败机会，是“三步预防”的第二步。这样做虽然能够从制度上根除腐败机会，但是由于制度改进是以对腐败案例的深入研究为基础的，所以预防措施在时间上仍然滞后于腐败行为本身。换句话说，在这种预防模式下，我们首先发现某类腐败行为已经成批出现，然后再通过深入研究找到了其制度根源，然后对有关的法律法规进行了相应的修改。这样做虽然能够比较彻底地解决问题，但是这种制度改进相对于已经发生的腐败行为而言，在时间上仍然是滞后的。

那么，我们究竟能否改变这种被动局面、实现真正的事前预防？也就是说，我们能否在某一种新型腐败行为出现之前，就把它扼杀在襁褓之中？平心而论，要做到这一点是异常困难的，因为人们一般都是在一个系统出了问题之后，才能够通过深入研究发现故障的原因，然后再对系统进行改进，这是“失败是成功之母”的道理。但是，笔者仍然认为，成功并不一定要以失败为先决条件，因为过去的和将来的问题毕竟有共通之处，所以我们完全可以从过去的错误中吸取教训，避免将来再犯新的错误。

具体到腐败预防的问题上来，笔者认为，要想实现真正的事前预防，预防机关就必须要在新的规则和制度出台之前，根据自己对腐败机会的理解和过去的经验积累，认真检视这些新的规则，并从腐败分子的角度对规则的执行情况进行反复推演，力图发现其中可能充当腐败机会的内容，并及时作出调整和改进。这才是最高层次的腐败预防。当然，要做到这一点，需要预防机构的工作人员具有极强的洞察和预见能力。

从上面的分析可以看出，上下级预防机构之间的分工不仅存在于预防的研究阶段，而且还存在于预防的执行阶段。如果按照高检职务犯罪预防厅提出的“五防”构想来进行分工，那么笔者认为预防厅最适合从事以研究为主、以推动制度革新为目标的行业预防，而其下属的各级职务犯罪预防处则应当承担某些较为具体的预防工作。图5表明了两者在预防执行阶段的分工。

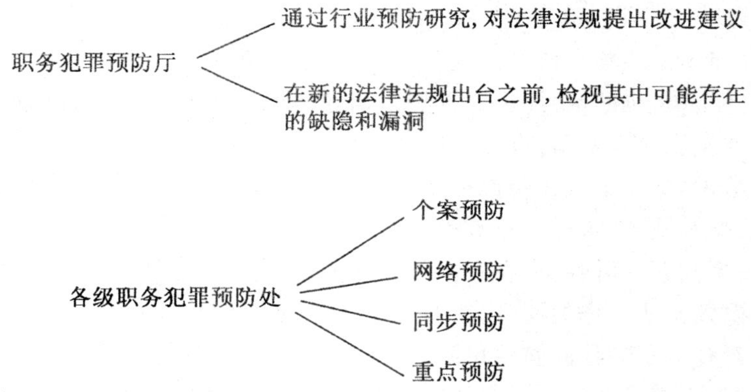

图 5

预防研究是一项复杂的系统工程，预防工作的执行阶段也同样如此。它不但需要预防机构之间要精诚合作，而且还需要所有党政机关的密切协作，以及广大群众的参与和监督。只有这样，才能够保证这些预防措施不但能够落实到位，而且还能以规则和制度的方式固定下来，从而能够在更大范围内恒久地发挥作用。所以，腐败预防工作要想取得成功，需要全社会的支持和参与。图6是笔者设想的一种合作模式。

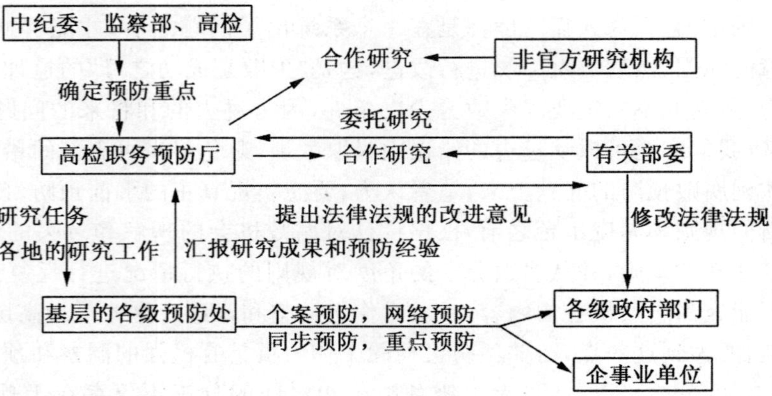

图 6

结 论

预防腐败在我国是一项全新的事业，同时它又是一项意义非凡的伟大事业。如果把这项事业比作是一盘棋的话，那么这盘棋目前才刚刚开局。这时候，最重要的不是埋头下棋，而是要根据对现实情况以及自身实力的判断，制定出好的战略（如预防工作的整体规划）和战术（如上下级预防机构之间的分工），从而为将来的战斗打下良好的基础。高明的战略和战术，永远是克敌制胜的关键。

对于任何一个问题，都同时存在有多种解决方案，但只有一种方案是最好的。所以，在积极开展腐败预防工作的同时，我们应当经常地反问自己：在现有的主客观条件下，我们是否已经拥有了最佳的腐败预防战略？是否已经充分利用了一切可资利用的资源？是否已经最大限度地调动了全体人民参与预防工作的积极性？

笔者认为，对于这三个问题的回答，将在根本上决定我国腐败预防工作的成败。

预防腐败是一个动态的过程。由于国家控制的稀缺资源、腐败动机和腐败机会都处于经常性的变化之中，所以腐败行为的类型、形式、手法和发生环节也在时刻发生变化。

因此，预防腐败必然是一个动态的过程。这就要求我们不能满足于一时一地的胜利，而要时刻保持高度的警觉以及快速的反应能力。

预防腐败同时个是一个艰难而长期的过程。由于我国目前正处于从计划经济向市场经济过渡的阶段，所以这两种体制所包含的腐败机会在我国均大量存在。仅仅是发现和清除这些腐败机会，就需要一个较长的过程，更何况腐败分子十分善于制造腐败机会。所以，可以想见，在预防措施出台之后，他们会马上针对这些措施进行反预防。假招标、假政务公开、假收入申报，就是再典型不过的例子。面对这些反预防行为，我们只有加紧研究，力图通过更严密的制度设计来防止其发生。但是可以预测，在这些新的预防措施施行之后，腐败分子的手法会变得更为隐蔽，因此也就更难以预防和根除。

所以，腐败行为和预防工作之间的关系，与病菌和抗生素之间的关系极为相似。预防腐败注定将是一场旷日持久的苦战，它将时刻考验我们的智力、毅力和勇气。在这个问题上，任何希望能够毕其功于一役的想法，都是不切实际的。预防腐败工作注定不会一帆风顺，前面会有无数艰险阻隔，甚至还有可能出现停滞和反复。然而，正是在这些曲折与起落之中，我国的腐败预防工作才能够最终实现质的飞跃。

（作者：程文浩）

浅谈惩治和预防腐败体系评价机制的构建

建立健全惩治和预防腐败体系(以下简称惩防腐败体系)是党中央在新形势下对反腐倡廉工作作出的重大战略决策。正确评价惩防腐败体系的科学性、合理性和有效性,是整个体系因序渐进、不断完善的客观要求,也是系统本身的应有功能。本文就如何构建惩防腐败体系科学的评价机制,谈一点粗浅看法。

惩防腐败体系是人建立和控制的。人是体系的主体。惩防腐败体系又作用于人、制约于人,人又是体系的客体。惩防腐败体系与主体、客体之间是否形成良好的互动关系,是评价体系的重要标志。

人作为惩防腐败体系的主体,分为控制主体和基础主体。控制主体负责反腐工作的领导与组织;基础主体包括专家、学者、党员干部在内的广大人民群众。对这种互动关系的评价指标主要有:(1)控制主体对惩防腐败体系的建立与运行的重视程度是否摆在应有的位置。(2)控制主体对惩防腐败体系的运行成本,主要指人力、物力、财力是否给予有力的支持与投入。(3)控制主体在对惩防腐败体系的控制过程中是否发挥了主观能动性,是推诿扯皮还是齐抓共管,是协调一致还是各吹各的调,有没有强烈的责任感和敬业精神。(4)控制主体是否凌驾于惩防腐败体系之上,对体系的运行起到的作用是推动还是制约。主要表现在对惩防腐败体系本身所存在的缺陷是不是及时地改善,所反馈的信息是不是有效地处理,对符合惩防腐败体系价值观的行为和人员是不是给予了有力的支持与激励。(5)控制主体对惩防腐败体系运行的重大失误是不是得到了真正的追究。(6)基础主体对惩防腐败体系的知晓度。(7)基础主体的参与度。(8)基础主体对惩防腐败体系的认可度和满意度。

人作为惩防腐败体系的客体,主要指被控制对象,及各级领导机关、领导干部尤其是主要负责人。对这种互动关系评价指标主要有:(9)惩防腐败体系的控制重点是不是有效地涵盖了领导干部特别是主要负责人。(10)惩防腐败体系的监测机制是否健全,能不能及时地捕捉、发现和反馈腐败问题。(11)惩防腐败体系对控制对象是否具有强大的约束力,使他们不想腐败,不能腐败,不敢腐败。(12)惩防腐败体系对控制对象来说是一把“双刃剑”,既能有效地惩治腐败行为,加大腐败成本;又能及时地保护清廉,伸张正义。(13)惩防腐败体系对权力偏轨运行有没有自动控制功能,一旦权力偏轨超过“临界值”,便不可逆转地启动某种纠偏程序。惩防腐败体系即系统。所谓系统是指具有特定功能的、相互之间有机联系的诸要素所构成的整体。惩防腐败体系的要素主要包括教育、制度、监督三个方面,或称三个子系统。要素是否齐全,直接关系到能不能有效地从各个侧面、各个层次、各个环节上堵塞漏洞,全方位地满足惩治和预防腐败的需求。

教育方面:评价指标主要有:(14)是否形成了与社会主义市场经济相适应,与新时期党风廉政建设和反腐败斗争相适应的反腐倡廉教育制度、形式、内容、方法和途径。(15)反腐倡廉教育是不是被摆在基础性位置上,作为"硬任务",常抓不懈。(16)反腐倡廉教育是否以领导干部为重点,各级干部都能自觉地接受教育,真学、真懂、真信、真用。(17)反腐倡廉教育是否面向全党,面向全社会,作为党的教育和国民教育的重要内容,进入党校、中小学,进入社区、进入公益广告,营造出浓厚的廉政文化氛围。(18)形成党委统一领导、纳入总体部署、党政齐抓共管、纪委组织协调、群众支持参与的反腐倡廉宣传教育工作体制与合力。

制度方面:评价指标主要有:(19)"四个完善"制度、"六项改革"制度、"三个公开"制度、"四个规范"制度是否健全完善、形成体系,得到落实。具体表现在:(20)党内生活基本准则尤其是党内民主集中制得到落实,党内情况通报、情况反映、重大决策征求意见等制度进一步建立和完善,党内民主渠道不断疏通和拓宽,党内事务得到党员的广泛参与,领导干部尤其是"一把手"的权力得到真正制约和监督。(21)公务员群体和个体精神振奋,作风良好,基本形成了以廉政为价值基础,以勤政为价值核心,以良好的政府形象为价值目标的勤政廉政理念和行政道德规范。(22)各类违纪违法行为得到惩处,并程序合法。辞职、辞退、免职、降职、降薪、任职限制等措施进一步完善落实。(23)反腐败领导体制、工作机制得到坚持。人大、政协、纪检、司法、审计、监察等部门协作一致。党风廉政建设责任制和问责制真正落实。纪检监察体制顺畅。(24)具备科学的干部业绩评价指标体系和考核方法,数字出官、浮夸出官、做假出官、买官卖官、形象工程、政绩工程等现象从根本上得到扭转。干部任用程序民主透明,民主推荐、民主测评、差额考察、任前公示、公开选拔、竞争上岗、任职试用期和和票决制等制度得到真正落实,主要领导人无法说了算。(25)政府职能转变,依法行政。行政审批合理规范,依法许可,"一站式"服务功能齐全,具有一定的涵盖面。行政执法以人为本,依法办事。行政收费合法公开,无"三乱"。政风行风评议有效开展。投诉渠道畅通,后续监管有力。市场对资源配置的基础作用充分发挥,社团、行业组织和社会中介组织管理有序,垄断行业引入市场竞争机制。政务公开、厂务公开、村务公开、电子政务真正落实。(26)全面推行部门预算、国库集中收付和收支两条线管理。各项财务制度落实,难以发生重大经济类案件。(27)司法公正,程序规范,无不廉洁办案和冤假错案。(28)工程建设、土地使用权出让、产权交易全面实行招投标,国有、集体资产和国有、集体资产控股的建设、出让、采购项目的招挂要达到100%。招拍挂运作规范,监管制度落实,行政干预、虚假投标、串标和非法挂靠等问题得到有效解决。(29)能够制度创新,对惩防腐败体系自身的缺陷,能及时地纠正和改进,实现制度建设的与时俱进。

监督方面:评价指标主要有:(30)社会各界对领导机关、领导干部特别是主要负责人能够监督、敢于监督、监督有效。(31)对干部任用、"八小时以外"、财政资金运行、国有资产和金融等易出问题的领域和环节，权力监督措施到位，效果明显。(32)监督主体具有相对的独立性。党内监督、人大监督、政府专门机关监督、司法监督、民主监督和社会监督等监督主体的作用得到充分发挥。(33)群众的知情权得到保障，监督渠道畅通无阻，积极性得到尊重与保护。

惩防腐败体系各要素之间还要有机结合，相互作用，这样，才能最大限度地发挥出惩防功能。这方面评价指标主要有：(34)惩防腐败体系是不是坚持教育、制度、监督三者并重。教育是基础，制度是保证，监督是关键。三者相互依存，相互配套，相互促进，缺一不可。(35)惩防腐败体系是不是坚持标本兼治、综合治理方针，正确地处理了惩治和预防的关系。有效预防本身就要求严肃惩治，严肃惩治本身又有利于有效预防，两者不可割裂，不能一手软一手硬。(36)惩防腐败体系是不是重点突出，抓住了主要矛盾和矛盾的主要方面。这就是坚持改革，从源头上治理和解决腐败问题。用体制、机制、制度、管理的创新，加大治本抓源头力度，解决导致腐败现象发生的深层次问题。

惩防腐败体系是一项复杂的社会工程，体系本身又是社会经济发展大系统中的一个要素或子系统。因此，对体系的评价，还要放在社会经济发展大系统中加以考察。(37)本地区本部门是不是坚持科学的发展观，经济持续发展，GDP和人民生活水平不断提高。投资环境逐步优化，外来投资增加，个私投诉案件、涉农涉企等乱收费案件逐步下降。(38)以廉为荣、以贪为耻渐成社会风尚。反腐倡廉深入人心。公务员队伍坚持理想信念，廉洁自律，自觉遵守社会公德、职业道德、家庭美德。贪污腐化案件逐步减少。(39)社会稳定和谐，群体访、越级访、过激访、老上访减少。民情民意沟通渠道畅通、社会矛盾化解机制健全、社会保障体系健全。科教进步、文化繁荣、无重大安全事故，群众安居乐业。(40)基层民主更加健全，人民群众的意愿得到尊重，参政议政热情更加高涨。

构建惩防腐败体系的评价机制还要注意以下几点：(41)人民群众是惩防腐败体系的评价主体。评价机制的构建，需要建设群众性的监测队伍。这支队伍要尽可能地涵盖社会的各个方面，包括专家、学者、党员、领导干部、工人、农民、知识分子、个私企业主、外来务工经商人员等。结构比例能最大限度地代表社情民意。(42)评价机制的构建，需要纵横交错的监测网络，负责信息的收集与反馈。网络上的“点”既来自于专门的反腐组织机构，又来自于人大、政协、司法等其他监督主体；既来自于党政企事业机关，又来自于各类民间社团组织；既来自于城镇，又来自于乡村；既可以是有组织的群体行为，也可以是自发的个体行为。监测网络由各级纪检监察机关组织协调。(43)要注意监测手段的多样化。主要是各级纪检监察机关、司法机关、其他监督主体和信访机关在实际工作中的监测；不定期地进行问卷调查、政风行风评议、执法监察、座谈调研；在工厂、农村、学校、机关事业单位设立专门监测点的监测；人民群众的来信来访；网上调查；各类媒体的调查；各级统计、审计机关的监测；各类民间社团的专题调查等。

（作者：黄舒伟）

加强惩治和预防腐败体系建设，切实做好反腐倡廉工作

胡锦涛同志在中国共产党成立85周年大会上的重要讲话中指出，要深刻认识反腐倡廉工作的长期性、复杂性、艰巨性，把反腐倡廉工作作为加强党的先进性建设的重大战略任务，持之以恒地抓好，一刻都不能放松。加强惩治和预防腐败体系建设是反腐倡廉工作的重要内容，必须切实抓紧抓好见到成效。

一、关于建立健全惩治预防腐败体系的重要性

建立健全教育、制度、监督并重的惩治和预防腐败体系是党中央认真总结历史经验，在科学判断形势基础上，为做好新形势下反腐倡廉工作作出的重大战略决策，是深入开展党风廉政建设和反腐败工作的必然要求，是加大从源头上预防和治理腐败的根本举措，对于构建社会主义和谐社会，对于提高党的执政能力，巩固党的执政地位，具有极其重要的意义。

(一)建立健全惩治预防腐败体系是新形势下做好反腐倡廉工作的重大战略决策

反腐倡廉工作全党高度重视，社会普遍关注，是一项重要的政治任务。中国共产党是马克思主义武装起来的、以全心全意为人民服务为宗旨的先进政党，是与腐败根本不相容的。在革命、建设和改革的不同时期，我们党始终高度重视党风廉政建设和反腐败工作，始终坚持不懈地抓好反腐倡廉工作并取得了明显成效。建立健全惩治和预防腐败体系，是新形势下党中央审时度势、总揽全局，对反腐倡廉工作作出的重大战略决策和部署。

治国必先治党，治党务必从严，这是我们党在改革开放实践中得出的一条重要经验。历史进入新世纪新阶段，我国改革和发展正处在关键时期，经济体制深刻变革，社会结构深刻变动，利益格局深刻调整，思想观念深刻变化。党风廉政建设和反腐败工作面临新的情况，又遇到新的挑战。我们既置身于多极化、全球化与信息化的时代潮流之中，又面临西方发达国家在经济科技军事等方面占优势的压力和敌对势力对我实施"西化"、"分化"的图谋；既要坚持科技改革创新发展，又必须有效预防腐败、严厉惩治腐败，使党风廉政建设和反腐败工作整体推进、健康发展。我们要从党的生死存亡和国家长治久安的高度，深刻认识反腐倡廉工作的重大意义，正确看待反腐败斗争形势，增强反腐败斗争的必胜信心。

回顾党的十一届三中全会以来，我们党走过的反腐倡廉历程，就足以看出《实施纲要》的颁布实施，是我们党对反腐倡廉规律认识的不断深化和提高，是对反腐倡廉工作方针的不断改进和完善，是对反腐倡廉工作的不断坚持和发展。

（二）建立健全惩治预防腐败体系是从源头上预防腐败的根本举措

机制和制度问题带有根本性、全局性、稳定性和长期性。机制和制度创新在反腐倡廉中是从源头上预防和治理腐败的重要方面。好的机制和制度，可以有效地预防和制止腐败现象的发生；反之，不好的机制和制度，则会导致腐败现象的滋生和蔓延。当前我国正处在建立和完善社会主义市场经济的情况下，包括反腐倡廉的机制和制度也还有不完善不适应的地方。因此，加强反腐倡廉工作的机制和制度建设就显得十分重要。对我们中科院也是这样。随着我院知识创新工程的深入开展，科研经费的增长，园区建设项目的增多，加之教育、制度、监督等方面存在一些问题和不足，特别是基建工程、财务管理、公司经营、学术道德以及领导干部失职渎职等方面出现的问题应引起我们的高度重视。我们要坚持标本兼治、综合治理、惩防并举、注重预防的方针，建立健全教育、制度、监督并重的惩治和预防腐败体系，努力形成有效防治腐败新的机制和制度。要进一步加大预防腐败的工作力度，下大力抓好教育，使广大干部职工自觉拒腐防变，带头廉洁自律；下大力抓好制度建设，健全和完善各种管理制度，推进反腐倡廉工作的制度化、法制化，发挥法规制度的规范和保障作用；下大力抓好监督工作，不断强化民主决策、民主管理、民主监督，保证把人民赋予的权力用来为人民谋利益。同时，必须以改革统揽预防腐败的各项工作，通过深化改革、创新体制，从源头上预防和解决腐败问题。经过努力，建立起思想道德教育的长效机制、反腐倡廉的制度体系、权力运行的监控机制，建成完善的惩治和预防腐败体系。

（三）建立健全惩治预防腐败体系是加强党的先进性建设、执政能力建设和构建社会主义和谐社会的迫切需要

加强党的先进性，提高党的执政能力、巩固党的执政地位、完成党的执政使命，是我们党执政以后的一项根本任务，也是我们党将长期面对并必须始终解决好的一个历史性课题。历史和现实都表明，一个政党，如果不坚决反对和有效预防腐败，听任腐败现象在党内滋生蔓延，就不可能取得政权，即使取得政权也不可能长期执掌政权。我们党谈保持党的先进性，提高执政能力，巩固执政地位绝不是功利主义的，绝不是为了一党私利，目的是完成执政使命——中华民族的伟大复兴。完成执政使命，就要为广大人民执好政、掌好权，就必须坚持不懈地做好反腐倡廉、拒腐防变的工作。很难想象一个腐败的党能为人民掌好权、用好权。胡锦涛同志强调指出，执政基础最容易因腐败而削弱，执政能力最容易因腐败而降低，执政地位最容易因腐败而动摇。只有切实抓好党风廉政建设和反腐败工作，我们党才能始终得到最广大人民的拥护和支持，社会才能和谐，党才能永葆先进性，不断提高执政能力、巩固执政地位，永远立于不败之地。党越是长期执政，反腐倡廉的任务越艰巨，越要坚定不移地反对腐败，越要提高拒腐防变和抵御风险的能力。更何况我们处在体制机制的转轨、转型期，处在发展机遇期和矛盾的凸现期，更要坚定做好反腐倡廉工作，开展反腐败斗争。建立健全惩治和预防腐败体系，是保持党的先进性、提高党的执政能力的迫切需要，使我们党经受住长

期执政、改革开放和发展社会主义市场经济的考验，把党建设成为中国特色社会主义事业的坚强领导核心。我们要从党的事业兴衰成败、党的生死存亡和国家长治久安的战略高度，深刻认识党风廉政建设和反腐败工作的重要性，认清腐败现象的极端危害性和反腐倡廉工作的长期性、艰巨性和复杂性，增强忧患意识，居安思危，充分认识做好反腐倡廉工作对促进科技事业发展的重大意义，进一步增强政治责任感和工作紧迫感。

二、关于正确把握和处理惩治预防腐败体系的几个关系

《实施纲要》政策性、思想性、针对性和指导性都非常强，我们必须认真领会、深刻理解和准确把握其精神实质。在落实《实施纲要》、促进反腐倡廉工作中要注重把握和处理好四个方面的关系。

（一）正确把握和处理科研与反腐倡廉的关系

中国科学院作为科技国家队应以科研为中心，这是毋庸置疑的。当前，我们要积极推进知识创新工程，促进我国科技事业的健康发展，在提高自主创新能力、建设创新型国家中作出新的更大的贡献。反腐倡廉工作必须紧紧围绕和服务科研这个中心来开展，要充分体现“围绕中心工作抓好党风廉政建设，抓好党风廉政建设促进中心工作”的总体思路，始终把加强党风廉政建设和反腐败工作放在大局中来考虑和把握，要始终坚持服从服务于科研这个中心，既不能干扰这个中心，更不能冲击这个中心。我们在党风廉政建设和反腐败工作中要注重提高各级领导干部拒腐防变和抵御风险能力，着力解决存在的突出问题，为知识创新工程保驾护航。

（二）正确把握和处理教育、制度、监督的关系

教育、制度、监督既是《实施纲要》的三个关键环节，也是惩治和预防腐败体系中的三项重点工作。教育是基础，制度是保证，监督是关键，三者相互依存，相互配套，相互促进，缺一不可。教育要取得经常性的效果，不仅取决于教育的内容和形式，还要靠制度、监督作保障。制度的实施，不仅需要制度本身的科学性、合理性和可操作性，还需要有效的思想教育和经常性的监督检查来推动。监督工作要取得实效，不仅取决于监督的权威性，还需要加强教育，提高干部遵纪守法的自觉性和严格规范、健全完善的法规制度。教育、制度、监督三者只有统一于反腐倡廉的全过程，惩治和预防腐败体系才能形成，反腐倡廉教育水平才能有新的提高，反腐倡廉制度化、法制化才能不断加强，对权力运行的监督制约才能更加有效。要充分发挥“三位一体”的科学体系的作用，靠教育培养，靠制度规范，靠监督约束，使三者发挥整体效应。通过严格教育使其不想腐败；通过健全制度，使其不能腐败；通过强化监督、严肃惩治，使其不敢腐败，保护党员干部，推进我们的事业。

（三）正确把握和处理治标和治本、惩治和预防的关系

标本兼治、综合治理、惩防并举、注重预防，这是以胡锦涛同志为总书记的党中央根据新形势发展需要提出的反腐倡廉工作的战略方针，它标志着我国反腐倡廉进入一个注重预防的新阶段。作为战略方针，它既管当前，又管长远，是《实施纲要》的一条主线。坚持这个方针，既适应了反腐倡廉工作的长期性特点，又为实现阶段性目标提供

了具体思路和办法。坚决惩治腐败是我们党执政能力的重要体现,有效预防也是我们党执政能力的重要标志。

治标和治本,惩治和预防是反腐倡廉工作相辅相成、互相促进的两个方面。我们必须辩证地、全面地、发展地来看待和处理两者之间的关系。要坚持全面协调发展,绝不能顾此失彼,千万不能一强调治本,就不敢查案,更不能只顾查案,忘掉注重治本。只有抓好从严惩治,严肃查处腐败案件,才能有效遏制腐败现象的蔓延,才能为注重预防创造前提条件。只有抓好预防,从源头上不断铲除腐败滋生蔓延的土壤,才能巩固和发展反腐倡廉的成果,从根本上解决腐败问题。进行有效预防本身也要求实行严肃惩治,而实行严肃惩治本身又有利于进行有效预防。

(四)正确把握和处理好查处和保护的关系

严肃查处违法违纪案件是党章赋予纪检监察部门的神圣职责,保护干部也是纪检监察部门义不容辞的责任。我们一方面要不断加大查处大案要案的力度,绝不让腐败现象侵蚀我们的科学殿堂,绝不让腐败分子逃脱党纪国法的制裁。对于滥用职权、谋取非法利益、贪污腐化的行为和严重失职渎职造成重大经济损失和恶劣社会影响的案件要严厉地进行查处,要发现一个查处一个,绝不姑息,绝不手软。只有这样,才能表明我们党加强党风廉政建设和反对腐败的决心,才能消除腐败现象带来的消极影响,才能遏制住腐败现象的滋生蔓延。另一方面我们还要注意保护广大干部和科学家。对坚持改革、敢抓敢管、受到种种不公正的非议和责难的,我们要澄清事实,旗帜鲜明地给予支持,维护他们的声誉。对由于缺乏管理经验造成的问题,要及早发现、及早提醒,使他们及早纠正,最大限度地保护他们的积极性。对于科研工作要允许失败,不能因为失败就横加指责,甚至当成案件来查处,要保护科学家的积极性,鼓励他们总结经验教训,锲而不舍、百折不回、继续探索、勇敢攀登。

三、关于加强领导狠抓惩治预防腐败体系的贯彻落实

贯彻落实惩防体系《实施纲要》重要的是加强领导狠抓落实,把"党委统一领导,党政齐抓共管,纪委组织协调,部门各负其责,依靠群众支持和参与"的反腐倡廉领导体制和工作机制落到实处。

党委领导是核心。党委统一领导,就是要把党风廉政建设和反腐败斗争作为党的长期的重要的政治任务,列入党委工作的重要议事日程,坚持统一认识、坚定信心,旗帜鲜明、毫不动摇地抓好反腐倡廉各项任务的落实。

党政齐抓共管是关键。党政一把手都是党风廉政建设的第一责任人。中央纪委每年召开一次全会,总书记都要到会作重要讲话,国务院每年召开一次廉政建设工作会,总理都要亲自主持并发表重要讲话。我院研究所实行的是所长负责制,更要坚持党政齐抓共管。党风廉政建设书记要抓,所长也要抓,书记、所长对党风廉政建设都负有重要的责任。要落实岗位责任,一级抓一级,层层抓落实,形成各负其责、齐抓共管的局面。

纪委组织协调是保证。协助党委组织协调反腐败工作,是党章赋予纪委的一项重要职责。纪委是组织协调,绝不是包打天下,要处理好纪委与各职能部门的关系,充分

发挥各部门的作用。纪检监察部门要加强与有关部门的协作，改变过去由纪检监察部门单独抓的局面，要做到既不越位也不缺位，要建立有关部门联席会议制度，用以协调部门之间的责任分工，聚合各部门的工作合力，充分发挥整体优势。对职能部门相关的工作，要由有关职能部门牵头，靠职能部门负其责任。对需要多部门共同完成的工作，更要有效组织协调，加强联系沟通，合理整合力量。我院领导小组中有几位职能局长参加，目的就在于此。纪检监察工作还要形成网络。院党组决定在分院和研究所建立党风廉政建设工作网络、增大结点，真正形成上下联动、有效地预防腐败现象发生的局面。

依靠群众支持参与是基础。群众观点是马克思主义的基本观点。作为党的领导干部，如何对待群众，是一个根本的立场问题、世界观问题。领导干部作为群众的带头人，一方面要求他们增强立党为公、执政为民的思想觉悟，进一步提高坚持权为民所用、情为民所系、利为民所谋的自觉性。另一方面还要注重坚持群众路线，发展社会主义民主，依靠人民群众和广大党员干部做好反腐倡廉工作。

党风廉政建设要紧密结合本单位工作的实际狠抓落实。坚决反对形式主义和形而上学，不搞花架子，不做表面文章。要突出重点，抓住关键，要关注基建工程管理，关注财务管理，关注课题经费管理，关注院所投资企业管理，关注学术道德特别是学术腐败，要紧紧围绕我院改革发展创新的大局，贯彻落实为民、务实、清廉的要求。要以实事求是精神和求真务实的作风，扎扎实实抓落实，扎扎实实地解决问题，力求取得实实在在的效果。

（作者：王庭大）

论惩防腐败机制的缺失与创新

建立健全惩治和预防腐败体系是一个带有全局性、战略性、根本性的新课题，它包含了从严治标的措施，又涵盖了源头治本的内容，使教育、制度、监督三者相互贯通，融为一体。教育具有引导性，侧重于教化；制度具有规范性，侧重于强制；监督具有威慑性，侧重于约束。教育为制度和监督奠定思想基础，制度为教育和监督提供根本保证，监督为制度和教育扩展路径。围绕教育、制度、监督三方面，分析惩防腐败机制存在的问题，进而构筑三大机制，三管齐下，三位一体，标本兼治，开拓创新，创新防腐败体系，才能达到减少和遏制腐败的目的。

一、克服思想教育的偏差，创新思想教育机制是惩治和预防腐败的重要基础

教育是反腐败的基础环节。只有搞好反腐败的思想教育，才有利于构筑抵御侵蚀的思想防线。近年来我们在反腐败思想教育方面尽管做了许多工作，但对其中的问题也不应忽视。从实践看，这方面的主要问题可以归结为思想道德教育的重点不突出、内容较空泛、缺乏针对性、实行软约束、感化力较弱。解决这些问题，必须从创新思想教育机制入手。

(一)突出教育重点，抓好领导班子主要成员学习

目前，在许多党政部门和单位的反腐败教育中，“领导有病，下属吃药”依然是较普遍的现象，也就是该受教育的人没受到教育，无权的人却要反复受教育。在反腐败的问题上到底谁该重点受教育？当然应当是领导干部，特别是党政领导班子中的“一把手”。要使反腐败教育真正发挥作用，就一定要把教育的重点和反腐败的重点高度一致起来，让他们成为受教育的重点对象，切实抓好各方面的学习，坚定反腐倡廉的决心。

(二)惩治与预防并重，创新思想教育内容及方法

反腐败教育很少注意具体区分不同级别、不同部门、不同行业的不同受教育对象的不同情况和不同特点，对应性比较低。表现为教育的形式、方法、内容大多千篇一律，似乎对谁都有用，其实有些人根本没通过受教育改变原有的错误想法和做法，照旧我行我素、毫无收敛；惩治与教育相脱节，惩治与预防本来是反腐败工作相辅相成的两方面，可长期以来我们却重惩治轻预防，办案与宣传教育相互脱节，案件查处部门往往只关注查实证据后把人“交出去”，对剖析原因、吸取教训并举一反三地教育其他人的

工作则做得很少；理论研究和宣传教育工作者又很少接触案件，写文章分析也只能讲一些诸如“不注意政治学习、世界观改造，忘记了为人民服务的宗旨”等人所共知的原因。其实，空泛的教育肯定难以收到良好实效，重惩治轻预防不利于从源头上遏制腐败。因此，在反腐败教育中尽力消除只重事后惩罚而轻事前教育的现象，切实注意教育内容的有在放矢、教育方法的因人施教和教育形式的鲜活生动，要切合实际和言之有物，力戒笼统分析和空洞说教，使受教育者真能从中受教育而不是感觉与己无关或者在走过场。

（三）实施硬约束，创新思想教育目标管理机制

由于在反腐败教育方面没有建立和实行严格、严密的制度，因而不能使之得以保持稳定、连续和长久。在一些领导的头脑里和工作中，反腐败教育往往被认为是可紧可松或可有可无的，甚至有的人以本能的反感尽可能抵制或草率应付，使这种教育呈现出忽高忽低或时断时续的状态。为了使反腐败的思想教育工作真正取得实效，就必须使之制度化、规范化和法制化，变“软任务”为“硬约束”，从而创新思想教育目标管理机制。

（四）拓展思想教育范围和空间

社会环境对党员干部从政行为也有重要影响，而以往我们对这一影响是重视不够的。应逐步把反腐倡廉的思想教育纳入社会教育和国民教育体系，在全社会倡导培养“廉洁可敬、腐败可耻”的社会意识和廉政文化氛围，增强反腐倡廉思想教育的辐射力和渗透力。

二、克服制度建设的缺欠，创新防范惩处机制是惩治和预防腐败的根本保证

制度的建立健全和贯彻实施是具有决定意义的惩治措施。许多国家的实践都证明，只有建立和健全并切实实行科学、合理和完整的制度，预防和遏制腐败才有可能收到良好成效。长期以来，我们在反腐败方面虽然建立和实行了一些制度，但也存在许多问题，所以，需要制度的创新。

（一）完善依法授权，创新选人用人制度

尽管我国近年来查处了一大批腐败大案、要案，但有些地方和部门违法违纪的问题还是比较严重，重大的腐败案件一再发生，不正之风屡禁不止。这一严峻现实，不仅反映了我们的监督制约和执法守纪中亟须解决的问题，也暴露出我们干部选拔、任用制度中的缺陷。把每个职位的法定职权授予真正代表人民的利益，人民可信任的人。为此，要依靠制度和法律来规范选人用人的规则和程序，使干部人事制度走上制度化和法制化的轨道。一方面要及时立法把符合客观规律、行之有效的干部选拔、任用、管理、监督的政策、程序、方法，用制度和法律的形式明确地固定下来，使之具有权威性和普遍约束力。当前要在已有《党政干部选拔作用工作条例》、《国家公务员任职回避和公务回避暂行办法》的基础上，进一步制定和完善相关的具体法律和制度，配合即将施行的《中华人民共和国公务员法》，使之更具有可操作性。另一方面，干部人事法律制度一经确立，任何领导机关和公职人员均须严格执行，通过制度化、法律化的程序把真正代表人民利益、德才兼备、讲党性、懂业务，对群众高度负责、真心实意为群众办事的

人选拔到各级领导岗位上来。在具体的操作中，要健全选人用人的民主决策机制，坚决摒弃“由少数人选人”和“在少数人中选人”的弊端，扩大选任制范围，缩小委任制，要切实改进和完善民主推荐、民意测验、公示制等具体制度和措施。要建立和健全竞争机制，推进干部能上能下、公开选拔、竞争上岗的用人制度改革。党政领导干部在同一职级岗位上不能无限期地转圈任职。可尝试建立科学合理的民意测验机制，制定合适的标准，委托诚信度高的社会中介组织开展民意调查，凡群众对某个干部不信任的程度达到一定比例，则由选任机关作出免职、降职或易职处理，确保权力始终掌握在人民可以信任和依靠的人手里。

(二)降低腐败收益，创立“阳光政治”配套制度

所谓“阳光政治”主要指党务公开、政务公开、财务公开、家庭财产公开等权力信息透明制度。“阳光政治”有利于提高权力运行的透明度，防止权力滥用。要创立的“阳光政治”配套制度主要有：(1)制定《行政程序法》和《政务公开法》，实现政府职能部门的公开依法行政，并实行政务公开责任追究制和公务员责任行政赔偿制。(2)逐步推进党务公开制度，除了涉及党的高度秘密不宜公开外，党的一切重大活动、决策、人事任免都应向全党、全民公开。(3)积极推行政务公开、厂务公开，村务公开和司法公开制度，改变目前政务公开领域“无权无用”的全公开，“有权有用”的藏起来的应付现象。要建立重大事项公示制度、社会听证制度、专家咨询制度、信息发布制度等，变权力“暗箱运作”为“阳光作业”。(4)完善刚性官员财产申报制度，使其具有法律的强制约束力。(5)改金融匿名制(或存款实名制)为金融实名制。(6)确定《预防资金外逃的特别规定》。(7)实行遗产税与赠与税制度。

(三)增大腐败成本，改革创新惩处制度

目前，我国社会腐败行为成本低，风险系数小，且常常出现反腐败的“呆账”。因此，要彻底开展反腐败斗争，必须增大腐败分子搞腐败的成本和风险。

(1)增加腐败被发现的概率。首先，真正严格实行领导干部经济责任审计制、金融实名制、家庭财产申报登记制度、防止资金外逃制度、开征遗产税与赠与税制度。其次，在纪检部门的监督行为上，要充分发挥其工作职能，加强主动性，改变被动受案的情形。这一主动性，可以设想用五个具体的制度制定与操作来支持并体现。一是廉政检查、抽查制度。二是“巡视员”的巡视制度。三是特派长驻监督代表制度，如对一些国有大中型工程。四是独立直属的纪委领导参与部门领导工作的制度。五是专门对象下访制度。再次，借鉴国外政策设计，奖励那些掌握腐败证据者能站出来的人，提高对腐败的举报率和侦破率。

(2)加大对腐败分子的惩罚力度。加大对腐败分子的惩罚力度，其内容至少应包括经济上实行重罚和法律上的严厉惩处。实行重罚(经济处罚)重处(法律、党纪、政纪处罚)的同时并用，使犯罪分子在政治上、经济上得不到任何好处。实行重罚重处，一要坚持严格，二要坚持公正，三要接受公民监督。对各种腐败行为，按法律该怎样处理就怎样处理，决不姑息手软，不因人而异。要坚决废除有的干部触犯法纪，处理时要向上面报请批准才能进行的封建官本位陈腐秩序，要制定专门的具体制度，设置合适的程序，警戒和打击各类打招呼、写条子的干扰行为，纪检机关内部也要完善错案责任追

究制度。

（四）降低反腐败风险，创新反腐败保障制度

创新反腐败保障制度主要有：其一，通过国家立法，明确和强化反腐败机构的权限，保证反腐败组织的法律权威，使其手段的运用具有法制的依据和约束力。其二，鉴于反腐事业的高风险性和艰巨性，借鉴中外监督人员的任用经验，建立反腐机构人员独立的高工资制度和迅捷提拔作用制度，对其给予物质收益与政治报酬上的双重优惠，以促使其保持自身的廉洁，充分发挥他们的积极性，吸取优秀分子进入反腐行列。其三，加大对反腐败机构的硬件投资，改善其办案条件。其四，进一步明确和完善举报人安全保障制度，以及泄密打击报复举报人的连带责任追究制度。

三、克服监督制约的弱化，创新监督约束机制是惩治和预防腐败的关键环节

监督与制约是预防和惩治腐败的关键环节。只有对权力的取得、运行和行使的所有方面、各个环节都建立并实行严格有效的监督和制约，腐败才能受到及时、有效的制止和惩治。遗憾的是，这种监督和制约目前在我国的反腐机制中仍处于最薄弱的状态，在有的地方和部门甚至被完全虚化。根据目前监督工作中存在的薄弱环节和主要问题，应在以下四个方面下功夫：

（一）创新监督组织，改革现行的纪检部门领导体制

现行的纪检部门领导体制是双重领导，纪委书记由同级党委副书记兼任，这种隶属性质以及对其他部门的严重依赖性导致其监督乏力，很难大胆地进行铁面无私的监督。涉及同级领导班子和领导干部的问题，一般都采取回避态度，唯恐“引火烧身”，纪委监督同级党委的效果往往不够显著。笔者认为，建立“一个是党的权力的执行者，一个是权力使用的监督者”的管理模式，有利于打破执行权、监督权一体化的格局。这种管理模式的创建，必须要通过党内立法，从“改革现行的体制和机制入手”。各级纪律检查委员会由同级代表大会选举产生，只向同级党的代表大会负责；用权不受制于同级党委常委会。各级纪委有权直接立案、直接处理违法乱纪的案件；直接行使对下级党委不正确决定的否决权，包括可以对违法乱纪者采取停职反省等措施。要赋予同级纪委充分的知情权、参与权，纪委书记除参加同级党委书记办公会议、党委（常委）会外，还应参加重大问题、重要事项和大额度资金使用的党政会议，实现监督关口前移。

（二）突出监督重点，进一步健全“一把手”监督机制

“一把手”尽管其职务高低不同，但都掌握着实实在在的权力。他们决定着本区域或本部门、本单位的方针政策的制定和贯彻实施，往往决定着重大人事的安排、重大项目的废立、重大资金的使用。目前，对“一把手”监督存在着“同级班子成员不愿意监督、下级怕日后打击报复不敢监督、群众不知情无法监督、权力越大越难监督”的局面。为扭转这种状况，应做到：一要建立健全合理分权的机制，避免权力过于集中，降低权力风险。重大问题集体决定，已形成的决策由分管领导负责落实。二要强化以权制权的机制，在决策权、实施权、监督权之间建立起一种良性的制约机制。三要建立“一把手”的选举罢免机制。四要对“一把手”建构刚性责任机制，将权、责、利真正统一起来。五要健全上级对下级“一把手”的监督机制，尤其要克服目前“同级监督看得到管不到，

上级监督管得到看不到”的脱节状况。

(三)整合监督资源,建立健全权力监督制约体系及协调机制

从表面看,我国监督的主体为数众多,监督的队伍十分庞大,监督的形式也多种多样,但各种监督在总体上大多处于分散、孤立的状态,基本上是各自为政、互不搭界,没有形成相互协调、彼此配合、优势互补的整体合力。这反映了我们对如何实现党内监督与人大监督、司法监督、行政监督、群众监督、舆论监督等方面的有机结合,如何充分发挥各种监督的整体效能,如何建立结构合理、配置科学、程序严密、制约有效的权力运行监督机构,还缺乏深入的研究论证和精心的统一部署。因此,建立权力监督制约体系的协调机制是实施有效监督的必要条件。一要通过制定有关监督法律法规,对各监督主体规范其地位、职责、权限,规定其监督活动的范围、方式和程序,使监督主体明确各自的具体工作目标,减少职能交叉,减少推诿扯皮,提高监督绩效。二要建立各监督主体的联系例会制度或联席会议制度,沟通信息,交流经验,共同研究监督工作面临的新情况和新问题,取长补短,改变目前监督工作单兵作战的分割状态,充分发挥监督机构的综合优势,形成整体合力,努力提高监督工作效能。三要在权力监督体系中,建立一条信息高速公路,整合各种信息资源,形成共享资源库,提高监督工作效率。

(四)强化监督效果,积极探索监督的有效形式

目前,对领导班干部工作情况的考察已形成了一套严格的程序和规定,而对领导干部的社交圈、生活圈的考察却是个空白点。因此,在现有的监督体制下,要充分实施对领导干部社交圈、生活圈的有效监督,必须构建三重监督防线,即家庭、单位、社会“点、线、面”相结合。家属特别是配偶要多关心、多过问领导干部的思想和生活情况,常吹廉政风;单位通过狠抓党风廉政建设责任制的落实,不断建立和完善责任追究制,形成一级抓一级,一级带一级的监督格局和下级在社交圈、生活圈出了问题,上级也要被追究责任的约束机制;着力提高民主生活会的质量,不能只做老好人,要做到既关心提醒领导干部的工作情况,又关心其社交圈、生活圈的活动情况,及时发现苗头性问题;电视台、报刊等媒体要充分发挥舆论监督的作用,同时公布举报电话,让人民群众都来监督。只有这样,才能真正做到领导干部的权力行使到哪里,领导干部活动延伸到哪里,监督管理实施到哪里。

(作者:黄桂荣)

试论职务犯罪的原因和预防对策

近年来，职务犯罪日益突出，由于其危害大，对国家机关的公正、廉洁、高效的信誉造成重大损失，因而也是各国政府预防和惩治的重点。在当前我国的政治体制下，腐败现象最极端的表现就是职务犯罪，因此，有效地预防和打击职务犯罪是惩治腐败的主要途径之一。中国共产党十六届四中全会通过的《中共中央关于进一步加强党的执政能力建设的决定》指出："各级党委要把党风廉政建设和反腐败斗争作为提高党的执政能力、巩固党的执政地位的一项重大政治任务抓紧抓实。坚持标本兼治、综合治理，惩防并举、注重预防，抓紧建立健全与社会主义市场经济体制相适应的教育、制度、监督并重的惩治和预防腐败体系。"笔者就职务犯罪的原因及其预防对策谈点粗浅的看法。

一、"职务犯罪"的界定

科学的职务犯罪的概念，是研究职务犯罪及其防范打击的前提和基础。在何谓职务犯罪这一最基本的问题上，还存在不少争议。下面是三种有代表性的定义：

1. 职务犯罪是指具备一定职务身份的人故意或过失地实施与其职务之间具有必然联系的触犯刑律应受刑罚惩罚的各种行为的总称。

2. 职务犯罪是指国家公职人员或视同公职人员的人利用职务上的便利，或滥用职权，不尽职责，破坏国家对职务活动的管理职能，并依照刑法应当受到刑罚处罚的行为。

3. 职务犯罪是指国家公职人员利用职务上的便利，滥用职权或者放弃职责、玩忽职守而危害国家机关正常活动及其公正、廉洁、高效的信誉，致使国家、集体和人民利益遭受重大损失的行为。

上述三种定义在客观方面的表述基本是一致的，都强调了职务犯罪的职务关联性特点，它们之间的主要分歧在于犯罪主体的界定上。相对而言，笔者赞同第三种定义对职务犯罪主体的界定。"国家公职人员"一词内涵相对明确，而且是多数国家通用的一个称谓。但它将犯罪客观方面限定为"致使国家、集体和人民利益遭受重大损失的行为"，却是值得商榷的。刑法上的重大损失都是针对犯罪行为已经造成的实际后果而言的，而现行刑法并未将造成实际严重后果规定为所有职务犯罪的共同要件。有的职务犯罪如滥用职权罪、玩忽职守罪确实要求造成一定的严重后果为构成条件，但也有的职务犯罪，如巨额财产来源不明罪、隐瞒境外存款罪等，只要行为人实施特定行为即可构成犯罪。因此，以造成“重大损失”来描述职务犯罪的客观方面有以偏概全之嫌，尤其不利于惩治职务犯罪的行为犯及未遂犯。

在对以上各种定义比较和鉴别的基础上，笔者提出如下定义：所谓职务犯罪，是指国家公职人员不履行职责、不正确履行职责或者利用职权谋取不法利益，妨害国家对职务行为的管理活动，损害公众对于政府的信赖感，依法应受刑事处罚的行为的总称。

二、职务犯罪的特征

（一）主体的特定性

主体的特定性是指职务犯罪的主体只能是国家公职人员。关于公职人员的范围，刑法第 93 条有专门界定，但由于该条第 2 款有一个弹性规定，即“其他依照法律从事公务的人员”，这就引发了许多学理上的论争和实践中的困惑。例如，公务是否存在国家公务和集体公务之分，村委会、居委会干部是否属于“其他从事公务的人员”，等等。对于那些同法律的具体适用密切相关的问题而言，理论上的争议最终需要立法来平息。

（二）行为的渎职性

职务犯罪在客观方面表现形式多种多样，但有一点是共同的，即行为都违背了一定的职责要求。根据渎职行为的具体特点，可将职务犯罪大致分为三种类型：一是贪利性职务犯罪。即行为人利用职权牟取不法经济利益的犯罪，如贪污罪、受贿罪等。二是擅权性职务犯罪。即行为人滥用权力，侵犯公民权利，危害国家机关正常管理职能的犯罪，如报复陷害罪、刑讯逼供罪等。三是失职性职务犯罪。即行为人在职务活动中严重不负责任，致使国家和人民利益遭受损失的犯罪，如玩忽职守罪、失职致使在押人员脱逃罪等。

三、导致职务犯罪的四大诱因

（一）人性的局限性与权力的二重性

人类社会普遍地存在着公共权力，这是维系社会有序运转的基础。但迄今为止，公共权力实际上只能由社会成员中的少数人来掌握和行使，这样就使公共权力本身具有一种内在的矛盾性，它一方面同社会整体利益相联系，另一方面又同掌权者的个体利益相联系，这两种联系之间的冲突在所难免。而人性天生是存在弱点的，尽管人性善恶的命题几千年来争论不休，但“人无完人”的道理不容否认。公共权力内在的矛盾性加之人性的局限性，决定了权力具有二重性：一方面，权力具有造福社会的趋向；另一方面，权力本身潜藏着一定的侵犯性和腐蚀性。当权力的扩张逾越一定的界限，即背离公共目标和公共利益时，就产生了所谓的“权力异化”现象，职务犯罪在本质上就是一种权力的异化。尽管人类设立了各种制度来防止权力异化，也取得了一定的成效，但只要社会存在公共权力并且这种权力掌握在个人手中，权力腐败与职务犯罪现象就不可能绝迹。

（二）体制转轨与社会失范

我国当前正处于体制转轨和社会转型的特定历史时期，这是形成腐败高峰期的宏观原因。我国在20世纪90年代初确立了建立社会主义市场经济体制的战略目标，市场开始启动，而计划尚有余威，从而形成了新旧两种体制并存的局面，这也在客观上给权力腐败带来空前的“机遇”。正如有人所言，现在许多腐败分子是在“用计划经济的权力发市场经济的洋财”。另一方面，政治体制改革相对滞后是加剧腐败问题的重要原因。改革开放以来，权力系统朝着“放权、松绑、给好处”的方向改革，以往那种权力高度集中的局面被逐步打破，这对于提高经济运行的效率具有积极意义，然而，由于相应的配套措施如规范体系、监督机制等没有跟上，结果造成权力运行中自上而下的约束管制减弱，权力的横向制约与自下而上的民主监督又不到位，从而为腐败的滋生提供了条件。此外，在经济转轨和社会转型的过程中，原有的价值观念和行为模式受到严重冲击，而新的价值观念和行为模式尚未被普遍接受或正在形成之中，社会整合力降低，出现了社会学家所称的“社会失范状态”，腐败泛滥正是社会失范状态的一种表征。

（三）监督乏力与法网疏漏

权力在本质上是一种支配他人的力量，它内含着无限扩张的倾向，因而对权力的监督与制约至关重要。然而在过去相当长的时间内，我们对这一问题缺乏足够的认识，没有建立起一套健全而有效的权力制衡体系，导致权力失控的现象严重。尽管我国设置了诸多的权力监督机构，如人大的监督、政协的监督、执政党内的纪检监督、政府内部的监察部门的监督以及专门的检察机关的监督等，监督机构之多，在世界上都是鲜见的，但是由于体制没有理顺，致使监督机制不畅、监督效能不高，某些地方的监督机构甚至形同虚设。监督不力的另一种表现是舆论监督的能量远没有释放出来。舆论监督包括媒体监督和公众监督，是社会中最具活力也是运行成本最低的监督形式，国外许多腐败丑闻就是由媒体和公众参与揭露出来的。在我国，群众当中流传着一句话，称腐败官员“不怕内部通报，就怕公开见报”，这充分说明舆论监督的重要性。

（四）价值错位与心理失衡

从思想根源来看，职务犯罪的滋生源于行为人价值观念的错位。受封建社会“官本位”思想及西方社会“个人至上”、“拜金主义”等观念的影响，同时由于放松自身的思想道德修养，行为人在价值观念上产生了个人与社会的错位，他们把自我当成社会的中心，把公共权力视为私人特权，把个人利益凌驾于国家和人民利益之上，在面临外界的各种诱惑之下，价值错位必然导致行为人的贪欲膨胀和心理失衡。心理失衡的具体表现有：

1. 吃亏补偿心理。一些公职人员看到别人发财，就觉得自己吃亏，“我辛辛苦苦几十年还不如人家搞一年”，从而产生了以权谋私，趁势“捞一把”的心理。

2. 投资回报心理。有人把权力看成“一本万利”的致富工具，通过跑官、买官谋到一定职位后，便迫不及待地把权力作为资本投入不正当交易，以获取巨额回报。

3. 人之常情心理。中国传统文化中，人情主义、“面子文化”根深蒂固，而人情化和关系网很容易使人丧失原则，不少公职人员正是在“人之常情”、“情面难却”等心理驱动下而丧失心理防线的。

4. 为公无过心理。一些人头脑中存在“只要为公，自然无过”的认识，“我不是为了自己”成为理直气壮的辩解。在这种心理支配之下，他们滥用权力谋取地方利益和单位利益，置国家和人民的根本利益于不顾。

5. 法不责众心理。“法不责众”意识在传统法文化中由来已久，它在某种程度上为腐败分子提供了一个心理保护层，同时在客观上也成为反腐败的心理障碍。目前，“集体腐败”成为职务犯罪的一种新动向，其实质就是行为人期望通过集体决策分散责任以逃避惩罚。

6. 侥幸过关心理。这是腐败分子较为普遍的一种心理特征，其实质是一种心里自慰。正如有人指出，如果行为的后果给自己带来的利益要大大高于受惩罚的恶果时，如果在他之前的类似行为在逃避处罚方面都获得成功时，就会促使犯罪分子实施某种行为。在职务犯罪中，行为人的职权身份、靠山与关系以及作案手段的隐蔽性等，更是强化了其侥幸心理。

四、预防和打击职务犯罪有三大策略

（一）职务犯罪的道德控制

道德控制，是指通过加强对公职人员的思想道德教育，提高其抵御外界各种致罪因素的免疫力，以达到所谓的使人“不想犯”的境界，这是预防职务犯罪的第一道防线。建国之初的五六十年代，我国职务犯罪发案率很低，卓有成效的思想政治工作是其中的重要原因之一。改革开放以后，社会思潮的多元化致使传统的道德控制有所削弱，出现了所谓的“道德滑坡”现象。与此同时，反腐败斗争中有一种倾向值得注意，即过分推崇法制的作用，以为只要订立了完备的法律和制度就能根治腐败，而忽视道德教化的作用，认为道德是软弱无力的。我们认为这种观点是站不住脚的。相对于法制背后的国家强制力而言，道德固然是一种“软约束”，但是道德规范一旦内化为人的信念，其作用是不容忽视也不可替代的。另一方面，任何法律和制度都是靠具体的人去操作的，如果人的道德素质低下，再好的法律也可能变成一纸空文，再严的制度也会被钻空子。从国外来看，反腐工作搞得好的国家莫不重视对公职人员的道德教育，有的国家在大学乃至中学就开设有关从政道德的课程，还有的国家将从政道德法制化，如美国在 1978 年通过的《从政道德法》。中华传统文化中，对于“德治”是极为重视的，这在今天仍是有借鉴价值的。我们认为，预防职务犯罪的最佳对策应是“软硬兼施”，即把道德的“软约束”同法制的“硬约束”有机结合起来，使二者功能互补，而不是厚此薄彼。

（二）职务犯罪的社会控制

社会控制，就是“把社会生产和生活组织到尽可能高的有序状态”，“控制犯罪的最优方案就是控制社会”。对于职务犯罪的社会控制而言，核心是制度建设，即以体制改革和制度创新来约束权力的运行，这是遏制职务犯罪的根本途径。如果把道德控制称为“严教”，把司法控制称为“严惩”，那么，社会控制可以称为“严管”。严教、严管、严惩三者各有侧重，不可或缺，但其中最根本的就是严管，严管的目标是使人“不能犯”，这是治本之策，前些年我国的反腐斗争侧重于“严惩”，但效果并不理想。近年来人们逐步接受了“打防并举，标本兼治，重在治本”的方略，治理腐败的重心开始向社会控制倾斜，这无疑是明智之举。社会控制的内容是很丰富的，其中最关键的有三点：

1. 深化体制改革。当前腐败现象大面积蔓延的主要原因在于体制转轨带来的社会控制弱化，因此，抑制腐败的根本出路在于深化改革，加速向市场经济体制的转轨。前几年，"价值双轨制"取消后，猖獗一时的"官倒"现象近乎销声匿迹，这说明深化改革对于遏制腐败有着巨大作用。在深化经济体制改革的同时，必须加速政治体制改革，否则会影响整个改革大业的进程。政治体制改革的目标之一，就是建立一个"有限政府"，避免政府权力的过度扩张，从而为市场和社会留一个适度的独立空间。政府对市场和社会直接干预的减少，必然会带来权力滥用机会的减少。

2. 强化权力监督。首先，通过政治体制改革的深化，理顺各权力监督机构的组织和运作体制，以实现最佳的监督效益；其次，要完善权力的外部监督体系，通过社会主义民主法治建设的推进，大力培育公民的权利意识、纳税人意识和参政议政督政意识，同时制定法律保障新闻自由，强化媒体对政府的监督；最后，要将权力监督的全程、权力的运行到权力滥用的责任追究一系列过程，都纳入权力监督网络之中，尤其要严格监控权力授予环节，避免权力落入腐败分子手中。

3. 完善廉政法制。要广泛吸收和借鉴国外先进的立法经验，加紧制定和完善有关立法，以弥补廉政法制的空白；同时要特别注重立法质量，我们不仅要实现廉政建设法制化，而且要使廉政法制走向科学化。

（三）职务犯罪的司法控制

司法控制，是指国家刑事司法系统通过惩罚犯罪与改造罪犯对犯罪实行控制。司法控制是控制职务犯罪的最后屏障，其目标是借助于刑罚的强大威慑力，达到使潜在犯罪人"不敢犯"的效果。相对于道德控制和社会控制而言，司法控制比较容易操作，见效也比较快，因此，在实践中备受青睐，实际上居于犯罪控制系统的中心。但司法控制毕竟是一种治标之策，它本身存在着被动性（因属事后控制）及运行成本高等缺陷，因而不能对司法控制的期望值过高。在缺乏道德及社会控制有力配合的情况下，司法控制所取得的成效很难维持长久。多年来，我国刑事司法系统所发动的多次"严打"斗争并没有完全实现预期的效果，以至于形成了实践中犯罪量与刑罚量交替上升的局面，其根本原因即在于此。但是，不能因为"严打"的作用有限而完全否定"严打"方针。在当前职务犯罪形势依然严峻的状况下，继续贯彻"严打"方针以保持对犯罪的高压态势仍是必要的。不过，应当重新认识、全面把握"严打"方针的确切含义，不能把"严打"简单理解为多判、重判甚至多杀、快杀。我们认为，严打的准确内涵应包括这样几层含义：

1. 严密立法。我国于1997年修订了刑法典，有关职务犯罪的规定有很大完善，但法网粗疏的问题未得到根本解决。就总体而言，我国刑法具有"厉而不严"（刑罚苛厉而法网不严密）的特点，而国外立法多采取"严而不厉"的模式。仅以贪污贿赂罪为例，我国刑法规定的最高刑为死刑，而国外除泰国、韩国等极个别国家外，一般没有判处死刑的规定，甚至很少有判处无期徒刑的，通常是判处10年以下有期徒刑，如德国对贿赂罪的最高刑为10年，日本为7年。另一方面，从贪污贿赂罪的构成条件来看，我国刑法却显得过于宽松，例如贿赂范围仅限于财物，贪污、受贿罪的起刑线同盗窃罪相比悬殊过大，而且刑种单调，缺乏罚金刑、资格刑这样针对性强的惩罚措施。反观国外立法，大都对贪污贿赂罪的构成标准规定得极为严格。如德国刑法中的受贿罪，贿赂范围不限于财物，而包括一切不法利益，无论是既得利益，还是约定取得的利益；无论是利用现在的职务，还是将来的职务，都可以构成犯罪，实践证明，适度扩大犯罪圈比单纯加重刑罚量更能取得遏制犯罪的功效，因此，“严而不厉”应是我国刑法今后改革的方向。

2. 严格司法。这主要体现在提高定罪概率上，长期以来，犯罪黑数高、定罪概率偏低是我国刑事司法实践存在的一个突出问题。据有人测算，我国的总体定罪概率低于5%，而职务犯罪由于隐蔽性强等原因，实际定罪率还远低于这个数字，正是由于因犯罪所获取的利益同受惩处的风险相比，存在着巨大的反差，促使许多公职人员陷入犯罪的泥潭，严厉刑罚的震慑力往往被法网疏漏所导致的侥幸心理而抵消。为了有效控制职务犯罪，必须提高刑事司法的效能，“严打”的“严”字，应着重体现在强化刑罚的确定性和及时性上来。为此应当从两方面着手：一是要促使司法人员秉公执法，加强刑事司法的独立性和公正性，坚决制止“以风挡罪”、“以官抵刑”等不良现象；二是要努力提高破案率，鉴于职务犯罪案件侦查难度大的特点，应专门立法，对此类案件的查处程序、侦查措施、证据规则及举报制度等作出特别规定，还可考虑在刑法上设立知情不举罪等，以促成职务犯罪案件的侦破。

3. 严惩有方。首先要实现“严打”的法制化，使“严打”从实体到程序，都不能逾越法律的界线，尤其要坚持罪刑法定、罪刑相适应等刑法基本原则；其次要注意“严打”的策略化，“严打”也要遵循“惩办与宽大相结合”的刑事政策，做到宽严相济，不能因为“严打”而水涨船高，不适当地加重行为人的刑事责任；最后要强调“严打”的持久化，不应把“严打”仅当作一种应急措施，到了“非抓不可”的时候，才“集中精力抓一批大案要案”，一旦初见成效，便有所松懈，致使犯罪又迅速“反弹”。应当把“严打”活动常抓不懈，避免“运动化”倾向。

以上这些仅是笔者个人观点，其中的纰漏和不成熟之处在所难免，许多问题仍需继续研究和讨论，因此笔者仅希望通过此文将职务犯罪的研究和讨论引向深入。

（作者：张长海）

反腐败注重预防的思考

坚持“标本兼治、综合治理、惩防并举、注重预防”的反腐败战略方针，是中共中央作出的重大决策和部署，是我们党对执政规律和反腐倡廉工作规律认识的进一步深化，是从源头上防治腐败的根本举措，对于提高党的执政能力、巩固党的执政地位，具有极其重要的现实意义。

一、预防腐败是当前党风廉政建设的紧迫任务

进入新时期以来，我们党始终把党风廉政建设和反腐败工作作为全党一项重大的政治任务来抓，改革开放特别是党的十三届四中全会以来，采取了一系列有力措施，严厉惩处了一大批腐败分子，取得了明显成效。但是，腐败问题高发的势头并没有从根本上得到遏制，腐败现象在一些领域仍然频频滋生，甚至蔓延，这种情况不能不引起我们的深思——反腐败必须注重预防。

首先，从理论上分析，防病胜于治病，预防腐败是反腐败诸策略中的最上策。预防是主动廉洁；预防是保护多数；预防是源头治本；预防可以最大限度地避免损失。主动预防腐败，是世界各国在长期反腐败斗争中形成的共识和共同积累的宝贵经验。1995年在我国北京召开的第七届国际反贪污大会上，几乎所有的与会代表共同认为：反腐败要按照防病胜于治病的思路来寻找对策和措施。会议认为，腐败是可以遏制的，反腐败的目标是控制而不是消灭贪污腐败；反腐败斗争的成功与否取决能否实行包括公民参与在内的预防政策，惩处只是监督工作的最后手段，而不是主要目的。

注重预防也是《联合国反腐败公约》的基本理念。公约认为，腐败不仅表现在公职人员身上，也表现在向公职人员行贿的普通公民身上。《公约》设立专章，对预防腐败的措施作了系统的规定，并要求各缔约国定期评估有关法律文书和行政措施是否能有效预防和打击腐败。我国在批准这个公约的同时声明：中华人民共和国监察部为公约第六条协助其他缔约国制定和实施具体预防腐败措施的机关。

其次，从形势上分析，当前腐败问题仍呈严峻态势，实践证明单纯惩治不足以遏制腐败高发势头。应当说，近年来我们的党风廉政建设和反腐败工作成绩斐然，以2005年为例：“三位一体”惩防腐败体系理论教育深入开展，实施纲要初步贯彻实施，全党动手反腐倡廉的局面进一步形成；以法规范了党内监督工作，从制度上加强了对党政主要领导干部的监督，增强了领导干部的廉洁自律和廉洁从政意识；下大力治理损害群

众利益问题，专项治理群众反映突出的不正之风，收到了良好的社会效益；强化了打击腐败工作的力度，查处了一批大案要案，惩处了一批腐败分子。2004 年 12 月至 2005 年 11 月，各级纪检监察机关立案 14.75 万多件，给予党纪政纪处分 11.5 万多人（移送司法机关 15177 人）。查处副省级干部 13 人，新立案数量稳中有降。

但是，腐败现象在一些地方和部门仍然突出，胡锦涛总书记讲，反腐倡廉的任务仍然艰巨。以 2004 年为例，出现了三个上升：一是受重处分的人数上升。本年度全国纪检监察机关共立案 16.2 万件，其中新发案件占立案总数的 1/4，窝案、串案约占 4%；在被处理的 16.4 万人中，开除党籍并被刑事处理的同比增长 12%；县处级领导干部受到开除公职处分的人数同比增长 19.4%；查处了 15 名省部级干部，移送司法机关追究刑事责任者 10 人，为历年之最。二是国有企业职务犯罪上升。最高人民检察院院长贾春旺向第三次全国人大会议报告工作时讲到，2004 年检察机关立案侦查借改革之机侵吞挪用私分国有资产涉嫌犯罪国有企业人员 10407 人，占最高人民检察院查办贪污贿赂案件总数的 41.5%，涉案人员大多是企业高管人员和财会、销售人员及改制有关的主管部门负责人，且涉案金额巨大。北京市检察机关的调查也说明了这个问题。三是县处级以上领导干部案件上升。2004 年全国平均每天查处处级以上干部 8 名，有 53 位县区委书记、25 位县区长犯错误，其中被开除党籍的有 29 位。

当前的腐败问题还呈现出一些新的动向：一是有些腐败分子已开始疯狂地资本积累，出现了某些“既得利益集团”。二是一些腐败分子的作案手段更加隐蔽。如权力期权，权力假借和转让，赃钱“漂白”，境外投资、回国办厂等。三是一些腐败分子正在向群体化生存发展。共同作案，串案窝案，集体腐败现象增多。这些情况都说明，惩治腐败虽然是我们的重要手段，但要遏制住腐败高发势头，仅此远远不够。

再次，从客观后果分析，腐败发生后再去惩处，会造成重大的经济和干部损失。联合国统计的一组数字表明：“政府的腐败”每年都要使全世界损失大约 6000 亿美元的资金。也就是说，每天当我们送走夕阳的时候，世界上的腐败官员就卷走了 16.2 亿美元。中国烹饪协会发布的消息称，中国近十年来公款吃喝占餐饮消费的比例逐年递减，但 2002 年公款吃喝仍然高达 1000 亿元人民币。北京大学中国公益彩票事业研究所提供的数据显示，中国每年外流的赌资高达 6000 亿元人民币。在中国周边地区，一张庞大的赌博网已经悄然形成，并如同抽水机一般将巨额资金掠走。这个赌博网的形成，对中国来说将是一个可怕的“黑洞”（摘自《反腐败必须反赌》，载《紫光阁》2005 年第 4 期）。另据有关部门披露的材料，目前，全国各级政府统计内的预算外收费高达到 5000 亿元，统计外的预算外收入至少 3000 亿元，两项相加即超过 8000 亿元，而这些绝大部分来源于乱收费和乱罚款。再加上税收和社保方面的各种征收，国民经济的综合税费负担已经高达 33%，给企业和老百姓带来非常沉重的负担。

腐败不但造成重大的经济损失，也造成重大的干部损失。据统计，1992 年 10 月至 2005 年 11 月，全国纪检监察机关共立案 209.8 万多件，结案 201.9 万多件，给予党纪政纪处分 199.7 万多人。这里还有一组值得关注的数字，全国检察机关 1983 年以来立案侦查县处级以上领导干部腐败案件数逐年上升：1983～1987 年均处理不足 300 人，1988～1992 年均处理 924.6 人，1993～1997 年均处理 1953.8 人，1998～2002 年均处理 2383.2 人，2003～2005 年立案处理 9633 人，年均处理 3211 人。

从上述分析不难看出，预防腐败既是端正党风政风、巩固党的执政地位的需要，也是维护广大人民群众切身利益、发展社会经济的需要，是当前党风廉政建设的紧迫任务。

二、预防腐败是近年来全球关注的重大反腐败课题

那么，怎样才能更好地预防腐败呢？

近年来，许多国际组织和国家都在探索、研究这个问题。

《联合国反腐败公约》提出了一个综合预防战略，体现出以下预防腐败犯罪的现代理念：一是坚持政府主导和社会参与相结合形成反腐败的强大合力；二是坚持对腐败犯罪的高危人群、腐败犯罪的高危空间、腐败犯罪的高危因素的全面监督和控制，努力减少腐败滋生的土壤和条件；三是坚持建设由严密的立法、高效的司法、专业的防范形成的预警、预测、预防、惩治制度体系；四是坚持立法、司法、行政等多学科、多层次、多领域的综合预防战略。

美国耶鲁大学政治学和法学教授苏姗·罗斯·艾克曼是世界著名的研究腐败问题专家，她从经济分析入手，提出改革预防腐败的理论。她认为，陈旧的认识，腐败无非是指某些人一时昏了头而为私欲所惑，或者那些不法之徒本来就是应当被清除出去的害群之马。对腐败的这种定性，只会导致官方掀起大规模的惩治腐败和再教育运动，但却未能认识到导致腐败动机产生的深层的政治经济根源。她提出，国家应当深入探究行贿和受贿的根本原因，如果不能搞清这些深层的腐败成因，那么腐败动机就仍会继续存在下去。而当新任官员和个人开始利用那些继续存在的腐败机会时，反腐败运动原先的短期成果就会荡然无存，一批害群之马被惩处之后、紧接着便会有一帮新的腐败官僚和行贿者粉墨登场。她主张，反腐败应当通过彻底的体制性改革来减少公务人员的利益动机(《腐败与政府》中文版序言第 2 页)。为此，苏姗·罗斯·艾克曼提出了如下改革预防腐败思路：第一，取消那些对社会管理可有可无，又容易产生腐败的公共项目；第二，对一些公共管理项目实行私有化的，尽量避免公共管理易发生的种种弊端；第三，对那些既不能取消又不能私有化的公共项目进行改革，更多地运用市场机制和经济手段来运作；第四，改革行政管理，简化办事程序，减少办事环节，提高工作效率；第五，制定具有威慑作用的反腐败法律；第六，改革政府采购制度，堵塞这方面的漏洞。

"透明国际"组织首任总裁杰瑞米·波普，也是一位资深的研究腐败问题学者，他从公共管理着眼，提出制度支柱国家廉政体系预防腐败构想，这是一个立足于"预防在先，而不是依靠事后惩罚"的思路，它在整体性方案中审视各种措施的相关性、相互依存度和综合有效性，不关注单独的制度或单独的规则和实践。它要建立的是一个"统一"的国家廉政制度支柱体系，这个体系能够形成预防腐败的合力。他认为，任何有效的廉政体系都必须植根于公众态度和预期的广阔田地中。它必须有能力与广大公众宽恕腐败和行贿的行为作斗争(《制约腐败》)。他提出的这个体系包括了立法机关、行政机关、司法机关、审计总署、监察特使、监督机构、公务员系统、媒体、公民社会、私人

部门、国际行动者等方方面面,他认为,由这些方方面面的“制度支柱”组成的制度体系,才能够支撑起国家廉政的平台。

我国专家从哲学分析入手,提出了“三条防线”预防腐败思路,他们认为,腐败预防包括三项任务,分别是压缩公共权力,抑制腐败动机和消除腐败机会。其中消除腐败机会是预防腐败工作的重中之重。公共权力是腐败行为的终极根源,腐败动机是腐败行为成功的直接原因,而我们对腐败动机的预防能力又相对有限,所以腐败预防的重点应当放在两头,即放在构筑权力和机会防线上。第一道防线:权力防线。任务是把公务人员掌握的稀缺资源压缩到最低限度。第二道防线:动机防线。任务是防止公职人员产生腐败动机。他们认为此道防线作用比较有限。第三道防线:机会防线,核心任务是消除各类腐败机会,从而使腐败难以完成。

毛泽东从我国最根本的人民民主制度着眼,提出民主预防腐败的思想。1945 年 7 月,毛泽东同志在延安回答民主人士黄炎培先生关于如何跳出因艰苦奋斗而兴,因腐败而亡的历史兴亡周期律的问题时说过一段著名的话:“我们已经找到新路,我们能够跳出这条周期律。这条新路就是民主。只有让人民来监督政府,政府才不敢松懈。只有人人起来负责,才不会人亡政息。”正是在这种民主思想的支配下,毛泽东毕其一生,试图通过一次次“群众运动”遏制腐败,保证党不变质、国不变色,乃至发生了如“文化大革命”那样的严重错误,导致了国家经济走向崩溃的边缘。然而正如当我们倒掉脏水的时候绝不能连同在盆子里洗澡的孩子一同泼出去一样,否定“文化大革命”,不能否定毛泽东的民主反腐败思想。毛泽东民主预防腐败的正确思想内核不能丢。对此,我们党已形成共识,并体现在十六大通过的报告及其后来的一系列文件中。近两年来,在胡锦涛、吴官正的许多讲话中,也都多次强调要发展党内民主,加强民主监督预防腐败。

那么,怎样“民主”预防腐败呢?不能再搞文化大革命那样的“大民主”,这是肯定的。我们的观点是:“有序民主,反腐建廉。”就是要建立有序的民主制度,依靠全社会反腐建廉。所谓有序民主建廉,就是共产党领导、组织、依靠人民群众和人民政府建设的、有序的自下而上的公民民主监督制度;有序的自上而下的公共权力民主责任制度,并使二者有机统一地反对腐败建设廉洁政治活动。有序民主反腐败构想,其中心内容是民主和有序的统一,其立足点是防范治本。

认真研究借鉴前述预防腐败理论,无疑会给我们预防腐败工作拓宽新的思路。

（作者:马文新）

在实践中不断完善惩治和预防腐败体系的几点思考

建立健全教育、制度、监督并重的惩治和预防腐败体系，是我们党执政多年来对党的自身建设和反腐败斗争客观规律的总结。深刻理解、科学把握惩防体系的本质内涵，在实践中不断完善充实，对全面落实惩防体系各项工作任务具有十分重要的意义。

一、提高认识，科学把握，处理好三个关系

构建惩治和预防腐败体系，是推进反腐倡廉工作不断向纵深发展的一项系统工程，是个实践的、动态的、不断发展和完善的过程，为此，要特别注意把握和处理好三个关系：

首先，要正确处理好长期性和阶段性的关系。建立健全惩防体系是一个复杂艰巨的过程，不能期望一蹴而就。但又要认识到，通过建立健全惩防体系，完善体制机制制度，必然能够进一步铲除腐败滋生的条件和土壤，使腐败现象受到有效遏制。因此，要克服畏难情绪，树立反腐败斗争必胜的信心。既要形成总体方案和长远规划，又要设计单项具体制度，做到相互衔接，相互照应；既要立足于当前，着眼实际，做到因地制宜，实事求是地制定相关制度，又要放眼长远，具有超前意识，加强前瞻性谋略和筹划，从而将反腐倡廉工作长期性与阶段性相统一。

当前，在惩防体系的构建过程中，一是要突出针对性。根据当前存在的突出问题，对近年来反腐倡廉工作实践进行归纳总结，找出产生腐败现象的深层次原因，研究探索对加强党风政风建设的有针对性的对策，特别是要对当前一些地方在土地征用、旧村改造、城镇房屋拆迁、国企改制等方面侵害群众利益、影响社会稳定的问题进行深入研究，通过贯彻落实惩防体系加以统筹解决。二是突出可操作性。把总体要求同阶段性目标相结合，做到惩防体系实施办法与具体任务分解紧密结合，从大处着眼，从具体问题着手，尽可能做到详细、具体，易于操作，便于考核。三是注重实效性。构建工作要与当前工作中心工作相结合。结合共产党员先进性教育，查找思想和工作中的不足，树立廉政意识；结合“攻坚破难，走在前列”活动，切实解决损害群众利益违法违纪的行为；结合效能建设，改变干部工作作风，为经济发展提供良好的环境。

其次，要正确处理好巩固继承和创新发展的关系。继承是创新的基础，创新是发展的灵魂。科学总结党的反腐倡廉的基本经验，在继承中发展，在发展中创新，在创新中提高，就是既要坚持和发展这些年来积累的反腐倡廉宝贵经验，又要注意借鉴当代

世界防治腐败的有效做法；既要充分重视工作的连续性、稳定性，又要根据新的形势和任务，坚持与时俱进，用改革的办法和创新的思路，整体谋划防止腐败的战略性思路，系统构建防腐保廉新机制。要不断总结廉政文化建设、权力制约、制度建设、责任追究等方面的经验做法，把实践中成功的经验用制度的形式固定下来，重新进行全面充实和理论提升，将其纳入惩防体系的具体意见中。

最后，要正确处理好整体推进和重点突破的关系。构建惩防体系涉及面广，必须处理好宏观与微观、全局和局部的关系，坚持重点突破与整体推进相结合。要通过对整体工作的全面推进，巩固、提高和深化重点工作；通过对重点工作的深入，扩展、充实和促进整体工作。当前，要紧紧围绕"不想腐败"的教育机制、"不能腐败"的监督机制、"不敢腐败"的惩处机制，结合本地实际，找准贯彻落实惩防体系的切入点和突破口。通过对过去几年反腐倡廉经验做法进行梳理，要重点在五个机制的建立方面努力寻求突破，即深化对党员干部的警示教育机制，构筑拒腐防变的思想道德防线；强化以制度制衡权力的机制，加大对权力施政过程中的监控力度；完善民主监督机制，进一步拓宽监督渠道；健全对腐败行为的惩戒机制，加大对腐败分子的威慑力。

在构建中对已取得工作成果要进行巩固，继续拓宽工作领域，扩充新的工作内容，紧紧围绕权力运行的重要部位和关键环节，通过重点构建促进全面工作开展。一是突出重点单位、重点行业、重点部门，进行重点构建，加强指导，做到点面结合，整体推进。二是突出党政主要领导干部特别是"一把手"的教育、监督。通过廉政承诺、廉政述职、廉政考核等措施，进一步完善党风巡视制度、通过明察暗访、开展专项举报、进行民主测评等措施，发现、解决领导班子和领导干部中存在的不廉洁问题。三是突出重点环节。对权力运行的关键环节进行重点构建，进一步规范"人权、事权、财权"，对那些直接掌握执法权、审批权、行政裁量权的部门和岗位进行重点的监督。实行监督主体参与重大决策制度、专家咨询制度、重大事项跟踪监督、重大建设项目设特派监督员制度等。

二、突出重点、科学构建，凸显三个深化

根据惩治和预防腐败内在规律，惩防体系构建要主动适应发展社会主义市场经济的新要求，要紧贴经济发展的实际，积极探索市场经济条件下治理和解决腐败问题的有效途径和方法 。

第一，进一步深化改革。改革是发展的根本动力，也是预防腐败的重要途径。反腐倡廉工作之所以取得一些成绩，得益于改革创新；之所以有所创造，得益于改革创新。一是要在推进"制度反腐"上做文章。继续深化干部人事制度、行政审批制度改革和财政、投资、金融、司法体制、国有资产监管等方面的改革，积极稳妥地推进职务消费改革，把推进职务消费改革和规范职务消费行为有机地结合起来，积极采取改革的办法，解决导致腐败现象发生的深层次问题。要加快制度的系统化建设，编织严密的"制度网"，规范权力运行。二是在转变政府职能上做文章。更新政府管理理念，推进政府职能转变，形成行为规范、运转协调、公正透明、廉洁高效的行政管理体制，建立科学的绩效考核评估制度。三是在强化科技促建做文章。以系统信息化建设为主要手段，通

过职能分解、流程监控的处理技术，提高管理制度化、规范化、科学化水平；以单位内部制度建设为重点，通过网络化、数字化、智能化等技术，加大对权力的制约和监督；以电子政务为主要方式，通过推行网上审批、网上采购、网上公开，切实提高机关效能和权力运作的透明度；以加强办案装备建设为主要途径，切实增强案件查办工作的"科技含量"，提高反腐倡廉工作水平。

第二，进一步深化民主公开制度。通过发展民主来防治腐败，是我们党反腐倡廉的一条重要经验。当前，民主制度还不够健全，有法不依、执法不严、违法不究的现象依然存在；权力运行的制约和监督的有效机制有待进一步完善；全社会的民主观念和法律意识有待进一步提高。近年来。我们在通过民主防治腐败方面作了新的探索和实践，努力保证人民群众的选举权、知情权、参与权、监督权，大力推行政务公开、村务公开、厂务公开等，增加用权行为的透明度，由"暗箱操作"变为"阳光行动"。要通过发展党内民主和人民民主，提高群众参政意识、监督意识，努力寻找社会主义市场经济条件下，同经济发展、政治民主和精神文明适应的，从根本上预防和治理腐败的办法，使干部"不能腐败"。一是强化民主决策。认真贯彻党员权利保障条例，逐步推进党务公开，使广大党员更好地了解、参与和管理党内事务。用制度保障广大党员和群众的知情权、参与权和监督权，提高决策的科学化、民主化水平。二是强化民主管理。要加强行政权力实施过程的民主管理机制建设，健全社情民意反映、社会听证、重大事项报告、党内情况通报等民主制度，保证人民群众依法行使民主权力。三是强化民主监督。改革和完善党代表大会制度，实行党代表大会常任制；逐步推开党委议事"票决制"、一把手"末位表态制"，完善党内监督机制。进一步畅通群众监督渠道，扩大群众有序的政治参与。通过建立健全各项民主制度，提高权力运行的透明度，为广大党员干部群众直接对权力进行最广泛的监督开辟渠道，防止滥用权力、从源头上预防腐败提供了有效保证。

第三，进一步深化市场机制的运用。市场机制体现了竞争原则，体现了民主监督的特点，体现了政府的自信，体现了还权于民的思想。要广泛运用公平竞争、招投标、拍卖等市场化机制来配置生产要素和社会公共资源，扩展把权力推向市场的制度，对可以由市场来决定的公共权力，要由市场来调节。一是运用市场机制规范权力运行，通过市场机制配置公共资源。将经营性土地、矿产权、产权的出租、出让等，通过拍卖方式由市场竞争来决定价格和购买者，继续深化工程招投标和政府采购制度改革，完善统一的交易平台。二是要充分发挥中介组织在促成生产要素市场化合理配置、承接政府转移方面的积极作用，凡是能够由中介组织承担的社会服务、管理、监督等事项，都交由中介组织去实施。当前，中介机构还存在与主管部门脱钩不彻底、经营不够规范、"诚信"度不足的问题，政府职能部门要进一步加强对中介组织的监督管理，制定和完善执业规范，依法检查中介机构的执业质量。

三、注重实效，抓好落实，实现三个提升

建立教育、制度、监督并重的惩防体系是实践经验的总结，也是反腐倡廉理论上的突破，我们要以中共中央《实施纲要》为指导，结合实际，注重实效，不断完善，通过构建和具体工作任务的落实，全面提高反腐倡廉工作水平。

首先,通过构建,使教育、制度、监督三者的反腐倡廉整体功能的发挥得到进一步提升。惩防并举,注重预防,建立健全教育、制度、监督并重的惩防体系,其目的是在于利用体系的系统性、完整性、互补性和科学性,为我们在工作中如何处理好教育、制度、监督三者关系指明了方向。首先,要正确认识教育的基础作用。反腐败要立足于教育,着眼于防范,做到关口前移,要通过加强对干部教育的制度建设和监督管理,不断创新教育方法,拓宽教育的渠道,丰富教育的载体,努力提高反腐倡廉教育的针对性和实效性。其次,充分发挥制度在反腐倡廉中的根本性作用。以制度规范从政行为,按制度办事,靠制度管人。三是要发挥监督的关键作用。落实反腐倡廉各项措施,关键在于强化监督,再好的制度如果监督机制不完善,也只能流于形式,形同虚设。必须切实把教育、制度监督三者贯穿于建立健全惩治和预防腐败的全过程,将教育、制度、监督落实到建立健全惩治和预防腐败的具体行动中,实现三者之间有机结合,使教育、制度、监督整体功能得以充分发挥。

其次,通过构建,使反腐倡廉领导体制、工作机制得到进一步提升。构建惩治和预防腐败体系是全党的一件大事,要坚持和完善反腐败领导体制和工作机制,必须坚持党委统一领导、党政齐抓共管、纪委组织协调、部门各负其责、依靠群众支持和参与这样一种领导体制和工作机制。各级党委要切实加强领导,主要领导要负总责,及时就重大问题和重要事项作出决策。作为在构建惩防体系中承担重要职责的纪检监察机关,要在党委领导下进一步发挥组织协调职能作用。要通过组织协调,构建大宣教格局,积极协调组织、宣传、文化、司法、党校等部门,充分利用广播影视、网络、报刊、培训基地等阵地,把党风廉政教育纳入全党、全社会宣传教育的重要内容,营造反腐倡廉良好的舆论和教育氛围;要通过组织协调,加强防范腐败的体制、机制、制度建设;要通过组织协调,充分发挥各种监督渠道的整体效能,在认真抓好党内监督的同时,进一步完善纪检监察机关与其他监督机关的协调机制,充分发挥国家权力机关、审判机关、检察机关、审计机关的监督作用,并把党内监督与司法监督、群众监督、舆论监督有机结合,形成监督合力。

第三,通过构建,使纪检工作服务于中心工作、经济工作的水平得到进一步提升。自觉把反腐倡廉工作置于经济建设、政治建设、文化建设和社会建设"四位一体"的社会主义现代化建设总体格局,努力在落实科学发展观、构建和谐社会上有所建树。一是坚持大局为上、服务第一要务。要加强对贯彻执行党的路线、方针、政策和决议情况的监督检查,加强对党风廉政建设责任制落实情况的监督检查,确保改革和发展的正确方向。二是要自觉融入完善市场经济体制的改革实践,建立与社会主义市场经济相适应的惩防体系,防止权力侵入市场体系,危害市场体系、市场秩序和市场运行机制。三是要坚持以人为本,贯彻执纪为民。执纪为民是纪检监察机关贯彻落实立党为公、执政为民的必然要求,是党的群众路线在纪律检查工作中的集中体现。要充分发挥惩防体系在惩治腐败现象、维护人民权益、弘扬社会正义、保持和促进党同人民血肉联系方面的特殊作用,主动适应维护社会公平正义的需要,及时发现和解决严重影响社会公平正义的问题,为改革、稳定、发展大局提供保证。

(作者:陈爱民)

构建教育、制度、监督并重的惩治和预防腐败体系的思考

我国目前正进入反腐倡廉的关键时期，急需建立起与社会主义市场经济体制相适应的教育、制度、监督三者并重的惩治和预防腐败体系。从国际反腐败经验来看，国外成功的实践经验已经证明，让官员进行个人事项、财产申报，是反腐倡廉最为根本的制度规定。我国现行立法中没有设置申报制度，现有的领导干部个人重大事项报告和收入申报制度未能起到预期的效果。因此，要完善申报制度，加强立法，把党的主张变成国家意志，用国家强制力保证反腐倡廉工作持续、深入、健康发展。

中共中央制定了《建立健全教育、制度、监督并重的惩治和预防腐败体系实施纲要》，这是为了保证党员干部廉洁自律，加强党风廉政制度建设，完善党内监督制度，真正形成用制度规范从政行为、按制度办事、靠制度管人的有效机制，建立起与社会主义市场经济体制相适应的教育、制度、监督三者并重的惩治和预防腐败体系，是高高挂起了制约腐败的利剑。而在《实施纲要》里有一项最重要的措施，就是完善领导干部重大事项报告和收入申报制度。常言道："千里之堤，毁于蚁穴。"党员领导干部向党组织报告个人有关重大事项，实际上就是从细微处防止腐败的重要举措。

官员申报制度历来被多数国家所确认，并把它作为预防腐败的最有效的制度之一。我国目前已建立领导干部重大事项报告和收入申报制度，但就其申报范围、申报对象、申报要求的强制性而言，及从查处职务犯罪的司法实践中证明，整个制度体系构架显得不完整，制度之间存在着不足、漏缺等现象，缺乏操作性，因此，它还不是严格意义上的申报制度。而且国外的申报制度能使大批高官受到查处，而我国的申报制度并没有使得腐败高官的腐败行为及时暴露出来，这说明现行的申报制度确实存在缺陷，亟待进行完善、弥补。

一、我国申报制度与国外申报制度之比较

（一）现代国家的申报制度的规定

世界上有许多国家为杜绝官员贪污受贿，明确规定他们在任职前后和任职期间，必须向有关单位和组织申报个人的重大事项发生情况。凡官员的生活水平明显高于其官职相应的水平，而又无从解释其原因的，就将受到行政处分和法律制裁。

1883 年英国议会通了一部重要的法律——《净化选举，防止腐败治法》，这是世界

上第一部有关财产申报的法律。

美国1987年经过国会通过了由卡特总统签署的《政府道德法》。《政府道德法》规定:立法、行政、司法三部门官员必须公开公共财政收入。要求报告的内容包括:股息或债息、利息、租借和资本利润形式取得的收入;酬金;以饮食、住宿、交通、娱乐形式取得的礼物;资产负债;涉及某种财产的交易;在任何公司、合伙商行担任的职务;与以前或将来的雇主所达成的安排或协议等等。法律规定这种报告必须向公众开放,公众有权要求查阅。如果报告人有违反道德的行为,部门道德官员将对报告人提出忠告,并责成报告人放弃违背公共利益的行为,利益的归还或偿还。如果这些方法均不能实行或不足以恢复被破坏的公共利益,行为人就必须辞职或调职。对拒不申报、谎报、漏报、无故拖延申报者,各单位可对当事人直接进行处罚。司法部可对当事人提出民事诉讼,法院可判处1万美元以下的罚款。对故意提供虚假信息的人,可提出刑事诉讼,判处最高25万美元的罚款或5年监禁。违反利益冲突法的规定、参与与其经济利益有关系的事项的行为,判处1万美元以下的处罚或2年以下的监禁,或两项并处。美国的财产申报制度主要有两大作用:一是早期预警作用,二是后期纠偏、惩处作用。即在明知有贪污贿赂行为而不能取得证据时,非法收入本身即可作为起诉的根据,因而成为反腐败的一条重要防线。

另外,法国制定有《政治生活财务透明度法》,泰国制定有《关于申报资产和负债的王室法令》,澳大利亚制定有《公职人员财产申报条例》,印度制定有《防止腐败法》等。20世纪七八十年代,德国、新加坡、韩国等也都不约而同地实施了财产申报制度。通过立法规定公职人员申报财产、由政府有关部门进行公布与查核,并社会进行监督。同时,各国对拒绝申报个人财产或弄虚作假者都制定了制裁的法律,如:议员候选人将被取消选举资格、新任公务员的任命将无效、官员会被处以罚款或徒刑等。这是资本主义国家廉政建设的一条十分成功的经验,也是一项极其重要的防腐措施。所以,这一制度一直是世界各国政府反腐败斗争比较通用的、强有力的武器。

(二)我国申报制度的规定

在改革开放新时期的反腐败斗争中,我国开始了对建立财产申报制度的探讨。这包括:1988年起草了一个关于国家行政工作人员报告财产和收入的规定草案,较为系统地规定了处分腐败行为的行政措施;1994年,将《财产收入申报法》列入立法项目;1995年中办、国办印发了《关于党政机关县(处)级以上领导干部收入申报的规定》,在中国首次确立了公职人员财产申报制度;2000年12月,中央决定在省部级现职领导干部中首先实行家庭财产报告制度,并于2001年6月15日颁布了《关于省部级现职领导干部报告家庭财产的规定(试行)》。以上这些规定,主要就是要求官员报告个人和亲属的财产状况。1997年1月31日,中共中央办公厅、国务院办公厅印发了《关于领导干部报告个人重大事项的规定》。《规定》要求,领导干部应报告的重大事项包括本人、配偶及子女在房产、婚丧喜庆、与外国人通婚、出国、经营企业、受到执法机构查处或涉嫌犯罪等。2005年1月3日《建立健全教育、制度、监督并重的惩治和预防腐败体系实施纲要》和2006年8月29日《关于党员领导干部报告个人有关事项的规定》作为重要的党内文件和法规颁布实施。

二、我国目前申报制度的问题和不足

我国的申报制度未能起到预期的效果，究其根本，大致存在以下几方面的问题和不足。

1. 申报制度在法律上“缺位”。目前我国关于领导干部重大事项报告和财产申报的规定，没有以法律或行政法规的形式予以确定，造成在国家法律上“缺位”。而关于重大事项、收入申报的规定，多是以文件形式下发，在性质上属党内政策性文件，使得本该由国家法律规定下来的申报制度目前只能靠党内规章制度来进行“补位”。由于缺乏可操作的细则和严格的程序，加之在我国政策性文件的法律地位也并不明确，从而影响了这些规定的权威性，因此实践中也没有被有效地执行。

2. 财产申报的范围、内容、来源过于简单和狭窄。在财产申报规定中都只规定了“收入申报”，而非“财产申报”，因为收入仅仅是国家工作人员全部家庭财产中的一部分，尚不能充分起到真实反映国家工作人员财产状况的作用。因而此种申报范围，既非申报主体收入的全部，如继承的遗产、受赠、偶然所得等均未包括，更不是申报主体的财产的全部。事实上，申报主体的财产状况，包括很多项内容，有动产，也有不动产；有债权，亦有债务。还有当前领导干部的亲属利用领导干部的身份进行舞弊者甚多，如只要求其本人申报收入而不要求其家属申报收入，无疑造成财产申报的漏缺，在此种情况之下，领导干部的非正常收入只要转归于其亲属，就可以隐瞒其部分收入了。因此，财产申报的内容应当为个人及其全部家庭财产，如果申报登记的只是个人收入，而不是家庭收入，不能监控全部的“合法收入”。

3. 缺乏落实制度，使申报制度流于形式。当前的重大事项、财产申报制度，很大程度上都是靠权力去推动落实的，没有建立申报的检查、核实等落实制度，使监督执行乏力。在监督规定的执行上往往停留在用会议落实会议、用文件落实文件的一般性要求上，缺乏根本性的配套制度保障；对按规定严格办事的要求提得多，而对违法规定处理得不够严肃；在执行当中形式多、实招少，没有认真进行申报的检查、核实工作，使此项工作很大程度上流于形式。正是因为缺乏落实制度的制度，使违纪和惩处之间没有形成固定的因果锁链，搞腐败的风险和成本大大降低，促成了一些腐败分子铤而走险。

4. 受理、监督机构不科学，监督不到位。领导干部重大事项报告和收入申报制度中所确定的受理申报机构为本单位的组织、人事部门，这些机构并不具有独立的监督机能，也往往由于同级监督难以奏效。因此，对其受理申报主体的申报也很难起到监督作用。同时根据规定，负有专门监督职能的党的纪律检查机关和政府的监察机关，则只对规定的执行情况进行监督检查，并不受理申报。这种受理申报机构与监督机构相分离的机制，从而降低了财产申报制度应有的功效，使之对申报主体的监督不到位，也就失去实行日常监督的意义。

5. 申报的种类不严密。我国领导干部重大事项报告和收入申报规定中，只规定了日常申报一种，即每年的7月和1月申报前半年的重大事项、收入等状况，而对监督领导干部重大事项、财产等状况至关重要的初任申报和离职、离退休的申报却丝毫未涉及，因此，缺乏参照基数，不能将申报主体的重大事项、收入等状况始终置于监管之下。

6. 申报情况缺乏透明度。领导干部重大事项报告和收入申报之所以流于形式，是因为它基本上是一个秘密申报制度，缺乏明确的政治和法律责任，即使做虚假申报，也没有人在乎。只是申报，并不公开，不是真正意义上的"阳光法案"。

7. 没有设置刑事责任，处罚偏轻。我国有关领导干部重大事项报告和收入申报制度中规定了违反责任，但由于规定本身属于政策性文件，其所规定的责任形式也只能是纪律处分，即申报人不申报或者不如实申报收入的，由所在党组织、行政部门或纪检监察机关责令其申报、改正，并视情节轻重给予批评教育或者党纪政纪处分，由此可见，申报制度对违反者是采取批评教育为主、纪律处分为辅的制度，而并不涉及到刑事责任。与其他国家和地区的公职人员财产申报制度相比，此种处分似嫌偏轻。

三、完善申报制度的几点建议

联合国社会发展和人道主义事务中心预防犯罪和刑事司法处编写的《反对腐化实际措施手册》认为，申报制度有两个方面的作用：一是可以事先警告和预报，据此可以看出一个公职人员的消费水平和生活方式是否与其收入相符，如不相符，即可要求其作出解释，或对其进行监督观察；二是在明知公职人员有腐败行为但查不到证据的情况下，仍可就其来源不明的财产对其提起诉讼。我国要通过申报制度，来达到保持党政机关领导干部廉洁从政，有效预防职务犯罪发生的目的，就必须寻找积极的对策。因此，笔者建议应从以下几个方面来加以完善：

1. 通过立法确认申报制度的法律地位。从法律的角度观之，申报制度的设立，既涉及维护廉洁政制的公共利益，又涉及对党员领导干部财产隐私权的限制问题，无论从哪方面讲，都不宜使用政策性文件予以调整，而应用更为稳定、权威的国家法律予以规范。在国外，一般是以立法方式强制公职人员如实申报个人财产、来源及各种投资活动的。在我国，要根据国情发挥优势，建立有中国特色的党内法规与国家法律相结合的反腐倡廉法规制度体系，把党的主张变成国家意志。因而，我国的领导干部重大事项报告和收入申报制度也应以国家立法的形式予以确立，建立行之有效的申报制度及其相配套的检查、核实制度，颁布各种相应的法规、规章，从而增强官员财产申报制度的权威性。

2. 确定合理的申报内容、范围。确定合理的申报内容、范围，对于建立有效的财产申报制度，是至关重要的。设立财产申报制度，应对申报主体的一切财产收入进行监督，不能有漏项，否则就会降低其作用。财产申报范围应能够较为全面、准确地反映申报主体的财产状况，申报的内容应当是国家工作人员所拥有的财产而非仅仅是"收入"。所申报的不仅是本人的，还须申报其配偶和直系亲属等家庭共有的财产收入和支出情况；不但包括工资，还包括房地产、汽车、存款、有价证券、债权债务、信托资产等，投资股票、证券收入，房屋出租收入等也都应列入申报事项。申报时须写明财产名称、价值、位置，还须注明来源、估价方法、变更情况等。

3. 建立调查机制，扎实落实申报制度。申报主体报告个人重大事项和财产申报后，要对申报主体的报告是否全面、实事求是，有无隐瞒、漏报等现象；处理个人重大事项的行为是否符合规定、有无越轨行为，采取找干部、群众座谈，了解情况，进行调查核实。应当允许监督执行部门在必要时，将负有申报责任的申报主体的配偶、家人的情况及其家庭情况，列入检查、核实的范围。确定监督执行部门在银行系统进行个人存款查询的权利与职责，必要时可以与同样负有法律监督职责和预防职务犯罪职责的各级检察机关共同进行，以解决监督执行部门在实际工作中的检查、核实权限问题。

4. 明确受理申报、监督执行的机构。建立领导干部重大事项报告和收入申报制度，其主要目的是为了预防、监督腐败现象。通观各国家和地区的立法，关于受理申报和监督执行的机构，大都是享有独立监督职权的政府机构。根据我国的实际情况，受理申报、监督执行的机构可设在党的纪律检查机关和政府的行政监察部门。受理机关在受理申报后，应将申报材料报同级检察机关备案，以便及时发现违法犯罪的线索。在受理申报时，受理机关还应当根据申报主体的级别不同进行具体的分工。即纪律检查机关和监察机关不受理同级申报主体的申报，此类申报主体的申报应由上一级纪律检查机关和监察机关受理。

5. 弥补申报的种类。综观各国个人事项及财产申报立法的先例，公职人员的重大事项、财产等状况申报种类一般有初任申报、日常申报和离职申报三种。此三种申报将申报主体的重大事项、财产等状况自始至终置于监督之下，为申报制度必不可少。因此，我国申报制度中应规定：(1)任前申报：申报主体应于任职前的适当时间内申报自己的重大事项、财产等状况，并且应当将是否带头如实申报个人重大事项及其家庭财产作为任用、提拔的一项基本评价指标。(2)日常申报：日常申报可采取每年1月、7月申报前半年的重大事项、财产变动情况。(3)离职申报：申报主体应于任期届满离职前一定时间内，申报其重大事项、财产变动情况；申报主体被调离的，应在调离前完成重大事项、财产等申报。只有将职前、职中和职后的重大事项、财产审查完整地纳入依法监控的范围，才能够有效降低贪污腐败的可能性，同时也能够有效地保证公职人员的廉洁与清白。

6. 申报资料的公开。重大事项报告和收入申报制度应该与财产公开联系起来，即实行“阳光法案”，使领导干部的重大事项、财产公之于众。申报的财产不公开，没有外在监督，申报便没有意义。鉴于我国符合申报条件的人员数量较大，在申报资料公开的程度上，可采用有限制地公开的原则，即受理机构对申报主体的申报资料不予主动公开，但经主管领导批准，公民可以基于正当目的查阅；申报人自愿公开的，以及公众强烈要求公开或主管领导认为确有公开必要的，则应公开。公开的途径有三种：一是在政务公告栏张榜公布；二是通过官方报纸、网络刊载，提供给公民让其索取、查询；三是可以建立领导干部廉政诚信档案，有限制地向社会开放，接受查询。

7. 加重违法处罚。处罚规定是任何制度得以顺利实施的后盾，没有处罚或者处罚过轻便不能为制度的实施提供有力的保证。设立公职人员财产申报制度的国家和地区，都规定了对违反申报者予以纪律、行政和刑罚处罚，以增加申报制度的强制性。如果申报失实，或者申报的财产与其实际收入来源不相符合，就要启动相关的处罚程序，如果司法程序确定为有罪，就要承担明确的法律责任。我国的申报制度中也应含有纪律处分、行政处分和刑事处罚三种处罚。也就是说对违反财产申报制度情节较轻的人员根据党的纪律和行政法规，给予党纪、政纪处分。比如，对于任职前不如实申报的人，要给予开除党籍的党纪处分，取消其任用、提拔资格的政纪处分。对于拒不申报或申报不实两种行为情节严重的人员，应增加违反者的刑事责任，刑罚处罚亦应设置相应的犯罪。

（作者：马佳）

关于建立预防腐败备案机制的设想

众所周知,中国经济近些年来突飞猛进地发展,经济活动的增加和资金流动频繁催生了腐败的滋生和蔓延,而民众对现存腐败现象的了解多是不全面甚至是过于悲观的,这在一定程度上严重地阻碍了我国经济建设的顺利进行,影响了生产力的健康发展。如何更加有效地打击腐败,促进我国经济建设的顺利发展,引导民众建设新兴的物质文明和精神文明,是摆在我们面前的一个重大课题。从世界各国反腐败的成功经验来看,注重预防是国际社会治理腐败的基本理念,也是我们在发展社会主义市场经济条件下更好地防治腐败的必由之路。只有更加有效地预防腐败,才能从根本上解决腐败问题的发生,这既是我国反腐倡廉工作的重点,也是难点。提高反腐倡廉工作水平,重要的就是要提高有效预防腐败的能力。笔者认为,提高预防腐败的能力,首先要做的就是正确、理性地对当前我国存在的腐败现象作出一个客观、全面的评价,从腐败的产生源头、表现形式、造成的影响,以及在当前经济建设各行各业渗透的深度、广度作出一个定性、定量的分析,这样不仅有助于给反腐败斗争提供真实、有力的现实依据,而且更有助于给民众提供正确的舆论导向,从而有力地保证我国经济建设的有序发展。

一、搞清目前腐败的存在形式

如何正确地对目前存在的腐败现象作出正确而客观的评价,从而保证我们能够真正地从爆发腐败的源头上防治腐败,从容易滋生腐败的现行制度上防治腐败,促进我们反腐败工作的顺利开展,首先要了解的就是容易滋生腐败的相关机制。

在当前的社会中,腐败的存在形式是多种多样的,同样也充斥在社会生活的各行各业,由制度引起的腐败更是五花八门。仅据香港特别行政区廉政公署公布的调查结果来看,目前容易发生腐败问题的范围主要有以下几类:

容易滋生腐败的领域	导致腐败的原因	相关对策
选择性执行任务	没有落实执行的法例及不清晰的政策	检讨法例并制定实际可行的政策
滥用职权	监管不足及指示不清	执行监督人员问责制度及明确清晰的指示及权责
行政延误	繁复及不必要的程序	简化程序，订立服务标准及监察进度
机密资料外泄	缺乏足够管制措施	制定适当的机密资料保安措施
公众对其权利及义务认识不足	政策及工作程序缺乏宣传	提高政策及工作程序的透明度

通过以上的分类我们不难看出，导致腐败的原因无非就以下几个方面：一是法律及行政政策规定不清，给腐败者提供了规避的机会；二是监管机制不健全或监管不力，缺乏有力的制衡和打击力度；三是繁杂的行政程序及不必要的中转环节，给了腐败者滋生繁衍的有机土壤，也就是说行政手续的线延伸得越长，越容易产生腐败；四是由于对有关政策的宣传缺乏力度，再加上工作缺乏透明度，使民众对政府的行政行为产生"有暗箱操作"的怀疑，导致民众对政府信任度的降低。在刚才列出的项目中，涉及到了我们日常所接触到的方方面面，因此，国家有必要在一定的经济建设时期内对涉及行政、事业等行业的岗位分门别类地进行摸排，根据该岗位的性质、职能、业务范围、对象人群并结合以往出现的腐败行为个案及腐败发生频率，对各行政、事业等行业的岗位进行腐败指数（相对发生腐败行为的几率）进行评估。然后，国家根据评估的结果，在立法及行政手段上加以调控或制衡（如在基础建设时期，交通建设类的岗位腐败指数较高，尤属交通厅长。有四川、河南等几省市数任交通厅长腐败案为例）。对于经过全面调查后，综合评价认为容易滋生腐败即腐败指数较高的岗位，可以进行适当的调整；对于无必要的行政价值的岗位及环节，可以进行取消；对于权力过于集中的职位，国家可通过行政干预或立法来加以制衡。

二、对腐败现象存在的深度、广度作出正确的评估

腐败犯罪是无形的，对腐败犯罪的打击和查处的难度也是最大的，而每件腐败案件的涉案金额和所造成的经济损失以及社会影响也往往是巨大的。因此，这就要求国家在一定时期内对存在的腐败现象有一个相对清晰的认识，对其存在的深度、广度以及对经济建设、法制建设、民众心理所造成的负面影响作出一个客观、全面的评估，并将评估结果定期向社会公布，使民众对当前存在的腐败现象有一个清晰、全面的认识，从而增强反腐败的信心，安心地从事经济建设。同时，国家根据评估结果建立有针对性的长效预防机制。这样，国家就可相对地对腐败行为有一个总体的掌控，可以在一定范围内预防和控制腐败现象的蔓延，而不再像以前花费了高昂的办案成本却仍总是处于一个尴尬的被动局面。

三、对因腐败所造成的经济及其他方面的损失作出综合评估

腐败的“标的”是经济利益，腐败者因腐败行为获得了非法的经济利益，与之相对应的，国家就因腐败者的腐败行为造成了经济利益方面的损失。相比之下，国家失去的却不只经济利益本身，因腐败行为所带来的负面效应，在一定范围内会对国家的经济建设、法制建设、国防建设以及国民的精神文明建设上造成不同程度的冲击。又因腐败者或多或少在职时担任一定的公职，这在一定程度上会大大地降低公众对政府的信任指数，从而影响政府的行政行为，阻碍经济建设的顺利发展。因此，国家有必要对因腐败所造成的国家利益方面的损失作出一个客观、全面的评估，以作为国家制定宏观政治、经济政策的参考指数，同时也作为制定防腐政策的一个重要参考指标。

四、理性深层次地分析腐败产生的原因，建立普遍性的防腐备案机制

中国共产党第十六次全国代表大会通过的中纪委报告，在分析党风廉政建设和反腐败斗争面临的新情况、新问题时指出：“由于诱发腐败的一些深层次问题尚未完全解决，制约反腐败斗争深入开展的一些因素还存在，今后一个时期腐败现象仍有可能易发多发，反腐败任务还艰巨繁重。”这两个“一些”耐人寻味、引人深思。由此，我们不妨换个角度来考虑，既然导致腐败的原因是多方面的，那么我们不妨引入“无赖原则”，按照“无赖原则”设计、制定并逐步完善防腐制度。

通常，在我们制度建设的指导思想上往往设定一个前提：即领导干部的职务越高，就想当然地认为其觉悟越高、素质也越高，在普通民众的潜意识中更是变相地把领导干部“圣人化”了。在这个前提下设计、制定的制度，从经济上不考虑领导干部的利益，而从政治上则把领导干部游离于监控对象之外，于是难免产生“工作并腐败着”的领导干部。正如胡长清所说的“当官当到一定级别，就如同羊进了牛栏，牛栏的缝隙很难防住羊的进出”。

“无赖原则”是英国学者大卫·休谟提出的法制建设原则，其中心思想是：在设计、制定法律和规章制度时，应假设人人都是无赖，除了私利没有其他目的。列宁也曾经说过：“把希望寄托于人的优秀精神品质上，这在政治上是不严肃的。”笔者主张的“无赖原则”，并非对领导干部不信任，而是制度本身的特点决定的。因此我们从制度上应遵循“无赖原则”，在以上三个方面工作的基础上，建立普遍性的防腐备案机制，对腐败指数较高的职位和人员建立特别腐败备案体系，并加大监督力度，完善预防腐败机制的相关内容。

对腐败的监督制约机制是个系统工程，反腐斗争也不是松一时紧一时，或有了案件加紧反、没有案件整日闲，而应逐步建立健全领导干部“不能腐败”的防范机制、“不敢腐败”的惩治机制、“不需腐败”的保障机制和“不愿腐败”的自律机制，形成教育、制度、监督并重的预防和惩治腐败体系，真正做到标本兼治、综合治理。

五、结合国情，不断更新防腐举措，建立切合实际的防腐长效机制

毋庸置疑，腐败现象在现在的国际社会中都是存在的，同时也是影响各国经济发

展的“头号”毒瘤。针对腐败现象，各国根据本国不同的情况制定出了切合本国实际的反腐措施。所谓“魔高一尺，道高一丈”，面对不断变化的腐败形式，我们应如何不断更新反腐举措，来完善我们的反腐长效机制，这是摆在我们面前的一项重要任务。

我国在2003年12月签署《联合国反腐败公约》后，经过不到两年的积极准备，于2005年10月28日提交全国人大常委会审议通过。《联合国反腐败公约》通过后，对我国在国际间展开合作并遣返有关腐败犯罪人员产生积极的影响，而且可以预期，公约将会促进国内相关反腐败的预防、监督机制进一步健全。然而，据笔者的了解，在《联合国反腐败公约》中，有明确的条款规定：凡与国家公职人员手中权力有关并由此带来个人法定利益以外的，均属腐败。也就是说，不管这种官员个人利益是有形还是隐形、是即期还是预期，只要这种个人利益的取得与公权有关，且是非法定的，都是公约所规定的腐败行为。而相比之下，在我国对官员腐败行为的界定，虽然在法律上有受贿等罪名，但却远没有上述公约所定义得那么完备，那么有明确的概念内涵与外延。例如，假如按照公约中对腐败的界定，我国现有官场的“三公”费用，还尚只停留于行政机关的自我规定阶段，且伸缩性还相当大。而这，不仅给反腐败中的罪与非罪认定造成困难，而且即使对有些虽然没有构成犯罪，但仍属腐败的官员行为，也应该设立对应的制度加以预防和监督。所有这些都是新形势下反腐败工作所要解决的问题。因此，面对不断变化的新形式、新情况，国家立法也必须不断更新，与时俱进。

（作者：王俊）

怎样做到让公务员不敢腐败

一、不敢腐败

这是反腐败斗争中最早采用,也是最原始的办法,是四大战略目标中层次最低的一个目标。一般为了达到使公务员不敢腐败的目的,大都采用严刑峻法,严厉处罚腐败分子,以此对其他公务员起到杀一儆百的效果,使其他公务员在考虑腐败成本时有所顾忌,心生忌惮,不敢去腐败,这就达到了政治廉洁的目的。这是一种外在的约束,公务员不腐败不是出于内心的自愿,而是出于对严厉处罚的畏惧,是外因在起主要作用。

采用这种办法解决腐败问题的,一般是一个国家或政党的腐败已经达到极其严重程度的时候。这时只有采用"乱世用重典"的办法解决腐败问题,效果才比较明显。为了达到使公务员不敢腐败的目的,严刑峻法是非常必要的,而且一定要达到足够得严,要让腐败分子从心里后悔,要让其他公务员从心里害怕。

在这方面的最典型案例莫过于新中国建国初期以毛泽东为首的中央严厉处置腐败分子刘青山、张子善案件。

从 1950～1951 年,天津地委书记刘青山、专员张子善,采取欺骗、克扣、虚报、偷税漏税等手段,先后盗窃国家救灾粮、治河专款、干部家属救济粮、地方粮,克扣民工粮、机场建设款、骗取国家银行贷款等,总计折合现金人民币 176 万多元。刘青山、张子善是为中国革命胜利作出重大贡献的英雄人物,在新中国刚刚建立,急需使用大量干部的时候,如何处置二人成为世人关注的焦点。如果稍有不慎,就有可能给其他工作人员树立一个坏榜样,不仅起不到惩前毖后、治病救人的目的,反而适得其反,加剧腐败程度。

毛泽东考虑到新中国建立不久,国际国内环境复杂,革命胜利后一些人骄傲自满情绪严重,腐败苗头非常严重,可以说是百废待兴的极为混乱的情况,他毅然代表党中央拒绝了一些老同志为两人的说情,断然下令处以极刑。随后,毛泽东为首的党中央果断开展了在全国范围的反腐败斗争——"三反"运动,即反贪污、反浪费、反官僚主义的斗争,引导群众从政治和经济两方面认识腐败活动:在政治上要认识到,贪污、官僚主义会使党政军干部逐渐被腐蚀以至腐败;在经济上要认识到,腐败活动对国家经济建设危害极大,会浪费掉国家建设急需的大量资金,会阻碍国家经济建设。

随后对有贪污等行为的其他腐败分子进行了严厉处置。毛泽东指示:贪污1万元以上的定为大老虎,贪污10万元以上的定为大贪污犯,判处死刑,立即执行!根据毛泽东的指示,国家公安部行政处长宋德贵因侵吞公安部大楼基建款160万元,也被执行死刑。在全国3122437名党员干部和工作人员中,因有贪污等腐败行为而被撤职、查办、法办、处决者为1226984人,占全国党员干部和工作人员总数的近40%!在毛泽东亲自领导下的反腐败运动,真正使腐败分子后悔了。张子善最后的遗言是:"我对判处死刑、立即执行无意见,这对党有好处,只有这样做,才能教育全党,因为我罪恶深重。"刘青山的最后遗言是:"告诉我弟弟,把尸首取走,津市局(刘青山在天津的住处)有大小皮包,亦是党的财产,交给党。"处决刘青山、张子善的行动也使其他工作人员震惊了,当时处于各种背景、地位、职务的人们纷纷想到的一个问题是:革命刚刚取得胜利,新生的共和国刚刚建立,作为党的高级干部的刘青山、张子善怎么就如此急剧蜕化变质到了这种自绝于党、自绝于人民的地步,其原因究竟何在?到底是为什么?通过反思腐败分子的所作所为及其可耻下场,起到了教育干部的作用,达到了使干部不敢腐败的目的。在以后长达20～30年的时间里,中国的腐败问题并不严重,刘青山、张子善之死保证了中国20多年的政治廉洁,这不能不说是中共反腐败斗争中取得的一个重大阶段性成果。

二、不能腐败

如果在反腐败过程中建立健全比较完备的反腐败的相关法律法规及规章制度,使反腐败达到制度反腐的水平,就可以依靠制度监督公务员的行为,从而做到使公务员不能腐败。

我们现在经常提到的加强监督,健全制度,用制度来规范和制约公务员的行为,在监督方面主要是对一把手加强监督等等,都属于这个层面上的反腐败措施。

靠制度反腐败比较可靠,虽然这还属于外力强制使公务员不腐败,但在效果上却能收到良好效果,因为无论公务员内心在想什么,在行为上由于有完善的制度来约束自己的行为,在事实上已经能够做到大大降低腐败发案率,保证政府或政党工作人员的基本廉洁。

在实施制度反腐败的时候,有一个重要的条件,那就是一定要做到工作人员各负其责,各司其职,严格按照制度办事。如果一个政府或一个政党已经达到一半以上的工作人员都已经腐败或已经出现腐败苗头,并且还在以一定的增长率而使腐败越来越严重,则显然做到制度反腐败的难度将是非常大的。在这种情况下更适合的反腐败手段显然应该是采用严刑峻法迫使公务员不敢腐败,在实现了第一步反腐败战略目标后再来实行制度反腐败也许更为实际。当然也可以考虑双管齐下,在用严刑峻法严厉处罚腐败分子的同时,努力建立健全各项反腐败制度,加强对公务员特别是一把手等高级公务员的监督,务求反腐败斗争收到实效。

在制度反腐败和监督方面做得比较好的国家之一是瑞典。

在制度反腐败方面,瑞典政府早在1923年就成立了反贿赂研究所,并且先后制定了在商业活动中禁止行贿的法律、防止公职人员受贿等腐败行为的法律、反行贿受贿的法律，这些法律既适用于国家与地方公务员，同时也适用于私人企业中的经理、经纪人等非公务人员，从而有效堵住了可能滋生腐败的各种温床。这些法律的规定非常具体，主要包括：任何人索贿、受贿或接受不适当的报酬，都被认为犯有受贿罪，要处以罚款或判刑；任何人给予或答应给予他人不适当的报酬，不论数额多少，均被认为犯有行贿罪，处以罚款或判刑。办案中的法官、律师、警察不允许接受任何馈赠物。在执行中也比较严格，比如：一位电子计算机采购员与卖方公司达成协议，并得到佣金，采购员按索贿罪论处；由于一家房产管理处的两名职员曾为一家公司加班帮忙，作为回报，二人接受了该公司请他们到哥本哈根旅游的美意，结果该公司被判犯了行贿罪，房产处二职员被判犯有受贿罪；两名海关人员由于被一家轮渡公司请上船吃饭、喝酒、购买免税商品，结果被判犯有受贿罪，船主被判犯有行贿罪；一位环保局官员在过自己 50 岁生日时接受了一家农药公司送来的两瓶酒，而被判犯有受贿罪。

在监督方面，瑞典有一套完整的监督体制，主要包括：①各政党相互监督：社民党是执政党，其他 5 个党为在野党，各党相互监督，只要发现某党领导人或该党其他工作人员有腐败行为，其他政党则群起而攻之，在廉洁问题上大做文章，这必然影响到该党形象，为了树立良好形象，使选民继续支持自己，所以各党自身被迫严格约束党员行为，一经发现本党犯有腐败行为的党员，则会严厉处置。②公开监督：可以说在透明度方面瑞典在全世界都是独占鳌头的，瑞典的所有官方活动一律公开，政府文件中除了外交、国防文件因涉及国家机密而保密外，其他文件也一律公开，全国公民都可查阅 1766 年以来 200 多年来政府几乎全部文件，公民以此能够很好地监督政府行为，真正实现了全民监督。③司法监察专员制度：议会和政府均设有监察专员，议会监察专员设于 1809 年，是欧洲最早设立该职位的国家，现在有 4 名议会监察专员，由议会任命，负责监督中央和地方国家机构公职人员；政府监察专员设于 1954 年，现有 30 名监察专员，由政府任命，负责监察国家经济活动。任何公民如果发现公职人员有腐败行为，一律可以向司法监察专员举报。司法监察专员有绝对的独立权，他们可以调查从中央到地方任何机构和任何公职人员，而不需要提出理由，保证了司法监察专员的绝对监察权。④新闻监督：大家可能认为哪里都有新闻监督，对此已经习以为常，但在瑞典却不是这样。瑞典的新闻机构有权报道任何国家和地方领导机构以及任何一位领导人的腐败行为，向媒体提供腐败分子线索的人员受到绝对保护，任何人不得追查和打击报复。媒体一旦得到某官员腐败线索，便会穷追猛打，非查个水落石出不可，如果是贪官，则由此身败名裂，所以在瑞典问题官员一般都害怕媒体揭露自己的问题。

如果像瑞典这样从制度到监督都能做到比较完善，而且切实起到作用，则腐败分子如过街老鼠人人喊打，其他公务员就难以腐败了，这就做到了使公务员不能腐败，实现了反腐败的第二个战略目标。

三、不愿腐败

使公务员不愿腐败是指，由于政府给公务员提供的工资待遇非常优厚，公务员在面对腐败诱惑而衡量腐败成本时，会感觉因为腐败而失去待遇极为优厚的公务员职位非常可惜，从而不愿选择腐败，由此而使政府的廉洁程度提高。

使公务员不愿腐败的最好办法是高薪养廉，但是有一个重要条件那就是政府财政条件比较好，一定要将公务员工资福利待遇与普通社会成员的收入拉开，要公开地以公务员的优厚待遇使公务员宁愿选择廉洁而不愿选择腐败。

世界上已经有些国家实行了高薪养廉制度，而且取得了一定成绩，并且使公务员廉洁程度大有提高。在这方面做得比较好的是新加坡。

新加坡在刚刚从殖民地状态下独立时，虽然因为国家财政紧张，一时无法实行高薪养廉制度，但政府抱定必须对公务员实行高薪养廉政策的决心，以此保证国家政治廉洁。随着国家建设的逐步展开，财政经济状况的逐步好转，新加坡政府大力筹措资金，经常给公务员长工资，而且幅度非常大，从而使公务员工资越来越高。在经过1973年、1979年、1982年、1989年四次大幅度增加公务员工资后，终于使新加坡政府公务员工资达到了世界最高水平。在1999年时，新加坡人均国民生产总值达到了8000美元，虽然还不是全世界最高的，但新加坡经济显然已经腾飞，成为亚洲“四小龙”之一。而这时的新加坡政府公务员的工资却已经跃居全世界第一，新加坡总统月工资约20218美元，总理月工资约19628美元，部长月工资约14269美元，常任秘书月工资约5218美元，政治秘书月工资约3307美元，国会议员月工资约2051美元。但是，与此形成鲜明对照的是，新加坡工人月工资却大约为308美元，两者差距显而易见。

面对自己这么高的已经位居全世界第一的工资水平，公务员对自己的职位和工资福利待遇都非常珍惜，一般不会选择放弃这么优厚的待遇而去提心吊胆地参与腐败活动，葬送掉令人极其羡慕的职位和待遇，这样就实现了公务员不愿腐败的战略目标。

但是，如果个别公务员拿着这么高的工资福利待遇仍然贪得无厌地参与腐败活动以便获取更多钱财，那么又该怎么做呢？新加坡政府的做法是无情打击。比较典型的例子是新加坡国家发展部部长郑章远，这是一位老资格的劳苦功高的资深部长，因其涉嫌在建筑合同中受贿，结果遭到国家贿赂调查局长达16个小时的讯问，在这位老部长向国家总理李光耀求情，希望总理看在自己以前贡献的份上放自己一马，但却得到李光耀总理坚决一查到底的指示，在国家贿赂调查局穷追猛打查出这位部长收受51万美元贿赂的犯罪事实后，这位为新加坡经济发展作出重大贡献的老部长最后只落得一个畏罪自杀的可悲又可耻的下场。有了这样的例子，谁的资格能比跟着李光耀总理一起领导国家经济建设的这位老部长更老呢？连老部长腐败的下场都是畏罪自杀，又有谁会继续放弃优厚待遇选择腐败呢？由此，新加坡政府成为世界上腐败案件发生率最低的国家之一。

四、不想腐败

使公务员不想腐败，这是反腐败战略目标中最难实现的一个目标，是世界反腐败的最高战略目标。客观地说，可能目前世界上还没有一个国家达到这种状态，实现这一目标。

使公务员不想腐败指的是公务员由于道德水平非常高，而发自内心地厌恶、蔑视腐败现象和腐败分子，自己则靠比较高的道德修养坚定地抵御腐败的诱惑，从而使腐败现象降到最低限度。

世界上许多国家都在加强公务员的道德建设，其中美国在进行道德立法以加强公务员道德建设来预防腐败方面可能算是比较有成效的。

20 世纪 70 年代的"水门事件"不仅使尼克松总统黯然下台，而且还引发了美国关于政府从政道德问题的大讨论，一时之间，公务员从政道德成为全美国的热门话题，人们强烈要求道德立法。1977 年卡特出任总统后，顺应民意，1978 年制定并颁布了《政府道德法》。这部法律历经国会 2 年多的审议，才予以通过，是美国第一部从公务员从政道德角度要求公务员保持廉洁的法律。该法规定在立法、行政、司法各系统内一律建立个人财产申报制度，并决定任命一位特别检察官，专门负责调查高级公务员的腐败行为。该法授权成立美国政府道德署，专门负责行政部门的廉政建设。最后该法对政府官员离职后的行为也作出了详细规定。

1989 年老布什执政后，再次大力进行从政道德建设，他专门任命了一个由两党人士组成的联邦道德法规改革委员会，并由国会通过了一部《政府道德改革法》。这部法律主要内容包括：①将官员离职后行为受限的范围扩大到国会议员和国会高级官员，对政府部门官员离职后的行为也作了修改，还增加了限制参加商贸谈判和代表外国公司的规定。②修改了现行的财产申报制度，规定中下级官员也要申报个人及其家属的财产，还修改了利益冲突的规定。③禁止立法、行政、司法三大部门的工作人员索要和接收来自被禁渠道的礼品。他们也不能接受超过其年薪 15% 的额外收入，不得接受与个人信用有关的补偿金，不得接受所兼职协会、公司或其他实体的补助，不得接受因出场、讲话或发表文章而给予的谢礼等。

1992 年美国又颁布了《行政部门雇员道德行为准则》，规定联邦政府所有官员和雇员都必须遵守和执行。这一法律规定，雇员应遵守宪法、法律和道德准则，并应将其置于个人利益之上，开始从道德信念上规范公务员行为。

美国通过道德立法的形式，将道德规范上升为人们必须遵守的法律，从而将我们称为软控制的道德与硬控制的法律有机结合起来，既逐步提高公务员的道德水准，又有法律保障道德规范的实施，所以有效地预防和遏制了腐败现象的发生，逐步向道德反腐的方向迈进。

（作者：黎津平）

家属在预防腐败上也能有所作为

据报道，中共浙江永康市委组织部下发文件，在全市聘请15个党政一把手的妻子担任“两圈”（生活圈和社交圈）监督信息员。对于作为党政一把手的丈夫在八小时以外的生活圈和社交圈做些什么，这15位妻子将予以重点检查和监督，并随时向组织部门反映丈夫的情况。

这消息一出来，就招来一片的反对之声，有人认为永康市是在作秀，也有人认为这一做法有违中国古代传统的“亲亲相隐”的伦理道德，也会因此破坏家庭关系的稳定。但永康市出台这一文件，是在领导干部在法律监督、党内监督与舆论监督外开拓了一个新的监督途径，有其可取之处。

首先，从以往的反腐败的实践来看，无论是胡长清、程维高还是刘方仁，其腐化堕落与家属、朋友都有关联，生活圈、社交圈是领导干部腐败的主要滋生地之一。但是，领导干部生活圈、社交圈具有复杂性、隐蔽性和分散性的特点，组织上难以掌握，对其监督管理一直是薄弱环节。而作为与领导干部一起生活的配偶在获取领导干部生活圈、社交圈的信息方面有着得天独厚的优势，因而，让妻子来参与监督有利于弥补组织监督的真空。

其次，让妻子来参与到对领导干部“两圈”的监督，是充分利用道德、伦理、亲情等多种方式，预防其腐化堕落。作为监督者的妻子，其可以使用道德、伦理、亲情的多种方式来劝阻和感化领导干部，有时甚至能产生法律强制监督无法达到的效果。而且，妻子兼有的监督信息员的身份，对不听劝阻的领导干部也能起到某种约束力。

再次，让妻子来参与到对领导干部“两圈”的监督，实际上也是让领导干部的妻子本身得到法制教育的一个过程，可以有效地减少领导干部腐败犯罪的诱因。在现实中，许多领导干部的腐败犯罪是在妻子参与甚至是纵容下进行的。让妻子参与监督，不仅能遏制领导干部的腐败，其自身也得以教育。

同时，我们也看到，永康市这一文件中，规定作为受聘为监督信息员的条件是要自愿、敢于负责、出于公心、作风正派，并且对于监督信息员也没有规定任何处罚措施。因此，我们认为，这一规定是授权性的而不是义务性的规定，而且着眼于防范的角度，所以不违反中国古代传统的“亲亲相隐”的伦理道德，也不会因此破坏家庭关系的稳定。并且，这一倡导性的制度仅仅是给那些想让领导干部廉洁、使家庭平安的家属一个监督权利，目的是要预防领导干部的腐败，比起领导干部因为腐败而使家庭走向万劫不复的遭遇而言，平时的防微杜渐的措施虽然会给家庭带来某种不快但实在是算不了什么，从某种意义上讲，反而更是为家庭长久的平安幸福着想。

当然，我们不能迷信这么一个制度能在实践中产生很大的成效，其效果如何，最终还是要在实践当中检验。我们所要做的是静观其效，不急于去全盘否定这一创新的制度。

（作者：杨涛）

制度反腐败论

反腐败是当今世界各国普遍面临的一个重大政治课题。在世纪之交的历史关头,反腐败斗争的成效如何,直接关系到一个国家能否将一个比较廉洁的政治局面带入21世纪。中国作为一个发展中的大国,由于现阶段正处于体制转轨、社会转型的特定历史发展时期,消极腐败现象呈阶段性多发、高发的态势,反腐败的形势依然非常严峻。邓小平同志曾作过冷静的分析:“制度好可以使坏人无法任意横行,制度不好可以使好人无法充分做好事,甚至会走向反面”,并作出了“还是法制靠得住些”的深刻判断。党的十五大高举邓小平理论的旗帜,申明反腐败“教育是基础,法制是保证,监督是关键”,而教育与监督,终究需要通过制度的保障得以贯彻实施。法制是上升为统治阶级意志的、以国家强制力保障的、更加稳定的制度。以十五大精神为指针,通过对现行反腐败机制的深刻反思,笔者认为,单纯的“重典治吏”已经不是现代社会的灵丹妙药,走出重刑主义的误区,编织严密的制度之网,思想教育在制度落脚,制度反腐败,才是摆脱当前反腐败成效欠佳的正确之路。

一、走出重刑主义的误区

谈起反腐败的话题,人们经常引经据典,提及20世纪50年代杀了个刘青山、张子善,一下子治住了大大小小的贪官,带来了数十年的政治廉洁。认为当前要消除腐败,有效方法也只能从重执行刑法,狠狠地杀掉一批,狠狠地重罚一批!然而,自20世纪80年代以来,伴随判处死刑、死缓、无期徒刑的腐败要案的逐年增加,如此严厉的刑罚,竟无法遏制腐败犯罪的上升势头,难道不值得我们认真地反思吗?

(一)“严打”的启示

在改革开放的新形势下,伴随着我国经济高速增长的同时,刑事犯罪也一直居高不下。自1983年《关于严惩严重危害社会治安的犯罪分子的决定》颁布后,一个战役接着一个战役开展严打和专项斗争,效果并不理想:每次严打,都只能获得犯罪率短时期的下降和暂时的安定,一旦严打结束,犯罪就猖獗如故,甚至变本加厉。犯罪严重这样的社会问题,实际上是一个警报、一种信号,在犯罪表象后面隐藏的往往是社会矛盾激化、社会关系紧张、社会弊端增多、法律尊严降低以及人们公认的公平、正义、美德等价值准则遭到亵渎等事实。我们决不能把犯罪仅仅看成是害群之马的问题,也不能指望用严打之类的重刑措施去彻底解决犯罪问题。解决犯罪的根本出路是实行民主,健全法制，弘扬正义，实现公平。

（二）历史的殷鉴

治民先治吏，这是历代王朝共同的经验，因而封建君主鲜有放弃重典治吏的例证。检阅史册，自远古至先秦，可计有关贪官人物活动七八十起；秦汉至五代，据宋《册府元龟》统计，贪贿官员达 460 名；至宋代，据包拯的《包孝肃奏议》所述，“赎货暴政，十有六七”，即贪官比例为 60%～70%，尽管严厉惩办，至宋末依然“贿赂公行”，“廉吏十一，贪吏十九”（《历代名臣奏议》卷 43），即贪官增至 90%；到明代，贪官人数已无法估计了，永乐十九年邹缉上疏反映：“贪官污吏遍布内外。”（《明史》卷 164）清代顺治年间，吏科官员林起龙在奏折中也指出：“今贪官污吏遍天下。”（《皇史奏议》卷 7）说明明清两代情况相差无几，达到了历朝贪污状况的顶峰。富有讽刺意味的是，这两代惩办贪官的严厉程度，也达到了历朝的顶峰！有人评论说，乾隆以惩贪著称，打击贪贿非常严厉。尽管严厉，他在位期间，几乎年年有贪污案发生，足见腐恶不尽，顽固难惩。甚至在惩贪过程中，仍边惩边犯。刑罚是肃贪的必要手段，这是毫无疑义的。但重刑主义并不能挽救封建社会病入膏肓的定局；法外酷刑，则成了封建王朝人亡政息的征兆。笔者看来，封建社会不能消除腐败，其根源就在于统治阶级与人民根本对立的政治制度。推行惩贪的皇族统治集团和庞大的贪官阶层，本属一个阶级，他们之间贪污与惩贪的斗争，不过是统治阶级内部恃强凌弱的分赃而已。即便是汉代刑法减省，制《九章律》，唐朝执法平稳，作《唐六典》，获得相对的政治清明，也不过是行政体制上的有限改善带来腐败恶性程度略微减轻的昙花一现。毛泽东主席在回答黄炎培先生如何跳出历代王朝“其兴也勃其亡也忽”的周期率时说，我们依靠的是民主制度。这就是新时代与旧社会根本不同之处。制度，是我们有效反腐败的保障。历史留给我们的殷鉴是，在制度不好的社会，刑罚再重也无济于事；有了好的社会制度，刑法实施仍须中正持平。因而，如何适用刑罚，如何看待刑法的功能，便成了我们不可回避的问题。

（三）报应主义与功利主义

对于刑法的功能，历来存在功利主义与报应主义之争，形成新旧两派刑法理论。从逻辑上说，新旧两派的立论都是成立的，两派的论说均不能推翻对方立论的历史事实，这是已经被证明了的。对立的理论无法否定，意味着两论的采纳均具有合理性。那么，采纳何种理论便取决于采纳权拥有者亦即决策者亦即统治阶级的意志和利益了。遏制腐败是政治的重要内容，而政治是具有强烈目的性的行为。离开目的谈遏制腐败只能形成虚伪的、不切实际的理论。要贯彻实事求是的思想路线，在遏制腐败的价值取向上，就必然采用刑法的功利主义。无可否认，基于功利权衡而制定的刑事政策也必然包含着报应的内容，但这时的报应只是手段，亦即只有正义的功利权衡，才能符合刑罚功利主义的目的。正如马克思所说：“刑罚不外是社会对付违反它的生存条件的行为的一种自卫手段。”明确刑法在反腐败中的价值取向，有利于立法和司法上能超脱地运用技术遏制腐败，避免适用刑罚上的盲目性，陷入并无现实意义的重刑误区。

1. 关于贪污贿赂罪起刑数额

美国一些立法有关于数额的规定，如在 1984 年《银行贿赂法》中，对于贿赂物价值超过 100 美元的违法行为，从轻罪提升为重罪，法定刑为 5000 美元以下罚金和五年以下监禁。但除此之外，遍查加拿大、英国、日本、韩国、新加坡、马来西亚、文莱、尼日利亚、巴拿马、牙买加、斯里兰卡、塞浦路斯、罗得西亚、印度、巴基斯坦、南非、前西德和近年来施行的俄罗斯刑法，以及中国香港、澳门地区和台湾省的相关刑事规范，均无关于贪污贿赂罪数额的明文规定。我国修订后的刑法规定，贪污罪、受贿罪的起刑数额为 5000 元，而现行司法解释规定盗窃罪的起刑数额为 500 元，只相当于贪污罪、受贿罪的十分之一。实际上，同样 500 元的犯罪数额，公职人员犯罪的危害比普通公民的罪恶更加严重，重罪重罚，轻罪轻罚，依照罪责刑相适应的原则，理应处罚更重。其实，罪责刑相适应并非单纯的报应，也不能简单归结于“重罪重罚，轻罪轻罚”，从功利主义刑罚思想来看，对“重罪”、“轻罪”进行评价时，应把罪行的社会危害性与人身危险性统一起来考察：

第一，从人身危险性考虑。社会危害性基于报应，人身危险性基于功利。人身危险性是指由一系列因素构成的犯罪人再次犯罪的可能性，它主要由以下因素构成：(1)犯罪人的年龄；(2)心理条件；(3)生理状况；(4)个人气质；(5)经历；(6)道德观念；(7)教育程度；(8)犯罪前的表现；(9)犯罪后的态度等。经对(2)～(7)诸项因素的分析表明，同样数额的贪污和盗窃行为，其人身危险性往往有较大差别，将盗窃 500 元作为犯罪，而同样数额的贪污受贿作为违纪错误处理，从人身危险性的功利角度考虑，并无不当。

第二，从社会容忍度考虑。应从以下三方面理解：一是现有物质条件所能达到的容忍度，二是人们要求安居乐业的心理承受能力，三是治与乱的辩证关系。由于盗窃行为许多是针对人民群众个人财产实施，而目前广大人民群众个人生活水平普遍较低，无论从现有物质条件所能达到的容忍度考虑，还是从人们要求安居乐业的心理承受能力或治与乱的辩证关系考虑，同样数额的犯罪行为，与并不大直接危害个人的贪污贿赂犯罪相比，社会对盗窃犯罪的容忍度较弱，容易直接成为严重威胁治安的不稳定因素。

第三，从现阶段贪污贿赂犯罪的态势考虑。刑罚具有特殊的严厉性质，因而必须强调适用上的适度性，通过对全部违法行为加以筛选，集中精力惩罚犯罪行为。根据贪污贿赂犯罪的整体形势，刑法以 5000 元作为贪污贿赂犯罪的起刑数额，数额较小的以违纪错误加以惩戒教育，有其合理性和客观现实性。这样可以避免简单实行报应主义，不加区别地惟数额适用刑罚。

2. 关于财产刑的适用

近年我国刑法理论界几乎形成一致的呼声，主张对贪污贿赂等贪利型犯罪要适用财产刑，包括罚金、没收财产等。1997 年修订后的刑法对贪污贿赂罪规定“并科”财产刑的有两种情况：一是对情节特别严重的，没收财产；二是对单位犯罪适用罚金。并未规定对全部贪污贿赂罪并科财产刑。从贪污贿赂罪犯的价值取向看，这些腐败分子对金钱是贪婪的，却又因金钱来得容易，并不因财产上的处罚带来沉重的心理压力，凭借其职权和地位形成的社会裙带关系广泛，容易筹措资金应付财产上的剥夺。例如，浙江萧山市长莫妙荣入狱后仍不时有人前来看望，赠与巨额钱财，也证明了这一点。从刑罚特殊预防的目的看，对罪犯本人难以产生矫正效果；从一般预防的目的看，也难以起到对同类潜在犯罪人员的警戒作用。所以，“经济刑事立法所面临的问题乃是自由刑与罚金刑的选择。综观现今欧美多数国家的刑事立法例，大多倾向于扩张使用罚金刑，而紧缩自由刑的适用范围，尤其对于短期自由刑更是尽一切可能地避免使用。然而，这种倾向却不适用于经济刑事立法，因为迄今的研究结果促使各国多数学者认为，仅以罚金的刑罚威吓来抗制经济犯罪对于大多数的经济犯罪并不适宜，其理由乃在于经济犯罪的人格特征，因为大多数经济犯罪都是惟利是图者，而且喜好冒险性的投机，若对之仅科以罚金，在行为人主观上充其量只不过是投机生意的失败，而非受到国家的惩罚。因之，其刑罚威吓的效果大为减弱。所以，对于经济犯罪行为的法律效果，宜以自由刑为主，而辅以罚金刑”。这样看来，对贪污贿赂等腐败分子扩大适用财产刑的意义也是不大的。

3. 关于行贿

多数国家都对行贿规定了刑罚，我国也是如此。的确，行贿犯罪的社会危害性是相当大的，依照报应主义的刑法理论，予以刑罚制裁应是没有疑义的。但从立法的社会效果分析，从预防犯罪的角度分析，这样规定的效果并不见得有利。它把受贿人和行贿人的利益拴在一起，使受贿人的安全感增强，使刑法设定受贿罪的刑罚规范的预防犯罪功效大大降低。受贿行为人在收受贿赂当时，可根据对行贿行为的刑罚规制断定行贿人与其具有相同的命运，认定行贿人必将竭力为其掩饰罪行，不敢透露和交代贿赂事实，从而大胆收受贿赂。实践中不少案例表明，此类行为案发时，受贿人常以法律上的有罪规定对行贿人进行威胁，促使行贿人为了自身安全不得已与其订立攻守同盟。对此，印度 1947 年的防止腐败法可资借鉴，该法第 8 条曾规定不对作了供述的行贿人追诉。但有人认为，贿赂罪属于对向犯，除了索贿之外，行贿往往是受贿行为的源头，只有以刑的威吓禁止行贿才能遏止受贿。事实上，刑罚对受贿的威慑作用远远大于行贿：一是相同的案值，对受贿处刑远重于行贿。二是利弊权衡，受贿更加得不偿失。因为行贿是基于行贿人经济上一本万利的计算结果而作出的行为选择。受贿人所得的“一本”比之于行贿人的“万利”则是微乎其微的。三是我国公职人员的身份往往与政治上的价值联系在一起，受贿人一旦被刑事追究，往往断送一生的政治前途，而以权谋私的受贿人尤其看重这一价值。因而，作为刑罚，如果在对其有巨大威慑作用的受贿人都不能遏制其受贿动机时，对仅受不痛不痒制裁的行贿人的遏制作用也就几近乎零了。无须讳言，有些重刑对行贿威慑作用毕竟是存在的，但由于行贿是受贿的对向犯，在此情况下，受贿所受的威慑程度已远远超过行贿，对行贿的刑事规制已经不是非设不可。因此笔者肯定我国现行刑法规制的同时，建议明文增设一个条款：行贿人在被起诉前如实供述犯罪事实的，不予起诉。

4. 关于死刑

对死刑作用的讨论还会持续下去。也许有人认为，对腐败分子适用死刑，能够起到“杀鸡儆猴”效果，因而主张对腐败分子要坚决杀掉一批，这也不无道理。但是，实证分析表明，死刑对理智的潜在犯罪者具有一定的遏止效果，对无智犯罪、激情犯罪的威慑效果却是微弱的。就贪污贿赂等经济犯罪而言，尽管犯罪分子对死刑会有所顾忌，迫使其计算犯罪利害得失，但他们往往自恃具有较强的专业知识和反侦查能力，存在侥幸心理。当这种心理主导行为走向时，死刑的威慑效应就难以发挥。统计数据表明，近年来，尽管我国各级司法机关加强了打击贪污贿赂等经济犯罪分子的力度，依法杀掉了一批重大经济犯罪分子，但经济犯罪特别是重大贪污贿赂犯罪的发案率始终居高不下。这从一个侧面反映了依赖重刑对于遏制腐败犯罪分子的局限性。在现实生活中，死刑威慑作用失败的个案更是不乏其例。如原首钢总公司北钢党委书记管志诚因贪污受贿巨款被处极刑，曾轰动京城，新闻媒体作了大量宣传。但是，犯罪分子并没有因刑场上的枪声而缩回伸向国家财富的黑手。在管志诚伏法不久，他的三名继任者一掌权，又相继成了三条疯狂侵吞国家财产、收受索取巨额贿赂的大蛀虫。在疯狂的贪欲和侥幸心理支配下，杀头对这些犯罪分子已经难以发挥威慑作用。可见，我们对死刑的威慑效果必须有一个清醒的估价，寄予过高的期望只能导致更大的失望。

以上讨论的要旨是探索刑事规制的适度性，而非否定刑罚在惩治腐败中的重要作用。刑事规制的适度性是刑事政策研究中的重要课题，它是指刑事立法和刑事司法介入不法行为，调整社会关系适当的广度和深度。刑事规制适当的广度即刑法对作为刑罚对象的不法行为的选择；刑事规制适当的深度是指何等严厉程度的刑罚才能实现最佳的社会效果。深度与广度明智适中，也就避免了惟刑主义，也就走出了重刑主义的误区。

二、编织严密的制度之网

在1991年庆祝中国共产党成立70周年大会上，江泽民同志曾郑重提出，我们一定要从近年国内外惊心动魄的严酷斗争中警醒，从严治党，建立一套拒腐防变的制度，采取切实有效的措施，加强党内监督和人民群众的监督，同一切消极腐败现象进行毫不留情的斗争。党的十五大也提出标本兼治遏制腐败的战略思想，这就要求我们必须建立一整套协调有效的廉政制度体系。无疑，在这一制度体系中，法律起着关键的作用。换言之，廉政制度也可表述为廉政法律制度。制度是指在国家和社会中每个组织和成员都必须遵守的秩序和规则。从内容上说，制度在社会上的存在，取决于它在指导和评价人类在其社会环境中的活动方面所起的实际作用。从形式上说，制度必须以法律制度的形式得以建立，亦即以法的形式才能得以生存。这个制度，便是法在社会生活中的实现，即老一辈革命家基于对法律和制度的领悟或痛感而经常使用的词汇——法制。这“法制”一词，古今含义变化甚大，如西汉贾谊说对于进行分裂活动的诸侯王，必须施行“权势法制”。这里的“法制”则是“仁义恩厚”的对称，主要指刑罚。在现代社会，以法为工具建立的制度，必然包含着统治阶级的意志，因而统治阶级或称立法者的技术直接决定了制度的优良及其生命。衡量这一技术优劣的主要标准，便是制度是否严密。制度严密，同时切合实际，整个体制便能高效运行，充满生机。

（一）以严密的制度对公职人员监控

贪污腐败是公共权力异化的结果，英国历史学家艾克顿曾作过深刻剖析：“权力倾向于腐败，绝对的权力倾向于绝对的腐败。”孟德斯鸠也曾下过结论：一切有权力的人都容易滥用权力，这是一条万古不变的经验。权力的异化导源于人性的不完善，在权力运作过程中，要使权力始终成为谋取公共利益的工具，首先要求权力持有人具备高尚的道德。但个人道德修养的完成是一个长期复杂的工程，人类追求自身利益的天性，决定了权力持有人总是难以排除以权谋私的可能性。这说明，阻止权力的异化，既要靠人性的完善，更要靠外部的约束，在权力之外，构建一套完善的制度体系监控和规范权力的运作方式，使掌权者“不能贪”，无疑是反腐败的一条重要途径。

从世界范围来看，发展中国家混合型体制目前在全球范围有三种类型：一是现代政治体制和传统经济体制并存于一国之中，如印度、土耳其等国；二是传统政治体制和现代经济体制并存于一国之中，如泰国、印度尼西亚、沙特阿拉伯等国；三是在政治体制和经济体制上都处于传统和现代因素并存交替之中的国家，如我国和越南等国。这种混合型体制的明显缺陷是政治管理机制与经济运行方式缺乏高度的和谐，利益关系未能得到圆滑的调节，权力与金钱发生交易的机会相对较多。在这种体制下，建立严密的制度监控权力运行方式，使掌权者无法贪赃自肥，更具有特别重要的意义。在我国，通过近年的努力，这方面的制度建设已经取得了明显的成效，如公开与监督制度等。同时，有待改进的地方也迫在眉睫。（注：中国人事部将用五年时间，建立起比较完善、科学规范的公务员法律法规体系。见 1999 年 11 月 8 日〔香港〕《大公报》A2 版。）

1. 我国实行“两公开一监督”制度，提高了公务行为的透明度

1988 年 3 月，河北省藁城县首创“两公开一监督”制度。其主要内容为：公开办事制度；公开办事结果；实行群众监督。对于办事公开和群众举报两项重要制度的建设受到中央的多次肯定和推广。应该看到，这些做法仍然是试点性的，有待赋予法的效力，成为全国普遍遵行的更加完善的制度。第一，有必要赋予公务活动公开以法的强制力，明确规定应当公开的公务活动；凡未予公开的公务活动，其所作出的决定和处理结果无效。实践证明，预防和遏制腐败的最强大力量在于全社会的监督。1945 年，毛泽东回答黄炎培如何跳出“周期率”的问题时思路相当清晰：“只有让人民监督政府，政论才不敢松懈，只有人人起来负责，才不会人亡政息。”而监督要起到作用的一个根本前提，就是全面实行国家机关和国家工作人员的办事公开制度。一方面，公开是监督的条件，只有将公务活动的条件、程序、结果诸项公开，监督才能进行；另一方面，公开是最好的防腐剂，在权力的公共性和透明度之下，一些通过权力为私利而获取倾斜性政策、经营上的特权、短缺资源的配给等幕后交易将无法通行。

2. 应以法形式赋予公民获得公务活动公开的主体权利

一方面，应确立公民知情权的具体内容（注：公民知情权的具体内容是指公民有权了解立法机关审议活动的时间、地点、议程、辩论情况及所通过议案的内容，行政机关重大决策的论证和决定，司法机关的案件处理情况和队伍建议状况；国家经济管理部门有责任公布经营活动的材料，公民有权查阅）；另一方面，应为公民的知情权提供切实的法律保障。公民行使知情权的，国家机关负有告知和解释责任。

3. 借鉴国外廉政法规的监督制约机制，保障对公职人员实施全方位的监督

从各国的现行制度来看，主要有：

(1)法院和行政机构的监督，这是监督的主要形式。在许多资本主义国家，往往有

庞大的法院和行政司法机构，如日本实行检察官体化后，指挥协调相当灵活。同时，他们有充足的办案经费和优良的侦查装备，尽管许多渎职官员规避法律的行为极其诡秘，但仍逃脱不了应有的法律制裁。

(2)实行有效的财产监督。美国、日本、德国、奥地利等国家，都建立了个人财产申报制度和类似规定。美国政府专设政府道德委员会作为这一工作的专门主管机关，逾期不报者将受到追诉或民事处罚。同时，申报表可供公众和新闻工作者随时查阅。香港的《防止腐败法》规定，公务员所拥有的财产或收入，若超过薪金所得，而又不能解释其合法来源的，即以违法论。化名拥有或托亲属之名，亦属违法，廉政公署即可对其起诉。

(3)舆论监督。许多国家新闻舆论揭露政府官员贪污贿赂的新闻报道，受法律保护。由于同行业之间的激烈竞争，迫使新闻媒体为争取读者而千方百计揭露政府官员的丑闻，稍有蛛丝马迹即穷追不舍，使政府官员很难长期营私舞弊而不被发现。如前几年日本首相相继下台，新闻记者发挥了特殊作用。

(4)社会公众的监督。许多国家都规定了举报措施和保护、奖励举报人的制度，以吸引公众积极投身监督公职人员的活动之中。

在形式上，我国监督主体是相当全面的：一是国家权力机关的监督；二是行政机关的监督；三是检察机关的专门法律监督和查处违纪党员的纪委检查委员会；四是政协、工、青、妇提出批评、建议、控告、检举的团体监督；五是基层组织和广大群众的举报、控告、批评建议的群众监督；六是报刊、杂志、广播、电视等新闻媒体的舆论监督。但在监督实效上，这些监督主体的作用远没有发挥到位。如新闻媒体，本来在反腐败中应该是大有作为的，应该是最有力的监督工具。不少人"不怕上告，只怕见报"，可见报纸的威力。但长期以来报喜不报忧的宣传模式，使得批评报道由次要地位降到几近于零，不敢触动实际和深层次的问题，客观上起着压制批评的作用。现在我们的报纸要进行批评监督，很不容易，往往要经过某一级批准。这样做的后果是对官僚主义，特别是对腐败现象网开一面，是与发展人民民主背道而驰的。一张代表人民利益的报纸应该是敢于秉笔直书的，做无愧于时代与人民的代言者。

就权力机关的监督而言，每届人大的监督作用越来越大，这是事实，但应当看到的是，一些地方的党政领导干部仍把人大对"一府两院"的监督看成是"挑刺找麻烦"，是"多了一个婆婆"，甚至认为加强人大监督是削弱党的领导，是"同党委唱对台戏"，是"党委决定，政府办事，人大挑刺"。因而有些领导干部不重视、不自觉接受人大监督，少数干部习惯于个人说了算，不能容忍别人监督批评。而一些人大专职常委对监督工作也同样有畏难情绪，认为人大监督阻力大、难度大，监督多了怕越权，监督少了怕失职，甚至对一些严重违法行为也不敢理直气壮地实行监督。为此，制定一部人大及其常委会的监督法是极其必要的。

检察机关的法律监督机制也有待改革。检察机关具有侦查职务犯罪案件的职能，而许多职务犯罪案件与地方党政领导有着某些极密切的联系。这在目前检察机关的财政权、人事权均归当地党政领导管理的体制下确难行使监督作用。这是与"以权力制约权力"的原理相违背的。在运作机制上，案件线索基本来自举报，未能像国外一样由检察官主动出击。据韩国一位搜查部检察官介绍，他们平时的主要工作便是主动分析哪一名官员可能贪污受贿，然后千方百计找到犯罪事实，反映了他们调度灵活、工作主动、职权独立、行动自由的特点，这是值得我们参考的。

根据纪律检查的现行体制，各级纪委由同级党代会选举产生，并由原来归同级党委一元化领导改为同级党委和上级纪委双重领导。这有利于增强纪律检查机关的相对独立性，强化纪委的监督职能。但是，纪检工作仍受到本地区利益和党委主要负责人个人因素的制约。纪检干部处于与党内腐败现象激烈较量的前沿，现行纪委的工资福利、人员编制归同级政府管辖，机关干部任免归同级党委管辖的体制，不利于纪检工作开展。因此，要加强纪检监督，就要在干部管理、案件查处、检查督促等方面给纪检机关以更大的独立权限，这是保证纪检机关更加积极主动行使党纪监督职能的不可或缺的方面。

1986 年重建行政监察机关以来，国务院已经制定和颁布了一系列行政监察法规，使行使监察走上了制度化、法制化的轨道。但是，要适应形势发展，行政监察职能还要进一步具体化，制定相应的细则和监察标准，理顺内部关系，进一步完善监察体制，对此有必要考虑对行政监察系统进行重大改革。按现行体制，监察机关属于行政机关序列，其无权监督国家检察机关、审判机关和人大机关的公职人员，形成监督空白区。因此，建议考虑撤销现有的行政监察机关，在人大机关中组建人民监察委员会，使其拥有更大的监督权力和更多的监督手段，这既可强化行政监察，又可增强人大权威。

在各级机关的行政监督中，近年来只有部署，忽视督办和检查的倾向严重。

从充分发挥人民群众的社会监督作用来说，当前要建立方便快捷、形式多样、处理及时、充分保护人民群众的民主权利，防止打击报复，充分调动群众积极性的举报制度；建立对人民群众来信来访及各种举报认真核实，及时反馈的公文处理制度；建立有利于充分调动人民群众反腐败积极性的义务监督员和报告员制度；建立各级党委和政府与人民群众经常保持联系和信息反馈的反腐败问题恳谈会制度；建立重大案件群众参与查处的观察制度；建立人民群众发现日常生活中的腐败现象时对个别公务员的公开查询和得到公开答复的质询制度等。

我国反腐败监督主体的全面性是建国以来长期斗争实践形成的，而监督结果的有效性则是需要今后制度建设的不断努力才能实现的。这些制度严密有效，便是掌权者“不能贪”的客观基础。

（二）以严密的制度提高公职人员的素质

对官员贪欲的控制必须从两方面入手，一要为官之前动机纯净，二要避开污染源。在这方面，国际上一些比较成功的做法是：

(1)把住用人关口，保证公务员素质。为了保证公务员队伍的廉洁高效，各国在公务员任用上采用了公开考试、择优录用的原则，从公务员资格、主考机关的确定，到考试方法、内容、录用标准、试用期限多从立法上加以规定，对违反规定的严加处罚。如美国，对于考试录用中的舞弊行为，罚款 1000 美元或者监禁一年，乃至两罚并施。

(2)通过考绩奖优罚劣。如英国文官考核每年一次，内容是考勤考廉考绩，以考核结论确定调薪和晋级、降级。美国、日本、法国规定了根据考核情况，对劣绩人员施以惩戒的种类、条件、程序，并规定了受惩戒者的申诉和上级机关的复审、纠正、补偿及定期撤销处分等。

(3)实行职务回避。如奥地利《官员法》规定，对近亲和姻亲关系的公务员，如双方为上下级或掌管财务的，其中一方必须调离。匈牙利、瑞士亦有类似规定。

(4)职务轮换。为防止共同作弊或裙带关系，多数国家规定有轮换制度。如日本规定某些工作的主管人员，原则上规定同一职务任职不得超过三年，过此期限必须轮换。为此，应做好官员遴选和授权后的跟踪工作。

我国现行的公务员制度基本吸收了上述做法。同时还应看到，资本主义国家的政务官制度中反腐败的基本特征是政治竞争，轮流坐庄，定期更迭。这些制度仅局限于减少官员腐败的机会，限制腐败的时间，努力使腐败造成的严重政治影响降低到选民可以承受的程度，但不能从根本上抑制官员的贪欲，尤其是选举活动中大量的金钱投入，如果没有合法的财政补偿，要求官员上台后不想贪几乎是不可能的。在我国，虽然各级党和政府的领导人实行某些工作岗位的任期制和定期轮换制，但不是采取资本主义国家政务官员随政党进退，政潮起落大换班、大换血的方式。中国共产党是执政党，各级党和政府的领导干部担负着组织经济文化建设、全面管理社会、制定和实施国家发展的长远规划的伟大历史重任，与资本主义国家各自为政，政府一届负责一届的体制根本不同，因而我国借鉴西方国家的一些制度时，也必须结合本国情况。我们必须保持干部队伍的相对的长期性和稳定性，不能靠资本主义的政务官轮换方式来遏制腐败。我国实现政治廉洁的途径之一，必然是充分发挥民主集中制的优势，通过干部人事制度促成“不想贪”的为官动机。这从反腐败的机制来说，要比资本主义国家复杂得多，难度要大得多，但反腐败的程度应彻底得多。我国已经相继颁布了《国家公务员暂行条例》和《法官法》、《检察官法》等类似西方文官管理的一些法律，公务员考试的科学制度仍在不断探索(注：国家人事部正在抓紧研究制定出台《公务员法律暂行规定》、《公务员行为规范》、《公务员录用面试暂行办法》等公务员配套法规)。但在政务类和业务类公务员的遴选中，出现了一些比较明显的弊端。如基层选举工作中，贿选情况已经存在，这必然使候选人把选举当成了投入与产出的经营过程，为了收回成本，为官后不能不贪。这些情况，必须引起重视，充分发挥我国的独特优势加以避免，而不能走资本主义“黑金政治”的老路。

我国已经长时间实行了地区回避制度和岗位轮换制度，这有利于培养公职人员的进取精神，避开本籍和原岗位形成复杂人际关系促使其以权谋私的诱因，并以奖励制度鼓励勤政廉政，收到了较好的效果。但这些制度必须与相应的措施配套。如一些公职人员贪污挥霍，依然异地做官，这必须以换岗前的严格审计加以约束；廉政是政绩的基础，公职人员只有不占不贪、廉洁自律，才有可能专心致志做出工作实绩，因而奖励时必须落实考廉措施。

创制法制度防治腐败，应以“人性本利”及“失去自律和他律的权力必然趋向腐败”的真理性认识为参照，以掌权者完全依靠自制即能依法廉洁行使权力而根本不想搞腐败为理想目标进行设计，因而完美的反腐败制度必须具备三种功能：一是通过立法创设从物质到精神的一系列制度，使掌权者即使想实施腐败行为，也会因心存优厚待遇丧失之虞而放弃贪欲。二是通过立法健全完善监督制约制度以及严格的职权行使程序，使掌权者无法实施腐败，即前文述及的"不能贪"。三是通过立法完善严密刑事的、民事的、行政的惩罚制度，使掌权者慑服于罚则的威力不敢实施腐败。为了实现第一种功能，有人提出了"高薪养廉"的设想。

一些经济发达国家推行高薪养廉制度，是利用了本国雄厚的经济实力，如美国《联邦薪水法》、《联邦工资比拟法》及英国、法国、前西德、日本等国的法律规定是普通公民望尘莫及的。我国将来经济发展了，这一条也可能做到。但从目前的人员结构看，现在全国"吃皇粮"的人数之多相当于 20 名工人和农民要养活 1 名公职人员；从官员经济犯罪的数额看，有的案犯动辄贪污受贿十几万、几十万、几百万乃至上千万元，即使再高的高薪也无法满足一些腐败分子日益膨胀的贪欲。当然，优厚的物质待遇对于确保官员"不想贪"的从政动机又是有意义的，且具有合理性：一是公职人员基于其长期教育和训练的成本投入获得国家录用，给予较高的报酬符合人才市场的公平原则；二是社会管理活动是复杂劳动，其价值量等于倍加的简单劳动；三是国家为了避免权力介入市场，禁止公务员从事营利活动，限制了他们潜在价值的实现，理应予以补偿。因此根据我国目前经济状况，寻求官员"不想贪"的自律机制，取得反腐败的实效，以制度确保公职人员比较优厚的薪俸，即使他不为生活所累，又使他个人价值在经济上得以体现，则是完全必要的。

（三）以严密的制度形成"不敢贪"的巨大压力

惩治腐败不在于严酷，而在于有严密的制度。严密的惩治腐败制度能对腐败分子发挥三方面的威慑作用：一是恐惧名誉和地位丧失；二是恐惧个人既得利益的丧失；三是恐惧个人人身自由的丧失。因而惩戒制度的意义便是有效利用如此三方面的得失效应，形成掌权者"不敢贪"的心理约束，达到遏制腐败的目的。

1. 惩治腐败制度

惩治腐败制度规定的是对已然行为的处罚，具有一般预防和特殊预防的功能。这一功能发挥的关键，在于惩治腐败制度是否具有威慑的力量，能否有效利用人的恐惧心理起到遏制作用。目前我国这一制度存在的主要问题：一是查处时间长，打击不及时，冷处理为主，难以形成威慑效应，给人造成"共产党的贪官打不了"的错觉；二是惩处法规的刚性不足，弹性过大，不足以利用人的恐惧心理起惩戒作用；三是在惩处中抵制不正当干扰能力弱，容易造成宽严不一、罚判混淆、是非不明的现象；四是查处程序中环节过多，互相牵制的因素过多，主管的领导过多，难以保守秘密，难以维护执纪执法人员的正当权益，容易出现挟私报复、压制正义、相互包庇、激化矛盾的情况。当前要建立卓有成效的惩治腐败制度，首先要完成对腐败行为的界定具体明确，惩罚规定刚性显著（含足够威慑力），查处程序简便、民主、迅速的一整套纪律和法规的制定工作。同时，还应真正赋予办案机构独立职权，使其能够自行决定适当灵活的工作方式，以对腐败分子形成潜在威吓。新加坡、印度等国反贪机构官员的工作经验值得借鉴（注：如新加坡反贪局官员可化装成客户向政府公务员送礼，以考验其是否廉洁，并可根据情况作出处理；印度反贪机构官员可化装成普通老百姓，在街头巷尾收集对政府官员的反映，从中理出案件线索；有的国家还借用中国古代监察御史做法，实行"风闻弹事”。)相比较而言,我国现行的一些办案制度已经显得死板僵化,检举率和破获率不高,促成了腐败分子的侥幸心理。

2. 职业资格的限制和剥夺制度

一般说来,一个人的择业结果与他所认定的价值目标具有一致性,同时“官本位”的思想在腐败犯罪群体中占有重要地位。因而职业资格的限制和剥夺,足以毁灭这一群体所认定的价值追求,具有较强的威慑作用。如果容许已有恶劣腐败行为的公职人员继续从事公职,等于增加了他继续犯罪的危险性,与预防犯罪的要求是相违背的。我国目前刑事法规中设定的剥夺政治权利也属于资格刑的范畴,但从所确定的适用对象看,适用依据不是犯罪种类,而是罪行轻重,对犯罪分子处以重刑时,多附加适用剥夺政治权利。可见目前这一立法的性质着重在于表明国家的否定态度,而从预防犯罪的功利意义则考虑较少。从世界范围看,目前资格刑的种类有剥夺一定的权利、禁止担任一定的职务、禁止从事一定的职业、禁止驾驶、剥夺荣誉称号、剥夺亲权及其他民事权利、剥夺国籍和驱逐出境等七种类,其中禁止从事一定职业适用于主要经济领域的犯罪。

3. 财产申报制度

该制度具有较强的反腐败功能,国外一般是以立法方式设定一定范围的公职人员的义务,强制其如实申报个人财产、来源及各种投资活动。当然,企求具有贪污行为的官员在财产申报中主动坦白罪行是不切实际的,但有了这一制度,反腐败机制便可从如下两个方面入手及时发现贪污贿赂犯罪:第一,当公职人员获得某种不正当利益时,必将极力在申报材料中隐瞒这项收入,或者以其他名义作虚假申报,发现这种隐瞒或虚报的行为相对来说比较容易,一旦发现,往往可以成为查获贪污证据的先导;第二,当发现公职人员个人消费和生活水准过于奢华时,可以对照其以往财产申报材料进行审查,也可以要求其立即申报财产收入明细账,如不能说明巨额财产的合法来源,即可治罪。可见财产申报制度对于一些具有潜在贪污可能的官员来说,其心理抑制作用是相当强烈的。所以台湾有些人在20世纪90年代初对财产申报法作如此评论:这哪里是阳光法案,简直是烈日法案了。我国目前实施的《关于党政机关(处)级以上干部收入申报的规定》,还不是严格意义上的财产申报制度,真正制度的建立还有赖于《财产申报法》的出台,同时从转型期的现状来看,若干配套制度也尚未完成,如完备有效的公民财产申报纳税制度,金融与不动产所有权实名制度,非现金的票据流通制度,完全取缔灰色收入的公职人员待遇制度等等,都是有效实行公职人员财产申报制度所必需的,也是与建立现代市场经济体制相适应的,必须加快日程建立和完善。

4. 与高薪制度相结合的公积金制度

新加坡是实行公积金制度比较成功的国家,值得我们借鉴。新加坡惩治贪污犯罪的成功经验之一在于他们公务员管理经验的成熟。如他们在公积金制度中,把每人月工资的18%加上单位给予的22%补贴即合法收入的40%作为公积金储存起来,职务越高,工龄越长,公积金就越优厚。一旦公务员发生贪污受贿行为,在刑事处罚的同时,公积金全部没收。由于许多公务员仅调用公积金就足以保证其优厚的生活,人们自然珍惜,一旦被查处,他们反而得不偿失。可见,公积金制度有较强的心理遏制作用。但公积金是薪俸的一部分，如果薪俸总额本身不能满足公职人员的合理生活需求，数额可观的公积金自然不宜强行提取，所以公积金制度只有以相对高额的薪俸为条件，才具有促成公职人员"不敢贪"的反腐败效应。

三、制度体系的实现途径

无疑，今后所要行进的制度建设之路，必然离不开建立和完善社会主义市场经济体制和实施依法治国基本方略两大重要背景。应该说，目前已为制度的完善和成熟提供了极为有利的文化氛围，而经过几年的反腐败实践经验和教训的总结也促成制度反腐败的共识。我们一定要抓住这一有利时机，努力实现反腐败的制度体系。

（一）提高制度反腐败的科学认识，使制度建设再次升温

加强制度建设的主张，1988 年曾"热"过一阵子，后几年似乎冷却了，这与当时的社会环境和反腐败的总体态势有关。现在在冷静思考的基础上提出升温问题，已经不是简单的"制度热"的含义了。要从思想上提高对反腐败制度建设重要性和现实意义的认识。应当看到，现在还有许多人对制度建设兴趣不大，认为制度建设动作慢，难度大，有些问题看不准，立了不如不立，不如贯彻严打精神，狠狠杀一批贪官见效明显。实践证明，这种观点不能解决问题，也是不科学的。应该认识到制度建设是标本兼治之举，对反腐败有长远的现实意义。既然制度反腐败是一项科学认识，我们就有理由大力宣传制度建设所取得的成绩，使人们充分认识制度建设的实际功能，树立信心。结合邓小平理论的学习，形成反腐败制度研究的新热点。邓小平理论中，已经对反腐败制度的价值有了比较明晰的阐述，断言制度"更带有根本性"，并提出过大体的思路。我们应以邓小平理论中的方法论为先导，使制度建设少走弯路。

（二）制度建设与实施依法治国的基本方略同步进行

综观人类社会的发展历史，约束和限制公共权力的方式不外乎两种，要么以人治的方式牵制权力，要么以法治的方式规制权力的运行。法治的基本功能在于，它克服了人治的随意性、片面性和局限性，避免了个人意志的主观色彩，把占统治地位的阶级意志上升为相对稳定的国家意志，并以国家强制力保证实施。强制性、稳定性和行为后果的可预测性，本身便是法制度的生存方式，它不会因某个领导人的更换而产生断层，更不会因领导人个人的好恶而出现异变；相反，未上升为法形式的制度，只能是一种尝试，只能是法制度的一种前奏和准备，过去我们常说制度可以克服人治的弊端，事实上并非如此简单，现实生活中个人废除制度不是没有可能，因人废法在现代社会则比较困难。据此我们提出制度建设与依法治国同步进行，意在借助实施依法治国的有利时机，也是赋予制度建设以生命力的内在要求。

从依法治国的基本特征出发，制度建设应当满足如下八项要求：

(1)民主性。这是现代公共权力运行的基本方向，与社会主义市场经济的本质相适应，是反腐败的基本前提。

(2)正义性。它包含公正、公平、公开等要求，体现实现廉政的价值取向，是公众参与积极性的基本源泉。

(3)科学性。它与带有全局意义的经济体制转变和经济增长方式转变相适应，是

取得反腐败实效的基本保证。

(4)规范性。这是长期以来廉政建设的薄弱环节，是树立制度权威的有效途径。

(5)责任性。现代行政是责任行政，应当加强和完善公共权力运行的责任观念、责任规范、责任制度、责任机制，培育出充分体现责任性的现代权力运行意识。

(6)激励性。廉政建设中，惩戒与激励是同一目标的两种手段，是巩固反腐败成果的必然要求。

(7)监控性。任何权力缺乏监督制约必然走向腐败，因而可监控性是反腐败制度的必备要素。

8.协调性。这是制度严密的重要指标，也是高效运行的基本条件。

(三)寓制度建设于改革开放、建立和完善社会主义市场经济体制之中

社会主义市场经济体制本身是一种制度，它的建立和完善，不仅需要直接调整经济运行的主要由有关民商经济法规构成的市场规则体系，还需要包括健全国家民主生活，规范政府行为、维护社会稳定和秩序的监督法、行政法和刑事法等构成的完整法律体系。由于中国市场将逐步与国际市场结合并最终实现与国际市场一体化，廉政建设也必须以改革开放的态势从制度上进行调适。在我国社会主义市场经济条件下，国家既是整个社会公共权力的化身，是政治组织；又是全民所有制的财产的所有者，是经济组织。在市场活动中，这两种身份应该严格区分。作为公共权力代表的国家，有权对市场进行管理，进行宏观调控，维护市场秩序，裁决市场争议，排解影响市场运行的各种纠纷，此时行使的是法律赋予的公共权力。作为财产所有者的国家，行使的则是经济权利，它可以和其他市场主体一样从事经济活动，如信贷、投资等，这种情形下国家和其他市场主体在法律上处于平等地位。可见，只有在严格区分公权和私权的前提下，才能做到既保证市场公正，又能规范国家机关及其工作人员的行为，实现廉政，提高国家管理效率。

(四)坚持科学原则，注意制度的整体配套和协调发展

制度建设必须坚持改革、民主、务实、科学的原则。这就要求我们在深入研究制度建设规律性的基础上，以管用、可行、严密为目标，从原有建章立制的发展水平不断把制度建设推向更高层次。在总体布局上，以基础制度为重点展开，渐次推进，逐步建立起层次分明、功能齐全、机制完善、协调发展的制度体系，走出政治民主、有效遏制腐败行为的新路子；要在可操作性上下功夫，力求具体，能够量化的尽量量化；要缜密周到，单项制度内容之间要互相衔接，制度与制度之间也不能互相矛盾和抵触。

(五)制度在公务生活中的实现

江泽民同志一次听了法制讲座后曾指出，实践经验说明，法律不健全，制度上有严重漏洞，坏人就会乘机横行，好人也无法充分做好事。实践经验也证明，有了比较健全和完善的法律和制度，如果人们的法律意识和法制观念淡漠，思想政治素质低，再好的法律和制度也会因为得不到遵守而不起作用，甚至会形同虚设。

首先，“徒法不足以自行”，必须把制度建设与思想教育结合起来。思想教育的功能不仅仅是唤起人们崇高的理想，更重要的是培育人们的自尊和责任，从而自觉遵守为社会所崇尚的包含公务道德的廉政制度体系，从内心深处形成法制度的信仰，深刻

领悟制度的严肃性和威力，强化严格按制度办事的行为模式和制度面前人人平等的执法观念，并通过教育使各级领导干部以身作则，率先垂范，带领全体公职人员严格执行制度。其次，“法善而不循，法亦虚器而已”，必须切实加强制度的检查落实工作。一项制度定得再好，如果不是认真执行，就等于一张废纸，要加强对制度执行情况的督促检查，对那些制度流失、扭曲严重的重要事件和单位要进行通报批评，追究失察责任者的责任，对那些制度落实好的单位要予以表扬和褒彰，逐步造成一个有章必循、有法必依的社会氛围，促成各项制度的实现。最后，“设而不犯，犯而必诛”。制度的建立不能仅仅是一种要求，而应明确制度必须遵行的强制性义务，既要在制度的设定中明确罚则，一旦违反，必须按罚则严肃执行。只有这样，制度的威信才能树立；威信树立，制度的遵行才会自觉。

（作者：刘守芬　许道敏）

科斯定理与寻租性腐败

——产权主义的解读

腐败是权力的孪生兄弟，从权力产生时起，腐败就如影随形。腐败与反腐败也成为一个纠缠不清的永恒话题，引起人们无休止的探索和论争。特别是20世纪90年代以来，腐败问题持续升温，成为全世界关注的焦点。关于腐败的研究也广泛地涉及政治学、社会学、心理学、经济学等诸多领域。本文拟从产权角度，应用现代产权理论的核心——科斯定理对腐败特别是寻租性腐败作出新的解读。

一、腐败与寻租性腐败

很难给腐败下一个通用的定义。“腐败”的内涵和外延都具有不确定性。几乎任何对腐败的研究都会给出自己的定义。在此我们列举一些被广泛援引的“腐败”定义。

苏珊·阿克曼：第三方（相对于委托人和代理人而言）试图以额外支付来影响代理人决策，而且这笔支付代理人及第三方均未上报委托人。

亨廷顿：公职人员为实现其私利而违反公认规范的行为。

纳伊：由于私人相关（个人、近亲、派系关系）的金钱或地位获益而偏离某个公共角色的正当职责的行为。

不论任何定义都要解决一个问题，即判定一项交易是否为腐败的标准是什么。我们所能引以为标准的无外乎三个方面：公共利益、公共意见及法律规范。但此三点当中的任何一方要想予以清晰界定都几乎是不可能的。这也正是腐败难于定义的根源所在。但是从腐败防控的角度出发，我们就没有必要过于细致地探究腐败的边界所在，因为腐败难于界定的部分必然是腐败这一矛盾统一体中的次要矛盾或矛盾的次要方面。

一般而言，在经济学领域，腐败被定义为一种寻租活动。经济学意义上的寻租是指维护既得的经济利益或是对既得利益进行再分配的非生产性活动。因此它是一个中性的概念。但是当寻租活动与政府权力相联系时，就成了通常意义上的具有否定意味的“寻租”了。从图洛克对寻租的经典定义我们就能看出来。他认为寻租是“利用资源通过政治过程获得特权从而构成对他人利益的损害大于租金获得者收益的行为”。图洛克定义的寻租已经很明显地与腐败相联系了。因此，寻租不能等同于腐败，寻租不必然与政治权力相关，而腐败也不只产生于寻租。但是二者确实有交集在，即是寻租性腐败。寻租性腐败的概念于我国目前的腐败问题研究有着尤为重要的意义。我国目前处于经济政治的转型时期，腐败的起因、表现形式、防控机制等都有别于一般意义上的腐败。而转型时期腐败的主要表现，即是寻租性腐败。

二、科斯定理

科斯定理是现代产权理论的核心。“科斯定理”这一概念并非由科斯本人提出，而是由施蒂格勒发明。科斯定理有三种不同的版本。根据张五常的总结，第一种是标准意义上的科斯定理，是科斯于 1959 年在“关于联邦通讯委员会”的论文中提出的，表述为：产权的界定是市场交易的必要前提。第二种版本也称为“无相关性定理”。是从科斯的《社会成本》中引申出来的。它表述为：如果产权被明晰地界定，且所有的交易成本为零，那么资源的利用效率与谁拥有产权无关。这是最流行的有关科斯定理的一种说法。第三种版本表述为：如果权利能被清晰地界定且交易成本为零，那么，帕累托条件将能够实现。

大多数的研究者都以第二种版本为科斯定理的原型。它包括两个核心概念。一为交易成本。交易成本是指除了价格之外影响交易的成本的总称。它是分散的所有权、私人财产和交易的产物。交易成本不只存在于经济领域，而是存在于现实世界的方方面面。所有人与人之间的活动都可以界定为交易活动，而任何交往活动都是要耗费成本的。科斯定理的另一个核心概念是产权。产权可以界定为“在一系列可选择的排他性行为中作出选择的权利”。对于产权究竟包含哪些内容，说法不一。我们以新制度主义学派代表性著作的解释为准，将产权概括为三个方面：第一是使用一项财产的权利，即规定某个人对资产的潜在使用是合法的。第二是从资产中获得收入以及与其他人订立契约的权利。第三是转让有关资产所有权的权利。

从科斯的无相关性定理中可以看到，在零交易成本的条件下，无论产权属于博弈的哪一方，结果都将是有效率的。但是正如张五常所言：“明晰界定产权和零交易成本的双重规定是多余的。如果交易成本确实为零，权利的界定可被忽略。”在现实社会中，交易成本是不可能为零的，因此科斯对零交易成本的限定也成了许多学者批评的口实。但是，科斯本人不可能认识不到交易成本是不可能为零的。他所想要强调的，恰恰是我们需要对交易成本给予足够的重视：“我倾向于把科斯定理当作对交易成本大于零的经济进行分析的道路上的垫脚石。”科斯正是试图通过引入交易成本这一分析工具，对古典经济学进行矫正，使其能够解释交易成本不为零的世界。

在交易成本为正的现实世界，如何才能使得资源的配置达到帕累托改进呢，科斯已经给出了答案，“如果我们从交易成本为零的世界转向交易成本大于零的世界，那么，立刻变得清楚的是，在这个新天地里，法律制度至关重要”。由此可见，科斯定理的真正目的或者引申的科斯定理应该是：法定权利的最初分配对资源配置效率将产生重要影响，只要交易成本大于零。这样，我们就可以对科斯定理作出更宏观的解读：“如果在政治与经济领域的交易成本都为零，那么一国的经济发展并不受政府类型的影响，但是如果存在正的交易成本，那么一国的政治权力的分配和制定规则的制度结构就成为决定经济发展的关键因素。”这种对科斯定理的宏观解读，也正是本文将科斯定理与腐败分析相结合的纽带。

三、寻租性腐败的解读

从以上对科斯定理的解读我们可以理出一个清晰的逻辑过程。社会资源的优化配置以交易成本的有效控制为前提，交易成本的水平又决定于产权归属的清晰程度，而产权的清晰度在最终意义上受制于权力结构和制度规则。下面即以此逻辑来分析寻租性腐败。

（一）寻租性腐败的成本层面

寻租中的"租"亦称"经济租"，它是一种生产要素的所有者获得的收入中，超过这种要素的机会成本的剩余。市场经济中某些领域存在着高于其他领域的经济租是一种常态，市场机制的自发调节作用会使得各个部门的经济租水平逐渐振荡至平均状态，在此间的经济主体对经济租的追寻是一种生产性行为。而对由于政府对经济的管制而产生的经济租则不可能由自发的市场调节来完成，于是各种经济主体就会以非生产性的方式，通过合法的或非法的途径来"寻租"。

在寻租过程中，政府官员一方并不是一种被动的接受状态，而是往往会主动地设租，谋求各种利益。因此，寻租性腐败实际上是政府官员和政府外的经济主体利用制度的漏洞双向寻租的过程。这一过程首先造成了经济资源配置的扭曲，阻止了更有效的生产方式的实施；其次，它们本身白白耗费了社会的经济资源，使本来可以用于生产性活动的资源浪费在这些于社会无益的活动上；第三，这些活动还会导致其他层次的寻租活动或"避租"活动。布坎南将寻租活动分为三个层次：首先是社会经济主体对相关官员的行贿寻租，由于主管官员从第一层次的寻租中获益，接下来便会吸引人力物力为争夺主管官员的肥缺而发生第二层次的寻租竞争，最后由于第一层次寻租收入往往不是由一个人独占，因此又会引起相关利益群体对这些收入的进一步寻租，另一方面，对于没能及时寻租或者是在寻租中失败的其他经济主体而言，他们也不会停止寻租，而且会继续加大对寻租的投入。这是一个无休止的过程，交易成本也在这一过程中趋于最大化。正是由此，寻租行为被称为人类的"负和游戏"。

（二）寻租性腐败的产权层面

本森把寻租看作是个人或团体对既有产权的一种重新分配方式。人们可以通过正常的市场交换来处理产权，也可通过政府来重新定义或分配产权。当政府以公正超然的社会管理者的角色通过制度或法律途径来重新分配产权时，就是一种积极的作为，不存在寻租，但是当政府官员通过人为操作来重新分配产权时，就产生了寻租的空间，造成了交易成本的增加。

科斯定理对产权的强调，最初是为了解决经济活动中的外部性问题。任何经济活动都会存在正的或负的外部性。从产权的角度来理解，即是产权本身是不可能完全清晰界定的。例如一块由农民私有的土地，他拥有对这块土地的处置权、收益权以及让渡权。但是这并不是土地产权含义的全部。一方面这块土地上不能用来种植大麻等违禁作物；另一方面，旁人有欣赏这里风景的权利，航空公司有从土地上空飞过的权利，有拍照的权利。因此，拥有一件物品的产权，远远不意味着拥有所有与这件物品有关的行为的选择权。因此，科斯定理中的产权不应狭隘地理解为财产权，而是包含了法律规定的所有权利。这种产权的有限性正是造成经济外部性的重要原因。

对于寻租活动，正如本森所言，是对产权的一种重新分配方式。这种产权的重新分配并没有在公开竞争的环境下进行，某个经济主体通过行贿寻租获得了此项产权，但是同时其他人参与公平竞争此项产权的权利便被剥夺了。而且行贿者得到此项产权后势必会在竞争中处于优势地位，这种非法得来的优势地位必然会进一步危及市场上的公平竞争。

（三）寻租性腐败的制度层面

萨德霍尔茨和科特泽尔通过对五十多个国家腐败程度的实证研究得出了制度与腐败程度的两点相关性。其一，个体经济的自由度和腐败程度成反比，国家对经济的控制程度和腐败程度成正比；其二，民主制度和价值的强度和腐败程度成反比。除了印度、新加坡等少数例外，大多数国家的腐败现状都支持此结论。其中原因何在呢？从产权理论的角度看，正如我们前面分析的，产权是一种限制性的权利，可以说产权在价值层面上是和自由相关的。二者都是在一系列的可能行为中作出选择的权利。因此产权的清晰势必要求个体经济的自由。个体经济的自由又以市场对资源的配置为前提。寻租性腐败的实质是权力对资源的强行配置，权力挤占了本应由市场机制发挥作用的空间。正如我们所熟知的“诺斯悖论”指出的，“国家的存在是经济增长的关键，但是，国家也是人为经济衰退的根源”。民主制度和价值存在的意义就是对政府权力这种“必要的恶”进行制衡，限制其对经济管制的空间，保护市场配置资源的优先地位。

四、启示

在将科斯定理与寻租性腐败进行结合分析之后，我们可以得出结论。对于腐败特别是寻租性腐败，固然应从机制层面对其防控进行设置，但更根本的应是设定以产权的明晰和保护为核心的制度安排。但是就现实操作而言，既有制度是我们不能重新选择的。因此我们不妨将科斯定理作进一步的引申：在交易成本不为零的情况下，制度设计对资源配置效率的影响不仅体现在法定权利的最初分配上，而且体现在以产权保护为核心的法定权利的二次分配上。

应该看到，作为权力的伴生物，只要公共权力存在，腐败就不可能断绝。产权由于其复杂性也不是单纯的制度设计所能完全限定的。因此我们的制度改进不仅不能达到帕累托最优，而且也很难一直是帕累托改进，而更应以卡尔多改进作为一种常态。

（作者：郭林）

权力腐败的成因及预防

权力腐败是指权力主体非法行使权力、谋取私利，给国家和公民的利益造成一定危害的行为，表现为国家公职人员滥用国家赋予的公共权力谋取私利或小团体利益，损公肥私或假公济私的行为。其本质特征是以权谋私、权钱交易。据统计，1998～2002年的5年间，武义法院共受理国家工作人员犯罪案件34件，其中除2件交通肇事外，其余31件均为贪污、受贿、挪用公款、枉法裁判等权钱交易案。这说明，权力腐败现象还在一定范围内存在，仍在破坏着国家机关正常的工作秩序，干扰着干部队伍建设。

一、权力腐败的成因分析

在党中央加大反腐败力度的形势下，仍有些国家干部敢于顶风违法乱纪，其中原因是多方面的，笔者认为，可以从以下几方面来思考：

1. 从唯物主义原理来看：腐败产生的制度根源是国家和商品经济的存在，只要有国家存在，就有权力存在，这种权力既可以为人民谋利益，也可以为自己谋利益，当后者危及前者使权力没有制约时，腐败必然产生；另一方面，在市场经济条件下，一些人将商品的价值规律扩大化，把等价交换的原则运用于权力领域，使权力变成了谋取个人利益的手段。

2. 从经济方面来看：一方面，由于市场经济尚未不完善，政企关系尚未完全理顺，从而使一些掌握权力者有条件以权谋私，一些当权者与企业人员相互勾结，利用手中的职权钻国家政策的空隙，使腐败机会增多；另一方面，分配不公也是导致腐败产生的原因，人们收入的多少，拥有财富的多少，在很大程度上与他们对社会的服务、贡献大小不成正比，一些好的政策在许多情况下不仅没有为公平竞争提供条件，反而被一些别有用心之人当成了孕育贪污受贿的温床，成了一部分人巧取豪夺的保护伞。

3. 从主观上来看：首先，一些国家干部在改革开放的新形势下，放松了党性修养和世界观的改造，丢掉了全心全意为人民服务的宗旨，思想麻痹、作风官僚，在权力、金钱、名位、色情、人情的考验面前丧失了原则甚至人格，最终为“糖衣炮弹”所击倒。上述31名罪犯在法院庭审中不约而同地谈到，他们走上犯罪道路的根本原因，就是在改革开放的新形势下，忽视和放松了主观世界的改造。他们认为自己参加工作时间长，见多识广，经验丰富，工作上能应付，因此不讲学习，不求进取，在不知不觉中丧失了党性原则，私欲膨胀，终于抵挡不住金钱、物欲的诱惑而陷入犯罪的泥淖。其次，革命意志衰退，晚节不保。上述罪犯中，有许多已面临退居二线或退休，由于平时不注意学习，革命意志逐渐衰退，普遍存在船到码头车到站、有权不用过期作废的思想，认为以后送上门的机会没有了，于是能捞则捞，不计后果，在 31 名罪犯中，有相当一部分是发生在他们退居二线的前后时间里。第三，心里失衡，错误地与人攀比求回报。他们认为，有的人职务、权力比自己小，工资收入也不会比自己高，但生活条件却远远高于自己，心理很不平衡，他们偏激地认为人家的钱来路不正，一定是利用手中的权力捞来的，于是产生“和尚摸得我为什么摸不得”的心理；同时，他们还认为，由于自己的努力，使单位受了益，所以要求给点回报也大不了，于是别人送钱来心安理得地照单笑纳。

二、权力腐败的制约

权力腐败对国家政权和经济建设的危害是显而易见的，笔者认为，应采取以下措施，来构建我国的反腐败机制：

1. 建立内约机制，使国家干部摒弃私心杂念，不想腐败。腐败分子之所以腐败，无外乎内部与外部因素相互作用的结果，但说到底，还是自身原因，正所谓“物必自腐而后虫生”，因此，必须寻求官员不想腐败的自律机制。首先，领导干部应不断加强政治修养，不断进行马克思列宁主义、毛泽东思想、邓小平理论及无产阶级人生观、世界观教育，以解决信仰、信念、理想问题；其次，通过对领导干部进行“三个代表”教育及党性、党风教育，加强党性修养，解决其人民服务的宗旨问题；第三，通过对领导干部进行爱国主义、艰苦奋斗等优良传统教育，加强其思想修养，解决其心灵的私心杂念问题；第四，通过对领导干部进行民主和法制教育，解决其做人的行为准则问题。

2. 建立制约机制，防止权力滥用，使领导干部不能腐败。英国历史学家艾克顿曾作过这样的论述：“权力倾向腐败，绝对的权力倾向绝对的腐败。”历史证明，防止权力腐败靠严刑峻法只能收一时之效，不能取毕世之功，因此，要达到权力行使者的权力制约，就必须建构一套完整的监督制约机制来监控和规范权力的运作方式。首先，应建立“以权力制约权力”机制，孟德斯鸠说过，“一切有权力的人都容易滥用权力，这是万古不易的一条经验，要防止滥用权力，就必须以权力制约权力”。通过完善我国的监督机制，用法律来规范各类各级监督组织，赋予他们在制约权力方面更多的独立权、自主权；其次，要健全和完善“公开制度”，提高公务行为的透明度；第三，建立健全群众监督机制，发挥人民群众在反腐倡廉中的强大力量；第四，建立健全舆论监督，发挥新闻媒体的监督作用。

3. 建立惩处机制，严惩腐败行为，使当权者不敢腐败。惩治腐败是对已然行为的处罚，具有预防和特殊预防的功能，这一功能发挥作用的关键，在于惩处腐败制度是否具有威慑的力量，能否有效利用人的恐惧心理起到遏制作用。腐败分子最害怕的莫过于失去名誉和地位，丧失个人的既得利益，失去人身自由，因此，建立严密完善的反腐惩处机制，应有效利用此三方面的得失效应，形成使当权者不敢腐败的心理约束，以达到遏制腐败的目的。

反腐败是一项复杂的、艰巨的、长期的系统工程，它需要各种机制、手段的并用，需要法律、道德、纪律、制度等各种力量的联合，需要各种反腐败主体的合力，只有这样，才能使反腐败斗争取得胜利，才能使廉洁的阳光洒满中国大地！

（作者：舒旭霞）

防腐如防火

——论对腐败的抑制

一、腐败与权力

如同自然界的腐烂总是同有机物有关一样，社会腐败总是同权力有关。简单地说，腐败是使用权力的副产品。当公共权力不是朝着有利于公共利益的方向，而是朝着有利于私利的方向使用时，腐败现象便会产生。

这里需要说明两点：

第一，私利不只是指行使权力者的个人利益，也指他所隶属的集团利益。当他为之谋利的集团范围远远小于向他授权的公众范围时，这个集团的利益，就可以被定义为“私利”。只有当谋利范围等于授权范围时，对公共权利的使用才是正当的，才不产生腐败现象。当然也有这样的情况：权力行使者为了满足超出授权范围的更大利益，牺牲了授权公众的利益。例如，一个国家的领导人牺牲本国利益以谋求“人类利益”，就属此类情况。这种使用公共权力的方式，已超越正当的范围，而达到了正义的层次。不过这种情况常常掩藏着更大的危险：权力行使者借口更大范围或更长远的利益，牺牲公众的当前利益，冠冕堂皇地谋取一己私利。三年困难时期，一些地方的农民成批饿死，而当地领导人却谎报丰收，并调出粮食“救济”其他地方。这对于个人升迁固然有利，而对于群众则是灾难。这是由虚假正义堕落为真实腐败的例证。

第二，官场腐败与专制残暴不是一回事。腐败伴随着公共权力目标的丧失。当权者除了为自己谋取好处不知道运用权力要干什么；或者虽有朦胧的目标，却无法找到达到目标的手段。一个政权处于这种境地，既是腐败的结果，也是加速腐败的条件。当年，南宋政权面临着危机，但它对危机缺乏意识，或无力克服危机，只好偏安一隅，纵情淫乐。“山外青山楼外楼，西湖歌舞几时休，暖风吹得游人醉，直把杭州当汴州。”所以，腐败与无能是一对孪生子。残暴的政权则不然，暴君或暴君的“代用品”往往具有非凡的才能，并有过分强烈的政治目标。这种政权可以是腐败的，也可以是极其清廉的。众所周知，加尔文新教政权虽然残暴，但绝谈不上腐败。加尔文本人是一个言行一致的极端禁欲主义者。他的残暴是出于他对自己的上帝和“真理”的捍卫。

当然，残暴与腐败也有内在联系。一个残暴的政权如果不像秦王朝那样立即灭亡，就很容易衰变为腐败政权。残暴与腐败的一致性在于它们都起源于对权力的滥用。所不同的是，残暴几乎不给任何人带来利益，包括不给自己带来利益。它只是为了上帝、主、天国等一类抽象空洞的东西，或“崇高的原则”和“伟大的真理”，肆无忌惮地滥用权力，侵犯人类，牺牲一切。腐败则是朝着个人利益或小集团利益的方向滥用权力。这已经揭示了腐败的本质：腐败就是权力变质，就是公共权力蜕变为“私有权力”。权力的社会职能萎缩，侵吞社会财富的机能就会亢奋。这样，社会正常运行所需要的权力就发生空缺，权力由原来排除社会障碍的机制变成了障碍机制本身，这就如同吞噬细菌的巨噬细胞病变为吞噬健康细胞的癌细胞一样。社会正常运行受阻，会呈现一派混乱景象。

更糟的是，腐败会加剧全社会的“权力饥渴”症。公共权力变质所造成的空缺，需要新的权力来填补，还需要更多的权力来消除权力变质造成的消极后果。这讲的是权力的社会需求。个人对权力的需求更旺盛，因为在“以权谋私”成了社会风尚的情况下，获得了权力就有可能获得一切。结果就出现了一种矛盾现象：一方面，官位泛滥成灾，差不多全民皆官；另一方面，到处使人感到权力短缺，要干成任何重要的事情都缺乏必要的权力。这就是所谓有权的人越多，有用的权力就越少。用来谋私利的权力越是膨胀，谋公益的权力就越是短缺。正是因为腐败加剧“权力饥渴”，从而加剧官位泛滥，所以，腐败是加速的。

这就是人类社会面临的众多困境中的一个困境：既需要权力，又害怕权力；权力既组织社会，又损害社会。有些为人正直、感情冲动的思想家对一切权力大申挞伐，恨不得像扔掉脏衣服一样抛弃一切政府。但无论如何，无政府主义不是解决腐败问题的上策。在与腐败的长期斗争中，人类学会了一些更好的办法。虽然不能说已经摆脱困境，但毕竟找到了几味控制腐败病情的良药。

二、抑制腐败的三种机制

既然腐败产生于对权力的滥用，要抑制腐败，必须为权力的洪流修筑堤坝，对权力进行限制。有两类基本的限制方法被人类尝试过；一类是“在朝集团”（指统治集团）的自我约束，另一类是通过民众个人权力的发展，实现民众的自我防御或对当权者进行公共选择。第一类限制方法可以称之为权力的内部制约，记为 $\mathrm{I_i}$，第二类限制方法可以称之为权力的外部隔离或外部制衡，记为 $\mathrm{II_o}$。考虑一下森林的现代防火措施，有助于我们理解权力的外部隔离对防止腐败的意义。连成一片的森林一旦起火，基本上无法抢救，直到全部森林烧成灰烬为止。宽阔的森林隔离带可以阻止火势无限蔓延。出于类似的考虑，人类在当权者与民众之间也筑起了宽阔的“防火”隔离带，使民众的个人权力不可侵犯。这就规定了权力使用的边界，为抑制和阻止无限滥用权力提供了可能性。

不难看出，$\mathrm{I_i}$ 是传统社会抑制腐败的基本办法。由于传统社会的统治权力来源于征服或神授，而不是民授，不可能实行权力的外部隔离，只能诉诸在朝集团的自我约束。经过长期努力，$\mathrm{I_i}$ 终于发展成为一套比较完备的官僚制度，特别是中国封建官僚制度，其精美与完善曾经举世钦羡。现代社会继承了官僚制度的若干基本原则和基本制约形式，但它创造的 $\mathrm{II_o}$ 的制度形态——自由民主制度则是传统社会从未完整采用过的。

不间断的连续现代化过程，可以使人类社会平稳地从机制 I_i 为主过渡到机制 II_o 为主。西欧社会大体如此。如果这个过程不巧被中断，在中间插入一个例外的阶段，社会就会进入 I_i 和 II_o 都不起作用的区域，因为官僚制度已经被当作旧国家机器打得粉碎，新的自由民主制度一时又建不起来。这是一个危险的间歇，社会可能因此滑向腐败与无政府主义交替出现的深渊。这种可能性没有完全变成现实，应当归功于第三种抑制腐败机制的发明，这就是对腐败分子的清洗运动，或称为“割韭菜”运动，记为 III_c。这一方法被我们过去多次采用过。

我们现在分别讨论一下这三种机制。

（一）官僚制度

一看这四个字就会有人皱眉头。其实，官僚制度是中性概念，只要有政党与政府存在，就一定有官僚制度。我粗浅地思考过我国古代的官僚制度，它对于延缓腐败确实有用，它所遵循的权力内部制约原则至今也没有完全过时。

第一项原则是官员的自我约束原则。这是官僚制度的根本原则，是整个官僚制度的基础。中国古代通行的看法是，只有有知识、有理性、有儒家道德修养的人，才有比较强的自我约束能力，才能当官。无知的人不知道节制，一旦掌权，穷凶极恶，不可收拾。因此，应当根据儒家道德修炼的深浅来决定任官的大小。基于这种考虑，中国古代特别重视官员教育制度的建设。可以说，中国古代教育基本上就是官方与民间结合的为官教育。科举制度就是在民间教育的基础上对希望任官的人进行资格遴选。取得资格者要想做大官，还要接受官方的进一步教育和进一步遴选。这一套制度是相当严密的。

第二项原则是权力限制原则。经过历代王朝的补充和发展，这一原则演化为以下四种制度：一是科举制，从总体上限制职数和有资格当官的人数，绝不像今天这样，什么人都可以当官，官位泛滥。二是回避制，本州人不能在本州任官，更不用说在本县任官。作这项规定的目的，是要剪除裙带关系以及由裙带派生出来的其他复杂关系。这些关系往往是滥用权力的直接诱因。三是任期制与轮换制。当然，这里的任期制不是现代限任制，而是规定官员在同一个地方的任职年限，期满便易地续任。封建君主深知，一个官员在同一个地方呆久了，就会像一株老树生长出盘根错节的关系，像一只蜘蛛编织出丝丝缕缕的权力网络，极易为自己也为同伙捕获利益。到期轮换制是为了打扫“蛛网”。四是告老还乡制。这有几个好处：使离职官员既不能利用任职期间培植的关系谋取私利，也不能利用它来干预新任官员的工作，还可以免除老百姓养几届政府官员之苦，甚至可以保持京城的庄严，不会到处都是官邸。

第三项原则是检查监督原则。体现这个原则的主要制度是京察制度、述职制度和巡抚制度。为了便于检查官员的行为，及时制止因官员腐败而造成的冤屈，许多朝代都保障老百姓击鼓喊冤和拦轿告状的权利。在无鼓可击和拦不住轿车的今天，社会舆论工具可以被认为是代用品。

第四项原则是事后惩罚原则。封建时代的教育工作都是事先的，不是事后的。犯法的官员一经查出，不用指望有什么“吹面不寒杨柳风”式的说服教育，轻则下狱流放，重则满门抄斩，确有杀鸡儆猴的威慑作用。

封建王朝隆替兴衰的历史表明，官僚制度对于抑制腐败、维系朝纲虽然有用，但其作用毕竟有限。在没有权力的外部隔离的情况下，在朝集团的自我约束是不能维持长久的。权力有极强的腐蚀性和渗透性，除非遇到同样强大但作用方向相反的权力（民权）的阻抗。它能使一切严格的约束制度慢慢软化，以致无人遵守，最后失去作用。当在朝集团本身已无力克服自身严重腐败时，就会发生改朝换代的事变，常有起义的农民参与其事，帮助洗刷污秽的官场。改朝换代对于解决腐败问题的作用，就在于宣布原有在朝集团业已变质的权力全部作废，以便于重新确立起严格的官僚制度。可见，官僚制度难以单独抑制腐败，在传统社会，有农民起义和改朝换代作为它的补充；在现代社会，它与自由民主制度配合使用。

（二）自由民主制度

我们已经看到，在朝集团的自我约束对于抑制腐败是必要的，但又是靠不住的。要有效防止权力滥用，除了在朝集团作出主观努力之外，还应当创造两个客观条件：一是随时撤走权力滥用的对象，让权力无所施用；二是随时撤销对行使权力者的授权，让他无权可用。前者谓之自由，后者谓之民主。

自由是民众对变质权力的消极自我防御，“惹不起，走得起”，是百姓对自由的诠释。所以，自由的精义在一个“走”字，即西方所谓的用脚表决。正当的个人利益和个人权利受到官员或整个政权侵犯时，只要公众有离开这个官员或这个政权的自由，这种侵犯就较容易被制止，因为任何统治者都不希望看到他所统治的是一块没有人民的土地。但是，自由在其他方面的价值，远远大于它在抑制腐败方面的价值。自由是“逃避腐败”。但可供逃避的地方是有限的，而且为了逃避腐败，个人和社会都要付出惨重代价：个人要抛弃他所珍爱所依存的许多东西，社会或某个地区要丧失它的一些优秀成员以及经济社会的某些发展。

只有民主是民众对变质权力的积极自我防御。当然，民主的作用不只是防止腐败，但防止腐败确实是民主的基本功能。民主并不保证发生最好的情况，但它能防止发生最坏的情况，包括权力腐败。民主是阻止社会之车倒退和遇到紧急情况时的刹车装置，是让政治之水流动起来的活水之源。民主并不只是选举、罢免或监督领导人，民主的真谛是政府听从公众的意志，划定政府活动的边界。民主是人民告诉政府应该做什么，不应该做什么。政府及官员如果做了不该做的事，便属越轨犯规行为。选举、罢免和监督只是确保公众意志得以贯彻的手段。民主之所以比官僚制度更能防止腐败，就在于公众意志比任何官僚制度都更不易软化。公众意志划出的政权与民权之间的界限，是权力细菌不可能渗透过去的真空地带。这种强约束对官员及政府所造成的“犯规受罚”预期，又会硬化他们的自我约束。这就是民主防患于未然的作用。

但是，民主制度诞生伊始，并不令人满意。首先，它容易受到权威的挑战。一个伟大人物获得最高权力，完全按照人民的意志建立一些丰功伟绩，就可以树立无上权威，轻易击败任何竞选者，从而长期占据高位，最终可能取消选举，摆脱监督，废止罢免，建立专制。为了防止权威损害民主，人类采用了限任制和分权制。在民主条件下，与其说限任和分权是为了防止权力滥用，不如说是为了防止权威的过分膨胀。滥用权力会立即受到废黜。只有无限制地树立权威才会让人民最终自食苦果。

其次，初生的民主难以产生整个令人满意的政府。所有官员都由民选，费用太高，沿用原有官员，又怕他们不支持甚至反对新选的政府首脑。为克服这一困难，产生了组阁制。

最后，搞民主，必然产生政党政治，政党竞选加上组阁原则，滋生了“政党分肥”的弊端，这是由民主造成的混乱和腐败现象。文官制度就是为了减少这类现象而建立起来的。所有上述各项制度，都可以看成是民主化的现代官僚制度，它们作为权力的内部制约制度，是权力外部隔离制度的必要补充。

现代自由民主制度，就是外部隔离与内部制约相结合的权力均衡体系。当然不能说这个制度已经十分完美，大选年的混乱、腐败和巨大的花费都是问题所在，需要改进。但就人类智慧迄今所及的范围来说，已没有更好的选择了。

（三）清洗运动

对腐败分子进行大规模清洗，是在没有更好办法的情况下迫不得已的选择。我们过去曾多次面临这种情况：无产阶级革命粉碎了旧国家机器，包括官僚制度，自由民主制度又未及建立起来，这不仅是个时间问题，也因为对自由民主怀有戒心，使我们基本上丧失了抑制腐败的手段。

建国初期的政风清廉主要得益于尚未完全消失的革命热情。随着热情减退，我们本想通过思想教育让各级官员进行自我约束，但限于文化水平，教育效果不符预期。滥用权力的现象迅速增多，且有加速趋势，人民群众的不满情绪开始滋长。在这种情况下，别无选择，我们党开展了几次大的清洗腐败分子的运动，比较有名的是“三反五反”和“四清”运动。

清洗运动至多是“退烧药”，往往有巨大的副作用。腐败现象严重了，清洗一下，退一下热，确有必要。但这种清洗付出的代价大，而取得的效果小。最大的代价是影响社会经济的正常秩序和正常发展，制造数量巨大的冤假错案。如同一个人不能靠吃退烧药过日子一样，一个社会也不能靠不断搞运动来维持生存。“文化大革命”的发生，不能不说是我们硬要在一条走不下去的路上坚持往下走而得到的必然结果。碰壁以后，聪明的选择不是站着不敢动，而是另谋出路。

三、摆脱困境要三管齐下

可以说，我们面对当前严重存在的腐败现象，有一种无可奈何和束手无策的感觉。在抑制腐败的三种机制中，似乎没有一种能用：官僚制度陪着封建主义批臭了，清洗运动搞怕了，对自由民主也患有或轻或重的恐惧症。我们陷入了困境或误区。

走出误区，才能作出正确的选择。我们绝不能把官僚制度与封建主义划等号。封建主义的根本弊端是人身依附和家长制的君主专制，这些东西与现代化社会格格不入，要彻底摒弃。遗憾的是，该摒弃的东西却变换花样顽强存留下来，该保留并加以发展的东西却真的被丢掉了。官僚制度作为一种约束官员的吏治，比封建社会的历史长得多。可以认为，吏治是一种政治技术，任何社会都可以使用。现代社会的官僚制度，就是从古代社会发展而来的。现代文官制度就直接起源于科举制度。即使是一些封建时代的吏治,在没有更好的制度取代它以前,也不应轻易抛弃。抛弃了它并不能使我们进入更理想的状态,倒有可能回到封建时代以前的吏治混乱局面。

把自由民主都归到资本主义名下也非明智之举。资本主义社会和社会主义社会都要现代化,都要发展自由与民主。自由民主并不是区别资本主义政治与社会主义政治的标志,而是区别传统政治与现代政治的标志。在中国发展自由民主,真正的障碍不应当是意识形态上的,而只能是传统的社会政治结构和人们尚未完全成熟的民主意识。

我还主张对旧体制下和改革时期的"运动"进行再认识。"运动"是旧体制存在的根本形式。只要旧体制存在,你就很难不搞运动,除非我们不愿承认而换一种说法。旧体制下,在经济建设上,不搞运动式的突击就难以完成年度计划,不仅经济扩张搞运动,经济紧缩也要搞运动。在政治上,不搞运动,就几乎不能解决腐败问题。搞运动不是什么人的爱好,而是旧体制运行的常态。问题的根源就在于社会没有自我调节功能,在高度集中的体制下,一切社会活动都必须自上而下地推动,这就形成运动。现在正处在新旧体制交替时期,旧体制没有完全破除,运动的根子也就没有完全拔去。这就决定了现在许多社会经济问题,包括腐败问题,不搞运动就很难解决,因为新制度没有建立起来,没有别的办法。如果我们宁可把问题积累起来也不愿进行运动式解决,谁也不敢保证不会导致一场自发的、破坏性更大的运动。

基于以上考虑,我认为要抑制当前的腐败现象要三管齐下,从如下三方面着手:

首先要大力发展自由与民主,特别是要发展经济自由。如果说民主的发展还要受社会稳定的制约,那么,经济自由的发展可以更快一些。经济自由主要是指迁徙自由、就业自由、财富积累与转移自由、创办企业与投资自由等等。经济自由的发展可以促进公平竞争,减少官员以权谋私的机会与借口,削弱官商的非经济优势。同时,还要进一步完善选举制度,健全法律监督制度,尤其是大大增强社会舆论的监督作用,坚决改变腐败分子逍遥法外,而揭露腐败的人反倒受责的状况。

其次要借鉴西方吏治经验,有选择地继承我国古代优秀的吏治遗产,抓紧建设好现代化的干部人事制度和行政制度。当前最迫切的任务是立即制止官位泛滥,这要从提高官员任职资格和严格控制职数着手,还要改变升官是官场中人提高收入的唯一途径的状况。建立干部的任期制、轮换制和回避制也是当务之急。在健全的民主制下,并非一定要实行轮换与回避,但任命与委派制必须同轮换与回避制相结合,否则由关系网和裙带关系产生的腐败行为极易蔓延且很难查处。

民主自由的发展和吏治整饬非一朝一夕之功,而当前的腐败已成燎原之势,为了迅速制止腐败蔓延,很有必要开展一场不是运动的"清腐运动"。什么叫不是运动的"清腐运动"?就是清洗腐败分子既要有一定声势和规模,但又不采取过去搞政治运动的方式,而把整个清查运动纳入法制轨道。检举揭发要大规模地发动群众,取证检察和审理判决完全按照法律程序进行,同时接受群众监督,可试行民众陪审团制度。这样做,既不会影响社会经济的正常发展,也不易造成冤假错案,还有利于增强群众的民主法律意识和行使民主权利的能力。这样的运动,不仅能"退烧",还能"消肿";不再是旧体制运行的形式,而是在加速旧体制的消亡。

事实上，类似这样的不是运动的运动，我们十年来已进行过多次。这些大动作有的对改革开放起了促进作用，有的虽然差一点，走了样，但都被及时纠正了。这里有中央指导上的正确，群众对过去那种政治运动的“免疫力”也起了作用。所以，只要有领导有步骤地进行，并充分运用法律手段，就不必担心“清腐运动”失控。我相信，这样的运动不仅会加速旧体制消亡，而且还会促进新体制降生，所以它只是社会转轨时期的阵痛。新体制一旦“临盆”，“阵痛运动”就会自然消失。

（作者：吴稼祥）

标本兼治,从源头预防和治理腐败

随着改革开放的不断深入,我国的政治、经济、文化等领域都发生了深刻变革,出现了“四个多样化”的局面,即经济成分和经济利益格局多样化、社会生活多样化、社会组织形式多样化、就业岗位和就业形式多样化。这“四个多样化”,是我国社会生活众多变化的突出反映,是我国深化改革的必然趋势,也是我国社会进步的重要体现。“四个多样化”,为我国的经济和社会发展注入了生机和活力,也为社会主义精神文明建设包括党风廉政建设提供了丰富的内涵,同时也对新形势下反腐倡廉提出了新的挑战。在改革开放和发展社会主义市场经济的历史条件下,滋生腐败的土壤肥沃,腐败的生存空间广阔。公职人员不仅面临种种诱惑和糖弹的攻击,而且本身也由于心理失衡而不时引发腐败的冲动。可以说,现在的腐败,从动机上讲是内因和外因交织,从主体上讲是个体与集团并存,从滋生范围上讲则是内外结合,上下结合。但是,不管如何变化,我们如果能找准腐败滋生蔓延的基础和条件,抓住腐败发生的特点和规律,从源头上预防和治理腐败,强化机制建设,必能有效地遏制腐败现象的滋生蔓延。

江泽民同志在广东考察时深刻指出:“开展党风廉政建设,教育和管理,德治和法治,必须双管齐下。”这一重要论述,精辟地总结了改革开放条件下我党开展党风廉政建设的新鲜经验,为我们在新形势下坚持从源头上防范和治理腐败、提高党风廉政建设的整体工作水平和实际成效,提供了新的强大思想武器和科学的指导原则。

一、强化思想建设,构筑牢固的思想防线

不少事实证明,“千腐败、万腐败,都是思想先腐败。”陈希同、成克杰、王宝森、胡长清等,这些高级干部之所以堕落,都是从思想蜕化变质开始,逐步滑向腐败深渊的。以此为鉴,要加大思想教育力度,要把对领导干部的教育,特别是中高级干部的教育作为重点,把党性、党风、党纪教育作为培训党员干部的必修课。要在各级党委的统一领导下,把纪委、组织部门、宣传部门、党校以及新闻单位、文化艺术部门的力量集中起来,发挥思想教育工作的整体优势,形成纵横交错的思想教育网络,造成强大的思想教育攻势,在广大党员和领导干部思想上筑起拒腐防变的坚固堤坝,使领导干部“不愿意腐败”。

首先是教育。党内存在的一些消极腐败现象之所以屡禁不止,有的情况还日趋严重,一个重要原因,就是一些地方和单位的党组织治党不严,对党员干部特别是党员领

导干部疏于教育，忽视了党风廉政教育作为基础环节在从严治党中的重要现实意义。江泽民同志曾指出："惩治腐败，要作为一个系统工程来抓，标本兼治，综合治理，持之以恒，最基本的，要靠教育，靠法治。要通过学习和教育，提高广大党员干部的思想素质，提高全心全意为人民服务的自觉性，提高抵制剥削阶级思想侵蚀的自觉性，提高遵纪守法的自觉性。"增强党风廉政教育的有效性，首先要做好教育自身这篇文章。一是要认真研究新形势下出现的新情况和新问题，运用"三讲"教育中总结的好经验，不断探索新的办法，增强党风廉政教育的针对性和实效性；二是要充分发挥纪检监察机关执纪办案的特点和优势，在运用正反典型进行宣传教育上下功夫；三是在教育对象上，要突出对各级领导干部特别是党政"一把手"的教育；四是要因地制宜，采用党员干部易于接受、乐于参加、丰富多彩的教育形式，增强宣传教育的吸引力、说服力和感染力。五是要注重党风廉政教育的整体把握。要使党风廉政教育工作得到党政领导的重视、各部门的积极配合和社会的热情支持。这样就会形成全社会抓党风廉政教育的大气候。

其次，营造反腐倡廉理论研究的良好氛围。反腐倡廉理论研究同其他领域的理论研究一样，也可以分为基础理论研究和应用理论研究两个方面。这两方面的研究都很重要，但从全局上和整体上看，似应特别突出对应用理论的研究。从分工来说，基础理论研究主要应由专门研究机构和专家学者来进行，而广大实际工作者则应主要从事应用理论研究。而应用理论研究的范围和内容也十分广泛，需要研究和解决的问题堆积如山，为此必须有一个中心，或者说有一条主线来加以贯穿。我认为，应当以邓小平理论和"三个代表"重要思想为指导思想，把研究、探索和掌握本部门、本行业反腐倡廉的特点和规律作为理论研究的中心、主线和根本任务；并把应用理论研究的成果作为考量主要领导干部政（晋级）绩的重要条件之一。

二、强化法制建设是反腐倡廉的根本保证

党的十四大提出："廉政建设要靠教育，更要靠法制。"在新形势下，要从根本上遏制和防范腐败，推进党风廉政建设，不仅需要全面加强德治，而且需要全面加强法治，努力构筑牢固的党纪国法防线。由于我国历史上缺乏民主法制传统，法治基础薄弱，这就更需要我们以江泽民同志关于加强法治的重要论述为有力的思想武器，把加强法治作为一项紧迫任务，不断地健全并严格实施规范权力行为的法规制度，努力使法规制度内化为广大党员干部的自觉行动，并用以对权力行为实施刚性制约，真正做到依法制权，依法治官，依法行政。从当前来说，着重是要抓好以下主要环节：

一是要加强法制体系的建立和完善。腐败的本质是没有正确行使人民赋予的权力，从而违背了人民意志的行为。要从根本上解决腐败问题，就必须保证权力按照人民的意志来行使，根本出路就在于提高社会主义民主的法制化水平，把宪法规定的公民各项民主权利，通过各种具体法律的形式加以保证。正如邓小平同志所强调的，"要制定一系列法律、法规和条例，使民主制度化、法律化。使这种制度和法律不因领导人的改变而改变，不因领导人的看法和注意力的改变而改变。"依靠法制反腐败是社会主义市场经济的必然要求。市场经济是规范化、法制化的经济，它不仅要求市场经济主

体之间的经济行为都必须依法进行，而且要求政府管理行为也必须法制化。目前，由于社会主义尚处于初级阶段，法制体系不完善和市场体制转型时期，为滋生腐败提供了肥沃的土壤。因此，要从标本兼治侧重治标到重在治本的战略转变。治本，就是从法制这个源头上预防和整治腐败行为，制定完善的法律、法规和规章，出台重大的改革措施，不断铲除腐败现象滋生蔓延的土壤。

二是要强化法治意识。执政党的党员干部特别是领导干部的法治意识如何，对党的作风形象和建设法治国家都有着直接而巨大的影响。从当前情况看，尽管改革开放以来领导干部的法治意识有了明显增强，但同实现法治社会的目标要求仍有较大差距。因此，加强法治，必须从抓领导干部的法治意识入手，着力使他们深刻理解，建设法治国家是国家和民族走向现代文明的必然趋势，是中国特色社会主义的本质特征之一；引导他们确立法律至上的理念，正确认识和处理权与法的关系，防止和克服权大于法的现象；使他们增强民主平等意识，克服等级观念、特权观念，坚持在法律面前人人平等。同时，每个党员干部都要带头认真学习法律法规、党纪政纪条规，并要结合一些典型案例加深理解，增强法纪观念，切实遵纪守法，管住管好自己，以实际行为维护法纪的权威性、严肃性，促进党风廉政建设。

三是要坚持依法行政，依法办事。执政党的党员干部是否依法行政、依法办事，是衡量社会法治实现程度的主要标志之一。因此，他们更应该自觉地以法规制度来规范自己的职务行为，模范地执行国家的法律政令。从目前情况看，尽管党员干部依法办事的素质已经有了明显的提高，但存在问题仍然比较多，如为部门利益而违法违规搞“三乱”、违反统计法造假账报假数据、司法不公甚至搞刑讯逼供、一些部门在起草部门法规过程中搞“法律谋私”或“政策谋私”等。这就需要我们抓住一些群众关注的热点问题，加强查纠监督，力求使党员干部的职务行为纳入法制轨道，真正体现公众的意志和利益，这样才能有力地推进法治，使党风政风不断好转。

四是要大力纠正执纪执法偏软偏宽的现象。法治能不能“治”，关键在于对违法违纪案件是否从严查处，对腐败分子是否依法严惩不贷。因此，必须坚决纠正一些地方和单位执纪执法失之于宽、失之于软的现象，加大对违法违纪案件的查处力度。特别是对领导干部中的大案要案，更要抓住不放，一查到底，果断处理。对目无法纪，胆敢以身试法、胡作非为的干部，如胡长清、成克杰之流，必须用重典，做到不论是谁，不论职务多高，该受什么处分就给什么处分，该重判的坚决重判，决不手软。同时，对有些领导干部为违法违纪者说情开脱、有些单位不按处分决定执行纪律，要严肃批评，及时纠正；对袒护、包庇违法违纪者，瞒案不报、压案不办，或设置障碍、阻挠查处等错误行为，更要严肃处理，坚决制止。这样才能充分发挥法纪的威力，有效地堵住引发违法犯罪的漏洞。

三、强化监督，以制约严廉

马克思主义监督学说认为，监督是国家的一种职能，是维护一定社会政治和经济秩序的手段。从政治学的角度看，不受监督的权力必然走向腐败。应该肯定，我们党多年来已经形成了不少党内监督的好制度和经验。但是，监督体制还不够完善，没有形成具有足够约束力的监督体系，是目前存在的一个突出问题。特别是对掌握着各级和各部门单位最高权力的党政“一把手”，由谁监督，监督什么，如何监督没有明确的规定，更缺乏经常有效的具体监督措施，导致对他们的监督“失控”，违法违纪的比例上升。针对这些监督方面存在的突出问题，应从七个方面强化监督机制的建设：一是强化党内监督。要通过加强民主集中制，加强党的组织生活制度，加强对党员领导干部的民主评议制度等，强化党委内部的监督和纪委的监督。二是强化权力机关的监督。人民代表大会是我国的国家权力机关。在人民代表大会的权力中，监督权是最重要的一种。要充分发挥各级人民代表大会及其常委会对各级国家行政机关、审判机关和检察机关的法律监督和工作监督的作用。三是强化行政监督。主要是要扩大监察机关的权限，例如，给予监察机关查阅、查封银行存款权、停职检查权、奖励权，以及开除的处分权等。同时要完善行政监察管理体制，使之能相对独立行使监察权。此外，还要加强行政监察队伍建设，培养一支训练有素，懂政策、法律和技术的监察队伍。四是强化经济监督。这方面的监督主要是指国家授权经济监督职能的专门机关和企事业单位内部的监督机构，按照一定的法律、制度和纪律对一切机关、团体、企事业单位的经济活动，以及国家公务人员的经济行为进行监察和督促，这是防止贪污、贿赂、挥霍浪费等腐败现象的重要手段。特别要加强财务监督制度，用法律制度保证财会监督人员的政治、经济地位不受监督对象支配，依法独立行使经济监督权，抓好对本单位本部门执行财会制度情况的监督。五是强化民主监督。重点要充分发挥各级政协机关民主监督的职能作用，围绕反腐倡廉，积极抓好民主监督。六是强化群众监督。要明确便于群众对权力监督的重要内容和监督的方法，同时要依法保护群众的监督权，调动群众监督的积极性。七是强化舆论监督。要在坚持党的四项基本原则的前提下，尝试给予新闻媒体的知情权、调查权、评论权、曝光权，使之不失为制约腐败的锐利武器。通过强有力的监督，使高级干部“不便于腐败”。

四、深化改革，铲除腐败滋生土壤

反腐败的根本出路在于改革。必须用改革的办法铲除腐败滋生蔓延的土壤。一是抓住当前机构改革和企业改革的有利时机，加快政府职能的转变，精简机构，实行政企分开，防止权钱交易。二是进一步推进干部制度改革。按照“公平、平等、竞争、择优”的原则，选拔任用领导干部。在党政机关普遍推行干部公开选拔竞争上岗，领导干部任前公示和民主讨论干部等制度。要建立健全用人失察责任追究制度。对选拔任用干部中违反干部政策，造成失误的必须严肃追究责任。三是按照社会主义市场经济的要求，改革福利分配方式。对领导干部的福利待遇要由“实物化”改为“货币化”，尽可能实行领导干部住房、工作用车、出差食宿标准纳入其工资福利中，取消福利性的实物分房和公款接待，从根本上杜绝领导干部在住房方面谋私和坐超标车、公车变私车、屡屡更换新车以及公款大吃大喝现象。四是要绝对保证国家机器“吃皇粮”，军队、武警部队、政法机关及其他所有党政机关与所办经营性企业彻底脱钩，一律不再从事经商活动。执收执罚部门实行“收支两条线”，铲除腐败现象产生的土壤。五是要按照公开、公平、公正原则，完善有形建筑市场等各类市场管理，规范市场行政行为、企业行为和市场行为。同时要进一步增加行政办事的透明度，要大力推行政务公开、村务公开、厂务公开等。增加用权行为的透明度，由“暗箱操作”变为“阳光行动”，根治“黑箱”作业。此外，还要大力推行政府采购和会计委派等制度。总之，要通过改革，努力寻找社会主义市场经济条件下，同经济发展、政治民主和精神文明适应的，从根本上预防和治理腐败的办法，使干部“不能腐败”。

（作者：祝李兴）

腐败的原理

——兼论民主选举不能治防腐败

腐败的危害是不言而喻的。世界上不存在没有腐败的国家,也没有任何国家不反腐败。政治体制与腐败的关系非常密切。为什么不同的政体会倾向采用不同的反腐败政策?为什么同样的反腐败措施在不同的政体下会产生截然不同的效果?为什么世界各国的民主化与政府的腐败化同时发生?民主能治腐败吗?

一、腐败的定义

腐败的定义是:滥用公权谋取物质私利。

为什么腐败是"滥用公权谋取物质私利"?(1)"公权"一词把研究对象限制为掌握公共权力的人,主要是政府官员。没掌握公权的人谋私利是社会的普遍特征,不属腐败研究的对象。如果政府官员基本不腐败,社会也就不再普遍关心腐败问题,腐败作为一个政治话题就丧失了意义。(2)"非法使用"或"滥用"公权才是腐败。若掌握公权的人"合法"谋私利,就不是腐败,比如握有财政权的议会为自己涨工资。(3)有些政府官员滥用公权,目的却未必是谋私利。这种现象虽不比腐败的危害小,却不能算作腐败。如果把官员好大喜功、滥用财权也算作腐败,就失去了研究重心。(4)什么是"私利"?"私利"是腐败者自己的利益。自己个人和直系家庭成员的物质利益是标准的私利。但亲戚的、朋友的呢?那就取决于亲戚、朋友在物质上回报腐败者及其家庭的潜力了。(5)为什么要强调包括肉欲在内的"物质"私利?因为谋取精神上的私利(如个人的荣誉或宗教信仰)是另一类问题,不算腐败。

任何定义清晰的概念都有边缘。掌握公权的人为选举自己的利益集团谋利益,算不算"谋私利"呢?选民集团的利益似乎明显不是掌握公权人的私利。然而,因选民支持而获得公权力,这本身就有构成私利的潜在可能;当选人甚至可能就是"自己"利益集团的代表。以公权为"自己的利益集团"谋利益,就处在腐败的边缘地带了。在边缘区,社会接受的程度,也就是法律的规定,乃是判断腐败的标准。特殊利益集团出钱资助政客当选,政客在国会为利益集团投票,这在美国民主制度里是合理合法的,但在中国的共产党制度里会被看作腐败。德国前总理科尔收受商人的竞选集资在德国被看作腐败大案,法国制度比德国制度民主得多,选举在政治体制里占的份额大得多(德国的上议院与美国参议院权力一样大,却不是选举产生的),与科尔类似的情况在法国是合法交易。

概念的边缘区恒定是模糊的。比如大学教师与在学学生谈恋爱是否算腐败？相对于大学生，教师握有“公权”，而且权力还颇重，有能力诱使学生以“献身”来换取“前程”。一般大学都有校规，禁止教员与在学学生发生恋爱关系。然而，有的学校可能没这条校规，仅有一些无惩罚措施的“告诫”。毕竟，君子有成人之美，况且两人之间可能不存在任何权力关系，比如化学系的学生与历史系的教员。但在大学里，教员都是“一个单位的”，权力关系盘根错节，任何教员都有“潜力”帮助或惩罚其所恋爱的学生。模糊的边缘并不导致否定概念定义。定义的边缘也是研究领域的边缘。

经常有人误将边缘现象定义为概念的主体，导致丧失研究重心，甚至因果倒置。有人把社会道德风气败坏算作腐败，提出的解决方法自然挺离谱。抓妓女、关赌场、限制饭馆消费等等，治的是民风，而非官场的风气。“仕风变，天下治矣。”[①]

二、腐败的原因及控制手段

腐败的定义是“滥用公权谋取物质私利”。从这个定义就能轻易推断出腐败的原因和治理腐败的政策类别。

在不同的时代和地区，腐败行为有不同的具体原因和具体表现形式。然而，腐败的根本原因只有一个：执掌公权的人有谋私利的欲望。所有时代和所有形式的腐败皆源于执掌公权的人有谋私之欲。

认识到了腐败的根本原因，我们就有能力给出关于腐败的严谨简明的定义。

腐败几乎是永恒的。只要掌握公权的人还有谋私利的欲望，腐败就永远有机会，就不可能被彻底消灭。不少人认为，谋私利的欲望是人类的本性。但也有人相信，人类的本性与所有生物是相同的，仅仅是延续生命和种族两类。所以，谋私利的欲望并非天然，而是私有制和家庭的结果，消灭了私有制和家庭就消灭了谋私利的欲望。中国的孔子大约是世界上最早提出这种看法的学者。他认为人性无非食色，若天下归公，而不是归家，就不会有谋私之事。[②] 无论两派观点孰是孰非，在可见的未来，公权必定存在，私有制和家庭必定存在，谋私利的欲望也就普遍存在。所以，腐败与老鼠一样几乎无法被消灭。如果腐败的原因“几乎是”永恒的，为什么还要“反腐败”？

根除腐败固然不可能，但把腐败程度控制在社会能接受的范围里（即法律许可的范围里）并不难。消灭老鼠几乎是不可能的，但把老鼠排挤出人们的日常生活却相当容易。由于腐败的严重危害，每个社会都限制腐败，实现以公权谋私利其实有相当难度。世界上所有时期都存在一些极为廉洁的政府，小国有，大国也有。在世界上，廉洁的政府并不鲜见。廉洁的政府往往是强有力的政府，其治下的民族或国家也必然是繁荣昌盛的。

从根源上看，控制腐败无非就是限制政府官员以公权谋私利。腐败仅仅由掌握公权的人及其谋私利之欲望两个简单因素构成，控制腐败也很简单。控制腐败有三类手

---

① ［明］吕坤：《呻吟语·治道》：“变民风易，变士风难；变士风易，变仕风难；仕风变，天下治矣。”

② 《礼记》（礼运篇）。

段，也只可能有三类手段。①限制官员掌握的公权力。②降低官员谋私利的欲望。③减少公权与私利结合的现实机会。

兹分述如下：

(1)所谓“限制官员掌握的公权力”，指的主要是分权制衡，让每个官员手中的权力都具有相对性，不容许绝对权力的存在。如果一个政府部门的职能分做人、财、物、事、四种权力，那么管人的不能管事，管财的不能管人，管物的不能管事，管事的不能管财，必须各司其职。如果事务主管获得了胁迫其他部门主管的权力，就拥有了绝对权力，就是专制；腐败也就只在这官员的一念之间了。所以，“限制官员掌握的公权力”指的是分权制衡。

为什么说分权制衡，而不说“减少”公权？公权本身就是为管理社会而设的。公权多或少、大或小，都为腐败提供机会。公权本身不是问题，掌握公权的“人”，也就是政府官员，才是腐败之源。在现代社会里，需要政府管理的事情越来越多，公权覆盖面越来越宽是不可避免的。但制衡每个官员手中的权力不仅依然可能，而且是必需的。北欧国家的政府权力不断扩大，在社会和经济事务里日益起决定性作用，但同时，严密的分权制衡也使北欧国家的政府成为世界上最廉洁的政府。香港政府一直是世界上最少干预经济生活的政府，却在1960年代末到1970年代末的十年里经历了从极其腐败到非常廉洁的巨大转变。与此同时，香港政府的规模，也就是公务员的数量，也在迅速扩张。

自改革开放以来，我国政府对经济生活的控制程度大幅降低，但腐败现象却大幅增加。为什么呢？在发达国家分权制衡越来越严密成熟之际，我国的公权力却出现了快速的“封建化”趋势，一个书记一支笔，就成了一个小王国。有人担心分权制衡导致低效率，其实不然。制度化和法律化了的分权制衡是高效率的保障。效率的死敌是专制者的一言堂，高浪费；或者无休止的民主讨论，议而不决。

就我国当前的情形而言，完善分权制衡主要指下面的五件事。第一，确立独立的反贪机构，用于侦察所有政府机构的腐败。第二，确立独立的司法系统，用于判断政府行政是否违法。第三，确立独立的审计系统，用于判断政府是否滥用公权。第四，建立独立的官员人事评叙体系，从而保障执法机构严谨地依法办事。第五，制定区分人、财、物、事管理的法规，从而使各类官员权责清晰、透明。

(2)所谓“降低官员谋私利的欲望”，指的是要求官员拥有高于普通百姓的道德水准，即“大公无私”，也就是为人民服务的民本主义道德。古今中外，选拔高层政府官员的基本标准之一就是高于普通民众的无私品德。官员永远是极少数人，要求少数“精英”无私奉献当然是可能的。传统中国“以德治国”，讲究官员修身自省，政体延续了两千多年，遥遥领先于世上任何政体的寿命。今天颇有些人认为，既然法律面前人人平等，应当把官员视为普通百姓，理解宽容其“凡人”的欲望。然而，官员不是普通百姓，而是掌握百姓命运的极少数人，人民有充足的理由期望政府官员廉洁奉公，特别是领导公务员队伍的政务官。若非如此，他们凭什么掌握管理人民的巨大权力？所以，官员的法权低于普通民众，所以法律不给“公众人物”以普通百姓那样的隐私权；所以，香港的廉政公署可以对官员实行有罪推断，甚至定下“财产来源不明罪”；所以，从古至今,政府对官员的道德要求都高于一般百姓。

要做官就必须有奉献精神,就必须放弃隐私权,就要允许别人评头论足。人们信任共产党执政,因为共产党人声称自己是大公无私的,吃的是草,贡献的是奶。"党员"曾经是崇高的代名词,"像个党员"曾经是对人格很高的评价。所以,那时的共产党尽管犯了不少重大错误,依然得到社会的普遍支持。把官员视同普通百姓,就有了所谓"高薪养廉"的无聊说法。多高的薪水能与腐败的收益相比?物欲有限度吗?

高薪与高素质的人才相关,与政府提供高质量的服务相关,却与政府官员是否廉洁没什么关系。北欧和英国一直都对官员实行低薪制度。在新加坡的反贪运动期间,降低公务员薪水是反贪手段之一,目的是驱逐为谋私利而做官的人,提拔有奉献精神的官员。[①] 当然,反贪并非政府恒定的最重要事务,高质量的管理工作是政府的主要目标,所以政府要吸收高素质人才,社会也同意为此支付与其教育、经验和工作质量相当的高薪。高质量的人才未必不腐败,也未必大公无私,腐败起来胃口更大。所以,对高质量的政府官员依然要提出高于一般公众的道德要求。李光耀曾经自豪地声称,他是世界上薪水最高的总理,却也是世界上唯一仅靠薪水生活的总理。

降低官员谋私利的欲望,要求我国执政党复兴民本主义的意识形态教育,要求严肃党风党纪,减少党员人数,提高入党的门槛,把党锻造成精英党。

(3)所谓"减少公权与私利结合的机会",指的是以严密的法规堵塞官员以权谋私的通道,用严厉的惩罚警示后来者。有的国家规定,官员不得接受同自己权力相关的企业家的宴请,不得在本政府部门以外接受或报销差旅费。还有的国家要求警察必须写日志,除家务之外的公私事情必须分小时详细记载,供人事部门定期查阅,隐瞒或撒谎要受严厉惩罚。还有的国家规定,每个官员每年至少被跟踪侦察一天,检查是否有违规或不道德行为。多数发达国家对官员收受礼品的价值上线有明确规定,并对公众举报官员腐败设立奖励措施。新加坡的 CPIB,香港的 ICAC 都是专门从事侦察官员腐败的独立机构。美国的 FBI 虽然不是专门的反腐败机构,却也相当独立,还拥有奇特的诱导官员犯罪权。世界上有无数措施可以"减少公权与私利结合的机会",大多为各国学界和政府研究部门所知。[②] 不作有关规定的国家极少,出于无知而未作规定的国家更少。有意避免制定有效规定的国家不少,作了规定却故意不制定严厉惩罚措施者最多。

对以权谋私的"惩罚措施"一般指的是驱逐出政府机构,永不录用。有人会认为这"太过严厉"。人民公仆利用职权偷人民的钱或许不算什么,但让人民对政府丧失信心就不是小事了,这是国家民族败亡的主因。况且,驱逐出政府并非酷刑,只不过使之回归百姓的生活而已。还有人认为,规矩太严格,从此无人敢为官。其实,世界上缺什么也不缺政府官员。想无私奉献却报国无门者多矣,在中国尤其多。官府代表荣誉和地

---

① 参见李光耀《李光耀回忆录:1923～1965》,新加坡《联合早报》1998 年版,第 370～371 页。

② 关于这些具体法规手段的国际政府间交流十分频繁。有关的国际组织、学术讨论会、政府间的交流等等催生了大批的出版物。可查阅:Transparency International, TI Source Book 2000. http://www.transparency.org

位，经常“人满为患”，不要工资都难进，怎会缺人？低素质但廉洁奉公的官员，比高素质却贪污腐败的官员强得多。

概言之，治理腐败的政策手段有无数，但万变不离其宗，都可以归入上述三类。分权制衡约束公权，是外在的结构性措施，旨在预防。高于一般百姓的道德水准削弱官员的私欲，是内在的修养措施，旨在官员的自我约束。严密的法规切断公权和私欲的联系，是对结果的惩罚措施，亦在警示后来者。

腐败不难治理，大国、小国、穷国、富国都有在一夕之间控制住腐败的范例。正因为控制腐败与控制老鼠一样容易，在多数社会的多数时间里，腐败并不是公众最关心的问题，也不构成重大政治问题。

三、政治体制与腐败

既然治理腐败并不难，为什么一个政府会容忍腐败肆行无忌，拒绝采行有效的反腐政策？为什么清官总是变贪官，使贪官生生不息？为什么在一些国家行之有效的反腐败政策，在另一些国家却效果不彰？为什么反贪系统在香港和新加坡都能起关键性作用，但在我们这里却成了腐败的一个新来源？显然，个人的力量难敌制度的力量。反贪政策的制定及效果决定于政治体制。

上文提到，反贪的政策手段只有三类：(1)限制官员掌握的公权力；(2)降低官员谋私利的欲望；(3)减少公权与私利结合的现实机会。

政治体制与三类反贪政策手段的关系非常密切。反贪政策及其有效性决定于政体，取决于政体里法治成分的高低。民主制不能减少腐败，民主是产生腐败的源泉之一。

(一)法治政体决定反贪政策及其效果

在市场经济时代，当谋私利成了“理性”，官场的传统纲维岌岌可危，分权制衡也就成了控制腐败的最根本、最有效手段。“权力导致腐化，绝对的权力绝对会导致腐化”①。

分权制衡是法治政体的核心原则及基本特征。法律不能自行，法相对于政府的权威是靠官员之间的制衡来支撑的。制衡首在分权，主要是司法和执法系统的独立；其次是分立的权力机关要有一定程度的功能重叠，使其相互掣肘。司法和执法系统是相对中立的机构，它们的产生和运作不依赖执政者的意志和社会集团的利益。作为独立的权力机构，司法和执法系统的生命在于忠实法律。分权制衡的政治体制拒绝任何官员或政府部门拥有绝对权力，从而使法律拥有至上权威。

在市场经济时代，缺少分权制衡的政体必然使反腐败的法规形同虚设，反腐败法规反而会成为政府缺少诚信的证据。同样是反贪局，在集权的政体下不可能成为独立

---

① 阿克顿这句话的原文为：“Power tends to corrupts and absolute power corrupts absolutely.”见 *Selected Writings of Lord Acton*, Volume Ⅲ (Essays in Religion, Politics, and Morality), Liberty Fund, Inc., 1988, p. 519。虽然此处的“腐化”指的是滥用公权，但在市场经济时代，滥用公权的动机大多是谋取个人私利，也就是“腐败”。

机构，于是反贪局就有成为帮贪局或贪污局的明显机会。

法治政体与官场道德是什么关系？民本主义是官场道德的核心，讲究"两袖清风"地"为人民服务"。道德要求是所有政体都拥有的特征，但缺少分权制衡的政体比其他政体更依赖道德要求来维持廉洁。例如中国的传统政体，以德治国，非常倚重官员的道德修养，也就是依赖官员的自律。在非市场型的经济体系里（比如计划经济、自然经济、"道德经济"），私利远不如在市场体系里那么重要，以德治国的政体当然是可能的。在传统中国，以德治国几乎是必然的，因为传统中国不仅以自然经济为基础，而且阶级划分不明显，阶级斗争不激烈、不重要。我国学者经常指传统中国政体是"外儒内法"，其实是外法内儒，儒家之道德精神乃是支撑我国传统政体两千余年不堕的根本。在计划经济条件下，官员的共产主义道德是共产党廉洁执政的根本。

道德是法的来源，弹性却比明确的法律大得多。道德标准的弹性导致官员的行为准则相当模糊，弹性极大。在德治政体里，一旦官场的道德纲维崩溃了，就会出现自上而下的贿赂公行，鬻爵卖官，剥民剖地。

无论如何，民本主义的我国，要求官员必须拥有高于一般民众的道德水准。这是中国官场的纲常。

在市场条件下，对官员较高的道德要求必须法律化，要以法治为根基。今天，较高于公众道德的官场纲维，体现为对官员的法律歧视。法律面前"人人"平等，但官员不在"人人"之列，官员的法权低于一般人民。官员的层级越高，法权就越少。在市场条件下，怎样才能实现这种法律化了的道德要求呢？只有法治政体才有可能实现。有了分权制衡的法治政体，官场的道德纲维才有根基。道德与法律和执法脱节，那就不仅没有效果，而且极可能成为谋私的外衣，使人民加倍感到官场缺少廉耻。

减少公权与私利结合的机会，指的不过是一些惩治腐败的法规，以及这些法规的有效实施。法和执法也是所有政体都具有的特征。然而，在人治型的政体里，有了相关的法规却经常不能有效实施。没有分权制衡的体制，法规就没有权威，就不可能有效。法规的有效性取决于分权制衡，特别取决于司法机构和执法机构的独立性。不受外部舆论和其他权力机构干扰的机械性执法是执法必严的关键。也就是说，在市场经济时代，法治政体不仅直接控制腐败，保障官场的纲维，还是减少公权与私利结合机会的根本保障，是各种严厉法规的保障。当法规不能得到执行，当惩罚条例的适用对象因人而异，制定这些法规就毫无意义。有法不依比无法可依还要糟糕，是为最恶劣的违法行为敞开大门。

因此，反腐败政策与政治体制密切相关。更准确地说，反腐政策与政体里的分权制衡制度相关，也就是与法治成分相关。法治程度越低，反腐政策的空间越小，政策的有效性越低，腐败的程度就越高。法治程度越高，反腐政策的空间越大，有效性也越高，腐败程度就越低。

（二）民主与腐败"铁三角"

对迷信民主的知识界而言，民主万能，所以民主当然能治理腐败。民主制与腐败或腐败的治理有什么关系呢？民主制度的基本原则不是分权制衡，而是多数决。多数决原则的应用分成两个层次，即选民选举国家领导人时的多数决和领导人在决策时的多数决（如议会内的多数决）。民主制度不是为反贪的需要而生。民主制度的产生与阶级构成和阶级斗争密切相关，是利益集团争夺政府权力的游戏规则，是强权政治的一种手段。民主不治腐败，民主是催生腐败的制度源泉之一。说明这个问题，必须从民主的社会基础谈起。

1. 什么导致了民主制度？

当社会由几个稳定的阶级所构成，而且这种构成有上千年的历史，强权政治就可能成为根深蒂固的政治文化。这种政治文化相信，强大的阶级或利益集团理应占有政府权力，让政府代表自己的集团利益。在信奉强权的文化里，弱者认赌服输。西方社会自古希腊时代开始就一直是阶级社会。居于西方和东方之间的美洲新大陆缺少阶级传统，却是由利益集团主导的社会，并且继承了欧洲的强权政治文化。王或皇家的"天命"是强大，贵族的出身和品行是强大，工商业主的金钱是强大，平民百姓的数量也是强大。无论阶级的民主还是利益集团的民主都体现强权政治。在西方人看来，强者的利益被代表，是应当的，是"自然法则"。当被统治阶级与统治阶级争夺政权，而且前者占有数量优势，就被称为"争取平等"。数量强权的概念十分粗俗，也不平等，赢家和输家怎么可能是平等的呢？可笑的是，多数决在今天居然成了"平等"的代名词。随着西方势力的扩张，强权意识形态已经传遍了世界的每个角落，成了一种宗教式的政治迷信，是当代知识界的主流"信念"。

有些社会不是由阶级构成的。种姓、部落、族群、宗族或家庭都可能成为社会构成的主体。以强权意识推之，若以种姓为主要社会分际，则出现种姓强权，如印度；若以部落为主要社会分际，则出现部落强权，如尼日利亚；若以族群为主要社会分际，则有族群强权，如前南斯拉夫。在一国之内，若家庭和宗族是社会的主要分际，宗族或家庭强权几乎是不可能的，只能在村落里实现家族强权，因为三十、五十人就是一家，三百、五百人就是一个家族。社会构成决定社会意识。在不以阶级或利益集团分野为主体的社会，强权的意识并不"自然"，未必会成为主流意识形态。中国的传统社会延续了两千多年，是由规模大体相当的小型自耕农家庭构成的社会。小农家庭自给自足，以宗法村社为依托，阶级分际不明显，也就从未催生以阶级为基础的政治集团，更没理由产生以争夺政权来维护阶级利益的强权意识。在这样的社会里，主流的政治认同是中立的政府和公正有德的官员。所以，中国两千五百年的传统社会是民本主义的温床，不信奉民主主义，不信奉多数决原则。"政"乃"正"之义理。"政治"应是正人君子之治，以中庸之道为原则，不偏不倚，公正廉明，光明正大。这就是"为政以德"的道德礼仪之治了。农民造反，是因为政府不"正"，滥用公权，官行匪事，不是什么统治阶级与被统治阶级的阶级斗争，也不是利益集团对政权的争夺。

现代工商业市场导致了利益的多元化，也造就社会职业和收入的差异。有人据此认为民主是必然趋势，因为利益集团"必然"要求被政府所"代表"。在20世纪的80年代，中国知识界的主流认为，不推进民主化就不可能推动市场化。近代和当代的历史事实证明，他们是错的，民主化与市场化没有必然关联。同样的道理，认为社会利益的多元化必然导致政治的民主化也不正确。社会利益的多元化与利益的集团化和政治的党派化没有必然关联。在中国，自给自足的农民家庭演变成千百万个小型家庭企业，此消彼长，是社会化了的小生产。他们分散而有活力，很难联合成大型经济利益集团，更不会联合成政治利益集团。在中国，以经济利益为基础组成经济政治利益集团，以争夺政权来维护自己的利益，这绝对是愚蠢的念头，只有在象牙塔里食洋不化的知识分子才想得出来。政府应当代表穷人还是富人，城里人还是乡下人，企业家还是工人？中国的社会结构和政治文化传统不催生野蛮的强权规则。在国人的意识里，我们不期望政府代表或倾向谁的利益，我们期望政府不偏不倚，依法办事。中国真正的执政者不是由各个利益集团的代表组成的，而是由职业公务员组成的，是中立的政府。此种政府的最大问题不是代表或排斥某个利益集团，而是以公权牟取官员一己的私利。没有利益集团和强权政治文化的民主制度会是什么样的呢？政客只能靠挖掘民族之间、族群之间和地域之间的历史怨恨来生存，结果是所有人对所有人进行死缠烂打的战争，而且要斗到鱼死网破，谁也不会“优雅”地认输。

社会构成决定社会意识，社会构成和社会意识决定政治体制。但在全球化的世界里，社会意识受“国际社会”构成的深刻影响，并不完全取决于一个国家的社会构成。强大的西方及其霸权式的意识形态使得相当一部分非西方国家的知识界转而信奉多数决的“合法性”。然而，知识分子信奉多数决是一回事，多数决原则能否适应一个非阶级的社会结构是另一回事。播下的是龙种，却收获了跳蚤。好在中国的知识界并没有丢失现实主义传统，声声信奉民主的知识分子们居然认为“普选”应当缓行，而且是在“素质比较高”的城市里应当缓行，要等待“未来条件成熟”。虽则如此，乡下的农民是“素质不高”的人，就被用来做其“理想”的实验田。至于收获的是宗法民主，裙带民主，还是邪教黑社会民主，就与象牙塔里养尊处优的人无干了。如果乡村的民主试验一旦失败，理由自然是“农民素质不高”，尚待“启”而“蒙”之。还有更荒唐的，把实验失败归结为“政府官员素质不高”。政府官员素质高，要民主做什么？西方人要求阶级分肥，所以闹民主。中国农民要求摆脱贫困，知识分子们启“蒙”他们说，投票选举能脱贫。农民们对“海选”的普遍冷感是聪明还是愚蠢？

2. 多数决能治腐败吗？

分权制衡能控制腐败。多数决制造强权，承认强权，不能导致分权制衡，不能治腐败，反而制造腐败的机会。选举为什么会成为腐败的温床？普选制造政客—选民—金主之间的“铁三角”游戏。①为了接触和说服尽量多数的选民，政客需要钱。②恒定有一些有钱缺权的人愿意资助政客当选。③当选的政客既需要以公权回报投票支持他的选民，也需要以公权回报金主的“投资”。

政客回报选民是腐败的边缘区，回报金主是明显的“权钱交换”，是产生腐败的温床。在台湾，黑金的泛滥显然是普选导致的。我曾经猜想，民进党会因反腐败而执政，执政后民进党会腐败；但绝没料到民进党腐败的速度如此之快，到了每天都能闹出新闻的地步。陈水扁当选之际是在野的职业政客，是没有收入的穷人。可他执政不到三年就聚敛了8000万元台币(2200万元人民币)的私人流动资产，还没包括他家的不动产。其中3200万元是在台湾经济极不景气的2002年“挣”来的，而且是在崩了盘的股市里挣来的。“上梁”如此，“下梁”可想而知。日本的政党政治向来是腐败的，日本的政党政治也向来以反腐败为主要话题。当日本官僚政治被政党政治淹没之际，我曾经猜想日本的腐败会增加;却万没想到充斥荣誉传统的日本官僚机构居然也腐败了。对迷信民主的知识界而言,民主万能,民主能控制腐败是必然的。日本、韩国、台湾民主化后没有腐败,前苏联、东欧国家在民主化后没有腐败,拉美和非洲民主化后没有腐败,东南亚国家民主化后也没有腐败。对于教徒,神是万能的。不要说质疑神的存在,只要质疑神的万能都是对神的亵渎。神的存在无需证明。与基督徒争论上帝是否存在显然是浪费双方的生命。

民主要靠法治来约束,民主导致的腐败也只能靠法治来控制。在西方,民主与与法治共存,就成为"自由民主制"。西方的民主也是腐败的温床。若没有法治,民主的西方比专制的东方一样腐败,或许更腐败。

法治与民主的关系向来很紧张。出于对古希腊民主制的不信任,古罗马奉行"共和",是最早的法治形式。"共和"的基本内容就是分权制衡,是限制政府权力,保护个人(自由)权利不受政府或"多数"侵犯。现代法治以宪法司法为基础。美国最高法院的大法官不是选举产生的,而且实行终身制,却可以判民意代表立的法违宪作废。分权制衡思想甚至渗入美国的议会制度,美国参议院不管各州大小和人数多少都是一州两票,对抗和制衡按选民人数选出的众院。

民主不是产生于反贪的需求。民主适应阶级社会,是适应和平地进行阶级斗争而产生的规则,靠社会集团的实力均衡以及强权文化认同来维系。法治也不是为反贪而定做的。法治是适应城市工商业社会,特别是市场经济而产生的,旨在维护公民个人权利,防止政府滥权,迫使政府守法。分权制衡天然不是反腐败措施,但反腐败措施天然就是分权制衡。没有分权制衡的政治体制是落后的政治体制,是腐败的直接原因,也是好人变贪官的制度根源。

今天有无数人认定民主化能控制腐败。本文的结论是:分权制衡能治腐败,民主不能。中国并不存在激烈的阶级斗争,也不普遍认同阶级或利益集团的强权意识。挑动阶级意识和阶级斗争的结果只会挑动全民战争和民族矛盾。中国目前的主要矛盾是全社会与一个需要改革的政体的矛盾。现行政体之缺陷在于缺少分权制衡,在于政府官员滥用公权谋取个人私利。因此,华人社会出现有法治缺民主的独特政治体制没什么奇怪的。香港、新加坡的政体专为治理滥用公权而设,因为那里没有什么阶级斗争,更不必去挑动阶级斗争。

(作者:潘 维)

关于预防和减少腐败现象的几点思考

反腐败的问题历来是人民群众最关心的问题。在这几年的民意调查中，反腐败都列在前三位，其中1999年名列第一，说明群众对腐败的问题深恶痛绝。

党中央对反腐败工作也非常重视，在历次的重大会议和重要报告中都会提到反腐败的问题。近几年对大批高级干部的查处充分说明了党中央反腐败的决心之大。

但是我们仍然无法回避一个事实，现在的腐败问题依然很严重，从这几个方面我们可以看出：一是检察机关查处的贪污贿赂类案件还在继续上升，从每年的中纪委和最高人民检察院的报告中可以看出这一点。二是国际上有一个"透明国际"组织，每年都对各国"廉政"情况进行评估，一般只评估70多个国家，1999年我国被排在第50多位；《检察日报》在报道这一消息时说：比以前的排名有上升。三是人民群众根据自己的感觉而得出的认识上，认为腐败问题普遍存在，办事的时候必须托人、送礼，否则办不成事或不顺利。

以上几点说明反腐败斗争虽然取得了一些成果，但远未达到根治腐败的目的，反腐败依然任重而道远。如果不下大的决心、花大力气治理腐败，势必会亡党亡国。在这一点上，国内外历史上的教训不胜枚举。

笔者长期在检察机关工作，直接从事反贪污贿赂工作也有十多年的时间。在查处这些案件时心情也很复杂，一方面觉得将这些贪官查处并惩罚是反腐败的成果，因此感到很快慰，但另一方面也很为他们惋惜，他们之中有些人以前也为党兢兢业业地工作过，作出过很大的贡献，有些人很有才华，党和国家为培养他们也付出了很大的代价，有些人有幸福的家庭，因为犯罪给亲属和子女造成了心灵上极大的伤害。

所以我一直在思考，如何才能预防和减少腐败现象的产生。这不但对国家、对人民群众有好处，而且也可以挽救本可以为国家、社会作出贡献的干部。

在预防和减少职务犯罪的问题上我们要防止两种倾向：一是认为只要用重刑来处理那些贪官即可起到决定性的作用。我们不否定重刑主义对贪官的震慑作用，但仅靠重刑主义是不够的。明朝的朱元璋对贪官污吏所使用的刑罚到了使人毛骨悚然的地步，不但杀之而且剥皮实草，动用东厂、西厂、锦衣卫等特务机关进行侦查和审判，刑讯逼供，恢复肉刑，无所不用其极。但明朝还是出了大贪官刘谨和严嵩。而且用这些手段来治理贪官对国家的法制的破坏是很严重的，明朝在中国法制史上就是一个倒退的年代。二是认为只要加强宣传教育，提高官员的法制意识和道德素养，就能预防和减少腐败现象。宣传教育是预防和减少腐败的一个重要方面，但仅依靠宣传教育是达不到目标的，所以我们不应该一提到预防职务犯罪就把它与宣传教育划等号。很多官员不是因为不懂法才犯罪的，他知道贪污受贿的结果，但人的贪婪和侥幸心理往往会使人明知故犯，有些从事政法工作的干部走上犯罪的道路就是证明。

实际上预防和减少腐败是一个系统工程，可以适用“木桶原理”，即一个木桶是由多块木板箍成的，木桶装水的多少取决于最短的那块木板的长度，也就是说在反腐败工作中，必须多管齐下，其中一项工作做得不好，都势必影响预防和减少腐败斗争的全局。那么这一“木桶”是由哪些“木板”组成的呢？在研究这一问题前，我们必须研究人为什么会贪污受贿，找出疾病的发病机理，才能对症下药，制定出预防犯罪的对策。

我认为要真正预防和减少职务犯罪，必须在以下几个方面做好工作：

一、多角度深入研究职务犯罪产生的原因，才能对症下药

以前我们对这一类犯罪的原因分析得比较简单。一般归结于受资产阶级腐朽思想的侵蚀和影响，追求享乐，缺乏共产主义信念所致。但实际上并不是这么简单，走上犯罪道路的原因是多种多样的：有的是为了享乐；有的是贪色；有的是为亲属子女；有的是为朋友义气；有的是受周围环境的影响；有的是心态不平衡；有的是政治上失意后在经济上弥补损失；有的是对金钱有疯狂的爱好，他们贪到钱后一般不用，存进银行后心里就舒坦，至爱亲朋给的钱也贪；有的为了追求安全感，认为手里要有一大笔钱才能防止各种意外；有的为追求作案时的快感。甚至现在有的学者认为存在犯罪基因，各种原因无法一一列举。我们必须对这些原因深入进行研究，找出症结所在，然后对症下药，我想这是预防职务犯罪的最基础的工作。

二、对已暴露的犯罪及时进行研究，尽快找出漏洞，亡羊补牢

我们在办理完一个职务犯罪案件以后，一般都急于去办理下一个线索，对这一案件中反映出的问题分析得很少，即使有也往往肤浅。如果要搞好预防工作，就必须从每个案件中都分析我们在制度上、管理上、方法上、手段上有无疏漏的地方，从同类的多个案件中找出有规律的东西，加以总结，再有针对性地提出对策，然后在整个这个行业中加以整改。比如金融系统中大案窝案频发，仅苏州市造成的直接损失就达几十亿元，这里面实际上就存在这一问题。设想如果发生了几起这类案件后我们认真查找原因，然后在整个金融系统中有针对性地完善制度，加强管理措施，可能以后类似的发案就会大大降低。所以我们必须建立一个这样的反馈机制，而且这个反馈的过程越短越好。

三、严格执行现行的廉政制度，使有犯罪意图者不能犯罪

现在已出台很多的廉政制度，但在实际操作中没有落实到位，起到应有的作用。如收入登记制度，许多官员只登记工资和奖金，如果这样的话完全没有意义。这项制度应规定如果某项收入未登记要承担什么样的责任，如泰国总理他信因为漏报一项收入险被法院认定有罪，不规定这一条收入登记制度显然作用不大。再例如贪污受贿必

然账上要做假，特别是行贿款因为没有凭证必须借助于会计做假账，而我们对做假账的会计很少处理，认为他们也是生活所迫。如果我们真正按照会计法吊销他们的会计证的话，我想做假账的会越来越少，行受贿的难度会加大。

再比如收支两条线的管理，现在很多地方表面上收支两条线，实际上还是谁收谁支，由财政返还。这就造成很多执法机关人员为利益驱动而违法犯罪，同时这些执法机关会增加大量的预算外收入，这些脱离财政控制的收入有时也会成为经济违法犯罪的土壤。所以，各地都应严格依照党中央关于军队和政法机关实行收支两条线管理的规定，罚款、诉讼费及有关收费一律上交，而这些部门的支出由财政统一预算，并实行财政统一结算，各部门不单设账户，实行报账制。这样做必然大量减少职务违法犯罪，使有犯罪意图的人没有机会犯罪。

存款实名制是一个很好的制度，使得有大量不正当收入的人保管赃款有很大难度。今后如果我们能加强现金管理，全面推广信用卡，像有的国家一样规定超过一定限额必须划账，对于预防和减少职务犯罪会有很大帮助。

四、使廉洁的官员获得人们的尊敬，激发官员的荣誉感

对于那些一生廉洁的干部，我们似乎认为这是他们的本分，从来不会因为廉洁而给予他们表彰，他们没有得到应有的社会评价，没有得到身边人们对他们特别的尊重。我建议对那些从未有过不廉洁记录的干部在退休时发给一枚廉政奖章，还可以在媒体上公告，让他们获得别人的尊敬。这一措施可以激发干部的荣誉感，让他们为获得这一荣誉而压制自己对金钱的欲望。当然还有一些其他的办法，比如可以增加他们的退休待遇等等。

这一措施的实行也给那些有不廉洁记录的干部以极大的心理压力。对他们的社会评价值会下降。两者相比较，对其他干部有很好的示范作用。

五、明确各级干部待遇，增加正当收入，杜绝灰色收入，使干部不必腐败

目前我国干部的收入基本上是各单位内部的大锅饭，领导和本单位门卫、驾驶员收入相差不多，在这种情况下，很多领导干部在接受一些灰色收入时有些心安理得，灰色收入往往是以拜年、办喜事、乔迁、探病等名义接受的。似乎已成为一种风气，人们见怪不怪，哈尔滨前副市长朱胜文住院一次即收到灰色收入 30 万元。

同时对干部的工作生活待遇规定不明，明确的部分标准过于严格，比如规定部级才有专车，实际上不可能做到，造成一方面有严格规定，一方面科级也有专车。住房的问题也是如此，按现在的规定厅级 140 平方米，处级享受 110 平方米，科级 90 平方米，一般干部 75 平方米，每平方米补贴 400～600 元，也就是说一个处级干部在住房上得到的利益就是 5 万～6 万元。

所以我认为如果要真正预防和减少犯罪，就应客观地看待这一问题，我们毕竟不是在战争年代和艰苦时期，在市场经济下收入与贡献应相对应。比如收入应有适当的差距，住房的补贴额应有所加大或实行官邸制，放宽用车的标准等。

与此同时，杜绝任何形式的灰色收入，一旦查出，给予严厉的纪律处分，把大门开

大一点，把后门堵得紧一点。

六、学习国外的先进经验，从机制上预防职务犯罪

有些国家是世界上公认的廉洁指数较高的国家，如北欧国家，亚洲的新加坡、香港等。我们应该认真研究一下他们之所以廉洁的原因是什么，然后不妨将他们好的做法"拿来"，为我所用。比如香港也曾以腐败闻名，后来廉政公署使贪官闻风丧胆，我认为廉政公署的管理模式和办案方法可以为我所学。我这里重点想讲的是新加坡的廉洁保证金制度，就是将官员的收入的一部分存入指定的账户，到官员退休时如果廉洁上没有不良记录(当然是广义的廉洁包括在工作中诚实等)，就可一次性发放给他。所谓的不廉洁具体是指收受 4 美元以上物品未报告、未经同意向他人借款等。如果有不廉洁记录，则全数没收。我认为这一机制完全可以在我国推广，既可以从切身利益上约束官员的行为，又可以保证官员退休后过上体面的生活，如能实行，必将大大减少职务犯罪的发生。

以苏州为例，如一公务员年收入为 3 万元，从中拿出 1/6，即 5000 元作为保证金，不会影响他的正常生活，政府可以像公积金一样也为他存入 5000 元，如果工作 30 年，大约在退休时可以拿到 30 万元，为了这笔钱，我想一般人是不会也不值得去利用职务违法乱纪了。

七、打击是对职务犯罪的最好预防，对职务犯罪的查处是对那些有犯罪意图的人的最大震慑

查处和预防职务犯罪是反腐败斗争的两个方面，两者相互促进，相互依靠，相辅相成，缺一不可。只讲预防不讲查处，势必沦为空洞的说教，只讲查处不讲预防，也无法从根本上遏制腐败的发展势头，减少犯罪。所以必须两个方面一起抓，两手都要硬。

查处本身也是一种预防，对腐败官员的查处率如果提高，一是会保持威慑力，二是会加大腐败的风险，增加腐败的成本，三是对他人有很大的教育作用。反之如果我们查处不力的话，长此以往，腐败会形成风气，社会对腐败现象的评价可能会发生逆转，出现"笑廉不笑贪"的现象。

下篇　国外经验

预防——国际反腐大趋势

随着反腐败斗争的不断深入，世界上不少市场经济较为发达的国家和地区，在多年探索的基础上，越来越重视对贪污、贿赂等腐败犯罪行为的预防，尤其是近些年来，在预防腐败方面采取了更加行之有效的措施。

综合运用政治、经济、法律、文化、教育等多种手段，打防结合，标本兼治，对腐败犯罪实行综合整治，从根本上预防和减少腐败，已成为国际社会反腐败的经典模式和主要实践形式。

新加坡政府认为，预防公务员贪污腐败，必须采取多管齐下、综合治理的策略。除严厉惩戒和以俸养廉外，还要注重教育和防范，才能达到治本的目的。

香港采取的是“惩治、预防、教育”三管齐下、打击贪污的措施。韩国根据《反腐败法》，于 2001 年设立了直属于总统领导的反腐败委员会，其主要职能是在事前制定防止腐败的政策，并保证这些政策能得以有效执行。

财产申报制度是国际社会反腐败的一项基本措施，被称为“阳光”制度。它使公职人员的财产受到了严格监督。任何个人财产的不良变动都会受到查处。对于建立财产登记申报制度，许多国家的做法是：首先，制定财产申报方面的法律；其次，建立接受和审查申报书的机构；还有，定期审查和公布财产公布书。

法国制定了《政治生活财务透明度法》，详细规定了财产申报的对象、内容（除公职人员本人外，还包括其配偶及受抚养的子女的有关情况）、时间，申报书的接受、公布、审查的程序，以及对违反申报法律的处罚。法国的政府成员、地方议会议长的申报书，提交给专门的委员会定期审查和公布财产公布书。如果在审查中发现疑点，有关部门还要进行查账和深入的检查。

美国于 1965 年颁布了《政府官员及雇员道德操作准则》，对各类高级官员及其配偶、子女的财产申报作出了规定。1978 年颁布了《政府道德法》，1989 年修订为《道德改革法》，规定总统、副总统、国会议员、政府高级官员，以及联邦法官等 1.5 万名官员，须在任职前报告并公开自己以及配偶的财经状况，包括收入、个人财产等。以后还需按月申报。对财产申报资料的接受、保管办法、保存期限、公开方式、查阅手续、审阅手续、审查，以及对拒绝申报和虚假申报的处罚办法，都作了详细规定。国际社会普遍重视对公职人员日常行为的立法，为公职人员的行为提供明确的规范。

联合国于 1979 年和 1996 年分别通过了《执法人员行为守则》和《公职人员国际行

为守则》,建立了国际上具有普遍意义的公职人员行为准则。

美国国会于1985年通过了《政府工作人员道德准则》,为“所有政府雇员,包括官员”制定了内容广泛的道德规范。

韩国政府1999年6月11日颁布了《公职人员十项守则》,以此来整顿公务员队伍,减少腐败现象。

回避是为了防止公职人员因某些人事关系,可能导致公私利益冲突而采取的一项预防性措施。法国规定,当公务员的配偶以职业身份从事有利可图的私人活动时,该公务员必须向其所属的行政部门或公共事业单位声明。

美国联邦法律一般禁止联邦官员雇用或提升自己的亲属。《美国法典》第5部第3110节规定,禁止包括国会议员在内的联邦官员任命、提升或推荐自己的亲属,到该官员执掌或控制的任何机构或部门工作。该法律还明确列出了应予禁止的公务人员亲属的范围。

教育是基础。提高社会公众和公职人员对反腐败的认识度和参与度,是反腐败取得成功的重要保障,因此国际社会都不遗余力地加大反腐败的教育与宣传力度。

新加坡对公民从青少年起就进行廉政意识的教育。他们在中学普遍设立了廉政和反贪污的课程,使青少年认识到,“贪污贿赂如同黑社会和贩毒问题一样,都是严重的社会罪恶”。对社会不同行业和不同阶层,则有针对性地采取举办讲座、讨论会、展览等形式进行教育,力求在全社会形成廉洁光荣、贪污可耻的氛围。新加坡在公务员队伍中提倡继承和发扬中华民族的优良传统,特别是儒家学说“仁、义、礼、智、信”中的积极因素,经常进行爱护国民、忠于政府、奉公守法、遵守纪律的教育,努力营造一种良好的官场风气。不接受这些教育和培训的公务员不能上岗。

腐败评估是近年来国际社会反腐败的又一尝试和探索。透明国际是最早开展这项工作的国际组织。澳大利亚新南威尔士州的反腐败独立委员会通过对政府机构具体运行情况的监测,进行公共部门的廉洁程度及反腐败成效评估,并提出报告和改进建议。

韩国于2002年在中央和地方政府中全面实行“清廉度指数”评价制度,根据对企业和普通市民调查的结果、专家的评价、监察院和检察院监察整改的情况、新闻机构的舆论调查,以及行政改革成果和业务处理效率等进行综合评估,然后每年打一次分向社会公布,并根据得分的多少在分配预算时给予差别对待。韩国把这种方法作为“预防腐败系统”。

实行信息公开,是避免政府行为暗箱操作的有效措施。

美国国会于1966年和1976年分别通过的《信息披露法》和《阳光下的政府法》,赋予了全体国民最大限度的知情权和政府官员最小程度的隐私权。《阳光下的政府法》规定,联邦政府的50个机构和委员会的会议必须公开举行,应律师的请求根据法律许可而举行的秘密会议除外。韩国首尔市政府为保证公务员廉洁从政,提高政府工作的透明度,于1999年在市政府网站上开设“民愿处理在线公开系统”,利用互联网处理市民在经济活动或社会生活中遇到的问题和困难。有关部门公务员在网上接到市民的“民愿”后。必须把处理的过程和结果在网上公布。该系统不仅起到了有效防止腐败的作用，而且对市政府获得市民信任，提高政府透明度也起到了积极作用。

为了吸引优秀人才到政府机关工作，并使他们保持廉洁，国外对公职人员普遍采取了许多优惠措施。主要有：职务上的晋升比在私人企业快；为公职人员提供培训、进修的机会；给公职人员不低于私人企业同等资历人员的薪水；为公职人员修建专门的住宅等。

（作者：李晓杭）

国外防止政府官员腐败经验谈

一、立法防治腐败

英国是世界上第一个制定反腐败法律的国家，1889年就颁布了首部反腐败法——《公共机构腐败行为法》，之后的百年当中又不断修改和颁布新的法律完善反腐败法律体系。2003年3月，布莱尔政府公布了新的《反腐败法》草案，它生效后就取代了1916年颁布的《防止腐败法》，成为英国反腐第一法。其他许多国家也有相关的法律，如：美国1978年的《文官制度改革法》、《监察长法》和《政府道德法》，新加坡1960年的《防止贪污法》，欧盟国家的《公务员法》和《反贪污贿赂法》等。这些法律针对不同类型的官员制定了工作行为准则以及从政道德标准，规定了官员腐败类型和具体惩治措施，对政府官员的行为起到了规范和约束作用。各级官员无论身份、地位、官职的高低，一旦触犯法律均要受到严惩。

二、设置专门的部门机构防治腐败

在腐败日益猖獗的情况下，许多国家纷纷设立专门机构来惩治和预防腐败。其中既有像香港廉政公署、澳大利亚新南威尔士州廉政公署将惩处与预防合二为一，把调查、防范、教育三位一体的反腐倡廉机构；也有像法国预防贪污腐败中心、美国联邦政府道德署、马来西亚国家反贪污局这样的监督预防专门机构。

以法国预防贪污腐败中心为例，1993年中心成立后，每年向司法部长和政府总理提交一份年度报告，针对国内的腐败问题提出制裁措施和预防性建议。这些措施建议是根据所收集到的国家政府管理和经济部门中涉及贪污腐败的蛛丝马迹，结合以往的反腐败经验及时总结的。中心的工作人员是来自税收、警察、宪兵、海关、政府和司法部门的专家，这样的人员结构有助于全面掌握不同部门的腐败情况，人员任期4年，并定期轮换，以保证工作的公正透明。

三、道德约束

从国际反腐研究权威机构“透明国际”2004年国家廉洁指数排名表中可以看到，在排名前五位的国家中，北欧国家占了三个，分别是芬兰、丹麦和冰岛，其中芬兰以9.7分的廉洁程度得分高居榜首。排除制度和法律的外在约束作用，最主要的原因还是北欧国家长期以来塑造的较高的公民道德水准和良好的社会风气，人们对通过旁门左道满足个人欲望的行为嗤之以鼻，认为只有通过自己的劳动所得到的财富才是合理的。整个民族的高道德水准与其完善的教育水平紧密相连，个人在成长过程中不断地受到家庭、学校和社会三方面的道德教育，这个过程虽然漫长，成效也不能迅速体现，但是一旦廉洁光荣、贪污可耻的思想深深扎根在人们的心灵中，弥漫在社会的各个角落，那么贪污腐败滋生的土壤将会渐渐贫瘠，干部官员的自我道德约束机制会逐步塑造得坚不可摧。

四、制度反腐

(一)财产申报制

1766年瑞典公布了有史以来第一份财产公示，使人们有权查看首相的纳税清单。1883年英国产生了世界上第一部财产申报法律——《净化选举，防止腐败法》。1978年美国通过的《政府行为道德法》成为当前最为完备的财产申报法，也被称为“阳光法案”。它规定：总统、副总统、国会议员、联邦法官以及行政、立法和司法三大机构的工作人员，必须在任职前报告并公开自己和配偶以及受抚养子女的财务状况，包括收入和个人财产等，以后还需每月按程序提交书面报告。除在国家安全部门工作或其他不宜暴露身份的官员外，各受理机关均要将资料公开供民众了解查看，接受全社会的共同监督。财产的透明化制度使信息得以公开，监督预防更为有效，同时也大大提高了政府的可信度。

(二)高薪养廉制

新加坡2004年在廉洁排名上位居世界第五，亚洲第一，其政府被认为是世界上最有效率和最廉洁的公共部门之一，这与新加坡的高薪养廉制密不可分。新加坡总理的工资高出美国总统许多倍，内阁部长的工资相当于世界最大跨国公司CEO的工资，各级高层官员的工资也位于世界最高行列。另外，新加坡实行退休养老公积金制度，如果官员被查出与其收入不相称的财产，而又解释不清来源，这部分财产就被当作贪污证据而受到指控，“问题官员”的退休养老公积金将被没收。因此，政府官员不愿冒退休后衣食不保的风险去贪污腐败。

(三)官员问责制

在美国，宪法中规定如果选民对政府官员的所作所为有异议或不满意，则可对其进行问讯、弹劾、罢免。在这个过程中首先是要保证公众充分享有知情权，从总统的国情咨文到宪法的规定，从官员财产的公开到新闻言论自由，人们可以了解到政府的工作状况，从而对官员的行为作出监督评议。

(四)税收征管制度

许多国家通过税收简化政策来提高经济运行的有效性，并把目光集中在降低税率、加宽税基和消除特权等具体的制度措施上，以保证税务透明化，达到抑制腐败的目的。另外，税务系统的现代化技术手段运用也大大提高了税收征管的质量和效率。

在德国，内务部监管的市政人口登记处保存着每个居民的固定的身份鉴定号码，这个唯一的鉴定号码使纳税人与税务部门可通过计算机网络系统获取对方的多数信息。税务部门在对纳税人涉税信息实施监控的同时，还可通过联网的银行等部门获得纳税人生产经营、财产收入等信息。通过这些快速便捷的手段就可以方便地监督纳税人的行为，防止偷税漏税等不法行为的发生，从而降低腐败率。

五、电子政务防治腐败

电子政务是借助计算机和网络技术而进行的政务活动，政府部门的办公自动化系统、电子口岸执法系统、网上招标投标、网上招聘、网上投诉均属此范畴。英美等发达国家在电子政务系统的建设上均花费颇多，韩国更是利用电子网络系统提高了政府行政过程的透明度，有效遏制了腐败。

电子政务对腐败的抑制作用主要源自其非人化特性，计算机在执行任务时总是严格遵循已有的程序设计，可以有效地屏蔽人为因素干扰。快速的信息传输直接减少了流通环节，有助于消除信息传输过程中的信息缺失现象，并提高了政务透明度，使腐败行为无处藏匿。

六、大众媒体遏制腐败

在许多西方发达国家，媒体总给人一种无孔不入的印象，它敏锐的触角深入到社会的各个角落。我们时常听到这些国家被媒体曝光的大大小小的政治丑闻，从这个角度看大众媒体，它其实是充当了有着灵敏嗅觉和迅速反应力的“猎犬”的角色。从早年美国总统尼克松的“水门事件”到克林顿总统的“莱温斯基桃色风波”。媒介保证了群众的知情权，同时也为政府与民众的及时互动沟通搭建了一座桥梁。

七、廉洁考验法

廉洁考验法是指司法侦察人员通过诱惑的方法对工职人员的廉洁性进行考验，以促使其自动暴露犯罪意图并实施犯罪行为的特殊侦察方法。

（作者：李伟成　刘　白）

联合国反腐败公约与中国法律的衔接

2005 年 10 月 27 日，十届全国人大常委会第十八次会议审议并批准了《联合国反腐败公约》。中国成为 2005 年 12 月 14 日起生效施行的《联合国反腐败公约》的首批国家之一。这对推进我国的反腐败立法，加强同腐败犯罪作斗争，将产生深远的历史性的影响。

公约产生的背景在经济全球化的背景下，腐败的危害性不仅仅涉及到一个国家，而且关系到整个国际社会。

20 世纪 90 年代以来，随着经济全球化的进程，在国际经济交往活动中贿赂外国公职人员的行为，受到越来越多的国家和地区的关注。联合国极力促进对国际经济交往中腐败问题的国际认识和合作，连续通过一系列决议，呼吁各国采取联合行动，遏制国际经济交往中的腐败犯罪。此外，一些国际组织也注意到贿赂外国公职人员的行为对国际经济交往活动的严重危害，陆续通过了一些规范性文件，禁止在国际经济交往中贿赂外国公职人员的行为。

正是在这种国际背景下，第 55 届联合国大会于 2000 年 12 月 4 日通过 55/61 号决议，决定设立一个特别委员会，起草一份预防和打击腐败的综合性国际法律文件。在完成一系列的准备工作后，从 2002 年 2 月开始至 2003 年 10 月，包括中国在内的 107 个国家及 28 个国际组织和非政府组织代表，在维也纳就《联合国反腐败公约》前后进行了 7 轮谈判，终于完成了公约的起草工作。2003 年 10 月 31 日，第 58 届联合国大会对特别委员会提出的《联合国反腐败公约》草案进行了审议，并通过了该公约。2003 年 12 月 9 日至 11 日，在墨西哥梅里达召开高级别政治签署会议后，供各国开放签署。

从反腐败公约的全部条款看，该公约的主要内容包括五个方面：一是预防腐败的机制和措施；二是对腐败犯罪的刑事制裁；三是打击腐败犯罪的国际刑事合作；四是对腐败犯罪所得及相关资产的没收、追回和处理；五是打击腐败犯罪中的技术援助和信息交流。这些内容对于在世界范围内建立预防和打击腐败犯罪的法网、预防和遏制腐败犯罪，将起到深远的重大的作用。

加入《联合国反腐败公约》，对于中国而言，至少有四个方面的意义：第一，有利于向世界宣告中国人民和政府反腐败的决心。一个国家的腐败问题不仅是该国人民普遍关心的问题，国际社会也关心这个国家有没有反腐败的政治决心和真正有效的反腐败措施。中国加入《联合国反腐败公约》,表明中国在政治决策的层面上具有坚定的治理腐败问题的决心,并且愿意按照反腐败公约所规定的、亦即国际社会公认的反腐败的有效措施进行反腐败的各项工作。这对于中国在国际社会中树立廉洁政府的形象,是非常有意义的。

第二,有利于促进中国反腐败预防工作。近年来,中国一直致力于从源头上预防腐败,不断加强反腐败的制度建设。加入反腐败公约,有利于我们直接与世界各国学习交流反腐败的经验,在同一个平台上对话、交流与合作,促进中国预防腐败的制度建设和工作机制的进一步完善。

第三,有利于完善中国惩治腐败的法律制度。反腐败公约就惩治腐败犯罪的法律机制作了具体的规定。这些规定既反映了各国惩治腐败犯罪的法律规定,也反映了国际范围内腐败犯罪出现的新情况。

这些规定有的在中国法律中已经有所体现,有的还没有体现。中国加入反腐败公约之后,就有义务按照公约的要求进一步完善中国的反腐败刑事立法,以便切实履行公约义务。

第四,有利于减少腐败给我国经济建设造成的损失。腐败犯罪的一个明显趋势,是发展中国家的腐败犯罪分子将腐败犯罪所得转移到发达国家,以致给发展中国家造成巨大的经济损失。而反腐败公约的一个重大突破,就是在国际范围内建立腐败犯罪所得的资产追回机制。资产追回机制与国际公约中普遍包含的刑事司法合作相结合,十分有利于建立比较畅通的国际合作渠道,追回被腐败犯罪分子转移到国外的资产,从而减少腐败犯罪所造成的损失。这对于像中国这样的发展中国家而言,当然是十分有利的。从中国法律与反腐败公约的衔接角度审视中国的法律制度和社会实践,笔者认为,中国在许多基本的、重要的方面都具备履行公约义务的条件,并且在实践层面也符合公约要求。

但是,也应当看到,我国现行的法律制度特别是刑事法律,与反腐败公约的规定相比较,还存在着某些不一致或不吻合的地方。这对我们切实履行公约义务、加强惩治腐败犯罪的力度,具有一定的影响。因此,有必要按照反腐败公约的规定进一步完善我国的刑事法律制度,更有效地开展反腐败斗争。

一是完善刑法关于腐败犯罪的规定。就刑事实体法而言,我国刑法需要从三个方面加以完善:第一,需要修改某些犯罪的构成要件。如受贿罪,我国在贿赂罪的构成要件中增加了"为他人谋取利益"的要素,再加上我国传统刑法理论认为贿赂犯罪的对象是财物,不包括其他财产性利益,这为那些拿人钱财又不给人办事的腐败分子逃避法律制裁提供了根据,也使一些提供或接受财物以外贿赂的行为无法受到刑法惩罚。按照反腐败公约的规定,受贿罪就是"公职人员为其本人或者其他人员或实体直接或间接索取或者收受不正当好处,以作为其在执行公务时作为或者不作为的条件"的行为。其中"不正当好处",既包括"财物",也包括其他好处,公约中规定的"作为或者不作为"也比我国刑法中规定的"为他人谋取利益"的范围要宽。因此,为了更好地与反腐败公约相衔接,也为了严密对腐败犯罪刑事制裁的法网,有必要修改完善我国刑法中关于受贿罪犯罪构成要件的规定。第二,需要增设某些腐败犯罪的罪名。公约中规定的某些犯罪是我国现行刑法中所没有的，因而有必要对之作出补充规定。如向外国公职人员或国际公共组织官员行贿的犯罪，以及外国公职人员或国际公共组织官员受贿的犯罪，在中国刑法中并没有相应的规定。第三，需要调整某些犯罪的法定刑。按照国际社会普遍认可的价值观念，私人财产和公共财产在法律上应当受到相同的保护，而我国刑法对贪污罪和侵占罪规定了轻重不同的刑罚，不利于对私人财产和公共财产同等保护的要求，应当在修改刑法时对之加以修改。另外，公约中对腐败犯罪规定了资格刑。从某种意义上讲，这种资格刑对于遏制和预防腐败犯罪，比监禁刑更为有效。

二是完善诉讼制度。就刑事程序法而言，我国刑事诉讼法需要从两个方面加以完善：第一，关于没收的规定。为了保障资产追回机制的有效运行，反腐败公约要求各缔约国采取必要的措施，“允许另一缔约国在本国法院提起民事诉讼，以确立对通过实施根据本公约确立的犯罪而获得的财产的产权或者所有权”，使拥有管辖权的主管机关能够通过对洗钱犯罪或者对可能发生在其管辖范围内的其他犯罪作出判决，或者通过本国法律授权的其他程序，下令没收这类外国来源的财产“在因为犯罪人死亡、潜逃或者缺席而无法对其起诉的情形或者其他有关情形下，能够不经过刑事定罪而没收这类财产”。但是，因为在中国刑事诉讼法中缺乏有关资产追回的规定，这些要求很难做到。特别是当腐败犯罪分子外逃的情况下，按法律规定检察机关不能对犯罪分子提起公诉，因而也就谈不上提起刑事附带民事诉讼的问题。同时，检察机关没有独立提起民事诉讼的权力，因此很难获得能够被外国司法机关认可的没收资产法律文书。因此，需要进一步完善中国的诉讼制度，以保障在犯罪嫌疑人外逃的情况下，追回被犯罪分子转移到国外的资产。第二，关于司法协助法的制定。我国虽然已经与50多个国家签订了司法协助条约，并且加入了许多包含司法协助内容的国际公约，但至今还没有一个国内司法机关可以遵照执行的司法协助法。刑事诉讼法中关于司法协助只有一条十分原则的规定，远远不能适应按照反腐败公约的要求进行司法协助的需要。因此制定一部系统的司法协助法，或者通过修改刑事诉讼法完善中国的司法协助制度，可以说是迫在眉睫。

三是建立和完善其他方面的法律制度。为了切实履行中国按照反腐败公约的规定而应当承担的义务，也为了更有效地与世界各国开展反腐败方面的国际合作，除了刑事法律的修改完善之外，还应当在其他方面进一步完善相关的法律。例如，关于反腐败机构问题，按照反腐败公约的规定，各缔约国应当设有一个或多个机构，实施本公约第五条所述政策，并在适当情况下对这些政策的实施进行监督和协调，积累和传播预防腐败的知识，协助其他缔约国制定和实施具体的预防腐败措施。我国目前已有多个具备反腐败功能的机构，但需要在法律上明确一个机构履行反腐败公约所规定的这些职能。这既是建立有效的反腐败机制的需要，也是在国际上特别是在未来的缔约国会议上宣传中国反腐败的法律制度和成就的需要。

（作者：张智辉）

注重预防:国际社会治理腐败的基本理念

《联合国反腐败公约》(以下简称《公约》)虽然强调了对腐败犯罪的打击及其国际合作,但作为体现《公约》在治理腐败犯罪方面的重要价值和时代贡献的标志,则是注重预防,强调对腐败犯罪的综合预防战略的基本理念。

《公约》在宗旨声明中明确规定,促进和加强各项措施,以便更加高效和有力地预防和打击腐败,并强调促进、便利和支持这方面的国际合作和技术援助,包括(腐败)资产的追回,强调提倡廉正、问责制(accountability)和对公共事务、公共财产的妥善管理。

一、为预防,《公约》设专章

《公约》设立专章,对预防腐败的措施进行专门系统的规定,内容涉及制定、执行和坚持有效的预防性反腐败政策和做法,设立预防性反腐败机构,加强对公务员和非选举产生的公职人员的管理,制定体现廉正、诚实和尽责的公职人员行为守则,规范公共采购和公共财政管理,提高公共行政的透明度,发挥审判和检察机关在反腐败方面的特殊作用,加强对私营部门尤其是其商业活动的监管,推动社会参与反腐败,加强金融监管防止洗钱等。这些内容中尤其值得我们重视的是,《公约》要求各缔约国应当努力定期评估有关法律文书和行政措施是否有效预防和打击腐败;应当确立专门的具有必要独立性和人力物力资源保证的预防性反腐败机构,以监督和协调预防性反腐败政策和做法的实施,并积累和传播预防腐败的知识;加强审判、检察机关人员的廉正并发挥他们在预防腐败方面的关键作用。

二、从世界范围内严密法网

《公约》虽然设立专章对腐败行为的刑事定罪、反腐败国际合作、腐败资产的追回等作出规定,值得我们注意的是,这些内容其直接目的是着眼于对腐败犯罪的有效打击,包括对其腐败犯罪所得资产的没收和追回。但是,从整个《公约》的体系框架来看,其根本目的在于从世界范围内严密法网,提高司法效率,确保腐败犯罪毫无例外地受到及时的应得的制裁,从而向那些潜在腐败犯罪者发出信号和警告,那就是不要实施腐败犯罪行为并希冀从中获取好处。否则,其结果只能是遭受惩罚并一无所获,从而增强威慑效应,并促进预防目的的实现。从这个意义上说,这些内容的规定也是着眼于整体上预防的目的并为其服务的。特别是关于腐败犯罪所得资产的追回，更是从经济角度加大腐败犯罪的成本，以遏制腐败犯罪。

三、预防体现四大理念

《公约》关于治理腐败犯罪的综合预防战略内容，体现出以下现代预防腐败犯罪的理念：一是坚持政府主导和社会参与相结合。社会参与包括公民个人、社区组织、群众组织、民间团体、公司企业、新闻媒体的参与。二是坚持对人（腐败犯罪的高危人群）、行为（腐败犯罪的高危空间）、事项（腐败犯罪的高危因素）的全面控制。三是坚持由严密的立法、高效的司法、专业的防范形成的监督、预警、预测、预防、控制、惩治的一体化。四是坚持立法、司法、行政等多学科、多层次、多领域的综合预防。

在我国，检察机关是国家的法律监督机关，依法承担惩治作为腐败的最严重形式的职务犯罪及其预防的职能，《公约》的内容绝大多数与检察机关的业务具有密切关系。虽然《公约》生效后的实施，很多方面需要国内法的落实，但是，我们应该看到，《公约》关于腐败的综合预防的理念对我们是有着深刻启迪的。

（作者：陈正云）

国际腐败犯罪预防制度的三个发展方向

当前，建立腐败犯罪预防的制度性机制，将腐败犯罪预防机制进一步转化为具体的犯罪控制措施已是共识，研究国际腐败犯罪预防机制发展方向也就具有更为重要的实际意义。笔者认为，国际腐败犯罪预防机制有三个发展方向：

一、法律渊源的多样化发展方向

首先，预防腐败的政治性号召和政策性措施转化为有着更高效力、更强稳定性的反腐败法律。大多数国家并没有简单地在《刑法》中采取针对腐败行为的刑罚扩大化的方法，而是通过将反腐败的政治性号召和政策性措施法律化的途径，预防和惩治腐败犯罪。其次，由国家立法机关颁布反腐败单行法。再次，腐败行为的惩治性措施，不再仅仅只存在于刑法典之中；腐败犯罪的一般预防，不再仅仅由刑法来承担。第四，不仅仅有实体性的反腐败法律，也发展出了众多的程序性反腐败法律。在某些反腐败单行法中，混合了程序性和实体性法律的特征。

腐败犯罪预防机制向法律化发展，各国有着众多的立法例。比如：英国 1883 年颁布的《净化选举、防止腐败法》，1889 年颁布的《公共机构贿赂法》，1906 年和 1910 年分别颁布的《防止贿赂法》；美国 1971 年颁布的《联邦竞选法》，1987 年颁布的《政府道德法》，1971 年颁布的《海外贿赂法》；印度 1947 年和 1988 年分别颁布的《防止腐败法》；新加坡 1970 年颁布的《防止贿赂法》，1988 年颁布的《没收贪污所得利益法》；泰国 1975 年颁布的《反贪污法》，1981 年颁布的《关于官员申报资产和负债的王室法令》；韩国 1981 年颁布的《韩国公职人员道德法》；菲律宾 1989 年颁布的《公共官员与雇员品行道德标准法》；马来西亚 1961 年颁布的《防止腐败法》；文莱 1982 年颁布的《防止贿赂法》；等等。

二、统一化的发展方向

腐败犯罪预防制度的统一化是建立腐败犯罪预防机制的核心要求。只有加强犯罪预防制度的统一化，才能够使针对腐败犯罪所设立的制度或具有反腐败犯罪功能的制度之间形成紧密的联系，避免各自为政，减少不必要的冲突，形成共同预防腐败犯罪的顺畅机制。

腐败犯罪预防制度的统一化，主要表现为建立稳定的反腐败法秩序、建立不同框架内反腐败制度的协同机制、建立反腐败国际协作机制。

首先，建立稳定的反腐败法秩序，是腐败犯罪预防法律化的产物。由于多种单行法的颁布、法律渊源的多样化，反腐败法律之间出现法律冲突的可能性也随之增加。从腐败犯罪预防法律化的目的来讲，也必须建立稳定的反腐败法秩序。

其次，建立稳定的反腐败法秩序，不仅仅体现在实体法上，也体现在反腐败相关程序法和程序性规定。尤其要注意处理反腐败的特别法与作为普通法的刑事诉讼法的冲突与协调问题、反腐败的特别法与上位法（比如宪法中的人权条款）的冲突与协调问题。

再次，建立稳定的反腐败法秩序，不仅仅体现在成文法或者不成文法方面，而且还体现于不同框架内的制度性协调。有时不同领域内的制度性冲突往往超出了相关法律关系的范围，需要建立另外的协调性机制。比如作为社会团体的执政党的党内监察制度需要与国家反腐败法律制度多方协调。如何建立这种协调性机制，有多种手段，如设立专门的协调性、权威性组织机构，建立国家宪法法院的违宪审查机制，依赖执政党的内部政策调整，等等。

最后，建立反腐败国际协作机制，对于有逃避管辖企图的腐败犯罪有着明确的针对性，可以起到非常有效的犯罪预防作用。《联合国反腐败公约》中明确倡导建立反腐败国际协作机制，也是腐败犯罪预防制度的统一化的发展方向的具体体现。

三、专门化和专业化的发展方向

腐败犯罪预防的专门化和专业化是腐败犯罪预防统一化的现实要求。需要进一步说明的是，腐败犯罪预防的专门化和专业化不是“达标”性质地建立某些制度、满足某些条件、形成某种机制，而是为了达到腐败犯罪预防的目的性要求而建立的“更加”专门化和“更加”专业化的措施和制度。一些国家尽管已经设立了专门的反腐败机构，颁布了专门的反腐败法律，配置了专业的反腐败人员，但在腐败犯罪日益多变、更加隐秘、更加国际化的情势下，建立和完善“更加”专门化和“更加”专业化的腐败犯罪预防机制，是永远不会过时的发展主题。主要表现为：机构专门化、权威化；法律中针对腐败犯罪的分类科学化、具体化；增强腐败犯罪预防机制的针对性等。

（作者：刘广三）

看看外国是如何预腐反腐的

进入20世纪90年代，全世界对腐败形成围剿之势，几乎每一个国家都将反腐败列为国策，甚至作为炫耀其开明、廉洁和现代化的标志。反腐倡廉国际合作成为流行趋势，国际和地区间交流活动频繁举行，仿佛不这样做就不足以表明廉明的形象。众多国际和地区性政治、经济、金融及专业组织都加入反腐败的行列。就国家而言，反腐倡廉运动一浪高过一浪。从20世纪60年代新加坡的“反贪风暴”到90年代意大利的“清廉运动”，再到保加利亚的“清洁的手”，以及韩国的“实名制”，已有多位国家总统、总理因腐败而丢掉乌纱帽，甚至被绳之以法；被革职查办的政府官员更是不计其数。世界五大洲都在行动，各国际和地区性组织也在向腐败开战。反腐败无国界，合作成为必然。国际舞台上反腐倡廉运动风起云涌，腐败分子沦为丧家之犬。

联合国预防犯罪和罪犯待遇大会每届会议都将贪污罪、贿赂罪、舞弊罪等列为重点议题之一。在1990年8月举行的第八届会议上，重点讨论了政府中的腐败问题。会议建议各成员国建立防止贪污腐败和滥用权力的行政机制，提请各成员国制定惩处腐败行为的法律，要求联合国有关部门向成员国提供技术援助。会议还通过了《反腐败实际措施手册》。该手册总结了各国反贪污腐败的经验和有效做法，为各国决策者和专职机构提供一个处理腐败问题的蓝本。20世纪90年代以来，联合国对惩治腐败给予更大关注，特别是在打击犯罪、改善管理、强化制度方面动作加大。1996年，联合国制定了《公共官员国际行为准则》。联合国大会通过了关于在国际商务活动中反对贪污贿赂的宣言。1997年，安南秘书长提出一揽子改革计划重点之一，就是“与非文明势力作斗争”。同年，联合国在阿根廷首都召开反腐败专家会议，提出50条建议，作为各国反腐败的决策和行动指南。1999年初，联合国决定修改《打击跨国有组织犯罪公约》，增添惩治腐败的内容。联合国内部肃贪工作也在大张旗鼓地进行，为此专门设立了监察办公室，由一位副秘书长挂帅主抓。还制定了《联合国雇员行为守则》。

据俄新社报道，乌克兰总统尤先科2005年7月就以贪污腐败严重、工作缺乏效率为由，下令撤销乌克兰内务部机动车辆检查部门，全国2.3万名交通警察全部被解雇。据悉，乌克兰交通警察在老百姓心目中的形象向来不佳，行业内执法秩序混乱、贪污腐败成风，交警经常向司机索贿，民众对交警部门的不满愈演愈烈。基辅市一名交警在执法时，对一名违规的人处以罚款却不给开罚单，而这名违章者恰巧是交警部门的总头——乌克兰内务部长。有媒体报道说，尤先科最近回自己的家乡参观，一位老乡当面向他抱怨交警们的劣行，尤先科随后走进一个路边车辆检查所，问一名交警他的职责是什么，那位交警居然什么也答不出来。种种恶劣情况终于促使尤先科痛下决心，整顿交通管理。他愤怒地指责，“我们的交警除了在道路上折腾百姓，没有别的用处”。他认为，乌克兰交警的所作所为“有损自身形象，不宜继续存在”。命令发布后，乌克兰境内交通秩序顿时陷入混乱。大街上汽车鸣笛声不断，随处可见违规行为，却无人制止。不过，乌内务部长卢岑科解释说，2.3 万名交警只是暂时下岗。被撤销的机动车辆检查部门将很快进行重组，新部门可能由道路安全部门(即交警部门)和巡逻部门两个部分组成，机构和执法程序的改革都将以杜绝贪污腐败为主要考虑。在新部门成立之前，原部门的职能暂由内务部直接代行。

10 月 7 日，总部设在柏林的透明国际公布了 2003 年度的腐败指数。透明国际对全世界 133 个国家和地区的公务员及政治家的腐败程度进行了排名。得分最高即腐败程度最轻的依次有芬兰、冰岛、丹麦等。其中芬兰以 9.7 分的得分连续第四年成为全球最廉洁政府。在这里，腐败的定义是：公务员滥用职权，以权谋私。这类现象在北欧三国芬兰、冰岛和丹麦是极为罕见的。芬兰人认为，健全社会的一个重要标志就是政府官员的诚实可靠，不能让任何人和任何部门有超级权力。(注：国际透明组织是一个非政府性民间机构，成立于 1993 年，总部设在柏林。它在近 70 个国家建立起分支机构，在国际有关会议和重大活动中频频露面，成了颇有影响的世界弄潮儿。最初，该组织主要关注国际商务活动中的贿赂行为，调查研究并提出解决办法建议。近年来转向政府腐败问题，向各国政府宣扬其观点和主张，提供咨询和顾问服务，帮助一些国际组织制定反腐败措施。该组织主张在世界范围内建立起广泛的反腐败联盟，对国际反腐败起了不小的促进作用。自 1995 年起，国际透明组织搞起一年一次的各国腐败状况评，并将各国按照腐败严重程度进行排名，在国际上掀起不小的波澜。排名以《各国腐败观察指数》形式公开发表。最高为 10 分，表示该国几乎不存在腐败。最低为 0 分，表明该国腐败严重。综观迄今 4 年的评估排名情况，北欧国家、新西兰、加拿大、新加坡等国家排名靠前，为较廉洁国家。美国、日本及多数欧洲国家居中游。拉美、非洲以及亚洲国家居后边。应该指出，该组织的排名只表明对一个国家的看法或印象，不能完全表明该国家的真实情况，具有一定的片面性。)

为了防止和惩治腐败，各国政府都制定了一系列的廉政法规，限制对公共权力的滥用，监督公共权力的运用过程，最大限度地维护公共利益。

一、制定法律，规范行为

为了防范、遏制和惩处公职人员的腐败行为，各国政府大都制定了严格的规章制度，以此来确定公职人员的廉政义务，防止公职人员滥用职权和营私舞弊，严厉惩处公职人员的违法乱纪行为。

美国在 1978 年修订的《文官制度改革法》中对政府雇员的义务作了明确规定，要求公职人员必须奉公守法、廉洁自律、不得贪赃枉法、不得以权谋私、不得营私舞弊、不得参加政治捐款等政治性金钱收受活动。新加坡政府先后出台了《公务员法》、《公务员纪律条例》、《防止贪污法》、《财产申报法》、《现行反贪污法》、《没收非法利益条例》

等。还有一套五卷本《指导手册》。这些法规和条例对公职人员的工作、生活、言论和行为一一作了规范。韩国相继制定了《腐败防止法》、《反洗钱法》和《政治资金法》。菲律宾在1989年推出《公共官员与雇员品行和道德标准法》,以立法形式规范公职人员的从政道德,并以法制的力量保证其有效实施。英国、瑞典、德国、加拿大、马来西亚等国家都制定了相应的政策和法规。这些法规和条例主要对公职人员经商、兼职、受贿等行为进行明确规范。

为了限制公职人员经商和兼职,许多国家的公务员法都有专门章节作出明确规定。瑞士《联邦公务员法》规定,公务员不得兼营副业与工商业,其家属也不得开办餐馆、咖啡馆等。法国《公职总法典》规定,"公务员有义务把全部职业活动用于完成所赋予他的使命,因此,禁止公务员兼任其他有利可图的工作","在行使职权或在任职期间如犯有过失,给予惩戒制裁。"日本《国家公务员法》对公职人员的行为有更为详细的规定。如该法第一百零三条第一款规定:"职员不得兼任商业、工业、金融业等以营利为目的的私营企业公司和其他团体的负责人、顾问或评议员,也不得自办营利性企业。"第二款规定:"职员离职后两年内,不得在营利企业中应允或担任与国家机关有密切关系的职务。"该法第九十六条规定:"所有职员必须做全体国民的服务员,为公共利益进行工作,工作时应竭尽全力,专心致志。"美国1989年修订的《道德改革法》规定,国家公职人员不得在外兼任与其职责利益相冲突的工作或从事与其职责相冲突的事务,包括不得利用职权谋求工作。

在禁止公职人员索贿和受礼时,许多国家在立法中要求所有公职人员不得接受来自任何方面、任何形式的馈赠和捐赠。奥地利《公务员法》规定,不许索贿、受贿和随便受礼,即使是名誉性礼品。美国《道德改革法》规定,公务员接受价值300美元以上的礼品必须作出说明,并将礼品上交。韩国2003年2月18日公布的《公务员保持清廉行动纲领》规定,国家公职人员一年之内接受与本人业务无关的礼品的总数不得超过15万韩元;公职人员可以接受茶水、咖啡、公共聚餐等一般性招待,但不能接受与本人职业有关的礼金和礼品;公职人员赠送红白喜事的礼金不能超过规定的范围,并需向"公职人员道德委员会"如实申报。

一些国家和地区的经验证明,独立、有权威、体系完备、强有力的国家廉政机构,是廉政建设不可缺少的。为了保证廉政法律法规的贯彻落实,许多国家都成立了相应的廉政机构,对公职人员腐败行为进行防范和打击。美国有"公务员风纪署",法国有"惩戒委员会",日本有"政治伦理审查会",奥地利有"纪律委员会",韩国有"反腐败委员会",新加坡有"腐败行为调查局"。这些都是国家级廉政工作机构。为了强化廉政法制的权威性,各国对廉政工作机构赋予了很大权力,并从机构设置、人员配备、领导体制等方面加以规定。与此同时,芬兰、丹麦、奥地利、法国、澳大利亚、美国、加拿大、荷兰等80多个国家建立了行政监察官制度,主要目的是监督公职人员遵守法律,履行职责,确保公民的自由权利不遭侵害。

二、加强防范,遏制腐败

世界上许多国家通过预防性立法,制定了回避制度、财产申报制度和轮换制度,以防止公职人员以权谋私，从源头上预防和解决腐败问题。

1. 回避制度。这一制度是为了防止公职人员利用他的地位和职务之便为自己的亲属谋取好处或优惠。国外立法一般都规定，不允许官员雇用、提升或推荐自己的亲属到该官员执掌或控制的任何机构及部门工作。奥地利《官员法》规定，凡夫妻关系、直系亲属或不超过三代的旁系亲属关系以及有过继、连襟、联姻或承嗣等关系的公职人员，遇到管理钱账或一方对另一方有直接指挥权或监督权的情况，不得安排在一个具体单位工作。瑞士规定，有联姻关系或有父子、兄弟、叔侄等近亲属关系的人，不得担任有隶属关系的职务。法国规定，当公务员的配偶以职业身份从事一项有利可图的私人活动时，该公务员必须向其所属的行政部门或公共事业单位声明。

2. 财产申报制度。这一举措的目的在于确定和分清其取得财产的手段是否合法，它已成为一项世界性反腐败举措。许多国家都制定和颁布了要求政府官员申报财产的法律。财产申报制度一般都包括财产申报对象、财产申报时间、财产申报内容、对财产申报违法处罚等方面，既全面，又明确，便于操作和执行。美国《道德改革法》规定："总统、副总统、国会议员、联邦法官，以及行政、立法和司法三大机构的工作人员，必须在任职前报告并公开自己以及配偶的财务情况，包括收入、个人财产等，以后还须按月申报。对财产申报资料的接受、保管办法、保存期限、公开方式、查阅手续、审查以及对拒绝申报和虚假申报的处罚办法也都作了详细规定。此外，美国《廉政法》也规定政府有关官员必须填写财产和收入申报单，逾期不报，将被司法机构起诉。申报单由廉政办公室审查，一旦发现有违法收入，立即处理。申报单可供新闻机构和公众查阅。法国 1998 年出台的《政治家生活资金透明度法》规定，公职人员必须依法对其拥有的财产状况，包括财产数量、来源、增减等情况向指定的监察机关作出报告，以接受审查和监督。一旦发现公职人员所拥有的财产与其合法收入不相符，而该官员又不能说明其正当来源的，即视为非法所得予以惩处。墨西哥 2002 年在互联网上建成"政府公务员个人财产申报接受和处理系统"。公务员可通过网络向该系统发送个人财产资料完成申报，那些不具备上网条件的公职人员，可提交附有个人签名的打印文本。2002 年，墨西哥国家审计局对 1 万名没有按时在政府指定的网站上申报财产状况的国家公务员作出了停薪留职 15 天的处罚。

3. 轮换制度。主要是培养公务员适应各类工作场合的能力，积累更多的工作经验，并在相当大的程度上减少公职人员贪污腐败的可能性，使政府官员很少有机会通过长期控制某个部门，得以结成营私舞弊的关系网。日本政府规定，国家高级公务员一般两年左右调动一次工作；中初级公务员，一般三年左右调动一次工作，这些调动主要在不同科室之间进行。除此之外，日本政府的各机关之间、中央政府与地方政府之间，政府与国营企事业之间，也相互进行公务员岗位轮换、交流。这已经成为一种制度，十分普遍。美国每四年政府换届时，都有 3000～5000 名联邦政府官员易职。易职的方式是联邦政府与州政府以及地方政府之间人员交流。这种交流为期一年或一年以上。

三、触犯法律,严肃查处

对于公职人员违反有关法律以权谋私的行为,在各国的公务员法中,都明确规定了惩戒措施。许多国家将以权谋私作为廉政法制的主要内容,对这种行为实行严厉制裁。一般除了规定比较重的剥夺人身自由权利的刑罚外,同时还要在经济上给予处罚。

美国联邦刑法法典规定,任何政府官员如果收受的财物价值超过 7000 美元,就要处以相当于其收受财物价值 3 倍的罚金,或者判 15 年以下的监禁,或者取消其政府官员的资格。里根政府中担任白宫办公室副主任的迪佛曾为美国政府官员和议员拉大笔生意,从中谋取私利,最终被判处 15 年监禁。德国规定,公务员接受礼品不能超过 50 马克,否则就要受到不同程度的纪律处分,其中包括警告、严重警告和开除公职。此外,德国政府从刑法角度制定条例,严厉处罚在经济活动中违法的官员,例如公职人员在政府招标过程中违反自己的职责,让给自己好处的某投标方中标,这种受贿行为就要受到刑法的制裁。处罚的第一个等级是坐牢 3 年(如果当事者是法官就要坐牢 5 年),第二个等级是坐牢 10 年,同时还要罚款。罚款数额根据情况从公务员一个月的工资额至 10 年的工资额之内判定。英国规定,公务员有贪污受贿、滥用政府基金行为的即被开除,并丧失领取退休金资格,构成犯罪则予以刑事处罚。行贿受贿在芬兰受到的惩罚以罪行严重程度划分,从一般性罚款到判处最高达 4 年的监禁。公务员接受金钱、珠宝、家用电器、特殊(低利息)贷款、免费旅行等都可被视为接受贿赂,甚至接受荣誉头衔和有关部门的推荐也可能被视为受贿。公务员如果被指控受贿,罪名成立,将立即被免职。

在南非,一支由警务、金融、法院和情报等部门人员组成的“天蝎队”,专门从事侦破危害社会的重大和恶性案件以及政府官员的严重腐败行为等工作。自成立以来,“天蝎队”已经破获了一批重大案件,沉重打击了犯罪分子的嚣张气焰。法国拥有全球独一无二的“预防贪污腐败中心”。该中心的基本任务是收集国家政府管理和经济部门中有关贪污腐败的蛛丝马迹,分析腐败案件的类型,总结现有的反腐经验,研究利用新科技手段犯罪的各种可能性。

在各国的有关法律和法规中,对公职人员的住房、用车、医疗、公务接待等待遇一般都有严格的规定,一旦违反就要受到相应的处罚。例如,在公务员用车方面,许多国家按照官员的级别,提供专车或公务车。专车只能用于公务,不能用来办私事。配备专车的官员辞职或退休后,立即取消其使用专车的资格。德国各级官员办理公务时,用车一般不受限制,但限定用车范围。比如,柏林的官员一般只可在柏林市范围及其附近地区履行公务时使用专车。如果到外地出差,应使用公共交通工具。在欧洲一些国家,旅馆是提供早餐的,所以丹麦给公务员的出差伙食补助是每天最多 200 克朗(目前 1 美元合 6.6 克朗)。除了伙食补助,丹麦还每人每天补贴约 100 克朗。如果只出差一天,则按小时补贴,每小时约 10 克朗。公差人员只能坐公共汽车。如果出差地没有公车,出差者可以坐出租车。丹麦为了体现公务员的平等性,除了首相、副首相、各部大臣、议会主席外,其他人的住房、乘车、乘船标准都一样,也就是说坐飞机只能坐经济舱。芬兰专车只限公职人员在执行公务时使用,正常上下班和个人私事都不得无偿使用专车。使用专车上下班也可以，但这属于额外的待遇，等于增加了个人收入，应该照单纳税。如果隐瞒不报，将视情况受到轻重不一的处罚。为了防止公职人员亲属利用不正当途径谋取私利，许多国家在制定有关法律时专门就此作出了相应的预防性规定，其中包括亲属回避制度。同时，各国还对公职人员亲属的违法行为进行严厉打击。

四、全民齐参与，监控有高招

芬兰、冰岛和丹麦的公共部门一切公开，所有档案都对公众开放，接受市民和媒体监督。公共机构对社会透明，公务员岗位向每个人开放。芬兰年轻人从大学毕业进入公务员体系后，最重要的就是弄清"腐败"的界限，即接受礼品或受请吃饭的上限是什么。流传最广的一句话是："公务员可以接受一杯热啤酒和一个冷三明治，但如果喝上葡萄酒，那就危险了。"在接受礼品上，法律规定公务员不能接受价值较高的礼品，根据物价指数该标准时有变动，大概是 20 欧元左右。

在以色列，"国家廉政运动"就是一个著名的非政府、非营利性的民间反腐败组织。该组织开设了四条法律热线，任何人都可以向他们举报公务员的腐败、违法或其他不正当行为。该组织每年会接到 1000 多起举报。在对这些举报线索进行初步审查后，他们根据腐败的性质分别转交给警察局和国家审计局进一步处理。该组织还可以将腐败行为直接起诉到最高法院，这种直接起诉的效果最好，影响也最大。在印度，去年底生效的《知情权法案》，很好地发挥了公众监督政府官员工作作风、工作效率和是否有腐败行为的作用。该法案规定，印度公民有权从政府那里获得各种信息，有权要求查看除机密以外的其他以任何形式出现的任何资料。该法案实施没多久，各级官员已经开始叫苦连天。秘鲁国会还专门设立了"反腐败图书馆"，对公众开放。在世界许多国家，新闻媒介被称为国家立法权、行政权和司法权之外的"第四权力"。新闻媒介在反腐败斗争中的作用被越来越多的国家所重视，近几年来，韩国的一些重大腐败案件大多是被新闻媒介披露出来的。

在丹麦的廉政机制中，财政部发挥着十分重要的作用。财政部掌控金钱。每个部的预算都得财政部认可，而且要送议会财务委员会批准。财政部把钱分给了各部委，到时候还要检查你怎么花的钱。丹麦没有设国家人事部，人事编制主要靠财政部掌控。丹麦议会设有审计署，负责审计各部委的资金使用情况。大检察官发挥独特作用。丹麦议会设有一个大检察官，其职责是代表议会监督丹麦的文职和军职机构或官员。这个职位是北欧国家独有的。大检察官不是议员，但必须是法律专业的毕业生，由议会选举产生。议会制定大检察官的活动规定，但他在行使职权时，议会不得干涉。他的权力大于大臣，但不超过法官和法院院长。任何人都可以向他申诉任何丹麦官员。大检察官在丹麦很受尊敬。靠监督机制保持清廉。舆论监督也很有效。北欧国家的媒体从业人员的素质普遍较高，他们形成的媒体舆论对防止官员腐败起着重要作用。北欧国家投诉举报机制相当健全。丹麦的警察诉讼委员会就是范例之一。在芬兰，根据《部长责任法》，如果各部委官员有不合法行为，就会受到议员指控。如果宪法委员会最后认定其违法，则把该指控提交到特别高等法院。

（作者：张法连）

看发达国家如何反腐败

一、实行透明政治、透明行政

早在1776年瑞典就开放了政府记录，供民众查询；美国制定了“情报自由法”、“联邦行政程序法”等，1976年通过的“阳光下政府法”规定，联邦政府的50个机构和委员会的会议必须公开举行，应律师的请求根据法律许可而举行的秘密会议除外；美国的媒体也可几乎无限度地报道所有的人物和事件，以满足公众的知情权。

二、新闻独立、新闻监督

通过自主的新闻报道、转播、调查、评论等，发达国家的各级官员都暴露在众目睽睽之下。尼克松抱怨，即使换一把椅子，也得小心翼翼，以免被新闻界抓住了口实；1971年《纽约时报》连载美国卷入越战的文件，尼克松总统以涉及国家机密为由要求停止连载，但《纽约时报》拒绝，官司一直打到最高法院，最后法院裁决，总统败诉，报纸继续连载；1972年“水门事件”时，《华盛顿邮报》记者深入调查，尼克松总统威胁吊销其所属公司的营业执照，即使这样，也没能阻止住报纸彻底地揭露丑闻。

三、建立弹劾制度

现代国家反腐败无禁区，通过落实弹劾制度、责任追究制度等，即使像贵为总统的尼克松、克林顿，也免不了尴尬甚至下台的命运。

四、规范政党筹款制度

美国规定，个人向候选人捐款一次不得超过1000美元，一年不得超过2.5万美元；候选人收到的捐款只要超过200美元，就必须公布捐款者的姓名、住址、职业、捐款日期和数额；候选人的开支超过200美元的，也必须公布；德国、法国、瑞典等国则按照获得选票的数量对政党进行补贴。

五、实行政务官与事务官分开的现代公务员制度

西方国家克服了早年的恩赐官职制、政党分肥制的弊端，逐步发展为如今的占职位少数的政务官由党派轮流充任、占职位多数的事务官由考试录用的制度。美国规

定，政务官官职不得作为竞选的许诺；事务官不受政务官更迭的影响，其升迁实行考绩制，不犯过失即不得被解职。这些措施，都有力地遏止了官员的结党营私。

六、实行财产申报与公开制度

早在1766年瑞典公民就有权查阅官员直到首相的财产与纳税状况；美国规定，行政官员、议会议员、法官等15000名官员的财产必须公布；韩国1993年开始"阳光运动"，1993年2月25日金泳三总统率先公布个人财产，1993年5月27日韩国国会通过了"公职人员财产登记制度"，规定自总统以下34000多人必须申报财产、1670名高官必须向社会公布财产。

七、实行金融实名制度

大多数先进国家都规定，存款取款必须使用真实姓名。韩国1993年8月12日起实行实名制，同时清查匿名存款，两位前总统全斗焕、卢泰愚的巨额秘密资金案由此东窗事发。

八、实行集中采购、招标投标的制度

西方国家解除了政府对企业的行政管制，减少了对经济的干预，让资源充分地市场化、私有化，这样，从源头上断绝了钱权交易的机会；同时，政府对于办公用品、军火、市政建设、公共服务等，都实行集中采购、招标投标的制度。

九、进行反腐败立法

现代国家主要有预防性的廉政规范立法与惩治性的反腐立法，前者如美国有"从政道德法"，英国有"荣誉法典"、"防腐败法"等；后者如美国有"1977年涉外贿赂法"，德国有"利益法"、"回扣法"等。这些法律规定，公务员禁止经商，禁止接受礼品，限制兼职，实行回避制度等。

十、司法监督

西方国家司法独立，不受行政的干预，保证了司法系统独立地开展工作，从而能够真正地起到监督的作用。美国还设立了特别检察官制度，可以对重大事件、对总统开展调查、检控。

十一、议会监督

议会以立法权、重大决策审批权对行政进行监督；一些国家还在议会设立了监察专员制度，对政府的不良行政进行纠正，如瑞典设有新闻监察专员、警察监察专员等，早在1809年瑞典就建立了监察制度。

十二、审计监督

发达国家的审计部门要么独立于行政、立法、司法之外，如日本、德国；要么隶属于立法机构，如美国、英国；要么隶属于司法机构，如法国、西班牙，这样，有助于他们公正、独立地进行审计。

十三、内部监督

许多国家有行政内部监督，如行政监察；立法内部监督，如美国众议院的道德委员会、参议院的规范与品德特别委员会；司法内部监督，如美国的司法道德委员会。

十四、公众监督

选民通过选举、罢免等行为对行政官员、议员、党派等进行选择，公众通过舆论、举报、游行、示威、罢工等揭露腐败，调整政府的行为。

基于上述措施，发达国家皆成为"国际透明组织"每年公布的"最清廉的国家"。如冰岛已有几十年几乎没有出现任何腐败现象了，北欧的瑞典、丹麦、芬兰等国一年也发生不了几十件腐败案件。评论一般认为，发达国家都建立了比较有效的机制，能够"将一个筐里烂了的桃子挑出来，扔出去，从而保持了整筐桃子的新鲜"。

发达国家的上述反腐败措施，给了我们很大的启示，即反腐败是一项系统工程，必须通过机制的建设，治标又治本。尽管中国不能完全照搬西方的政治制度，清除腐败要结合中国的国情，但我们仍然相信，民主、法治与现代制度是反腐败的关键所在。

（作者：胡星斗）

国际反腐败经验揭秘

新加坡、韩国、津巴布韦、香港等国家和地区，在比较短的时间里取得了反腐败的显著成效，成为发展中国家控制腐败的典范；英国、美国、日本等西方发达国家则通过法治和对各项基本制度（民主和法治）的完善，也有效地遏制住了腐败现象的蔓延，成为发达国家反腐败的典型。

纵观当代世界各国反腐败斗争的历史发展与现状，我们发现，反腐败斗争，特别是发展中国家的反腐败斗争，能否取得显著的成效，关键在于采取有力的措施与完善相关的法律法规。

一、高层领导强态反腐得信任

发展中国家反腐败斗争的一条最重要的成功经验是：高层领导积极倡导反腐败斗争，对人民作出明确承诺；采取切实行动，常抓不懈；从高层抓起，造成强大的反腐败声势。在新加坡，腐败曾经是人们习以为常的一种生活方式，但自人民行动党执政以后，前总理李光耀等高层领导对清除腐败表现出了非凡的勇气和决心，向人民保证建设一个廉洁的政府。对于查办腐败案件，李光耀态度十分坚决，始终如一地给予支持和帮助，从而排除了反腐败的种种阻力，形成了一股势不可挡的反腐败潮流。

在津巴布韦，身为总统的穆加贝亲自领导反腐败斗争，对牵涉高层领导人的腐败案，追查到底，严肃处理，决不手软。1985 年，曾经显赫一时的警察总监因强奸和贪污犯罪而被判刑；1989 年，在倒卖汽车案的调查过程中，由于牵涉到十几位部长和高级官员，总统穆加贝表示：即使搞垮整个内阁，也要把案情查清。穆加贝以此案的审理为契机，在全国发动了一场新的反腐败运动，惩处了一批贪官污吏，使腐败之风大大收敛，从而增强了人民反腐败的信心，赢得了人民对政府的信任。

二、破解“官官相护”专门机关显神奇

在任何国家，专门机关都是反腐败斗争的主力军。一套高效、独立而权威的反腐败机构，一支精干而廉洁的反腐败队伍，都是有力地打击和预防腐败的必要条件。在这方面，国外和境外的做法主要有如下几点：

（一）从两方面加强反腐败专门机关的独立性和权威性

一是直属最高层领导。“官官相护”是反腐败斗争中的最大障碍之一。只有从体

制上使反腐败机构得以摆脱其他机关的牵制和干扰，才能落实惩治腐败的法律措施，有效地打击腐败行为。20 世纪 70 年代以来，世界许多国家和地区加强了反腐败的机构建设，其基本趋势之一就是专门机关的独立性越来越强。

新加坡的反贪污调查局曾经先后隶属于四个不同的部，但效果都不理想。1970 年后，反贪污调查局直属总理领导，得到总理的支持，独立于其他部之外，保证了它顺利地开展反腐败工作。

香港的经验和教训更为明显，从 20 世纪 50 年代到 70 年代，先后四次调整和加强反腐败机构的力量，其地位也一次次提高，但反腐败的形势仍然不断恶化，直至设立直属总督的廉政公署，才发生了转机。

在西方发达国家，反腐败专门机构大多直属议会。例如，英国领导反腐败机关的总检察长直接对议会负责。在美国，总检察署虽设于司法部，由司法部长兼任总检察长，但独立检察官有权直接向议会汇报案情和提供弹劾案情。

不论是在东方国家，还是在西方国家，在反腐败斗争中取得成功的机构都有一个共同特点：国家权力核心在哪里，反腐败机构就直接从属哪里。

二是自成体系，不受地方势力干扰。当代许多国家包括联邦制国家，倾向于采用中央主导型的反腐败模式，建立一个全国性的、独立于地方政府之外的反腐败侦查系统。

美国在中央设立联邦调查局，对一切滥用职权的官员的行为均有调查权，建立了遍布全国的侦查网络，同时也重视同地方部门的合作，注意中央与地方在资金和技术上的相互补充。

澳大利亚的新南威尔士州设立的廉政公署，独立于现政府，自成体系，只对活动审查委员会和议会联合委员会负责。

韩国大检察厅及地方各级检察厅内设置不正当腐败事犯特别搜查部(班)，成为集情报、侦查、起诉和审判于一身的、具有高度权威性的机构。这种模式也能发挥很好的作用。

(二)从三方面保障反腐败专门机关顺利开展工作

赋予其特别侦查权。反腐败机关要有效地开展工作，不仅要拥有普通侦查机关的侦查权，而且要拥有一些特别的调查权或侦查权。

香港的廉政公署不仅享有警察通常所享有的侦查权，而且享有某些非常的执法权，如无须拘捕令即可执行拘捕，无须搜查令即可执行搜查。再如，以色列的国家审计长办公室对政府机关包括军事机关等涉及公共利益的一切领域，拥有广泛的调查权(如秘密监视)和查处贪污行为的手段。

保证专门机关的活动经费。在一些西方国家，反腐败专门机关的经费预算由议会单列，保证活动经费充足，而且能够直接申请议会拨款，数额不受限制。例如，美国的独立检察官在预算拨款和使用政府资源方面享有极大的特权，可以要求无限度的预算拨款和任何必要的政府资源。

建设素质高、待遇优厚的反腐败专业队伍。专业队伍的素质是提高反腐败工作效率的基础。没有高素质的专业队伍，反腐败斗争就不可能取得显著的成效。所谓素质高，主要是政治觉悟高、专业水平高和工作能力强。一般来说，要建设高素质的专业队伍需要两个条件：一是有优厚的待遇吸引人，二是有良好的机制选拔人。

三、发挥新闻媒介"警犬"、"鼓手"作用

在西方国家，新闻媒介被称为国家立法权、行政权和司法权之外的"第四权力"，是社会系统的信息通道。新闻媒介在反腐败的斗争中发挥着两大职能：警犬职能和鼓手职能。

新闻媒介之所以被称为反腐败的"警犬"，是因为它们出于本能的需要，从不同的角度监视着政府高级官员的活动，在反腐败斗争中经常报警。近几年来，国外的一些重大腐败案件大多是被新闻媒介披露出来的，如美国的"伊朗门"丑闻、日本的利库路特案等。不管这些新闻单位的主观愿望如何，客观上做了这样一件事情：揭露腐败行为，提供侦查线索。新闻媒介是反腐败的"鼓手"。在西方国家，腐败分子不仅害怕新闻媒介警犬般的嗅觉，而且害怕新闻媒介的宣传会引起广大民众的关注和愤怒，并督促国家专门机关有效地开展侦查、控诉和审判活动。

近几十年来，某些在任的总统、总理等高层领导人被赶下台，前任的总统、总理被判刑，绝大多数是通过新闻媒介的宣传鼓动，形成了强大的舆论压力以后，才得以实现的。

四、完善法制，从制度上防止腐败的滋生

无论是法治国家，还是非法治国家，法律制度都是遏制腐败的基础设施。

完善公务员制度，保证公务员队伍的素质。西方国家大多采用了公务员制度，并把廉政的原则贯彻其中，从而保证了公务员队伍具有较高的整体素质。新加坡比较早地采用了现代公务员制度，通过公开考试，择优录用，科学考核，量绩晋升，这样就有效地堵塞了任人唯亲等腐败现象盛行的人事管理制度上的漏洞。

以法律形式确立财产申报制度和金融实名制度。财产申报制度，即有关财产申报、登记和公布的制度，被称为"阳光法"。

美国于 1965 年颁布了《政府官员及雇员道德操行准则》，对各类高级官员及其配偶、子女的财产申报作了规定，1978 年美国国会又颁布《道德法案》，对此问题进一步作了全面而系统的规定，堪称财产申报立法的典范。

韩国 1993 年公布了《公务员道德法》，法国制定有《政治生活财务透明度法》，泰国制定有《关于申报资产和负债的王室法令》，澳大利亚制定有《公职人员财产申报条例》，印度制定有《防止腐败法》等。

在这些有财产申报制度的国家里，哪个国家的法律规定得细致、执行得严格，哪个国家的腐败现象就比较轻微。

1993 年，韩国实行了金融实名制，即任何人都必须以真实姓名设立银行账户，否则予以没收，并对金融机构的职员处以刑罚。金融实名制的实施，被称为一场"经济革命"。实践经验证明，孤立的财产申报制度还有一些不足之处，只有把财产申报制度同金融实名制度结合起来，才能有效地发挥其预期作用。

加强审计机关的独立性。自 19 世纪以来，审计已经成为各国清除管理阶层滥用权力现象的一种重要武器。一个国家的腐败程度往往能够说明其审计水平。从审计的角度来看，下列部门特别容易发生腐败：税务部门、福利部门、公共拨款部门、特许证和许可证牌照发放部门等。许多国家通过法律规定了审计人员的特权和责任，包括向委托机关和主管机关报告，向法庭举证等。

制定专门法规，鼓励和保护公民参与反腐败斗争。从理论上说，公民有表达政治观点的权利，同时也有打击违法犯罪的义务，但是在实际生活中，大多数举报人会遭到打击报复（对美国 233 位举报人调查的结果显示，90％的人因此受害）。所以，近年来许多国家通过立法或其他手段保护举报人。

美国在 1989 年颁布的《举报人保护法》已经成为其他国家仿效的对象。墨西哥采取了如下措施：允许和鼓励公民来人、来函、使用公开的免费电话线路，表达他们的控告和建议；设置专门机关对说明真实身份和联系地址的人，必须给予适当的答复。

五、现代法治对腐败实行“轻刑必罚”

中国古代法治实行的是“重刑必罚”策略，而西方现代法治实行的则是“轻刑必罚”策略。

首先，大量的犯罪学调查显示，贪污贿赂犯罪人对判刑的可能性的关注远胜于对判刑轻重的关注。这说明“重刑”（惩罚的严重性）不如“必罚”（惩罚的必然性）能有效地遏制犯罪。其次，重刑的消极作用颇多：伤害社会的文明和秩序，危害人权，削弱刑罚的预防效果。这也说明“重刑”不如“轻刑”。

近代以来，“必罚”已经成为法治国家遏制腐败工作的重点。对于腐败分子来说，要害不在于判多少年的刑罚或是否判处死刑，而在于送上法庭的可能性有多大；对于国家防治腐败的成效来说，关键指标不在于每年对多少腐败分子判处了死刑或其他刑罚，而在于有多少隐案或犯罪黑数。

六、让阳光照亮体制，腐败就难以滋生

西方国家所谓“让阳光照亮体制”的机制主要有两个方面：一是通过立法贯彻政治公开化原则；二是通过权利救济、新闻自由、党派竞争等制度打破掌权者设置的禁区。政治公开化原则内容广泛，但主要是指议会活动的公开和政府文件的公开。例如，美国国会先后通过了《联邦行政程序法》、《情报自由法》、《阳光下的政府法》、《议会公开化法》、《私人秘密法》等，从而有效地提高了政府的透明度。

公民和法人的权利救济机制，是对政府行为的最经常、最普遍的监督。只要这种机制能够有效运转，广大公民和法人就会积极地、自觉或不自觉地发挥其监督政府的作用。二战以后，许多西方国家取消了对新闻出版的事前监督和检查，取消了“警治”制度，改用“事后审查”和“追惩”制度，最终实现了依法管理新闻媒介。

如果说权利救济制度和新闻自由制度都是从外部对政府进行监督，那么政党竞争制度则是一种从内部对政府实行的监督。在野党与执政党之间的权力竞争，促使它们彼此虎视眈眈，极力搜寻对方的材料，迫使对方约束本党成员的行为，清除有贪污贿赂

劣迹的成员，以维护本党的形象。

党派之间的竞争往往与新闻媒介里应外合，彼此呼应，成为反腐败的有生力量。日本的里库路特股票案的侦查和处理之所以能够向纵深发展，在很大程度上是因为社会党、公明党、民社党、社民联四大在野党的团结和同新闻媒介的配合。

（作者：谢鹏程）

当代清廉国家和地区反腐败启示录

根据“透明国际”公布的近年的腐败指数，属于清廉国家和地区（政府）的有16个，它们是：新西兰、丹麦、冰岛、新加坡、瑞典、瑞士、挪威、澳大利亚、荷兰、英国、加拿大、奥地利、卢森堡、德国及中国香港。其中芬兰以9.7分的得分连续第四年被评为世界上最清廉的政府。

在当代世界，清廉不仅是一个社会政治文明的基本表现，也直接关系到一个国家的经济、文化和社会的和谐发展。据透明国际估算，世界上每年行贿受贿的金额高达4000亿美元。而一个国家的国际形象好坏，在国际商务活动中的声誉如何，直接关系到本国的国际竞争力。世界银行在最近发表的《世界发展报告》里指出，“‘透明国际’发表的腐败指数越高的国家，经济增长率和人均收入都越低”，因此，“越来越多外国投资者和国际援助机构在进行投资和贷款时，将贪污贿赂行为列入考虑因素之内”。同时，跨国经济活动对“透明国际”的指数排名也有相当的敏感，哈佛大学的一项研究表明，根据“透明国际”公布的“腐败排行榜”，从新加坡的（低）腐败水平到墨西哥的（高）腐败水平，相当于将关税税率提高了20％强。而关税税率每提高一个百分点，一个国家所获得的外国直接投资额将下降大约5％。因此，如何建设清廉国家，是当代每一个国家都不能忽视的问题。而当代清廉国家的廉政措施，对其他国家的廉政建设显然有启示意义。

一、广泛细致的规范

以官员清廉为目标，这些国家或地区设定了极其广泛和细致的规范，涉及宪法、法律、规章及伦理道德等各方面内容。如行贿受贿在芬兰受到的惩罚以罪行严重程度划分，从一般性罚款到判处最高达4年的监禁。在接受礼品上，法律规定公务员不能接受价值较高的礼品，且根据物价指数该标准时有变动，约20欧元左右（1欧元约合9.60元人民币）。对于因公出差，各部门每年都有固定计划，出差目的、期限和报销数额都有规定。对于部局级高官的出访，因为涉及重要政务，出访要经总理或议会批准。公务员接受金钱、珠宝、家用电器、低利息贷款、免费旅行等都可被视为接受贿赂，甚至接受荣誉头衔和有关部门的推荐也可能被视为受贿。公务员如果被指控受贿，罪名成立，将被立即免职。政府和议会还分别设立财政监察局和国家财物检察官，对政府和国家的各项开支实行经济监督。如使用公款进行设备购置是否符合规定，所购商品价格、质量在多种报价中是否为最佳选择,政府官员是否用公款采购和营私舞弊等。

二、透明制度

阳光是最好的杀虫剂,透明制度是把政府行为暴露在阳光下的最好办法。如芬兰政府的公共部门一律公开,接受市民和媒体监督。公共部门所有档案都对公众开放。而瑞典公民早在1766年就有权查看官员直至首相的纳税清单。现在凡清廉国家担任公职者每年都要报告自己及配偶、子女的财产状况,由主管部门审核,任何隐瞒、谎报、转移财产的行为,都被视为有罪。此外,在官员选拔上,他们实行"透明政治"、"透明行政"或透明的选官任官制度,如新加坡的公务员由独立于议会和政府的公共服务委员会管理,由他们聘用、考核、处分等,这种做法较好地避免和杜绝了卖官鬻爵现象的发生。

三、舆论监督

舆论监督是保障公民权利,约束官员公务行为最有效的武器之一。如德国总理施罗德的兄弟没有工作,贵为国家总理的施罗德不能出面为他介绍一个工作。德国某小城有个市长,白天当市长,晚上为人掏烟囱补贴家用。施罗德或那位市长不是没有办法,而是因为他们的行为在不同程度上与国家权力有关,受到严格的舆论和社会约束,他们想干也干不了。如德国央行行长2002年元旦接受了德累斯顿银行邀请,到柏林出席欧元面世的活动。当时他与家人下榻在豪华的阿德隆酒店,7661欧元的住宿费由德累斯顿银行"埋单"。消息一经披露,此事立即成为德国社会各界关注的焦点。尽管韦尔特克(行长)马上为此事道歉,并支付了一半费用,但依然难以平息众怒,不得不于当月7日被迫暂时离职并接受司法部门调查。在舆论监督方面还有一个很好的制度,被称为"邻居监视"。如香港廉政公署就有一个部门全部投身于社区联系之中,让大量的私人部门和市民直接参与监督。在澳大利亚,工人参加工业安全检查,新南威尔士正在着手发动消费者来辨别在本国销售的危险产品,这都在极其广泛的社会层面防止了腐败的发生。

四、独立制度监督

同舆论和社会监督不同,制度监督是有目的、有针对性设计的监督。如芬兰各政府机构都设有审查官。虽然该职位不是很高,但行政首长在决策过程中,如果出现疑问或失误,审查官可以对该决策提出质疑,并进行独立调查。一位部长可以不顾审查官的异议而通过某项决策或制定某项规定,但没有审查官的签署,该决策不受法律保护。除了审查官制度外,芬兰还有行政首长的集体决策制度。自17世纪以来,集体决策就在芬兰流行。道理很简单,由于集体决策,行贿难度和风险都大大增加。同样,丹麦议会也设有大检察官,其职责是代表议会监督丹麦的文职和军职机构或官员。大检察官不是议员,但必须是法律专业的毕业生,由议会选举产生。议会制定大检察官的活动规定,但他在行使职权时,议会不得干涉。任何人都可以向他申诉任何丹麦官员。此外,有些国家还建立了司法监督制度。如芬兰司法总监和议会督察员是芬兰政府机关中的最高监察官，他们根据宪法监督各机关及官员是否遵守法律、履行职责。这两种监察官一般由著名法学家担任，每年都要到全国各地巡视，倾听公民意见，接受和审理普通公民对官员和公务员的举报。任何芬兰公民都能自由地检举和揭发。制度监督有很强的针对性，因而能够有效地防止某些层面的腐败。

高度法治化的控权制度现代法治的核心是控制国家权力，保障公民权利。而如何控制和约束国家权力，则成为保障公民权利的关键。在芬兰，为保障公民基本权利，对行政当局的起诉规定了专门的行政法院。同时，议会也有监督职责。如果各部委官员有不合法行为，议员有权指控。议会的监督内容包括：在官方活动中，得到明显不合法的援助或帮助；滥用官方身份，损害国家利益等。在控权制度方面，必须提到健全的投诉举报机制，如丹麦的警察诉讼委员会。1995 年前，丹麦警察局内部设有纠察处。1995 年，丹麦议员认为，警察不能自己监督自己，必须实行他律，所以在当年取消了纠察处，在全国各地警区设立了由议员、群众代表和律师组成的警察诉讼委员会，负责处理诉讼警察案，有权决定对警察渎职及其他违法行为进行调查。此外，为了严格实现控权，丹麦的财政部发挥着十分重要的作用。财政部掌控金钱。每个部的预算都得财政部认可，而且要送议会财务委员会批准。财政部把钱分给了各部委，到时候还要检查你怎么花的钱。丹麦没有设国家人事部，人事编制主要靠财政部掌控。因此，在丹麦增加编制是非常困难的。

五、廉政文化

严格的廉政制度，使诚实可靠的政治文明成为可能，并形成为一种良好的文化环境。在这种环境下，廉洁成为人格的组成部分。一个不廉洁的人不但有犯罪的可能，而且面临严重的道德风险。为此，芬兰年轻人从大学毕业进入公务员体系后，最重要的就是弄清“腐败”的界限，即接受礼品或受请吃饭的上限是什么。流传最广的一句话是：“公务员可以接受一杯热啤酒和一个冷三明治，但如果喝上葡萄酒那就危险了。”芬兰每年犯受贿罪的人极少。据统计，1985～1992 年间，全芬兰只有 25 起贿赂罪。在芬兰，送礼会被官员视为侮辱其人格，该国已有 30 年无重大犯罪事件。冰岛自 1918 年以后只有 4 名高官因腐败而辞职，最近一次在 20 世纪 80 年代。

六、反腐不等于重刑

芬兰、新西兰等排名靠前的国家，对于财产犯罪都没有死刑，不杀而能达成廉洁的目的，甚至建成了当代最廉洁的社会，极有法治意义。透明国际认为腐败之所以发生，是由于现存的制度有漏洞。我们不能将制度缺陷所造成的恶果由一个人来承担，因为贪污不只是一个人的事，更多的是由于经济转型制度不健全造成的。因此，建立人们难以逾越的腐败障碍，使腐败行为根本不可能，才是当代反腐败的主题；反之，把反腐败等同于重刑，不但会使真正需要的反腐败的制度建设受到忽视，而且反腐败的结果并不理想。所谓“前赴后继”式的制度性的系统腐败就是这样产生的。

当然，反腐败和建设清廉社会是个过程，即使是最清廉的国家也不是一天形成的。比如荷兰，在透明国际最初公布的清廉指数上，并不是最好的。芬兰专门研究腐败问题的政治学博士鲍拉·提胡宁说，在芬兰历史上官员腐败问题也曾一度成为畅销报纸的头条。头两年，在最清廉国家的排名中，芬兰排名第四。1997～1999 年，芬兰连续三年名列第二。而自 2000 年起，芬兰连年排名第一。同样，中国的清廉指数也在明显上升。因此，反腐败具有动态性。今天的清廉指数不等于明天。只要各国政府加大制度建设，措施得当，建立在民主和法治上的清廉政府就不会遥远。

（作者：蒋德海）

美国人怎样反腐败:注重事先预防“利益冲突”

在美国,建立联邦政府的道德标准被看作是反腐败的主要措施之一,其主要关注的是事先预防,而不是事后惩罚;除了道德规章,还要依赖于法律;防止“利益冲突”也是反腐败的一个关键。

美国的政治腐败程度2005年在160个国家中被排在第17位(排第一位的为最少腐败,中国的位置处于中游)。换句话说,相对于大多数其他国家,目前腐败在美国并不是一个严重的问题。虽然如此,美国历史上也曾经历过一个腐败非常严重的时期,即从18世纪20年代后期到19世纪80年代。当时美国处在从一个农业国向工业国的转型时期,工业革命造成的大公司控制了国民经济的很大一部分,它们能够用手中的金钱来收买各级政府中重要的官员。同时,为了维护国家的统一,联邦政府需要支出大量的开支来打赢南北战争,这使得政府官员有了更大的支配资金的权限。而美国从一个农业国转变为工业大国的速度之快,使得它几乎来不及思考和建立有效的控制腐败的方法。更为不利的是,此时公众对这些腐败现象并不特别的反感,倒反而适应了政府雇员和官员的贪污猖獗现象。

美国历史上最严重的腐败时期是靠社会改革力量来结束的。19世纪后期至20世纪20年代,美国国内的文官改革运动和进步主义的城市改革运动推动了行政部门结构性的变化,使政府改变了管理公共事务的方式。

报纸也不断揭露大公司如何贿赂议员和政治领导人的丑闻。这些报道唤醒了国民的道德意识,并迫使立法者颁布新的道德限制来防止腐败。到第一次世界大战前夕进步主义运动接近尾声时,公共官员滥用权力的行为已不再是一个严重的全国性问题。

第二次世界大战结束后,美国进入了和平建设和经济起飞时期,它开始面临许多新形式的腐败问题,并需要政府采取新的措施来加以限制。这样,从二战后的杜鲁门总统时期起,如何建立联邦政府的道德标准成为一个持久问题。从二战后发展至今,美国联邦政府建立起一套反腐败机制,由关于政府道德的规章和法律以及执行这些规章和法律的机构所组成。它主要包括三个部分:一是“政府道德标准”,由总统以总统令的形式颁布,它提出对政府官员和雇员的道德指南,表明政府对公众的道德承诺。二是“政府道德法”,这是由国会通过的立法。这两者之间的区别是:前者还不是法律,如果违反,他可能受到有关部门的通告谴责,并可能被迫辞职,但不会受到法律的追究。而后者则属于法律范畴,如果一名政府官员或雇员被法庭判为违反了该法,他就要受到法律制裁。三是"联邦竞选法",它对不同的竞选经费捐赠者可捐赠的金额和经费的使用作出了限制,目的是防止与竞选有关的腐败行为。

在美国执行有关道德的规章和法律的机构中,最有特色的还不是具有对公共腐败行为进行调查和起诉功能的机构,如司法部刑事局公共诚实处、美国检察官、联邦调查局等,而是非刑事公共诚实机构,包括司法部律师办公室、政府各部的道德办公室、监察长办公室和白宫律师办公室。后者的主要责任是为了避免利益冲突而审查联邦雇员和官员的财产情况、执行财产申报制度、就法律和规章问题为政府官员和雇员提供咨询,以避免他们由于误解或忽视而犯下错误或违法。

观察美国的反腐败机制,我认为以下一些特点是值得我们借鉴的:

1. 建立联邦政府的道德标准被看作是反腐败的主要措施之一。政府在建立道德规章的同时,还设立了监督执行道德规章的机构,其主要关注的是事先预防,而不是事后惩罚。

2. 对腐败的控制不仅依赖于道德规章而且依赖于法律。"政府道德法"最后被扩大到也适用于立法部门和司法部门。

3. 在美国,私人经济部门中的行政人员和政府官员之间的职位转换是惯常现象,因此防止"利益冲突"就成为防止腐败的一个关键。许多重要的防止政治腐败的法律和规章的直接目的在于消除利益冲突的可能性,使政府官员在制定政策时动机不受怀疑,例如财产申报和游说等限制。

4. 虽然大多数州政府也制定了自己的道德规则,并设立了"委员会"或"办公室"来监督道德管理,但在对最严重的地方公共腐败的调查中,是联邦执法机构起关键作用。

(作者:周琪)

美国预防行政官吏腐败的基本制度

保持国家官吏的廉洁，增强人民对政府工作廉洁性的信心，是各国近几十年来普遍关心的问题。在如何预防官吏腐败方面，美国有一套比较成熟的制度。研究并借鉴这个制度，对我国的廉政建设是会有所帮助的。

一、预防行政官吏腐败的主要机构及其工作程序

经验证明，只要政府官吏在其公务活动或其所在政府部门的职权范围内具有个人利益，那么这种个人利益和公共利益之间就存在着发生冲突的可能性，就存在着腐败和动摇公众对政府廉洁的信心的可能性。预防官吏腐败，关键就在于发现并妥善解决这种潜在的利益冲突问题。

根据美国法律和传统，下列机构负责审查政府官员这方面的问题：

(1)政府道德办公室(Office of Government Ethics)。该办公室是根据1978年政府道德法成立的，总体负责指导各行政部门有关利益冲突的政策问题并解释道德法。

(2)各政府部门中的专职道德官(Designated Agency Ethics)。政府主要的部门和机构中都设有专职的道德官，专门负责审查和处理本部门中的利益冲突问题。其与政府道德办公室紧密合作，负责审查新任命的官员的财产申报表，同时也负责审查全体政府官员每年提交的财产申报表。

(3)联邦调查局。通过要求政府重要职位的候选人填报三份表格："重要职务的安全调查表"(SF86)，"个人情况调查许可表"(FD406)，"财产调查许可表"(DOJ462)，负责全面了解该候选人的情况。在经济方面主要是调查重要的社会经济关系，以及有无严重负债或不良债务的记录。联邦调查局的报告不可公之于众，必要时，经总统批准，可提供参议院批准该项任命时使用。

(4)总统顾问办公室。其重要职责之一是负责保证全体由总统任命的政府官员遵守利益冲突法。

(5)参议院各专门委员会。各专门委员会负责审查总统提名并须经参议院批准的任命。各委员会有各自的审查程序，对候选人有各自的特殊要求，包括无利益冲突的要求。很明显，不符合这些标准的候选人是不能得到该委员会的批准的。

在这些机构中，政府道德办公室和各政府部门中的专职道德官是发现并处理政府官员利益冲突问题的主要机构。其工作主要是通过审查政府官员或其候选人的财产

报表进行的，程序如下：

一般人员及每年一次的财产申报，由其所在单位的专职道德官负责提供申报表。由总统提名的政府官员候选人的财产申报表，通常在白宫正式宣告该项提名后，由总统顾问办公室提供并负责帮助准备该表的草稿，其中包括帮助他认识和妥善解决自己的利益冲突问题。

所有的财产申报表填好后，交给负责的专职道德官。该道德官要仔细审查，保证该官员或候选人的财产利益和经济活动，不仅与法律法规相一致，而且与其所在部门的特殊要求相一致。所有的人都必须认真、完整地填报该表。任何人明知或故意地不填报（或伪造）法律规定应当填报的事项，将受 5000 元以下民事罚款处罚和主管机关的纪律处分，故意伪造法律要求的情况，还可以构成犯罪，将处以 1 万美元以下罚金，可以单处或并处五年以下有期徒刑（美国法典第十八篇第 1001 节）。

如果专职道德官发现问题，他会立即通知候选人，使其有机会得到他的咨询帮助。在咨询之后，他还将书面告知候选人解决问题的办法，同时写明这些办法必须完成的期限。

如果不存在问题，专职道德官将根据法律要求，在接到总统顾问办公室转来的材料后三天之内，签名并注明日期，将报告转呈政府道德办公室。与报告一起，应附上候选人将担任的工作的说明，同时附上自己的意见信，说明该报告没有利益冲突，说明讨论过的问题及有关问题的解决办法。如果这些解决办法有书面材料，那么还应附上文件的附本。

政府道德办公室主任审查了专职道德官的材料后，如果认为不存在没有解决的利益冲突问题，就要签字并填上日期。如果该任命须经参议院批准，该报告就应转呈有关专门委员会。政府道德办公室主任应附上自己的意见信。一般来说，政府道德办公室的工作都是在四天之内完成的。预先发现问题和妥善解决问题是专职道德官和政府道德办公室的主要工作。他们与政府官员候选人的关系是合作性的而不是对抗性的。他们是在帮助候选人解决好问题，以便得到那个职位。

二、行政官吏的财产申报制度

财产申报制度是美国预防官吏犯罪的基本措施之一。通过财产申报，可以为人民及其代表提供必要的信息，以便监督政府官吏；另一方面，通过财产申报过程，也可以提醒官员们：他们在政府中的活动要经得起审查，因此，必须小心谨慎地避免使自己的公务活动对自己的财产利益发生实际影响。这一制度的基本目的是为了增强公众对政府廉洁的信任。

（一）财产申报制度适用的对象

财产申报的对象由法律明确规定。凡是由总统任命的政府官员或其候选人都必须申报。那些职位在 16 级（GS-16）或 16 级以上的官员，处于具有机密或制定政策性质位置上的政府雇员，穿制服的政府官员中工资级别在 7 级以上的，邮政系统中基本工资等于或高于 GS-16 的，政府道德办公室主任及其他专职道德官、行政法官，也都必须申报。

由总统任命的政府官员的候选人，在白宫正式宣布该项提名后，必须在五天之内填报完毕。在职政府官员每年 5 月 15 日以前必须完成去年的财产申报。离职人员必须填报离职财产申报表，报告未包含在已填报的期间取得的财产状况。

例外情况也由法律明确加以规定。例如，没有合理理由被认为将在一个公历年内被政府雇用 60 天的候选人或其他人不必申报。政府道德办公室主任可以根据法律的特殊规定，免除那些在一个公历年里担任政府特别雇用员不超过 130 天的人的申报义务。

（二）财产申报表的公布及其限制

政府机构应在收到填好的财产申报表后 15 天内将其准备好，以便能够为公众提供该表的副本。须经参议院批准的候选人的财产申报表由政府道德办公室准备，以便提供给公众审查。

任何人都可以向有关单位书面申请审查或取得政府官员的财产申报表。申请书必须包括申请人的姓名、职业和地址。1981 年，政府道德办公室曾对谋取由总统任命的官员的财产申报表的申请进行研究，结果表明：171 份申请书中要求审查 771 份申报表。其中，60％的申请来自新闻出版机构，15％来自关心公共利益的组织，8％来自律师事务所，17％来自其他各种来源。

为了防止滥用政府官员的财产申报表，法律明确规定，任何人出于下列目的取得或使用财产申报表都是非法的：出于非法的目的，出于任何商业目的，出于为了确定或建立某人的银行信用等级，或者出于为了任何政治、慈善或其他目的而向申报人索取金钱的。

（三）财产申报的表格和内容

财产申报表由封面页和另外四张表组成。封面页要求申报的是姓名、年龄、所在单位及是否经参议院批准等一般内容。表 A 要求申报“收入和财产”，表 B 是“买卖交易”，表 C 是“礼品和赔偿费”，表 D 是“债务、任职、超过 5000 美元的劳务费、与其他雇主的关系”。

在表 A 中，必须报告任何来自美国政府之外的，超过 100 美元的非投资性收入的来源和数额，包括各种名义的费、佣金、为他人服务所得的各种补偿、年金等等。但是，配偶或未成年子女（指未满 21 岁未婚并与其共同生活的子女和继子女），超过 1000 美元的非投资性收入，只需报告来源，不必报告数额。自己、配偶和未成年子女取得的超过 100 美元的任何投资性收入，必须申报，例如，财产投资、房租、知识产权、利息、红利、年金、信托等等。此外，自己、配偶或未成年子女在商业、贸易、投资或其他可以取得收入的活动中拥有的、其目前正常市场价值超过 1000 美元的动产和不动产，必须申报其性质和价值。但是，本人的住所、亲戚所欠债务、在一家银行中累计 5000 美元以下的存款，不必申报。

在表 B 中，必须简要说明去年所做的影响不动产、股票、债券、期货或其他证券、价值超过 1000 美元的买卖交易的数额和日期。但是不必报告涉及自己或配偶的私人住宅的交易，也不必报告已在表 A 中说明了的，由配偶或未成年子女所做的，仅仅代表他（她）们自己的利益和责任的，自己不知道并且与自己的收入、财产、活动无关的、自己不能也不想从中得到任何经济利益的交易。然而，对于那些自己、配偶或未成年子女在其中有所有权或合伙权利的各种经济或商业组织的交易，必须申报。

在表C中，政府官员必须申报去年自己、配偶和未成年子女收受的礼品。如属离职财产申报，则要含直到填表时所收到的礼品。礼品的定义和种类由法律明确规定，一般是指任何报偿、预付款、给予或储蓄的金钱或其他有价值的东西，但是给予者收到相等或更多补偿的除外。不属于礼品的有以下几种：①价值在35美元以下的；②亲戚送的；③遗产；④恰当的荣誉性物品；⑤由美国政府或者在外国由外国政府提供的吃、住、行和娱乐；⑥去年从一个来源得到的累计不超过250美元的吃、住、行和娱乐招待（不含按市价不超过35美元的礼品）；⑦与申报人完全无关的、配偶或未成年子女单独收到的礼品；⑧在非政府雇用期间得到的礼品，等等。在表D中，申报人必须报告自己及配偶所欠（不含欠亲戚的）的超过1万美元的债务的性质和数量。下列情况可以免报：用自己的住所所做的抵押；用自己的汽车、家具或用具作担保所买物品的价值没有超过担保物的价值的；在周转性的赊账中，未付款部分在年底时不超过1万美元；配偶与未成年子女所欠的与申报人的经济利益毫无关系的债务。在任职一栏里，申报人必须报告其在目前和过去两年里，在任何商业企业、组织、机构中担任的官员或雇员职位。荣誉性的或在政治、宗教、社会、兄弟会中的职位不必报告。在劳务费一栏中，只需报告在过去的任何两年里，申报人取得的超过5000美元劳务费所提供的劳务或服务的性质。在与其他雇主的关系里，申报人必须报告与下列事项有关的任何协议或安排：①与将来的雇佣有关；②与在政府服务期间的请假有关；③与过去的雇主继续支付的报酬有关；④涉及继续参加由过去雇主支持的雇员福利项目。

三、行政官吏的实质性利益冲突及其预防措施

国家官吏的腐败有许多形式，但都是因为破坏了以下基本原则产生的：政府官员是受雇于为公众利益服务的，他们不得滥用权力，为自己及其家庭，或者其他与自己有着财产利益关系的组织谋取私利。为了维护这一原则，除了用财产申报制度监督政府官员以外，美国还明确在法律中规定：禁止政府官员参与可能发生公共利益和个人利益的实质性冲突的事务。只要政府官员处理公共事务中不存在其个人利益，那他就不可能使用公共权力为自己谋私利。

美国处理利益冲突的法律有三个明显的特点：第一，利益冲突有明确的法律定义。美国的基本的利益冲突法规定：政府"官员和雇员"都不得故意"亲自或实质上"参与同自己有着"财产利益"的"特别事项"。法律对这些带引号的词都规定了明确的定义。第二，利益冲突法不仅只适用于政府官员，而且还适用于政府官员那些可以影响其配偶、未成年子女和经济合伙人利益的行为。如果该官员公务活动的受惠人是其配偶、未成年子女和经济合伙人，那么所产生的利益冲突与受惠人是该官员本身时是一样的。实际上，法律规定的避免利益冲突的要求，不仅适用于政府官员本身，而且适用于其配偶、未成年子女和经济合伙人。第三，利益冲突的出现本身经常是与利益冲突的实际发生一样重要，因此，也处于法律禁止之列。利益冲突的出现经常是官员腐败的前奏，也经常是公众不信任政府的廉洁性的原因。在实践中，只要政府官员从事的事

情使人认为会有利益冲突，那么，即使他本人相信，这在法律上并不违反利益冲突法，政府道德官也会建议该官员应该明智地避免参与这种事。

美国的基本利益冲突法是一条刑事法律：任何政府官员或雇员都不得故意亲自或实质上参与任何同自己有着财产利益的特别事项，违者应处 1 万美元以下罚金，或者单处或并处两年以下有期徒刑（美国法典第十八篇第 208 节）。此外，在各政府部门组织法中，还规定了该部门对利益冲突的特殊限制。专职道德官在第一次审查财产申报表时，就会把有关规定强调告知新任命人员。参议院专门委员会在审查总统的任命时，使用自己的利益冲突标准。例如，参议院国防委员会认为，在国防部任职的官员，只要拥有每年与该部做 1 万美以上生意的公司的股票，就存在潜在的利益冲突。在批准任命前，专门委员会都要求采取适当的措施，解决这种潜在的利益冲突。

发生利益冲突的可能性很多，但是绝大多数实质性的利益冲突都集中在以下四种情况：第一，政府官员与其过去的非政府性的雇主之间的正式或持续着的财产联系；第二，政府官员在可能会受其公务活动影响的公司或实体中拥有财产和投资（包括信托活动）；第三，政府官员拥有可能会因政府决定而影响其价值的个人资产（包括动产和不动产）；第四，政府官员过去或现在参与的法律的、不动产的，或其他合伙组织。

解决潜在利益冲突的措施，通常是在政府道德官员建议下，通过一项适当的有法律效力的安排来完成的。这种安排有以下几种形式：

1. 回避。回避就是政府官员以书面形式同意，不参加任何可能碰到利益冲突的特别事务。在回避书中通常要写明财产或活动的种类，以明确该官员不参与的事务范围。回避只有在冲突不易发生的情况下才是有效的。例如，曾担任过印第安小部落顾问的人，在担任印第安事务委员会委员时，就可以保证自己不参与涉及该部落的事务。因为这类事务在该委员会中所占的比重很小，这种回避不会严重削弱该委员会的工作能力。但是在联邦通讯委员会中，曾受雇于美国电报电话公司并拥有该公司大量股票的委员，回避就不是理想的解决办法。因为该委员会的大量工作都与电报电话公司有关，回避将大大弱该委员会履行职责的能力。

2. 免除责任书。当政府官员的财产利益“不是如同可能被认为的那么严重，以致会影响政府期望该官员所从事的服务”时，法律允许免除其某些利益冲突的要求。但是法律没有规定一条确定的可以适用免除责任的价值界限。这只能由对该官员有管辖权的部门首长，根据具体情况进行批准。近年来，免除责任书已经不常使用了。因为事先确定潜在利益冲突的大小很困难，一旦发现该权力的运用太随便，负责的官员将招致政治批评，所以现在有权的官员都十分谨慎，只有在潜在冲突明显地不严重时，才会批准免除责任书。

3. 资产处理。解决因个人拥有资产而产生潜在利益冲突的最有效办法就是卖掉该资产。随着资产的消失，潜在的冲突就解决了。因为这种办法给个人造成的经济损失，有时甚至是精神痛苦，比较大，政府道德官通常将其行为解决问题的最后手段来使用。

4. 合格的不知名信托和多样性信托。1979 年以来，美国联邦法律允许政府官员在其任职期间，通过把资产交给一位合格的不知名信托人的办法，来保留其大部分财产。不知名信托的理论是这样的:如果政府官员不知道自己的财产在哪里,就不能故意地使用手中的权力为自己谋利益。这种办法对于处理这种情况特别有用:该官员拥有在自己公务活动管辖下的公司的大量资产,但一旦使用资产处理的办法,将对市场引起重大的不利影响。

不知名信托人的条件由法律详细规定。简单说,他必须具有以下条件:第一,他必须是完全独立,同与该委托的本金和收益有财产利益的人毫无关系;第二,在管理该信托时,他不得通知或与任何受惠人联系,除非是简单地报告该信托财产的收益;第三,他不得为委托人包藏任何财产,法律严禁政府官员持有该项财产;第四,该信托人及将使用的信托手段必须经政府道德办公室批准。

如果可行,须经参议院批准的政府官员有时也采用被称为"合格的多样化信托"的信托方法。这是一种由可以马上销售的多样性的有价证券构成的信托。这种信托方法也由法律明确规定,采用这一方法也须经政府道德办公室批准。总的来说,不管采取哪一种预防措施,前提都是政府雇员必须详细填报财产申报表,都必须严格遵守为解决利益冲突所制定的协议,违反法律要求的后果是很严重的,将受到纪律处分、民事处罚乃至刑事惩罚的制裁。

四、对政府工资之外收入的限制

在美国,作为一项原则,不允许政府官员在自己任职期间,为政府以外的任何人工作。美国刑法禁止任何政府官员为其公务活动接受他人给予的任何工资、馈赠或其他额外收入,违者可处以 1 万美元以下罚金,可以单处或并处两年以下有期徒刑(美国刑法第十八篇第 203、205、207 节)。此外,在行政方面对政府官员和其前雇主之间的关系,有着更严格的限制。这些法律法规的目的是防止外部人员通过补充政府官员的工资,来诱使该官员把外部人员的利益放在高于公共利益之上的倾向。

然而这不是绝对禁止政府官员取得一切额外收入。政府官员可以从事某些活动并取得工资外补偿,例如任教、讲演和写作。但有两个限制:第一,政府官员不得使用政府尚未公之于众的消息进行活动。例如,不得使用未公开的政府调查报告向杂志写文章赚钱。第二,政府高级官额外收入必须限制在每年政府薪金的 15%以内。

在美国,政府官员的工资外收入问题绝大多数与其过去的雇主有关。第一,前雇主付给的劳务费。政府官员可以收取在政府工作之前所做的工作的劳务费。例如,律师可以收受合伙人尚未付给的劳务费;书的作者可以收取版税。这些都不受额外收入不得超过工资 15%的限制。第二,前雇主付给的解雇费。这笔钱必须在进入政府前,或者在一个合理的期限内收讫,并且应当报告适当的政府道德官。第三,继续参加雇员的福利项目。如养老金、退休金、生命、健康、意外事件的集体保险的等等。但在需要继续交费的福利项目中,比如健康保险,政府官员应该交的部分原本由雇主支付的钱。在处理政府官员与其前雇主之间关系时,需要遵循两条基本原则:第一,政府官员不得使用公共权力为过去的雇主提供特殊利益。第二,过去的雇主不得试图或表现出试图保护政府官员免除任何因担任政府职务所受的损失。这些原则通常只有在下列情况下被视为得到遵守:同一等级中的所有过去的雇员都享受同样的待遇;政府官员从前雇主处得到的任何利益都不是基于该雇主将来的经济活动，或者基于该官员在离开雇主后所提供的任何服务。

五、离开政府工作部门之后的活动限制

政府官员工作期间，可以接触到大量信息并与其他同事建立关系。当他离开政府工作成为私人雇员时，如果利用掌握的信息和个人关系为个人或者其组织谋取特殊利益，政府代表的公共利益就会受到损害。为了防止这种事情发生，美国法律对已经离开政府的过去的政府官员的行为，作了重要限制。其中要注意的是以下几点：

第一，政府官员在离职后所受的限制的面很宽，这些限制不仅规定在法律中，而且规定在一些政府机构的行政规定之中。违反这些规定要受到严厉的惩罚。美国刑法规定，违反离职后活动限制的法律法规是犯罪，最高可处以 1 万美元以下罚金和两年以下有期徒刑(美国法典第十八篇第 207 节)。

第二，政府官员在离职后受限制的仅是不许从事某些活动，而并不是不许接受自己在任职期间处理过的组织或其他组织的聘用。

第三，离职后行为的限制是综合性的，法律没有详细列出所有应限制的活动。前政府官员如不能确定某项活动的合法性，应在行动前提请过去所在政府单位决定。诚实的无知不能免除不遵守离职后活动限制的责任。

法律中规定的限制有四类：

第一，全体政府离职人员永远不得在法庭、政府机构或政府官员面前，以任何形式为任何人充当代理，以处理他曾亲自或实质上作为政府官员参加过的、同政府具有直接或实质性利益的事务；也不得为了影响对方而以任何形式与任何法庭或政府机构联系。此项限制是为了防止离职人员改变他们在其曾积极从事过的事务中的立场。

第二，全体政府离职人员在两年之内不得代理任何人，处理他任职的最后一年中，处于其公务责任范围之内的事务。

第三，离职的政府“高级雇员”(基本上是指由总统任命的官员)在两年内不得亲自出面(包括出面而不讲话)，在其曾亲自或实质上参与过的事务中，为其他人的代理活动提供帮助。

第四，离职后的政府“高级雇员”在一年内不得为任何在其任过职的机构中悬而未决的事务，进行任何试图影响该机构的努力。这项限制包括任何代理性的业务联系，并且不限于涉及政府利益的事务。但是，法律对曾在州或地方政府中的雇员、有权授予学位的高等院校的雇员、非营利性医院和医学研究机构中的雇员，明确作了例外规定。为了保证离职后活动限制的规定得到遵守，各政府机构采取了各种各样的执行办法。例如，要求离职人员提交其离职后活动的报告。一旦发现规定被违反，该机构有义务向政府道德办公室和司法部刑事处报告，同时可以开始自己的行政性调查。如果违法行为被证实，该机构可以给予“任何适当的纪律处分”，包括禁止该人员五年内在该机构进行任何代理活动。

(作者：王世洲)

美国反腐败：法律和半圣开道

信则有，不信则无。对美国的东西，国内时常抱这种态度：要么全信，要么全不信。比如，我们就非常相信美国股市有伟大的功用，而且爱屋及乌，相信美国的证券监管机构在打击和预防商业贿赂方面有很大的作用。

确实，美国有个《海外腐败行为法》适用于美国公司在海外的腐败行为，适用于任何公司以及为公司效力的高管人员、董事、雇员或代理；1977 年，经济合作发展组织成员国通过了《打击贿赂国际商务活动中外国官员行为公约》，美国以及主要发达国家都是经合发组织的会员国。于是，1998 年美国国会通过《国际反贿赂与公平竞争法》，修整了《海外腐败行为法》，使其符合经合发组织所通过的公约。

《海外腐败行为法》主要有两部分内容：一是要求公司根据《海外腐败行为法》加强公司的财务制度；二是关于反贿赂的规定。如果被定有罪，对公司处以 200 万美元以下的罚金，对股东、雇员和代理处以 10 万美元以下的罚金并可判五年的徒刑。司法部和证券交易委员会"证交会"还可以对被告进行民事处罚，处以罚金，勒令被告停止其违法活动，也可以禁止被告入市。

执法主要涉及联邦政府的三个部门：司法部、证交会和商业部。司法部追究被告的刑事责任；证交会追究上市公司的民事责任；商业部主要负责向公司提供咨询。相比其他两个部门，商业部在《海外腐败行为法》方面的作用最小。美国政府部门中，几乎没有机构有权管理公司，唯有证交会还可以通过披露信息对公司施加压力。反贿赂的重任落在证交会头上有其历史原因，20 世纪 70 年代中叶，证交会调查后发现，400 多家美国公司在海外有这样或那样的贿赂行为，涉及 3 亿多美元的资金，117 家问题公司是《财富》杂志 500 强企业。这次调查成为《海外腐败行为法》的起因。

美国惩治腐败主要是依靠两支队伍，联邦检察官和州检察官（还有各县的检察官——美国的"县"相当于我们的地区）。这是两支过硬的队伍。地方检察长虽然官职不高，参照我们这里的官位，州检察长只是一个局级干部，但权力很大，敢于向美国最强大的券商挑战，因为他们是由选民直接选举产生的，不受制于其他高官。某些检察长还将检察长一职作为谋取更高公职的跳板。克林顿即是先当州检察长，然后竞选州长，最后问鼎白宫。而专打股市老虎的纽约州检察长也已亮出旗号，要在下次竞选中争夺纽约州州长的位置。

司法部长可以任命特别检察官，调查包括总统在内的任何政府官员。特别检察官一旦上任，就只对法律负责，不听命于任何人。涉及尼克松总统的“水门事件”以及涉及克林顿总统的“拉链门事件”，都是由联邦检察官来完成调查的。

另外，根据《不当影响和腐败组织法》，被告的商业竞争对手可以提出诉讼索赔，理由是被告通过贿赂拿到业务。

除惩治之外，美国还在预防方面狠下功夫。美国的大批高官离任后从事游说工作，其中还有国会前议员。美国人将这种实践称为“旋转门”。

所以腐败和贿赂在美国也比较复杂，需要全方位治理。但美国的政府廉洁在全球还能排进前十。如果要说关键因素，那就是美国的联邦法官很廉洁，几百位联邦法官是挑选出来的半个圣人，从学识到人品几乎无懈可击，离孔子树立的标准不远。比如，联邦法官没有婚外情，连离婚的也不多。

（作者：朱伟一）

以政务公开构建反腐机制

——从美国的反腐败说起

政治民主是抑制和消除政治权力腐败的有力工具。政务公开是政治民主的典型表现。美国的反腐败机制从道德标准、制度制约和道德监督管理为我们提供了良性借鉴。笔者借鉴美国的反腐败机制从全民荣辱意识、执政党道德观的构建以及配套法制的成熟与完善来铺平反腐思路。

政治民主是抑制和消除政治权力腐败的有力工具。建立严格的权力制约和监督制度,能为抑制权力腐败提供制度保障。我国当前的腐败监督机制还缺乏有效的配合机制,探索有效的反腐机制,促进政治民主是改革的必然要求。本文借鉴美国的反腐败机制,从政务公开的层面寻求推进行政反腐。

一、美国反腐历史和机制分析

相对于多数其他国家,美国的政治腐败程度并不是一个严重问题。但其历史上也有过很严重的腐败问题,主要有三个阶段。

第一阶段是从 18 世纪 20 年代后期到 19 世纪 80 年代。当时美国处在一个从农业国向工业国的转型时期,工业革命造成的大公司控制了国民经济的大部分,它们能够用手中的经济实力来收买各级政府中重要的官员。同时,为了维护国家的统一,联邦政府需要支出大量的开支来打赢南北战争,这使得政府官员有了更大的支配资金的权限。而美国在向工业国过渡的过程中速度快、社会变动复杂,无法思考和建立有效的控制腐败的机制。此外,公众对这些腐败现象并不特别地反感,反而适应了政府官员和雇员的贪污猖獗现象。

第二阶段是 19 世纪后期至 20 世纪 20 年代,是美国历史上最严重的腐败时期。这一高潮时期是长期美国社会各种矛盾积聚的产物,其结束是靠社会改革力量来完成的。这一时期,美国国内的文官改革运动和进步主义的城市改革运动推动了行政部门结构性的变化,使政府改变了管理公共事务的方式。媒体也不断揭露大公司如何贿赂议员和政治领导人的丑闻,成为遏制腐败的有力工具。这也唤醒了国民的道德意识,并迫使立法者颁布新的道德限制来防止腐败。到一战前夕,公共官员滥用权力的行为已不再是一个全国性问题。

第三阶段是二战后,美国进入和平和经济起飞时期,它面临许多新形式的腐败问题。战后至今，美国联邦政府建立起一套反腐败机制，它由关于政府道德的规章和法律以及执行这些规律和法律的机构所组成的。它主要包括三个部分：一是“政府道德标准”，由总统以总统令的形式颁布，它提出对政府官员和雇员的道德指南，表明政府对公众的道德承诺。二是“政府道德法”，这是由国会通过的立法。这两者之间的区别是：前者还不是法律，如果违反，他可能受到有关部门的通告谴责，并可能被迫辞职，但不会受到法律的追究。而后者属于法律范畴，如果违反是要受到法律的制裁。三是“联邦竞选法”，它对不同的竞选经费捐赠者可捐赠的金额和经费的使用作出了限制，目的是防止与竞选有关的腐败行为。

在美国执行有关道德的规章和法律的机构中，最有特色的还不是具有对公共腐败行为进行调查和起诉功能的机构，如司法部刑事局公共诚实处、美国检查官、联邦调查局等，而是非刑事公共城市机构，它们包括司法部律师办公室、政府各部的道德办公室、监察长办公室和白宫律师办公室。这些机构的主要责任是为了避免利益冲突而审查联邦雇员和官员的财产情况、执行财产申报制度、就法律和规章问题为政府官员和雇员提供咨询，以避免他们由于误解或忽视而犯下错误和违法。

观察美国的反腐败机制，笔者认为以下特点可以值得借鉴：

1. 建立联邦政府的道德标准被看作是反腐败的主要措施之一。政府在建立道德规章的同时，还设立了监督执行道德规章的机构，其主要关注的是事先预防，而不是事后惩罚。

2. 对腐败的控制不仅依赖于道德规章而且依赖法律。“政府道德法”最后被扩大到也适用于立法部门和司法部门。

3. 在美国，私人经济部门中的行政人员和政府官员之间的职位转换是惯常现象，因此防止“利益冲突”就成为防止腐败的一个关键。许多重要的防止腐败的法律和规章的直接目的在于消除利益冲突的可能性，使政府官员在制定政策时动机不受怀疑。

4. 虽然大多数州政府也制定了自己的道德规则，并设立了“委员会”或“办公室”来监督道德管理，但在最严重的地方公共腐败的调查中，是联邦执法机构起关键作用。

二、政务公开推进反腐

政府的治理，实际上就是一种信息控制的过程。在传统的社会，政府倾向于信息封闭式管理，逐级信息量递减，只有最高层的人，才知道事情的真相。在一个相对封闭而且信息传播手段十分落后的社会里，这种信息的控制方式有其合理性，至少政府在一段时间内可以有效地防止不利信息对社会稳定的伤害。然而，在现代社会里，由于信息传播的渠道和方式多样化，政府又经常是媒体注意和报道的焦点，所以，封闭控制是不行的。在现代社会，坚持封闭的控制方式不但无法控制舆论，而且在突发事件发生时，会极端地放大小道消息的效应，引发恶性事件。从这个意义上讲，政务公开是时代交代给政治和行政改革的一项必须做好的课题。对腐败的国家控制，是指国家作为控制力量介入控制腐败的过程中，健全和应用国家控制腐败的机制和体系，培育国家组织对腐败的排斥系统，对腐败意识、行为、后果的规劝、惩戒、镇压、制裁，为国家权力的良性运作创造廉洁环境的过程。这个过程需要权力运作环境的透明性。因此，政务公开是遏制腐败现象的有效工具。

透析美国的反腐机制，我们发现，政府官员的道德标准是反腐的强有力手段，这一道德标准的建立是基于舆论监督、公众监督之上，道德标准要有效地在思想和行为上起效，有两个条件需要满足：一是公众对政府的信任和帮助，敢于揭露、检举政府的官僚主义和腐败行为。二是政府能够真诚地、认真地对待公众的监督。这两个条件的满足需要长期的文化构建，同时更需要政府公开所有的政务。毋庸置疑，法律是必须依托的有力保障。但是，法律的制定和执行都是一个公开化的过程。私人经济部门中的行政人员和政府官员的职位转换需要一个公开的法律限制以消除利用已有的职权关系便利来产生腐败。

政务公开在国内已经实行，但是在实际操作中并没有真正落实，如何公开实施成为严肃课题。笔者认为，关键在于信息公布与传播。目前，针对这一方面，我国存在许多偏颇之处。

1．政务公开流于形式。许多地方政务以公开非实在内容来麻痹、混淆视听，反而借公开、廉正之名来行腐败之实，从某种程度上说，“政务公开”助长了腐败。

2．政务公开的内容不全。政务公开要求把所有公务向公众公开，特别是财务公开。然而，许多地方只把许多政策、项目的内容、注意事项和负责人等非财务公示。有的即使有公开财务，群众也无法得知其真实性。

3．政务公开与法律、政策宣传脱节。我们在进行政务公开的同时，并没有进行必要的宣传和导向，使公众知晓了解财务真实性的途径，知晓政务公开下政策和行为脱节的反馈机制，宣传揭露腐败的正义感等。

因此，要使政务公开同法律维护、制度保障、民众意识一起来遏制这样一种累积效应的因果循环：市场经济条件下，追求私利的政府官员让手中的权力进入市场，使公共权力异化为私有权力。否则，腐败的盛行会瓦解政权的权威性基础，使政务公开也不具有吸引力。

三、对策：以执政党动员型的政务公开来构建全方位的反腐

应该说，建立理性的官僚制度和公共行政架构，是中国行政改革的方向。但是，如何才能做到理性，执政党政务的决策和实施如何避免闭门造车、自说自话、导致腐败，是一个庞大的社会和制度改造过程。笔者认为，这一过程可以从信息的公布和传播为基点，从构建全民荣辱观、官员品德入手，以法律为准绳，通过媒体使约束机制和人大相挂接，以执政党动员型的政务公开来构建全方位的反腐。

1．全民荣辱意识和执政党道德观的构建。控制腐败斗争是人的一种社会选择和改造活动，而人是有着主观能动性的人。人的行动是一种自觉的有目的的活动，不是一种盲目地机械地行动着的自然人。作为人之活动的控制腐败斗争必然采取人为的设计模式。无自觉的人为意识，便无控制腐败的活动。在控制腐败的路径选择、模式设计、方略策划等活动中，必然渗透着人的意志。将控制腐败的活动置于无为、自然、自发的意识中，等于取消了控制腐败斗争。所以，构建全民的控制腐败意识和荣辱观是给腐败打预防针的关键。执政的共产党要把人民群众的反腐败要求集中起来，上升

为执政党反腐败意志。政府道德观的构建通过政务公开化让百姓知情知政，从社会氛围上让公众及时批评政府行为的缺点和错误，形成反腐的社会舆论，从而形成一种信任与被信任、代表与被代表以及领导与被领导的关系。作为执政党，腐败是执政能力最大的削弱因素。因此，自我动员达到全民反腐意识的形成是很关键的，几个基本的行为是必要的：①通过党内的自我端正达到动员全民。思想政治工作是克服腐败意识的有效途径。大力宣传腐败的表现和特征以及反腐败的途径，特别是公开上访途径。同时，从小培养公正的意识，打反腐意识构建的持久战。②树立民众反腐信心，打击报复者。同时，公开政务，鼓励举报人。③政府要定期举行新闻招待会，公布政务，并且在媒体的平台上广开言路，让包括专业人士以及特别关心某项事务的民众，都可以就政府公布的信息展开讨论。

2. 配套法制的成熟与完善。消除或遏制腐败的一个战略措施，就是要求各种权力之间以及在政府和社会之间建立一种法定的权力牵制力。但是，在我国权力监督制度中却存在着严重的缺陷。主要包括：①权力监督意识淡化，权力行使者自觉接受监督的意识差。②监督维度单一，自上而下的监督较强，平行制约和自下而上监督较弱。③监督网络不严密，监督合力不够。④人大、纪检、司法监督应有的监督功能尚未完全发挥出来。基于以上缺陷，笔者认为可以从以下层面展开制度设置：首先，加强对腐败意识的防范，开展“攻心”的思想教育。严重的腐败行为往往起源于最初的腐败意识。其次，拓宽群众反腐渠道，建立维护举报群众安全感和信任感的制度。再次，充分研究所制定的政策、法律、规范中可能出现的各种漏洞和可能被腐败力量所乘的空隙，并对其进行预警性设计，使之成为政策、法律以及规范系统的配套系统。新闻发布会要实行市民质询和政府回应的制度，使民众和媒体的质询和人大制度有所衔接，产生一定的法律效应。第四，使控制腐败的技术层面和组织层面相互配合，进行“电子政府”、“电子政务”、“电子民主”等方面的建设。最后，加强党内专门监督与非专门监督，实行干部任期制、回避制和交流制。实现党内外监督的有机结合，重视民主党派和无党派人士的监督，强化舆论监督。

信息时代，封闭解决不了问题。政务公开，强化新闻媒体和大众舆论对政策制定、执行主体的监督，是遏制腐败的必然选择。公开才能公正，才能遏制腐败。只要政府把自己放在了阳光下，那么政府自身也就阳光了。

（作者：林新聪）

美国如何构建和谐社会

一、何去何从

惊人的发展、惊人的腐败、惊人的无序与分裂，这就是100年前的美国。经济已是世界第一，但尖锐的社会矛盾却让人民陷入深深的怀疑，他们问：谁是美国的主人？

19世纪晚期，美国作为一个经济大国从西半球崛起。美国创造了史无前例的发展奇迹。19世纪70年代初，美国人均国民生产总值为164美元，到1914年则上升到400美元。19世纪70年代，美国经济居世界第四位，至1893年美国已居世界第一，把英、德、法三国远远地抛在后面。

但是，生产力与社会财富的巨大增长并未使社会与经济变得稳定与和谐。相反，世纪之交的美国，在取得惊人发展的同时，也造就了一个腐败、无序与分裂的社会、一个弱肉强食的无政府世界。

（一）腐败

美国的发展是以铁路建设带动的，联邦政府对铁路公司的大面积土地赠与与其他优惠被证明是贪污腐败的巨大温床，为官商互利、金权交易提供了绝好的机会。铁路公司的老板没有一个不行贿的，而权力在握的地方官员与国会议员也绝少双手干净的。凭借着两亿英亩土地赠予，公司与官员都在一夜之间成了先富起来的暴发户。公众称参议院是“百万富翁俱乐部”。

“我们不要荆冠，不要金十字架。”1896 年的人民党漫画。
被缚者为劳工，为其束上荆冠者为马克·汉纳
（当时的大实业家兼共和党领袖）

官职是那么的优惠丰厚，给这一时期美国社会提供了一个新的职业——政治老板，他们专做政治买卖，一面搜罗选票，一面操纵选举，使那些热衷于当官（即贪污）的人获得一官半职。一个时期，竟然纽约、芝加哥等大城市的政治都是政治老板的营生。最臭名昭著的政治老板，是曾任纽约州参议员的特威德。他的亲信出任纽约州的法官、州长、市长等职，并在州议会中占据了许多席位。在纽约，特威德集团通过兜售公共工程合同，每月从市财政掠夺 100 万美元，年收入超过了当时的美国首富、铁路大王范德比尔特。该集团在纽约榨取的总财富达 2 亿美元，相当于 20 万个中产阶级家庭的年收入。另一方面，企业家从政治老板处获得工程合同后，往往就成为其支持者，他们相互勾结，操纵城市管理，这种政企关系被称为“看不见的政府”。

（二）无序

自由放任导致生产与流通的无序，经济萧条是其深刻的表现。第一次世界大战前约 10 年发生一次萧条。1893 年的萧条是 19 世纪最大的一次，失业者逾 400 万人。1907 年的萧条几乎使联邦政府瘫痪，最终要靠金融巨头摩根筹集贷款来缓和萧条。

（三）分裂

亿万富翁感到美国属于他们。工业巨子与金融巨子在回答谁拥有美国这一问题时说：“我们有钱，我们拥有美国。我们得到了它。”与此同时，广大独立农场主与劳工看到了共和国正在发生蜕变，垄断资本控制与吞噬着这个国家。

19 世纪 90 年代发生了美国历史上最大的一次农民运动——“人民党”运动。其目标是反垄断与还政于民。人民党女政治家玛丽·利斯说：“华尔街成了美国的主人……这个国家的广大百姓是奴隶，垄断是主人。”人民党的纲领提出了包括公正选举、保护劳工利益、参议员直接选举、累进税等 10 项改革主张。

19 世纪 90 年代也是罢工潮此起彼伏的激进时期。1894 年普尔曼公司引发的铁

路工人大罢工有 60 万人参与，致使美国西部铁路交通瘫痪。美国最高法院则对罢工发出禁令，联邦政府据此出兵弹压，工人领袖被捕入狱。对工人运动的武装镇压在这个共和国的历史上留下了不可抹去的耻辱。

1894 年普尔曼大罢工中，工人与士兵对峙

一个腐败、无序与分裂的社会，不但难以继续发展，甚至本身的存在都成了问题。于是，重建社会和谐的历史使命被提了出来。美国人相信社会弊病可以通过改革加以克服，从而使社会继续进步。改革开始了，走向和谐的步伐迈开了。

二、进步运动

西奥多·罗斯福与伍德罗·威尔逊两任总统毫不动摇地向垄断开战，并且积极扩大公民参政、推行直接民主，从而将美国从大资本家和政治老板手中夺了回来。

在举国一致的反垄断的呼声中，1890 年国会通过《谢尔曼反托拉斯法》，明令禁止“垄断”与“图谋垄断”一个行业。这标志着美国改革的开始。《谢尔曼反托拉斯法》是美国抑制垄断保持公平竞争的第一部重要法律。

20 世纪初，西奥多·罗斯福（1901～1908 年任总统）与伍德罗·威尔逊（1913～1920 年任总统）发动“进步主义”运动。他们主张用联邦政府的权力对现行秩序加以改革，使美国社会重新走向和谐。他们把反垄断作为改革的主要内容。

西奥多·罗斯福的改革理念是调整财产与公共福利的关系，重新把公共福利置于个人财产，即发展之上。在他看来，这是重建社会和谐的主旨。西奥多·罗斯福说，“我们正面临着财产对人类福利的新看法……有人错误地认为，一切人权同利润相比都是次要的。现在，这样的人必须给那些维护人类福利的人民让步了。每个人拥有的财产都要服从社会的整体权利，按公共福利的要求来规定使用到什么程度。”

在这一理念指导下，西奥多·罗斯福开始反垄断斗争，他把矛头指向摩根的铁路控股公司——北方证券公司，对它提出起诉。他又强迫一个煤矿接受政府对罢工的调解，这是联邦政府第一次支持有组织的罢工。西奥多·罗斯福的这些行动得到了人民的称道，他因此获得了“托拉斯爆破手”的美名。但他也遭到了保守派的攻击，1896年总统的制造者、政治老板马克·汉纳大骂这个“该死的牛仔”。华尔街因他的“堕落”而“目瞪口呆”。西奥多·罗斯福的改革引起了共和党的分裂，保守派坚决反对他的改革，他本人则退出共和党另组进步党参加总统大选。

西奥多·罗斯福被称为托拉斯爆破手

即便如此，民主党总统威尔逊仍然批评他对垄断太宽容。威尔逊主张摧毁垄断，使美国回到自由竞争状态。他认为，政府只有割断同托拉斯或政治老板的联系，才能从这些禁锢的束缚中解脱出来。在“新自由”的旗帜下，威尔逊的改革在反垄断与还政于民这两方面取得了重要成果。

伍德罗·威尔逊曾担任普林斯顿大学校长

1914 年国会通过《克莱顿法》与《联邦贸易委员会法》。克莱顿法加强了谢尔曼反托拉斯法，是又一个重要法律。从此，这两个法律成为 20 世纪美国人民对垄断提出诉讼的有力武器。二战后，国会又通过《塞勒・凯维尔反合并法》(1950 年)作为对克莱顿法的完善。

1912 年，国会批准宪法第 17 条修正案，该修正案规定由人民直接选举参议员。这是政治改革、制止腐败的一个重大胜利。铁路腐败不断曝光后，美国公民就着手用"文官服务法"(1885 年)等手段来惩治腐败与保持廉洁，但收效甚微，最终他们找到了有效办法，那就是扩大公民参与和直接民主，这一改革立竿见影地遏止了大企业与政治老板对经济命脉与公共权力的操纵。当时孙中山先生正在美国，他对美国的议员直选改革予以了高度关注。

"进步主义"运动的中坚力量是中产阶级。经济学家钱德勒研究了 260 位进步党领导人的背景与职业，发现他们绝大多数是信奉新教伦理的白人中产阶级——律师、教授、工程师、新闻编辑、农场主、中小商人与企业家等。

三、罗斯福新政

罗斯福新政是美国建国以来最全面、最深刻的一次改革，它拯救了美国，拯救了资本主义。新政接续了进步运动的理念，并最终完成了从限权政府(自由放任)到政府干预(管理人)再到福利国家(保证人)的美国式现代化道路。

1914 年，正当进步运动风生水起、成就不断之际，第一次世界大战爆发。回顾美国历史，战争一般来说对经济增长起了刺激作用，但战争也使政府更多地依赖企业界，致使改革进程逆转。一战之后的美国就是如此，联邦政府全然放弃了改革，威尔逊之后的共和党总统柯立芝公开宣称"美国的事业是商业"。尽管 1920 年代美国总体上人均收入增加了，但贫富差距迅速扩大，生产能力与消费能力极度不匹配。到 1929 年，全美财富的 60%由 2%的人拥有，贫富分化一举超过了发起改革的 20 世纪初期。

20 世纪 30 年代初，西方经济史上最严重的经济危机爆发，工业生产直线下降，企业成批破产，一半以上的银行倒闭，1.25 亿美国人中有 1300 万人失业，2500 万人挨饿，人均收入由 681 美元锐减至 495 美元，失业者在垃圾堆里与鸡犬争食，美国人开始怀疑他们赖以生存的政治经济制度。历史学家汤因比回忆说，那时"全世界的男男女女都在认真思考与坦率谈论这样一个可能性，即西方社会的制度或许会垮台，再也行不通了"。

富兰克林·罗斯福与矿工握手

1929 年大萧条中,饥饿的母亲

面对危机,共和党总统胡佛仍然坚持亚当·斯密以来政府不干预经济的自由放任传统,他认为大萧条不是美国经济体系的弊病与联邦政府的政策所致,而是“一小撮华尔街冒险家加上欧洲经济滑坡的影响”,这种影响是暂时的。

胡佛克服萧条的手段是支持企业,借助企业投资来恢复经济。对此,民主党人富兰克林·罗斯福尖锐批评道,胡佛不是救济穷人,而是救济企业家,他号召援助“压在金字塔底层的被遗忘的人们”。罗斯福是一个坚定的进步主义者,在资本主义制度发生动摇的时刻,他依然相信进步,他声称:“美国仍是崭新的,它还处于变化与发展过程中……我们应该相信变化、相信进步。"他告诉全社会："人民需要一次真正的选择，……我决心为人民实行一种新政。"

1932年的总统大选是胡佛与罗斯福的对决，结果罗斯福取得压倒性胜利，美国人民选择了新政。历史证明，新政是美国建国以来最全面、最深刻的一次改革，它拯救了美国，拯救了资本主义。

1929年，股市崩溃后，人们涌向银行挤提存款

和他的叔叔西奥多·罗斯福一样，富兰克林·罗斯福也将改革矛头首先对准垄断势力。虽然1890年《谢尔曼反托拉斯法》与1914年《克莱顿法》为美国的反垄断奠定了法律基础，但由于持保守立场的最高法院竭力阻挠，进步主义时代的反垄断并无实质性的进展，真正的反垄断发生在新政时期。

富兰克林·罗斯福相信，私人权力的集中对美国经济构成巨大威胁，唯一的出路是"制止企业走向集团主义，让企业恢复到进行民主竞争的状态"。罗斯福设立全国临时经济委员会，调查经济权力集中的状况。新政时期通过银行、货币和证券市场领域的立法，旨在挽救正在倒塌的金融体系，限制华尔街金融巨子的权力，《公用事业控股公司法》则与不守法的托拉斯开战。富兰克林·罗斯福大幅度增加这方面经费与人员。大批律师与经济学家从事处理反托拉斯诉讼。从此反托拉斯运动迅猛开展起来。

除反垄断以外，新政最重要的业绩是开始全面管理经济与保障人民的基本福利。前者使政府成为一个管理者。新政发动者认为，短短几年时间，美国经济就由繁荣顶峰跌入崩溃深渊，这说明美国经济已经到了非由政府介入不可的地步。"新政"批准的《农业调整法》、《全国工业复兴法》等法律旨在重建工农业之间的平衡和重振工业繁荣。特别值得指出的是，富兰克林·罗斯福敢于创新，在一个成熟的资本主义市场经济的框架内，由政府创办"田纳西流域管理局"开展田纳西流域工程。这不仅是政府的一项扶贫措施，而且是政府作为生产者与所有者对经济生活进行干预的创新举措。富兰克林·罗斯福的信念是：为了普遍的福利，政府可以补充市场经济的遗漏与不足，这一想法与经济学家凯恩斯主张政府干预经济的学说不谋而合，共同缔造了资本主义的自我革命。

罗斯福认为，如此多的人失业与挨饿，决不是私人慈善事业能够解决得了的，唯一有能力解决的就是政府。1935年的《社会保障法》走得更远，表明政府要对人民的基本生活负责，这成了美国走上福利国家的开端。在保障穷人的福利的同时，“新政”着手缩小贫富差距。《财产税法》规定 1 万美元以上收入者的所得税提高 25%，还规定征收超额利润税，将各种税率统一为累进税率。这项法律为征收个人所得税与公司所得税奠定了基础。

新政是在激烈的反对声中进行的，富兰克林·罗斯福被政治对手描绘成一个“蛊惑人心的政客”，新政则被称为“凶政”，习惯于以大企业为社会生活中心的企业界直接加入了这一攻击，对新政立法发出一阵阵抗议。新政也遭到激进势力的攻击，他们认为新政走得还不够远，因此鼓动“分享财富”运动，鼓吹银行国有化，以这些不可能实现与不负责的计划来迎合下层选民。

面对中伤与攻击，罗斯福不为所动。他采取了一项大胆而意义深远的措施，改革保守派的堡垒——最高法院。最高法院一直坚持自由放任的理念，一个个改革立法遭到它的砍杀，最高法院甚至否定联邦政府与州政府有权规定最低工资，这实际上是宣布血汗工厂合法。根据美国宪法，最高法院有司法复审权，即有权以违反宪法为由宣布国会通过的任何法律为非法。

罗斯福要求改组最高法院，他的办法是“充实”法院，理由是法院工作量太大，对年逾七十的高龄法官，应该按 1∶1 的比例加派法官，这实际上是想通过“掺沙子”来改变最高法院的力量对比。这一建议引发了全国性的争论，在民意支持下，罗斯福达到了目的。

新政得到了中产阶级的鼎力支持。但和进步运动相比，新政更多得到了中产阶级中下层人士的支持。大萧条期间，1/4 中产阶级失业，他们与广大劳工的诉求越来越接近——解决饥饿与失业问题。除了城市中产阶级与劳工，移民与黑人也坚定地支持改革，因为移民大部分在城里打工，而黑人第一次被富兰克林·罗斯福称为“我们的黑人公民”。作为穷人，移民与黑人都分享新政立法提供的实惠，这个城市、劳工、有色种族共同支持的改革，被称为“富兰克林·罗斯福大联合”。这是美国历史上第一次在改革的旗帜下达成的举国一致的共识，预示着美国走向社会和谐的前景。

四、改革是硬道理

发展靠改革，和谐更要靠改革，而要保证改革顺利推进，公共权力就必须让那些代表进步、代表大多数公民利益的力量来行使。

进步主义运动，新政、福利国家建设(二战后大规模展开)，美国的自我改良持续了半个多世纪。卓有成效的改革使美国形成了完善的市场竞争秩序与守法机制，到 20 世纪 50 年代，美国不但在经济发展上达到了新高峰，而且社会稳定，大多数人丰衣足食，美国跨入了普遍的“富裕社会”。20 世纪下半期，美国经济继续高速发展，虽然其间也发生过短暂的衰退，但再未重蹈大萧条的覆辙。1987 年美国股市出现大滑坡，美国人担心历史重演，但正如政府官员向公众保证的那样，在一个完善的金融体系中，历史不会重演。

持续而坚决的反垄断使美国经济生机勃勃，每日每时，都有新的企业脱颖而出，一个突出的例子是微软的崛起。微软创始人比尔·盖茨是一个白手起家的哈佛辍学生，在计算机行业很成熟与竞争很激烈的情况下异军突起。有意思的是，当微软成为全球软件行业的龙头老大后，联邦政府又极力防止其垄断市场，近几年，微软不断被警告或诉讼。另一个例子是安然公司，它的欺诈行为被曝光后，不仅公司倒闭，公司老总们还受到了严厉的刑法制裁。

社会保障与公众福利，是美国走向社会和谐的一个重要方面。发展是和谐的前提，但不完全等于和谐。和谐必须是让公民过上比较体面的生活。对和谐来说，发展是硬道理，社会保障也是硬道理。自新政立法以来，美国福利大厦愈建愈高，福利开支已是联邦政府的最大支出。虽然 1980 年代以来共和党政府倾向于削减福利开支以提升经济竞争力，但美国福利大厦的根基没有动摇，无论谁执政，政府作为社会保证人的角色都不会改变。

即便到了 20 世纪 50 年代，美国的改革也没有停止。就在人们为"富裕社会"唱赞歌时，社会学家迈克尔·哈林顿在《另一个美国》一书中对美国的贫困现象作了无情的揭露。该书震惊了约翰逊总统（1963～1968 年任总统）。他提出了"伟大社会"计划，宣布"向贫穷开战"。1964 年国会还通过了"经济机会法"。约翰逊的改革取得了一定的成绩，穷人数量在逐年减少，1959 年，美国穷人为 3950 万人，占总人口的 22%，到 1969 年穷人下降为 2530 万人，占总人口的 12%。此后，穷人的比例大体上保持这个比例。消灭贫困仍然是一个艰巨的任务。

美国走向和谐的历程是一个改革的历程，它告诉我们，改革是一条不归路，发展靠改革，和谐更要靠改革，而要保证改革顺利推进，公共权力就必须围绕那些代表进步、代表大多数公民利益的方向来行使。

（作者：李庆余）

美国慈善基金会如何预防腐败

美国的基金会作为美国重要的非政府组织(NGO)形式,在经历一个多世纪的发展后,在资金管理以及监督机制等方面有值得他国在管理NGO上的学习之处。

一个现代社会是否持久,取决于这个社会是否满足发展和平等这两大基本诉求。基金会在其中起到的作用无可估量。美国基金会在经过半个多世纪的税法改革和基金会的自我整顿,现在已经形成了一套相对统一的制度和大同小异的运作方法。

首先是完整的成立程序,包括注册制度,根据非营利机构法律,可在联邦国会、州议会或者地方政府注册,注册时必须提交章程。

其次是公司化运营模式。基金会的决策权力机构是董事会(或称理事会)。其成员多数没有津贴,只有开会或为基金会执行任务的差旅补贴。

对基金会的监督主要依靠透明的财务管理制度。基金会享受免税,其收入来源既有捐赠又有投资所得。也正因此,需要向税务部门提供非常详细的财务报告,同时对公众也是透明的。一旦有损"非营利"行为,基金会就会受到惩处直至取消其免税地位。

当前,造成各种民间组织艰难处境的主要原因还是来自政府的法规和实际作为。概括起来包括两方面:一是注册难,也就是必须要有的"主管单位"难找;二是税收优惠难落实。其次,目前企业公益行为很难做到自愿,并且商业性质很浓,常以变相广告交换的形式进行,因此企业捐赠的观念转变问题很重要。美国一些大的基金会,例如福特、洛克菲勒等历史悠久的基金会实际上已与原来的企业和家族脱钩。

在美国,公益组织健康发展的中心问题是信誉问题,也就是建立可责问制。基金会与政府经过长期的对话、磨合,才制定比较合理而成熟的法律,既保证基金会的透明度和可责问制,又不妨碍其顺利工作。另外,民间自发地出现许多监督组织,基金会本身也成立诸如"基金会、理事会"这样的组织,既维护本身的利益,也起自律作用,这样内外都有监督机制。

北欧国家如何解决腐败问题

北欧国家包括丹麦王国、挪威王国、瑞典王国、芬兰共和国和冰岛共和国五个国家，我们这次出访的是前四个国家。国力充裕，人民生活比较富足、悠闲，社会福利完善，社会治安良好，被称为世界上最富裕、居住条件好、人民受教育程度高的地区。据透明国际组织近年公布的廉洁指数，北欧国家被评价为廉洁程度排在前几位，很少发生滥用政府权力谋取利益的腐败现象。

透明国际组织成立于1993年，总部设在德国柏林，是由前政府官员、开发专家和商人组成的民间组织。该组织发展很快，目前已在世界上近100个国家设立分支机构。不少国家和国际组织邀请它帮助制定反腐败战略，甚至成为国际反贪污大会的常任筹委会。其宗旨是通过加强与有关国际组织和各国反贪污机构之间的联系，营造反腐败气势，制定并推行反腐败计划，遏制国际商务活动中的贿赂行为，在世界范围内建造“纯洁绿洲”。该组织每年发表《各国腐败观察指数》排行榜，将各国的腐败状况进行排名，在国际上颇有影响。透明国际丹麦分部建立于1996年，属非政府组织，董事会主席是一名医生，成员有律师、法官及各界人士。该分部设在丹麦首都哥本哈根市一幢不起眼的、已有200多年历史的木头房子，内部设施非常简陋。

透明国际组织丹麦分部的负责人欧勒先生热情介绍了他们近年来的主要工作情况及看法。欧勒先生认为，从透明国际组织公布的国家廉洁状况指数看，丹麦去年排在第一位，今年排第二位(芬兰第一)，其他北欧国家也排在前面，这有一定的共性，包括其历史、地理和政治、经济原因。北欧1000多年前的海盗时期，权力分散，中央政府权力不大，各地都有自治权；180年前出现中产阶级和人民高中(学校)，农民都可进校读书，认识到自己是丹麦的一部分，建立起信心，敢于向政府提新建议。再一个是北欧远离欧洲中心，受欧洲大陆中心政权的影响不大，可以有自己的想法。另外，丹麦是农业建国，就业人口包括城里的工人几代都是农民，贫富并不悬殊。中央政府与地方政府对经济发展的影响力都是很大的。北欧人认为自己的国家并不像美国人说的那样是“共产主义国家”，只是与美国等完全资本主义国家不同，有自己的理念。经济组织大部分是私有公司，受法律的限定来运作；还有强大的工会组织，130万会员，这个比例在政府机关和私有企业都很高。这就为民主、为社会定下了一个基调：不要腐败要廉洁。

政党上台下台并不影响公务员，公务员是为国家服务，而不是为某个政党服务的。

政府换届,公务员是不换届的。公务员对中央政府和地方政府要忠诚,当政府要公务员做不合法的事时,公务员可以起来抗拒,这是正当的。但有时也很难划清界限,尺度难以把握。丹麦的处罚条例规定,只要收了贿赂,不论有无为他人做事,都要受到惩罚,而且永远抬不起头来;行贿人也一样。丹麦公务员法还规定公务员如何行为处事,如不能做其他生意,包括不能处理二手车;学校教师不能开小礼品店,因为他可能让学生去店里买他的东西;对上级要有必要的尊重,有些私事不能向媒体说,等等。这些都为公平透明打下了基础。

欧勒先生还说,民众不怕警察,如果警察对民众态度不好,我们会很生气。孩子很小的时候,我们就灌输民主理念,哪些是对是错,应如何行为处事。这是社会大环境和土壤,丹麦的公民很愿意直言社会弊端。任何人都可以旁听议会、见议员。透明国际组织代表了一部分公众,政治家可以通过我们听到公众的呼声;发现不当,也可以通过媒体来揭露。

欧勒先生还风趣地说:"哨子"人负责吹"哨子",向上反映情况。"哨子"人也会成为攻击的目标,也要有相关法规来保护。公务员既要对工作、对政客忠诚,又要公开说出自己的看法、提出意见。对上级忠诚和监督,如何找到一个结合点,如何把握好分寸,还未找出解决这一问题的办法。但通过增加透明度,还是可以解决的。

这次出访北欧,除了听取透明国际组织反腐败情况介绍外,还安排参观了丹麦、挪威、瑞典、芬兰的企业、乡镇、历史博物馆、市容、景点等,对四国的社会状况有了一个大致的了解,开阔了眼界。从上述几个国家的考察,给我们一个很好的思考:

主要在反腐败问题上,要有效地监督行政权力的运用,遏制滥用行政权力去获取个人的行为。北欧国家的政府是服务型的,国家权力与行政管理权力分离,公务员与行政权力分离,防止把行政权力演变成公务员私人的权力。这种行政权力的监督与制衡,可能会比较有力地防止以权谋私、权钱交易等腐败现象的产生。

其次是应牢固确立执政兴国第一要务是发展的思想。北欧国家的福利型社会,使公众有条件在比较优越的环境中生活,享受比较完善的社会保障,有比较好的社会治安环境(很少发生小偷小摸或杀人越货的事情),有比较廉洁高效的政务环境。这些都是以经济的高度发展为基础的。我国实行社会主义制度,比北欧实行的君王立宪制或资本主义制度优越,可以经过长时间的努力,建立起比它们更完善的社会保障制度,满足人民群众日益增长的需要。因此,要紧紧抓住经济建设这个中心不放,营造一个廉洁高效的政务环境,把经济搞上去。有强盛的经济基础、充裕的物质条件,加上社会主义制度的优越性,中国人的生活将会过得更好。

再一个是应吸取北欧国家的教训,完善我们的社会管理。北欧国家也不是完善无瑕的,也有其难以解决的社会问题和弊端。如最近丹麦哥本哈根北部一个中等城市的市长就出了问题,违反规定滥用公款几百万克朗去订购葡萄酒。过高的社会福利容易养懒汉和酒鬼;一切劳务付出都要报酬,没有义务劳动;人与人之间距离比较远,等等。在我们离开瑞典首都斯德哥尔摩的那天(9 月 10 日),瑞典就发生了外相林德被刺身亡的事件;没过几天,丹麦的美人鱼雕像也被人恶作剧推下海去。这说明北欧国家社会管理中也存在不少问题。我们要实现的社会主义、共产主义的最高境界,是人们各尽所能，通过诚实的劳动去为社会创造财富，又从社会财富中分配到自己的利益，这样的社会才是良性循环的。因此，我们在代表先进生产力的发展要求的同时，还必须代表先进文化的前进方向，弘扬奉献精神；代表中国最广大人民群众的根本利益，全心全意为人民服务，不断革除社会陋习，消除消极腐败现象，使人的思想素质适应经济快速发展的需要。这样的社会管理才是最完美的。

（作者：张宇航）

说"北欧公务员想腐败都难"

> 同在一片蓝天下，一些国度为反腐败斗争大伤脑筋，而北欧这块地方却优哉游哉无战事，不免给人以"十里不同俗"、"世界最奇妙"之感。为何北欧公务员一个个都是上人君子，形象良好，就是想腐败也难？

报载：北欧公务员廉政成就举世公认，其中又以芬兰、丹麦、瑞典三个国家最为典型。丹麦对公务员的差旅费管理有极严格的规定，为防止公务员公私不分、混水摸鱼，丹麦政府各部委、议会、军队等部门均设有专职管理人员，负责替出差人员通过旅行社预订旅馆和机票，防止有关人员"经手三分肥"。芬兰法律明文规定，公务员不能接受价值较高的礼品，根据物价指数，标准时有变动，大概不超过20欧元(约合人民币200元左右)。说得具体形象一点，芬兰公务员可以接受别人馈赠的一杯啤酒和一个三明治，但喝上一杯法国葡萄酒麻烦就大了，要以受贿论处。瑞典是一个非常平民化的国家，经常可以看到首相在街上一个人行走、购物，和平头百姓没什么两样，不会有大内高手暗中随行。瑞典政府高官大都住在普通住宅区，国家不提供公勤人员，家务自理，下班后只能开私家车。据瑞典前议会监察总长克劳兹·埃克伦德先生介绍，因受历史和文化的影响，腐败行为在瑞典被公认为天理难容，也是非常羞耻的事情。一个官员冒风险不廉政，将会为此付出惨重代价，等于自己扼杀自己的政治生命。1995年，瑞典前副首相萨林女士就是因为一念之差，使用公务信用卡购买个人衣物而引起轩然大波被迫辞职的。

域外来风，清新可人。让人羡慕，令人感叹，发人深思。人谓之人，道德支撑。同在一片蓝天下，一些国度为反腐败斗争大伤脑筋，而北欧这块地方却优哉游哉无战事，不免给人以"十里不同俗"、"世界真奇妙"之感。为何北欧公务员一个个都是正人君子，形象良好，就是想腐败也难？细察之，他们的廉政经验大致有三：首先是制度过硬，堵塞一切可能出现的漏洞，几乎不留下一个马虎眼。比如丹麦这样经济发达的国家，在用钱上绝不大手大脚，连公务出差购票住宿这些细节都有人专门管理，可以说即使有人有什么不良想法，也无空隙可钻；其次是政策透明，不搞模糊数学。没有什么"一般"、"原则上"等模棱两可的语言以及"坚持什么，反对什么"、"要怎么样，不允许怎么样"这些"看起来很硬"，实际上根本无法运用操作的条款；再者是环境良好，陶冶人。这个环境是人的综合素质环境、社会风气环境和传统伦理道德环境。这是非常重要的一个方面。倘若一个社会人人都视腐败为耻辱，官员平民化，政府也不给官员提供任何容易产生特权的便利，官员就不会把官职当特权、当商品、当谋私的工具，更不会产生“当官不发财，请我都不来”的令人匪夷所思的奇谈怪论，官场风气自然要文明净化得多。

上述廉政成果并非一日之功。没有差别就没有矛盾，没有社会，没有世界，由于历史、文化、发展的不同，国与国之间的差距是客观存在的。但相互间是可以相互观摩、相互借鉴、相互补充的，相互间需要携手协作，共同进步，追求文明，这才是人间正道。但愿，北欧一些国家的做法能对我们有积极的启示，能现在就学的赶快学起来，要等待时机学的则要制定规划，关键要有一种真心学习、主动借鉴、只争朝夕的热情与愿望，绝不能因为惧怕困难或胸存某种暧昧心理，用“国情不同”等借口闪烁其词，只赞扬不行动，或干脆来个“回避肃静”，视而不见，无动于衷。

（作者：李秋生）

看英、德、法如何反腐败

英国的反腐败机制

英国从19世纪开始对公务员制度进行了大刀阔斧的改革，收效显著。在“透明国际”组织公布的2004年廉政排行榜中，英国在86个国家中排名第11位。

需要说明的是，在英国“腐败”一词的使用频率很低，更多的是使用“欺诈”一词，后者包括的范围要比前者广得多，不仅包括一般意义上的腐败（贪污、受贿、滥用职权等），而且还包括诸如不作为、失职、渎职等种种不良行政行为。

英国的反腐败机制主要由以下几个方面构成：

一、道德教育

道德教育中一项非常重要的内容就是守法。

英国学校的道德教育主要通过以下几种方式得以实现：(1)借助宗教教育进行道德教育。(2)直接开设道德教育课程。(3)注重礼仪、仪表、个人品行的教育。(4)通过其他学科和活动来进行。最通常的是将道德品质教育蕴含在文学、艺术、历史、健康教育及为人父母和家庭生活的准备教育等课程中，帮助学生了解社会的发展以及人在社会发展中的作用。此外，英国还比较注重课外活动中的德育功能。

除学校教育外，走上工作岗位的英国人仍要继续接受各种道德教育，尤其是职业道德教育，这也是英国公务员制度的一个重要组成部分。在“公共生活标准委员会”1995年发表的报告中，提出了“公共生活七原则”，即无私、正直、客观、负责任、公开、诚实和发挥典范作用。除了自律之外，英国还形成了一套用以规范公务员行为的法律规范。此外，一些特殊的行业还有专门的行为规范守则，例如《检察官准则》等，从而对公务员的行为形成了严格的约束机制。

二、立法和司法机构对政府机构的制约

英国奉行权力分立与制衡原则，即国家权力划分为立法权、司法权和行政权，分别归属于议会、法院（与检察院）和政府，三者之间相互制约。特别值得一提的是议会和司法机构对政府（行政机构）的制约和监督。

英国是“议会内阁制”国家，政府要对议会负责。因此，从法理上说，议会是英国的最高国家权力机构，它不仅拥有立法权和财政权，而且还拥有监督权，即监督政府的政治方针、政策和政府成员行为的权力，具体包括质询权、调查权、倒阁权和弹劾权等。

根据权力分立原则，司法机构完全独立于行政机构，不受行政机构的任何干涉。司法机构有权对行政机构及其官员的行为进行监督。英国是普通法国家，没有专门的行政法院，因而可以通过普通的法律程序对行政机构进行监督。与大陆法系国家相比，这样的机制既有优点又有缺点。优点是其法律的适用范围比较广；缺点则是缺乏针对性。因此，为了更有效地对行政机构进行更有针对性的监督，英国设立了 2000 多个行政裁判所，负责对涉及税收、社会保障、退休金等上百个部门的案件进行审理。

此外，英国还根据 2002 年的“犯罪收益法”成立了“资产追缴局”，专门对那些超过 1 万英镑以上的非法所得进行追缴，追缴期限可达 12 年之久。这一机构的设置十分独特，因为它可以通过普通民事法院追缴资产，即使在追缴对象从来没有受到过犯罪起诉的情况下它也可以通过上述方式追缴资产。

三、主要反腐败机构和监督机制

英国没有专门的和单一的反腐败机构，负责反腐败的机构分散于议会、司法部门、审计部门以及政府部门内部，从而形成了广泛的反腐败网络。

（一）审计机构

英国是世界上最早设立审计机构的国家，早在 13 世纪就建立了王室财政审计制度。英国审计机构主要包括以下几个部 分：(1)国家审计署。它负责对所有政府机构(包括超过半数以上使用公共资金的社会团体)的财务开支进行审计，此外还对某些国外组织的机构进行审计。(2)公共账目委员会。该委员会是下院的常务委员会。政府必须在 2 个月内对该委员会提交的报告建议予以回复，该委员会再根据政府的回复决定是否进行进一步调查。(3)审计委员会。负责对一般性的审计问题进行监督，并且负责在公共审计机构和私人公司之间分配审计任务(比例一般是 1∶2)。此外，审计委员会还负责对审计行为提出建议、监测全国的欺诈与腐败行为的发生几率，并且就当前趋势和技术发展提出报告。(4)地方审计机构。2002 年以前，地方审计机构负责对国家卫生系统和地方政府进行审计，并向审计委员会报告；2002 年以后被并入审计委员会，成为后者的一个总司。

（二）政府内部监督

英国有多个政府部门设有内部监督机制，其中 5 个部门的反腐败最有特色，对腐败行为的管理也最直接。(1)财政部。英国财政部每年都对发生在政府机构(不仅仅是财政部)内部的欺诈行为的性质、类型、原因、数量、金额和追缴方式等提交一份详细报告。此外，它还发布一些指导政府各部防止欺诈行为的原则，例如 1997 年发布的《管理欺诈的危险——给管理人员的指导》，特别指出发生在政府机构的三种最严重的欺诈行为：偷盗、假账、贿赂和腐败。(2)国家保健署。设有“反欺诈与安全管理处”，主要针对国民保健系统出现的行政管理人员和供药商相互勾结合伙欺诈国家钱财，医生和患者相互勾结多开多报、虚报冒领等严重欺诈行为进行调查。(3)国内税收署。设有特别办公室专门负责对税收方面的欺诈行为进行调查。而且，国内税收署本身就是一个具有起诉权力的机构，有权自主提起诉讼。(4)工作与养老金署。设有针对各项社会福利的专门反欺诈机构（包括地区性机构），并设有联合工作组，以便与其他政府部门更好地合作。(5)国防部。设有反欺诈小组及防务欺诈分析小组和内部审计制度，主要针对军备采购过程中的欺诈和腐败行为。

（三）监察员

英国的监察员分为三种，即议会监察员、地方政府监察员和国家卫生署监察员。议会监察员是一个独立机构，负责对政府官员（尤其是高级公务员）的行为进行监督，但其权限远远比不上芬兰、瑞典等北欧国家，仅限于公民由于中央行政机关的不良行政而使利益受到侵害时的投诉。国家卫生署监察员负责监督国家卫生署系统的不良行政行为。调查结果将公开发表。地方监察专员的管辖范围包括地方议会和议员、地方政府有关机构及官员等不良行政行为造成的侵害公民利益的事件。

（四）舆论和媒体监督

在英国，舆论和新闻媒体素有对政府进行监督和批评的传统权利，是对政府滥用职权的一种有效制约，使权钱交易实际上对当事人来说变成了一种困难的行为。

四、反腐败的司法惩处

英国是世界上第一个制定反腐法律的国家。迄今为止，它已经先后通过了一系列与反腐败有关，包含反腐败内容的立法。

1889 年，英国颁布了第一部反腐败法，即《公共机构腐败行为法》，该法令将“一切行使公共职能或法定职能的机构”均认定为公共机构，特别禁止公共机构的任何人员在与公共机构有关的任何交往过程中收受或者要求收受、同意收受任何形式的礼物、贷款、费用、酬劳或利益；同样，此类人员也被严格禁止在此类事务中承诺或提供任何形式的礼物、贷款、费用、酬劳或利益。也就是说，公共机构成员或官员的主动或被动受贿均被定义为腐败行为。对于犯有此类罪行的公务人员可处以 6 个月至 7 年的监禁，或者加上不设上限的罚款。此外还包括对某些政治权利的剥夺，例如，除了解除职务以外，还规定，从犯罪之日起的 5 年内相关人员不得担任任何公职；如果第二次再犯类似的罪行，则永远不得担任任何公共职务，而且，在从犯罪之日起的 5 年内，剥夺其在议会和其他任何公共机构选举中的投票权和选举，此外还有可能被剥夺获得养老金的权利。

1906 年通过的《防止腐败法》将《公共机构腐败行为法》的范围扩大到不仅包括公共机构的工作人员，而且包括公共机构本身。1916 年通过的《防止腐败法》再次扩大了公共机构的范围，即包括一切地方性和公共性机构。

除了上述三部专门规定反腐败行为的法律以外，英国在二战以后 通过的多部法令中，例如 1948 年的《人民代表法》、1962 年的《北爱选举法》、1964 年的《许可证法》、1972 年的《北爱地方政府法》、1988 年的《犯罪审判法》、1989 年的《地方政府和住房法》、2001 年的《反恐、犯罪和安全法》等，均有针对政府官员腐败行为的法律条文。

为了将 1999 年签署的经合组织"关于公共官员受贿的协议"纳入国内法，尤其是为了解决域外适用问题，英国政府开始着手对其反腐败立法进行改革。这次改革的另外一个目的是对以前的各项相关法令进行简化和整合，以便有一项统一的反腐败立法。2003 年 3 月，英国政府在整理、综合和修订现存各种反腐法律条文的基础上，公布了新的《反腐败法》。7 月份，专门委员会在征求各方意见的基础上提了多项批评和建议，目前该法令仍在重新起草过程中。一旦该法令生效，此前的两部《防止腐败法》将被正式废除。

德国的反腐败机制

2004 年"透明国际"公布的德国廉政指数为 8.2，在 146 个国家中名列第 15 位。

一、独特的社会文化环境

德国人给人的总体感觉是严谨、守法，这一独特的社会文化特征对德国的反腐机制有着重要影响。它是由多种因素形成的，其中包括学校和家庭的教育、宗教的影响和历史的因素。

二、学校和家庭教育

德国教育理论认为，德育的目标不是教给学生现成的东西，而是塑造品格。品格是支配人的行为和态度的内在精神统一体，它是在后天的环境和教育中形成的。德国各州的学校法中关于德育的规定，都将遵守行为规范，做到公正、诚实、对国家和社会负责、具有群体精神、承认并且运用自由和民主的基本条例、履行国家公民的权利和义务等列为重点。这种教育有助于培养未成年人今后自觉远离腐败，自觉抵制腐败。

德国人重视宗教道德和宗教对人格的完善在道德教育中的作用，强调个人品质的塑造和个人的自我完善。在德国学校中，宗教课程实际上承担的就是专门德育课程的任务。宗教课由教师和教士进行讲解。一般每周 2～4 课时，因州而异。除了正式的宗教课，学校也还开展宗教仪式活动，如集体祷告等等。通过宗教教义来潜移默化地塑造人们的心灵中正直善良的一面。

在德国的家庭教育中则强调培养子女的生活能力、履行义务的能力、行动的能力以及批判能力。要求孩子们具有知识、诚实、勤奋、秩序、公正、正直、团结、容忍、认真等品格，这些后天的塑造对德国人形成了民族整体上严谨、认真、守法的性格，从而在一定程度上有利于抑制腐败思想的滋长。

三、宗教和历史影响

德国有近 2/3 的人信仰基督教。尽管宗教组织的影响在近一两个世纪以来一直处在不断衰退之中，但是基督教精神依然深深扎根于人们的日常观念和行为之中。从历史上看，德国在宗教改革之后，新教的勤俭、简朴的精神对德国的发展产生了重要的影响，受到宗教意识影响的人会对自己的犯罪行为和腐败行为产生愧疚和负罪感，这也是宗教对社会稳定有利的一方面。

在历史上，两次世界大战深刻地改变了德国的历史发展，使德国人在处理政治机构和机制、历史、文化、意识形态方面问题时格外谨慎，以防止悲剧重演。纳粹统治时期是德国历史上最为黑暗、最为专制的时期，也是腐败横行的时期，对德国人的精神世界、民族传统造成了深刻的伤害。因此，战后德国的重建和反思是全方位的，其中也包括对自身和传统的重新认识。战后德国追求政治生活的朴素和务实，对行政、立法和司法分权制度的建设以及由此而形成的政治结构和政治生活，不仅使德国的政治多年来比较稳定，同时也形成了比较廉洁的政治社会风气。

四、反腐败的法律基础

德国反腐败的主要法律依据是《德国刑法典》，其中有关贿赂罪的条款是确定腐败行为法律后果的主要依据。1997 年 8 月 13 日，德国联邦议会通过了《反腐败法》。其中提高了贿赂罪的量刑幅度，对公职贿赂罪则规定了从重处理的情况等。

通常情况下，刑法对贿赂等涉及腐败行为的制裁有两个：有期徒刑和罚金。有期徒刑最短 3 个月，最长 10 年。对法官的处罚重于对一般公务员的处罚。对于罚金的规定更体现了可操作性的特点。如把受贿处罚金额定为 5 欧元，连续三次受贿 5 欧元就要开除公职，并且对行贿与受贿者的处罚是对等的。公务员法律专门规定，任何公务员接受礼品包括公务礼品都必须申报上交，征得上级同意才能留给个人。如果不是礼品而是金钱，50～80 欧元之内，交机关内部处理，超过这一限额的交上级机关组织和人事部门处理。

1998 年德国联邦政府颁布了《联邦政府关于联邦管理部门反腐败的行政条例》，对联邦公务部门制定反腐败措施进行了指导性的规定。2004 年联邦内政部颁布了新的《联邦政府关于在联邦行政机构防范腐败行为的条例》。在条例的附件中将可能发生腐败的迹象概括为中性迹象和报警性迹象两类。中性迹象包括：公务员有不合理的高水准生活；对变换职务或者调动工作表示出令人费解的抵制；在未获得批准或未进行说明的情况下从事其他兼职工作；出现酗酒吸毒或赌博等社会问题；同一些企业，之间有不同寻常的私人交往；特别夸奖和照顾一些企业，以及获得企业方面的慷慨赞助等。报警性迹象包括：公务员无视有关规定；不断发生“小过错”；作出不同寻常且令人费解的决定；滥用裁量空间；有意回避检查；隐瞒某些事件和情况；试图对不属于自己管辖范畴的决策施加影响；以沉默的方式容忍违法行为；对可疑的现象或事件没有反应等。

五、反腐败机制

联邦议院是在联邦重要的反腐败机构，联邦议院不但有立法权和重大决策的审批权，还对政府和官员有监督的职能。

（一）联邦议院

德国联邦议院通过行使其监督职能，对政府官员、行政机构进行制衡和监督来防止权力被滥用，减少腐败行为的发生。

联邦议院中如果有1/4的议员要求对联邦政府在行政管理中产生的官僚主义、贪污腐化、行贿受贿或公众十分关注的问题进行调查，联邦议院有权利和义务成立一个调查委员会。调查委员会由专家组成。调查委员会可以利用刑事诉讼的规定，传唤证人，通过公开和秘密的途径搜集必要的证据。它可以就议员们对政府工作中存在怀疑的问题展开调查、进行澄清。委员会要向联邦议院报告其调查结果，联邦议院将根据报告考虑是否形成决议。调查委员会一直是监督政府工作的一个“锐利的武器”。

另外调查委员会还负责处理官员受贿案。调查委员会与联邦检察院共同调查和审理这类案件。调查委员会经过长期、周密的调查后，写出报告，上报联邦议院，议院经过辩论最后交法院处理。

（二）政府各部门和各州的反腐败机构

德国各级政府部门都设有内部监督机构并设立防腐联系人，如果发现腐败现象，就向上级报告，封存计算机以及工作档案，然后转交检察院。

审计机构是德国反腐败的一个重要力量。德国审计机构分三级，联邦、州和市均设有审计局。审计工作完全按照法律的规定进行，独立于立法、行政、司法之外，不服从任何上级指令，不受任何诉讼程序的限制，可以随时进行审计。

作为联邦制国家，德国没有统一的反腐败机构，16个联邦自治州在反腐败上有充分的自主权。有的州设置反贪中心，如柏林市（州），属市议会领导；有的设监察专员，如北威州，属内政部国务秘书（副部长）领导。还有些联邦州成立腐败案件清理中心，作为州检察院的一个部门，隶属州司法部。

（三）公务员制度

德国公务员制度相对完善，主要表现在：第一，公务员实行公开招聘。第二，公务员的职业道德和廉洁培训制度化。第三，实行轮岗制度和权利约束机制。政府规定：五年必须轮岗交流。对于容易滋长腐败的部门，则规定一般三年必须轮岗；对重大工程项目的招投标、财政相关支出、警察执行公务等必须坚持两个人以上把关和同行，不能个人单独行动。第四，实行高薪养廉和公务员终身制，原则上禁止公务员从事第二职业；同时严厉惩治违反纪律的公务员。第五，所制定的详细的有关法律条文、行政规定，具有可操作性。第六，行为决策公开透明，接受多层监督。

（四）透明国际

德国透明国际组织于1995年成立，有300多位成员，在柏林和慕尼黑各设一个小组，主要任务是防止德国对外经贸活动中腐败问题的出现。

德国的透明国际组织提出了类似于我国“社会治安综合治理”的概念，叫做反腐败的“机能整合系统”，认为仅靠立法是不能解决问题的，而应建立一种有效遏制腐败发生的社会机制，在立法和行政总体权能指引下，通过媒体的力量，借助于审计署的监督职责、司法部的反腐败职能，并动员个人的和社会组织的力量，编织一张反腐败的大网。这种综合治理之所以必要，是因为公共权力的反腐败不可靠。例如，德国透明国际就认为，在有些国家，政党、司法部和警察是“最腐败”的公共机关。

(五)舆论监督

舆论媒体监督是防止腐败的一种行之有效的形式。德国的舆论监督力量非常大，被称为“第四种权力”。根据法律规定，检察院发现有腐败方面的报道，有义务进行调查。

德国拥有100多家电台、25家电视台、27家通讯社、380多种报纸和9000多种期刊。德国的舆论媒体大都是独资或合资的股份制企业，以营利为目的，依法享有高度的自由。为了占有读者，它们一般都雇有耳目，专门收集政府要员和公务员的政治丑闻和绯闻。德国实行新闻自由，报刊、电台、电视台可以报道政府、政党内部的情况，只要内容属实，不泄露国家机密，即属合法，而消息来源受法律保护，任何人不能对消息来源进行调查。政府官员和公务员的腐败丑闻和绯闻一旦曝光，就要引咎辞职。原则上，德国政府不能干预新闻媒体的活动，因而一些新闻媒体依法对政府实施监督。

法国的反腐败机制

就全球范围而言，法国是较为廉洁的国家之一(在“透明国际”廉政指数排名中位列第20～24名之间)；但单就发达国家特别是欧洲而言，法国则是腐败问题较为严重的一个国家，近几年更有大案频频曝光。因此，在反腐败问题上，法国正反面的经验都值得我们关注。

一、教育措施

教育是从根本上预防腐败的一个重要途径。由于国家公职人员是贪污腐败的主体之一，因此，法国预防腐败教育的主要对象是国家公务员，重视对公务员队伍整体进行职业道德、操守和行为规范教育。此外，各行各业的公务员还分别有各自的行为规范，虽然这些规范主要不是作为反腐败措施而出现的，但它们有利于提高公共生活的透明度，因而在一定程度上有利于杜绝腐败现象的发生。

但是，法国缺乏全民范围的、普及性的反腐败教育，所以法国公众对腐败行为较为不敏感，持一种事不关己的冷漠态度，致使民间社会难以对腐败形成强大的舆论压力。因此，透明国际法国分部决定给法国补上这一课——在法国民间开展大规模的教育活动，以加强法国公众对腐败行为之危害性的认识，培养其对腐败现象的敏感性。教育的主要对象为年轻人、大学生、企业管理人员和行政管理人员。教育的主要方式是在大学和某些职业培训中心(如警察学习与培训中心)开设专门课程。2003年11月还专门出版了一本题为《面对腐败》的、以大学生为主要对象的反腐败教材。除大学生外，中学生甚至小学生也将被逐步纳入教育范围。

二、预防性立法、制度与相关执行机构

法国的反腐败重在预防，“预防为主、铲除犯罪根源”是法国反腐败工作的指导思想，法国通过立法确立了几项行之有效的预防腐败制度。

（一）反腐败专门立法及制度

《政治生活资金透明法》。制定于1988年，并据此建立了“公职人员财产申报制度”，由一个专门机构——政治生活资金透明委员会来负责此项制度的落实。

按照《政治生活资金透明法》及其修正案的规定，“公职人员财产申报制度”的主要内容是：法国的高级公职人员——包括总统候选人、国民议会和参议院议员、地方议会主席、当选议员、中央政府组成人员、大区区长、海外省议会议长和3万人口以上城市的市长以及经营规模较大的企业负责人必须依法对其拥有的财产状况，包括财产数量、来源、增减等情况向指定的监察机关作出报告，以接受审查和监督。一旦发现公职人员所拥有的财产与其合法收入不符，而又不能说明其正当来源，即视为非法所得并予以惩处。

财产申报制度有严格的时间期限，官员所申报的财产状况必须真实具体，并以名誉保证。对于当选的总统候选人，在公布他当选的同时必须公布他的财产状况，以便公众监督。

《预防腐败和经济生活与公共程序透明法》（即《反贪法》）。制定于1993年，其主要内容是对最容易滋生腐败现象的一些行业和部门（如房地产业、公共服务业、公共市场、国际贸易、城市建设等）活动的透明度作出规定，宣布建立以预防腐败为使命的专门机构“预防贪污腐败中心”并对该中心的任务作出了详细规定。

关于政党活动经费的立法。其中主要有1990年的《限制选举经费法》和1995年《政治生活资助法》及修正案。前一部法律对法人向政党和议员候选人的捐赠作出了严格限制；后一部则进一步规定彻底禁止法人向候选人捐赠，包括以低于市场价提供优惠的间接赠与，为此还专门成立了一个独立委员会来监督法律的实施，违法者将被取消候选人资格。

国家稽查特派员制度。法国向国有企业派出的“国家稽查特派员”一般是在经济财政部门工作多年、具有丰富管理经验的资深官员。目的是在保证国企的自主权、使之在激烈的市场竞争中高效运作的同时，兼顾国家对国有资产的监督，防止国有资产流失。为确保特派员的公正无私，主要从从政多年的高级公务员中选拔，以确保他们在工作中从国家利益的大局出发；特派员所拿的薪金是公务员中最高的，以保证他们不贪外财；另外，大多数特派员都行将退休，因此出于保持晚节，也会较少贪图私利。

稽查特派员对国有企业主要职能除通报情况、监督开支外，还有评价业绩，影响决策及预测风险、防止风险等职能。

（二）机构设置

“政治生活资金透明委员会”成立于1988年，是一所以预防腐败为宗旨的监察机构，由法国行政法院、审计院和高等法院的工作人员组成，全体人员每四年更换一次。委员会的主要使命是落实《政治生活资金透明法》中的财产申报制度，按照法律规定审查政府成员、议员和企业负责人的财产状况，对来历不明的财产进行调查。

“预防贪污腐败中心”成立于1993年，是一所专职的预防腐败机构，挂靠法国司法部，受法国总理直接领导，由来自税收、警察、宪兵、海关、司法和内政部门不同行业的专家组成，以尽可能全面地掌握不同部门的腐败情况。全体成员每四年一更换。中心拥有完全独立的工作自由。

中心的基本任务是通过媒体报道、个人揭发、司法部门案例和研究机构的研究等途径收集政府和经济部门中有关贪污腐败的信息，分析腐败案件的类型，总结反腐败经验，研究腐败分子利用新科技手段进行行贿受贿、贪污腐败的可能性并及时发现新的腐败形式。中心每年向总理和司法部长提交一份年度报告，其内容主要是就可能出现腐败特别是最容易滋生腐败的部门（如公共卫生、交通、能源、教育部门等）进行分析并提出预防性建议和制裁措施。

除上述基本任务外，中心还具有向政府部门提供反腐咨询、帮助大型企业建立职业规范、开展国际防腐败合作职能。

议会的作用。按照法国法律规定，议会依法享有监督、制约政府和官员的权力。具体如下：通过法律案审议权、每周一次专门质询权、对政府提出不信任案等方式监督政府；通过弹劾案监督总统和政府成员；审查行政部门的预决算方案等。

（三）惩罚机制

法国《刑法典》对盗用公款、滥用职权、内部交易、收受贿赂、非法占有财务、渎职等各种被动和主动的贪污腐败犯罪行为都有相关规定。民法中的《劳动法典》主要对关于代理或委托、反对不平等竞争等条款中作出有关惩治贪污贿赂的规定。《公务员总法》则为预防公务员利用职务之便贪污腐败行为作出十分详细的规定，如公务员诈取罪、盗用公 款罪、从事与职务不相容之商事罪、一般受贿罪、滥用职权受贿罪等。制裁一般分为两类：精神性的和实质性的。前者包括申诫、警告、记过等，后者包括取消一次晋升资格、减薪、降职、调职、降级、临时解除职务（不超过 6 个月）、强制退休直至撤职等。情节严重的，触犯《刑法典》中有关规定的，则将受到法律追究。

（作者：李靖堃　彭姝祎）

德国政府如何惩治腐败

1998年10月德国大选后，社民党取代基督教联盟党上台，赫尔穆特·科尔顿时成了"前总理"。无官一身轻的他，作为战后联邦德国任职时间最长的总理，理应获得荣耀。谁想福无双至，祸不单行，他很快便被指责收受贿赂。西方国家的民主制度无情得很，昨日英雄，眨眼间便成了反腐败的对象。尽管后来查明科尔并未把钱揣入自己的腰包，而且数额不大，事情不了了之，但对他的政党基民盟的声望却有着不利影响，在2002年大选中依然败北。这种政治腐败在德国也是人们所痛恨的事情。

一、德国对腐败行为的分类

在政治领域，腐败行为的犯罪人或受害者均可以是政治家、高级政务官，甚至政党。其中政治家既包括选举产生的，也包括任命产生的；既有联邦、州或地方一级的，也有在欧盟一级的。政治腐败的范围包括几种主要形式：第一，违反或规避政党财政规则。第二，对政府和行政管理当局的决策施加影响，如在订立行政合同、发放营业证或营业许可、申请补助、减轻环保责任等问题上，腐败分子都可以有所作为。第三，买票，即在各种议会本身和议会委员会中进行不道德的政治交易，不过，至今这种行为尚未归入刑法调整。第四，利用裙带关系谋求政治利益，这被称为"亲情接触"。政治腐败的主要特征就是影响政治决策人，而决策人及政党本身腐败的关键在于，政党政治使各政党和政客需要大量金钱以支持选举，从而形成了政治腐败的最大温床，上面谈到的科尔事件就是一例。

行政腐败的主体是公务员，与政治腐败一样，在欧盟、联邦、州和地方各级行政管理机构中都存在，腐败行为的目的也是决策，只不过是具体的行政管理问题的决策。例如，建筑许可、建筑用地规划、警力分配、关税承担、执照管理、环保法的适用与修订等，甚至授予外国人庇护权时亦可收取好处。其中比较严重的是行政领导层官员收受企业公关贿赂的行为，上文所说贿赂，多数就是针对行政机构的腐败而规定的。

经济腐败常见的形式是以贿赂疏通关节，以期延长供货期限；同业者间以贿赂或不通过贿赂限制竞争、哄抬物价，使其他企业受损。

社会组织腐败是指一些事业单位的腐败行为，其原因不外于为组织目标、财政方面的利益而进行贿赂或进行利益交易。社会组织的腐败范围十分广泛，从单一社团、联合会、企业组织到教会组织，都有可能陷入腐败渊薮。

二、德国反腐败的法律、机构与措施

德国反腐败的法律主要是《德国刑法典》，其中规定的贿赂罪是确定腐败行为法律后果的主要依据。1997 年 8 月 13 日，德国议会通过了《反腐败法》。这部法律不是一部独立的法律，并未列于德国法律汇编，实际上是一部修正案法，只是对刑法、法院法、刑事诉讼法、反不正当竞争法、国防罪法、违法行为法、压制竞争法、公务权利法、联邦公务员法、联邦惩戒条例、兵役法、国防纪律法、能源消费标识法等法律的有关条款规定了修正案。其中提高了贿赂罪的量刑幅度；对公职贿赂罪则规定了从重处理的情况等。

通常情况下，刑法对贿赂等涉及腐败行为规定的刑种有两个，一是自由刑即有期徒刑，一是罚金。腐败刑罚的特点有：第一，有期徒刑最短 3 个月，最长 10 年。第二，对法官的处罚重于对一般公务员的处罚。“反腐败机关”，它的反腐败职责主要交由第二司——刑事法律司承担，而后者下面的 A 司 4 处是具体负责与经济犯罪、计算机犯罪、腐败犯罪和环境犯罪作斗争的主管机构。除司法部外，其他的反腐败机构就是联邦和各州的检察官。

腐败是一种机体病症，有着腐蚀和扩散效应。所以，单一的机构不足以防止腐败行为的发生。德国社会因此产生强化反腐机构的要求，德国的透明国际组织提出了类似于我国“社会治安综合治理”的概念，叫做反腐败的“机能整合系统”，认为仅靠立法是不能解决问题的，而应建立一种有效遏制腐败发生的社会机制，在立法和行政总体权能指引下，通过媒体的力量，借助于审计署的监督职责、司法部的反腐败职能，并动员个人的和社会组织的力量，编织一张反腐败的大网。这种综合治理之所以必要，是因为公权力的反腐败不可靠。例如德国透明国际就认为，在有些国家，政党、司法部和警察是“最腐败”的公共机关。

系统地说，德国反腐败措施包括两方面的内容：抑制腐败和预防腐败。前者主要指制定和完善反腐败的法律并认真实施法律。法律应随着腐败行为的变种而作出新的规定。例如，要制定有关认定腐败行为的证据法，德国刑法中尚无法人犯罪，有关“买票”行为的严格化，修改政党法以限制政党的支出。在执法问题上主要应增强追究的力度，例如应允许检察官在维护“特殊公共利益”的情况下无须申请法院令状就采取必要行动。

预防腐败是一个综合性的工作，主要在政治、行政、经济和社会四个层面上加强预防措施。政治上要求政党和政府更公开，建立公务员的诚信档案，等等。在行政管理过程中，也要求建立信息公开制；还要求有公务员调换制，即一个人不能长久担任某一职务；特别强调行政事务或权责的机构间转换制度，不使一个机构总是处理某些涉及经济利益的事务。经济上的预防强调国际间的反腐败合作，特别是发挥经合组织对于跨国经济活动的监控作用。社会腐败是一个更广泛意义上的问题，特别要控制社会组织的领导层以权谋私的情况。

德国是一个传统的法治社会，这从德国学者和德国透明国际在文章或报告中较多谈及法律的制定和完善的论述中就可以看出。人们的法律意识比较强和有效实施是使腐败较少发生和发生后难以遁形的原因，这是德国有效反腐败的最直接的前提。

（作者：甘超英）

德国反腐败的体制与策略

一、社会各界广泛参与，形成反腐整体合力

德国的反腐力量主要来自官方和非官方两大块。官方机构主要有法院、检察院，组成司法系统，独立行使调查权，负责立法、执法和监督法律的执行。其他的部门也参与反腐败调查，如税务、财政部门对牵涉偷逃税案件要提供相关材料，但本身无独立调查权。由于最近几年德国接连发生严重腐败丑闻，一些地方政府已开始设立监察专员，专司腐败的监察工作。

非官方一块主要有三种力量：

第一种是律师和会计师。律师、会计师发现腐败问题应及时报告。

第二种是非政府组织，如国际透明组织。国际透明组织成立于 1993 年，主要致力于从国际、国内两条战线联合打击行贿、受贿行为，总部设在柏林。目前，该组织已在 80 多个国家设有分会，分会既独立又有合作关系。国际透明组织每两年召开一次全球反腐败会议。国际透明组织德国分会 1995 年成立，有 300 多位成员，在柏林和慕尼黑设有一个小组，主要任务是防止德国对外经贸活动中腐败问题的出现。例如，让通过腐败、行贿得到的合同不受保险公司的保护；让德国议会通过法律，使公司行贿的钱不可打进成本；通过与税务、财政等部门的合作，随时对可能发生的腐败案件进行报告；与德意志银行合作，防止国际间的洗黑钱活动，将某些国家的官员通过腐败得来的钱归还原国；采取措施保护举报人，等等。目前，国际透明组织德国分会已成为德国反腐败的一支重要力量。

第三种力量是新闻舆论。德国舆论监督的力量非常大，被称为“第四种权力”。根据法律规定，检察院发现有腐败方面的报道，有义务进行调查。

二、地方州、市结合实际，各自“烤制自己的面包”

德国为联邦制国家，没有一个统一的反腐败机构，16 个联邦自治州在反腐败上有充分的自主权和发挥创造力的空间。柏林市（州）属联邦直属市，专门设置了反贪中心，属市议会领导。反贪中心每四个月开一次例会。主要讨论反贪工作中的重大问题；年底召开年会，主要任务是交流一年的正常工作，出现严重问题时明确如何处理的方案，以及进行相关的业务咨询等。具体工作由 4 个部及 12 个区的内部反贪工作小

组完成。每个小组8人，均为兼职，组长由政府任命，均为法律专家。其他工作人员级别较低，遇到具体工作按照抽签方式确定，期满两年后即可退役，由中心发给工作证书，为一种极高荣誉。工作人员每三年必须全部换任，以利用新的人员形成对贪污腐败现象的敏感度。工作人员有权调查所有的资料，并询问当事人。

德国教师属公务员系列，防止教师卷入腐败问题成为当前反贪中心工作的一个重点。柏林市高校的所有教师均要签订廉政协议，明确哪些能做，哪些不能做，以及违反协议应该承担的后果。如，教师与校外任何人员的活动必须向校方管理层通报；教师进行科研获得的资金必须汇报；接受企业邀请参加的会议如不在柏林市，须通报由谁支付差旅费；教师的家人接受贿赂可能受到稽查等。

北威州专门设置了监察专员，属内政部国务秘书(副部长)领导，主要职责有：策略性的咨询、政府项目的资助、反腐方面的规划、培训内容的建议、接受各方的投诉汇报、与新闻界合作进行反腐败方面的宣传等。工作范围包括内政部及未设内部监察部门的部。监察专员要制定稽查计划，写出年终报告交州内政部。科隆市也设置了专门的反贪特派员，直接对市长负责，主要任务是对全市的廉政事务进行监察，提出建议。

三、积极发挥舆论监督在反腐败中的作用

舆论的监督在德国反腐败中体现出强大的力量，如德国前总理科尔受贿事件、科隆前市长腐败事件、北威州社会民主党负责人卷入科隆建造垃圾处理中心腐败案件，都是报社记者经过深入挖掘报道的结果。只要以事实为根据，记者可以写任何方面的报道，包括政府。如记者发现德国前国防部长沙年在一家商店买西服费用达5万马克，随即开展调查，发现沙年先后与某公司有不正当交易，存在受贿现象。事件公布后，沙年被迫辞职。最近，有报道提出，公务员执行公务乘飞机积累的“免费里程”，不能作为私用，也是一个例证。

四、加强行政管理中的审计监督

德国审计机构分三级，联邦、州和市均设有审计局。科隆市审计局属市政府部门之一，负责对该市所有公共财政支出进行审计和监督。业务上属市长直接领导，政治上属议会审计委员会领导。审计局共有70名工作人员，分三个部门：一个部门负责对政府机构的检查，人员主要是熟悉经济管理、企业管理方面的专业人员，审计预先通知；一个部门负责审计政府包括博物馆等公共事业单位的出口，审计不预先通知；一个部门是技术部门，由房屋建筑师、道路建筑师、园林师等专业技术人员组成。审计局争取每6～7年对市政府各部门及公共事业单位普遍审计一次。审计工作程序完全按照法律规定进行，不服从任何上级指令，不受任何诉讼程序的限制，可以随时进行审计。审计出的问题如涉及市政府各局局长及下属处长，需交由市长讨论后，由市人事局作出决定开除公职或由法院判处最高10年的监禁，职员不服决定，可以提出起诉。

审计局的工作职责主要有5项：一是制定规定；二是组织培训；三是接受公职人员及公民有关反腐败方面的咨询；四是接受市民投诉；五是设置4人监督小组，对建筑项目招标、发标的专门监督。市审计局对每一个招标项目都要进行审计。企业进入招标

局的数据库，招标局从中选择合适的企业。如果企业发生腐败现象或可能发生腐败现象，即退出数据库2年，得不到科隆市所有市政项目，同时上报北威州，州里的项目也将全部丧失。招标局规定，凡超过5万欧元的项目一律公开招标。为防止招标工作人员与竞标商勾结，工作人员2～4年轮换一次。

五、注重行政管理中的过程监督

北威州政府主要采取六个方面的措施加强行政管理中的监督，防止发生腐败。一是通过培训进修，提高思想觉悟。请高校教授财政、管理等方面专业知识，加强学习；通过上级对下级的谈话，强化认识；通过案例教育，详细解剖过程，引起警惕和增强敏感度等。二是优化工作过程。通过内部稽查，查漏补缺，以及时修正。特别对一些程序性的规定，如招标、发标不能由一人承担，标书应严格按照法律规定进行书写等，实行严格检查。三是提高决策的透明度。决策的道理需要进行论证，决策过程需要备注，时间、地点、有无上级施加影响，是否代表本人意志等均要写明。四是强化专门监督。如授权监察部门进行反腐方面的工作，设置反腐监察专员，制定具体反腐措施，加强与其他部门的合作等。五是加强轮岗。规定公务员3～5年必须轮岗。六是建立腐败档案。凡有贿赂行为的公司，在6个月至3年内不得参与竞标政府部门的项目。目前，联邦参议院正在制定全德国参与过贿赂的公司黑名单，由联邦统计局管理，供社会调用。

六、德国公司自主决定反腐对策

德国没有国营企业，公司登记成立手续比较简单，不存在行政管制。政府对私营企业的腐败问题无直接调查权，但可以对存在违法活动的企业采取吊销营业执照等处罚措施。公司领导层有义务防止腐败问题的发生。以西门子公司为例，公司内部稽查体制实行垂直管理。总公司董事会指派专员负责各大部的稽查工作，稽查专员责成各大部指派相应的专员负责各分部的稽查工作。各稽查专员对分管区域发生的腐败事件负责，只有行为正派且熟悉所有部门业务的人员方可成为受委托的稽查专员。公司稽查专员负责对收到或发出订单的整个过程进行抽查，并写出检查报告，附上民意测验结果后逐级上报。对100万欧元以上的大项目抽查的比例达到50％～70％；50万～100万欧元的项目抽查的比例达到30％～50％，1万～5万欧元的项目也要抽查1％～10％。

公司与职员签订协议，协议内容主要是明确公司所有发出的订单或收到的订单均不得违反国家《反垄断法》和公司《反腐败条例》。如有违反，员工就会受到处分直至开除，总经理也不例外。协议每两年签一次。公司对员工的培训每两年一次。培训内容除加强对国家《反垄断法》和公司《反腐败条例》的熟悉外，还学习一些辅助性的内容，包括如何注重举止、如何与合作伙伴合作、如何避免产生矛盾等等。

（作者：邓师萍）

德国政府制定腐败预防准则体现十大特色

德国政府特别重视公共管理部门的腐败预防工作,认为公共管理部门人员出现腐败现象,造成的后果和社会影响将非常恶劣。为此德国政府于1998年制定了《联邦行政管理部门腐败预防准则》,并于2004年根据实践经验进行了修订。该准则是保障行政管理公正性和预防腐败的一个重要工具,包含了政府腐败预防战略的基本要点,主要体现在十个方面。

一、确定“高腐败风险工作领域”。准则规定,政府定期对全国所有行政管理职位进行审核,从中确定“高腐败风险工作领域”。同时,对其进行风险分析、审查,以决定是否应对该职位的设置、组织结构和人员安排进行相应调整。在特殊情况下,这种确定工作,也可以不定期进行。

二、实行“多眼”和透明原则,在“高腐败风险工作领域”实行“多眼”原则;也就是在其职能执行或检查过程中,应同时有多名工作人员或多个组织或单位参与。如果与相关法律规定不符或在具体实施过程中确实有不可克服的困难,这种共同参与可以抽样进行,或者通过其他的预防腐败措施加以补充,例如加强职位或专业的监督力度。

而在所有公共管理事务的决策过程和准备阶段,都必须实行透明原则,应当通过明确的权限厘定、完善的报告制度、准确和全面的进程档案等确保透明度。

三、谨慎的人事安排。相关公共管理部门在挑选负责“高腐败风险工作领域”的人员时,必须特别谨慎,人员任职时间原则上应有限制,任期通常不应超过5年,特殊情况下必须延长时,应把原因登记备案。

四、设立“腐败预防联系人”。所有公共管理部门应根据其任务和机构的大小设立一名“腐败预防联系人”;也可由一人对多个行政管理部门负责,承担以下职责:(1)作为该部门领导和工作人员的联系和谈话对象;(2)为部门领导提供咨询;(3)对部门工作人员进行腐败预防教育;(4)参与对工作人员的培训;(5)观察和判断腐败现象的苗头;(6)在尊重被涉及者个人权利的前提下,参与向公众通报相关部门已采取的行政和法律预防腐败措施。

如果联系人获悉有腐败犯罪嫌疑的事实,应立即向部门领导通报,提出进行内部调查、采取阻止销毁罪证措施或向司法机关报告等可能应对方案的建议。部门领导应在此基础上采取必要的步骤。联系人在履行预防腐败职责时,不接受任何人的指令,有直接向部门领导报告的权力,在履行职责过程中不应受到歧视。

联系人应对部门工作人员向其提供的个人情况保密，即使在其离任之后。但如果联系人获悉的事实有腐败犯罪的嫌疑，则对部门领导和人事部门不适用上述保密原则。与个人有关的数据材料应按照个人档案使用原则处理。

五、设立预防腐败的特别组织单位。该准则规定，如果风险评估结果或特殊情况下需要，相关公共管理部门可设立临时或长期的预防腐败特别组织单位，以检查和综合一个部门下属各个单位腐败预防措施的实施情况。该单位有直接向部门领导报告的权力，可以通过内部审查的方式履行其职能，如果发现这方面漏洞，应立即向部门领导和相关的腐败预防联系人通报，并提出相应的改进建议。

六、加强对工作人员的腐败预防教育。通过就职宣誓和明确职责义务等方式，提醒工作人员注意腐败的危险，了解腐败行为的后果。这种教育应登记在案。在"高腐败风险工作领域"，即使在定期轮换的情况下，也应结合工作岗位的具体情况，定期对工作人员进行腐败预防教育。

七、专门性的培训教育。公共管理系统的教育培训机构应把预防腐败作为一个长期的专门主题，定期或不定期地举办腐败预防培训班，特别对领导层、腐败预防联系人、"高腐败风险工作领域"工作人员以及上面提到的腐败预防特别组织单位的工作人员加强培训，提高他们对腐败的认识和预防腐败的能力。

八、加强职务和专业监督。各个公共管理部门的上级应坚持不懈地履行职务和专业监督职能，包括人事安排和监督。上级应随时注意腐败产生的信号和苗头，定期和根据需要提醒其下属对腐败危险保持警惕。

九、确定公共项目订单发放指导原则。所有公共项目订单发放和招标都必须在"竞争"的基本原则之上进行，这对有效预防腐败尤为重要。应在职务和专业监督的框架内，对公共项目订单的发放定期进行检查，看是否有不被允许的影响因素存在。在公共项目订单的发放程序上，应根据相关规定，原则上将规划、招标发放和结算三个环节在组织上明确分开。

相关管理部门应检查招标方或竞标方是否有严重违法行为，可对其可信性提出质疑并提请竞争委员会审查。在某项公共项目订单的发放过程中，无论是在准备还是实施阶段，只要招标方或竞标方中有人为自己或第三方提供、承诺或担保利益……即为严重违法。

十、制定反腐败附加条款。在合适和允许的情况下，应为公共项目订单的发放制定反腐败附加条款。

德国政府还制定了《反腐败行为手册》、《上级和部门领导手册》和《腐败预防准则实施建议》等相关约束性和非约束性行为指南，为各公共管理部门及其工作人员预防腐败、加强廉政建设提供了良好的"武器"。

（作者：郭松江）

法国如何让公务员保廉

据介绍，1999 年 10 月至 2000 年 10 月，法国国家行政法院受理的公务员行政违法案件仅 58 件，这说明法国近年在预防和惩治公务员腐败方面是有成效的。据笔者在法国学习考察期间的所见所闻，法国在预防腐败、保持公务员廉洁从政上确实有一套行之有效的措施和办法。

一、法制健全，难以腐败

在法期间，给我印象很深的是严密的法律体系已在法国形成。这里所指的法律，是包括成文法和不成文法在内的全部国家法律，并由此构成国家法律秩序。法国公务员必须严格按照这个法律秩序履行职责。换言之，公务员的任何行政行为若与上述法律秩序相违背，与相关法律有利害关系的当事者都可以到行政法院起诉。在实践中，所有法律专家和律师都是根据上述原则及其精神来研究具体行政案件的。如，有一名法国退休人士，是个十分知名的法律爱好者，其爱好就是研究每日出版的登有政府决定的《政府公报》，若他认为某一法律文件不合宪法精神，便到宪法委员会起诉；如发现政府文件有问题，便到行政法院起诉。正是基于这一点，法国政府不得不制定为数繁多、内容广泛的行政文件。而且这些文件必须经得起实践的检验和公民及法院的普遍认可，从而为政府及其公务员履行职责、做出具体行政行为时，提供完善的法律保障。也就是说，行政权力处处受到法律的规范，谁违反了法律都会受到追究，上至总统，下至普通公务员，无一例外。

为使监督有效，法国将行政权力始终置于阳光下运行。法律明确规定，没有公开的行政行为是无效的。政府所有的行政决定、决议和命令，甚至包括很多内部的具体办事规定，除涉及国家安全机密外，都必须在《政府公报》上正式公开发表，接受社会的监督，否则就没有法律效力。行政法官在审理案件时，也不会考虑该文件的存在。同时，政府官员的个人财产必须向社会公开。法律规定，其家庭财产由政府官员本人填写后，记者有权去当地核实，从而强化了新闻舆论的监督。

另外，法国政府除制定关于公务员渎职犯罪的法律制裁规定外，还对公务员廉洁从政提出严格要求。如法国政府限制现金流通，通常每人只允许携带不超过 3000 法郎的现金支付小额开支，而且严格执行。法律还规定，企业经营者不许给工人支付现金等，这样既防止逃税现象，也减少行贿受贿行为的发生。所有这些对于从源头上预防腐败,保证公务员清正廉洁起到了重要作用。

二、待遇优厚,减少腐败

法国公务员的薪俸数额不仅根据服务量的多少决定,也考虑到维持公务员的社会地位符合其职位的尊严在内。法国政府为了维持公务员的社会地位,在改善公务员物质待遇上采取了一系列保障措施。第一,法国公务员的报酬一般要高于企业工作人员。据介绍,法国企业工作人员的最低收入为每月7000～8000法郎。而一般公务员的报酬约为每月1万法郎,中级公务员的报酬每月2万～3万法郎,高级公务员的报酬每月达5万～6万法郎;部长的报酬更高,每月还从总理处领到约5万法郎的现金(以红包形式发给,且免交个人所得税)。为调动公务员的积极性,各部门主管手中都掌握着一定额的奖金(在财政预算之内),一般公务员奖金相当于报酬的15%～30%,高级公务员为50%～60%。第二,在福利待遇方面、公务员也比企业工作人员优厚。如孩子入托免费,政府提供相当于市场价格25%左右的低租金住房,退休金(服务期为35年)按最后半年的平均数的75%发给(规定每两年涨一次工资)等。此外,公务员还享受安家费、入学补贴、公休、病假、产假和社会保险等福利待遇。第三,法国公务员工作稳定且有保障,基本上端的是铁饭碗,没有后顾之忧。外出度假消费比企业工作人员通常要便宜一半左右。这些优厚的待遇、稳定的工作和令人羡慕的社会地位,能使绝大多数公务员产生优越感和自律意识,从而减少了腐败的发生。

(作者:陈春江)

附　录

联合国反腐败公约

（中文本）

序　言

本公约缔约国：

关注腐败对社会稳定与安全所造成的问题和构成的威胁的严重性，它破坏民主体制和价值观、道德观和正义并危害着可持续发展和法治；

关注腐败同其他形式的犯罪特别是同有组织犯罪和包括洗钱在内的经济犯罪的联系；

还关注涉及巨额资产的腐败案件，这类资产可能占国家资源的很大比例，并对这些国家的政治稳定和可持续发展构成威胁。

确信腐败已经不再是局部问题，而是一种影响所有社会和经济的跨国现象，因此，开展国际合作预防和控制腐败是至关重要的；

确信需要为有效地预防和打击腐败采取综合性的、多学科的办法；

还确信提供技术援助可以在增强国家有效预防和打击腐败的能力方面发挥重要的作用，其中包括通过加强能力和通过机构建设；

确信非法获得个人财富特别会对民主体制、国民经济和法治造成损害；

决心更加有效地预防、查出和制止非法获得的资产的国际转移，并加强资产追回方面的国际合作；

承认在刑事诉讼程序和判决财产权的民事或者行政诉讼程序中遵守正当法律程序的基本原则。

铭记预防和根除腐败是所有各国的责任，而且各国应当相互合作，同时应当有公共部门以外的个人和团体的支持和参与，例如民间社会、非政府组织和社区组织的支持和参与，只有这样，这方面的工作才能行之有效；

还铭记公共事务和公共财产妥善管理、公平、尽责和法律面前平等各项原则以及维护廉正和提倡拒腐风气的必要性；

赞扬预防犯罪和刑事司法委员会和联合国毒品和犯罪问题办事处在预防和打击

腐败方面的工作；

回顾其他国际和区域组织在这一领域开展的工作，包括非洲联盟、欧洲委员会、海关合作理事会（又称世界海关组织）、欧洲联盟、阿拉伯国家联盟、经济合作与发展组织和美洲国家组织所开展的活动；

赞赏地注意到关于预防和打击腐败的各种文书，其中包括：美洲国家组织于1996年3月29日通过的《美洲反腐败公约》、欧洲联盟理事会于1997年5月26日通过的《打击涉及欧洲共同体官员或欧洲联盟成员国官员的腐败行为公约》、经济合作与发展组织于1997年11月21日通过的《禁止在国际商业交易中贿赂外国公职人员公约》、欧洲委员会部长委员会于1999年1月27日通过的《反腐败刑法公约》、欧洲委员会部长委员会于1999年11月4日通过的《反腐败民法公约》和非洲联盟国家和政府首脑于2003年7月12日通过的《非洲联盟预防和打击腐败公约》，欢迎《联合国打击跨国有组织犯罪公约》于2003年9月29日生效，一致议定如下：

第一章　总　则

第一条　宗旨声明

本公约的宗旨是：

（一）促进和加强各项措施，以便更加高效而有力地预防和打击腐败；

（二）促进、便利和支持预防和打击腐败方面的国际合作和技术援助，包括在资产追回方面；

（三）提倡廉正、问责制和对公共事务和公共财产的妥善管理。

第二条　术语的使用

在本公约中：

（一）"公职人员"系指：(1)无论是经任命还是经选举而在缔约国中担任立法、行政、行政管理或者司法职务的任何人员，无论长期或者临时，计酬或者不计酬，也无论该人的资历如何；(2)依照缔约国本国法律的定义和在该缔约国相关法律领域中的适用情况，履行公共职能，包括为公共机构或者公营企业履行公共职能或者提供公共服务的任何其他人员；(3)缔约国本国法律中界定为"公职人员"的任何其他人员。但就本公约第二章所载某些具体措施而言，"公职人员"可以指依照缔约国本国法律的定义和在该缔约国相关法律领域中的适用情况，履行公共职能或者提供公共服务的任何人员。

（二）"外国公职人员"系指外国无论是经任命还是经选举而担任立法、行政、行政管理或者司法职务的任何人员；以及为外国，包括为公共机构或者公营企业行使公共职能的任何人员。

（三）"国际公共组织官员"系指国际公务员或者经此种组织授权代表该组织行事的任何人员。

（四）"财产"系指各种资产，不论是物质的还是非物质的、动产还是不动产、有形的还是无形的,以及证明对这种资产的产权或者权益的法律文件或者文书。

(五)"犯罪所得"系指通过实施犯罪而直接或间接产生或者获得的任何财产。

(六)"冻结"或者"扣押"系指依照法院或者其他主管机关的命令暂时禁止财产转移、转换、处分或者移动或者对财产实行暂时性扣留或者控制。

(七)"没收",在适用情况下还包括充公,系指根据法院或者其他主管机关的命令对财产实行永久剥夺。

(八)"上游犯罪"系指由其产生的所得可能成为本公约第二十三条所定义的犯罪的对象的任何犯罪。

(九)"控制下交付"系指在主管机关知情并由其监控的情况下允许非法或可疑货物运出、通过或者运入一国或多国领域的做法,其目的在于侦查某项犯罪并查明参与该项犯罪的人员。

第三条　适用范围

一、本公约应当根据其规定适用于对腐败的预防、侦查和起诉以及根据本公约确立的犯罪的所得的冻结、扣押、没收和返还。

二、为执行本公约的目的,除非另有规定,本公约中所列犯罪不一定非要对国家财产造成损害或者侵害。

第四条　保护主权

一、缔约国在履行其根据本公约所承担的义务时,应当恪守各国主权平等和领土完整原则以及不干涉他国内政原则。

二、本公约任何规定概不赋予缔约国在另一国领域内行使管辖权和履行该另一国本国法律规定的专属于该国机关的职能的权利。

第二章　预防措施

第五条　预防性反腐败政策和做法

一、各缔约国均应当根据本国法律制度的基本原则,制定和执行或者坚持有效而协调的反腐败政策,这些政策应当促进社会参与,并体现法治、妥善管理公共事务和公共财产、廉正、透明度和问责制的原则。

二、各缔约国均应当努力制定和促进各种预防腐败的有效做法。

三、各缔约国均应当努力定期评估有关法律文书和行政措施,以确定其能否有效预防和打击腐败。

四、缔约国均应当根据本国法律制度的基本原则,酌情彼此协作并同有关国际组织和区域组织协作,以促进和制定本条所述措施。这种协作可以包括参与各种预防腐败的国际方案和项目。

第六条　预防性反腐败机构

一、各缔约国均应当根据本国法律制度的基本原则,确保设有一个或酌情设有多个机构通过诸如下列措施预防腐败:

（一）实施本公约第五条所述政策，并在适当情况下对这些政策的实施进行监督和协调；

（二）积累和传播预防腐败的知识。

二、各缔约国均应当根据本国法律制度的基本原则，赋予本条第一款所述机构必要的独立性，使其能够有效地履行职能和免受任何不正当的影响。各缔约国均应当提供必要的物资和专职工作人员，并为这些工作人员履行职能提供必要的培训。

三、各缔约国均应当将可以协助其他缔约国制定和实施具体的预防腐败措施的机关的名称和地址通知联合国秘书长。

第七条　公共部门

一、各缔约国均应当根据本国法律制度的基本原则，酌情努力采用、维持和加强公务员和适当情况下其他非选举产生公职人员的招聘、雇用、留用、晋升和退休制度，这种制度：

（一）以效率原则、透明度原则和特长、公正和才能等客观标准原则为基础；

（二）对于担任特别容易发生腐败的公共职位的人员，设有适当的甄选和培训程序以及酌情对这类人员实行轮岗的适当程序；

（三）促进充分的报酬和公平的薪资标准，同时考虑到缔约国的经济发展水平；

（四）促进对人员的教育和培训方案，以使其能够达到正确、诚实和妥善履行公务的要求，并为其提供适当的专门培训，以提高其对履行其职能过程中所隐含的腐败风险的认识。这种方案可以参照适当领域的行为守则或者准则。

二、各缔约国均应当考虑采取与本公约的目的相一致并与本国法律的基本原则相符的适当立法和行政措施，就公职的人选资格和当选的标准作出规定。

三、各缔约国还应当考虑采取与本公约的目的相一致并与本国法律的基本原则相符的适当立法和行政措施，以提高公职竞选候选人经费筹措及适当情况下的政党经费筹措的透明度。

四、各缔约国均应当根据本国法律的基本原则，努力采用、维持和加强促进透明度和防止利益冲突的制度。

第八条　公职人员行为守则

一、为了打击腐败，各缔约国均应当根据本国法律制度的基本原则，在本国公职人员中特别提倡廉正、诚实和尽责。

二、各缔约国均尤其应当努力在本国的体制和法律制度范围内适用正确、诚实和妥善履行公务的行为守则或者标准。

三、为执行本条的各项规定，各缔约国均应当根据本国法律制度的基本原则，酌情考虑到区域、区域间或者多边组织的有关举措，例如大会 1996 年 12 月 12 日第 51/59 号决议附件所载《公职人员国际行为守则》。

四、各缔约国还应当根据本国法律的基本原则，考虑制定措施和建立制度，以便于公职人员在履行公务过程中发现腐败行为时向有关部门举报。

五、各缔约国均应当根据本国法律的基本原则，酌情努力制定措施和建立制度，要求公职人员特别就可能与其公职人员的职能发生利益冲突的职务外活动、任职、投资、资产以及贵重馈赠或者重大利益向有关机关申报。

六、各缔约国均应当考虑根据本国法律的基本原则，对违反依照本条确定的守则或者标准的公职人员采取纪律措施或者其他措施。

第九条　公共采购和公共财政管理

一、各缔约国均应当根据本国法律制度的基本原则采取必要步骤，建立对预防腐败特别有效的以透明度、竞争和按客观标准决定为基础的适当的采购制度。这类制度可以在适用时考虑到适当的最低限值，所涉及的方面应当包括：

（一）公开分发关于采购程序及合同的资料，包括招标的资料与授标相关的资料，使潜在投标人有充分时间准备和提交标书；

（二）事先确定参加的条件，包括甄选和授标标准以及投标规则，并予以公布；

（三）采用客观和事先确定的标准作出公共采购决定，以便于随后核查各项规则或者程序是否得到正确适用；

（四）建立有效的国内复审制度，包括有效的申诉制度，以确保在依照本款制定的规则未得到遵守时可以诉诸法律和进行法律救济；

（五）酌情采取措施，规范采购的负责人员的相关事项，例如特定公共采购中的利益关系申明、筛选程序和培训要求。

二、各缔约国均应当根据本国法律制度的基本原则采取适当措施，促进公共财政管理的透明度和问责制。这些措施应当包括下列方面：

（一）国家预算的通过程序；

（二）按时报告收入和支出情况；

（三）由会计和审计标准及有关监督构成的制度；

（四）迅速而有效的风险管理和内部控制制度；

（五）在本款规定的要求未得到遵守时酌情加以纠正。

三、各缔约国均应当根据本国法律的基本原则，采取必要的民事和行政措施，以维持与公共开支和财政收入有关的账簿、记录、财务报表或者其他文件完整无缺，并防止在这类文件上作假。

第十条　公共报告

考虑到反腐败的必要性，各缔约国均应当根据本国法律的基本原则采取必要的措施，提高公共行政部门的透明度，包括酌情在其组织结构、运作和决策过程方面提高透明度。这些措施可以包括下列各项：

（一）施行各种程序或者条例，酌情使公众了解公共行政部门的组织结构、运作和决策过程，并在对保护隐私和个人资料给予应有考虑的情况下，使公众了解与其有关的决定和法规；

（二）酌情简化行政程序，以便于公众与主管决策机关联系；

（三）公布资料，其中可以包括公共行政部门腐败风险问题定期报告。

第十一条　与审判和检察机关有关的措施

一、考虑到审判机关独立和审判机关在反腐败方面的关键作用，各缔约国均应当根据本国法律制度的基本原则并在不影响审判独立的情况下，采取措施加强审判机关人员的廉正，并防止出现腐败机会。这类措施可以包括关于审判机关人员行为的规则。

二、缔约国中不属于审判机关但具有类似于审判机关独立性的检察机关，可以实行和适用与依照本条第一款所采取的具有相同效力的措施。

第十二条　私营部门

一、各缔约国均应当根据本国法律的基本原则采取措施，防止涉及私营部门的腐败，加强私营部门的会计和审计标准，并酌情对不遵守措施的行为规定有效、适度而且具有警戒性的民事、行政或者刑事处罚。

二、为达到这些目的而采取的措施可以包括下列内容：

（一）促进执法机构与有关私营实体之间的合作；

（二）促进制定各种旨在维护有关私营实体操守的标准和程序，其中既包括正确、诚实和妥善从事商业活动和所有相关职业活动并防止利益冲突的行为守则，也包括在企业之间以及企业与国家的合同关系中促进良好商业惯例的采用的行为守则；

（三）增进私营实体透明度，包括酌情采取措施鉴定参与公司的设立和管理的法人和自然人的身份；

（四）防止滥用对私营实体的管理程序，包括公共机关对商业活动给予补贴和颁发许可证的程序；

（五）在合理的期限内，对原公职人员的职业活动或者对公职人员辞职或者退休后在私营部门的任职进行适当的限制，以防止利益冲突，只要这种活动或者任职同这些公职人员任期内曾经担任或者监管的职能直接有关；

（六）确保私营企业根据其结构和规模实行有助于预防和发现腐败的充分内部审计控制，并确保这种私营企业的账目和必要的财务报表符合适当的审计和核证程序。

三、为了预防腐败，各缔约国均应当根据本国关于账簿和记录保存、财务报表披露以及会计和审计标准的法律法规采取必要措施，禁止为实施根据本公约确立的任何犯罪而从事下列行为：

（一）设立账外账户；

（二）进行账外交易或者账实不符的交易；

（三）虚列支出；

（四）登录负债账目时谎报用途；

（五）使用虚假单据；

（六）故意在法律规定的期限前销毁账簿。

四、鉴于贿赂是依照本公约第十五条和第十六条确立的犯罪构成要素之一，各缔约国均应当拒绝对贿赂构成的费用实行税款扣减，并在适用情况下拒绝对促成腐败行为所支付的其他费用实行税款扣减。

第十三条　社会参与

一、各缔约国均应当根据本国法律的基本原则在其力所能及的范围内采取适当措施，推动公共部门以外的个人和团体，例如民间团体、非政府组织和社区组织等，积极参与预防和打击腐败，并提高公众对腐败的存在、根源、严重性及其所构成的威胁的认识。这种参与应当通过下列措施予以加强：

（一）提高决策过程的透明度，并促进公众在决策过程中发挥作用；

（二）确保公众有获得信息的有效渠道；

（三）开展有助于不容忍腐败的公众宣传活动，以及包括中小学和大学课程在内的公共教育方案；

（四）尊重、促进和保护有关腐败的信息的查找、接收、公布和传播的自由。这种自由可以受到某些限制，但是这种限制应当仅限于法律有规定而且也有必要的下列情形：

1. 尊重他人的权利或者名誉；

2. 维护国家安全或公共秩序，或者维护公共卫生或公共道德。

二、各缔约国均应当采取适当的措施，确保公众知悉本公约提到的相关的反腐败机构，并应当酌情提供途径，以便以包括匿名举报在内的方式向这些机构举报可能被视为构成根据本公约确立的犯罪的事件。

第十四条　预防洗钱的措施

一、各缔约国均应当：

（一）在其权限范围内，对银行和非银行金融机构，包括对办理资金或者价值转移正规或非正规业务的自然人或者法人，并在适当情况下对特别易于涉及洗钱的其他机构，建立全面的国内管理和监督制度，以便遏制并监测各种形式的洗钱，这种制度应当着重就验证客户身份和视情况验证实际受益人身份、保持记录和报告可疑交易作出规定；

（二）在不影响本公约第四十六条的情况下，确保行政、管理、执法和专门打击洗钱的其他机关（在本国法律许可时可以包括司法机关）能够根据本国法律规定的条件，在国家和国际一级开展合作和交换信息，并应当为此目的考虑建立金融情报机构，作为国家中心收集、分析和传递关于潜在洗钱活动的信息。

二、缔约国应当考虑实施可行的措施，监测和跟踪现金和有关流通票据跨境转移的情况，但必须有保障措施，以确保信息的正当使用而且不致以任何方式妨碍合法资本的移动。这类措施可以包括要求个人和企业报告大额现金和有关流通票据的跨境转移。

三、缔约国应当考虑实施适当而可行的措施，要求包括汇款业务机构在内的金融机构：

（一）在电子资金划拨单和相关电文中列入关于发端人的准确而有用的信息；

（二）在整个支付过程中保留这种信息；

（三）对发端人信息不完整的资金转移加强审查。

四、吁请缔约国在建立本条所规定的国内管理和监督制度时，在不影响本公约其他任何条款的情况下将区域、区域间和多边组织的有关反洗钱举措作为指南。

五、缔约国应当努力为打击洗钱而在司法机关、执法机关和金融监管机关之间开展和促进全球、区域、分区域及双边合作。

第三章　定罪和执法

第十五条　贿赂本国公职人员

各缔约国均应当采取必要的立法措施和其他措施，将下列故意实施的行为规定为犯罪：

（一）直接或间接向公职人员许诺给予、提议给予或者实际给予该公职人员本人或者其他人员或实体不正当好处，以使该公职人员在执行公务时作为或者不作为；

（二）公职人员为其本人或者其他人员或实体直接或间接索取或者收受不正当好处，以作为其在执行公务时作为或者不作为的条件。

第十六条　贿赂外国公职人员或者国际公共组织官员

一、各缔约国均应当采取必要的立法和其他措施，将下述故意实施的行为规定为犯罪：直接或间接向外国公职人员或者国际公共组织官员许诺给予、提议给予或者实际给予该公职人员本人或者其他人员或实体不正当好处，以使该公职人员或者该官员在执行公务时作为或者不作为，以便获得或者保留与进行国际商务有关的商业或者其他不正当好处。

二、各缔约国均应当考虑采取必要的立法和其他措施，将下述故意实施的行为规定为犯罪：外国公职人员或者国际公共组织官员直接或间接为其本人或者其他人员或实体索取或者收受不正当好处，以作为其在执行公务时作为或者不作为的条件。

第十七条　公职人员贪污、挪用或者以其他类似方式侵犯财产

各缔约国均应当采取必要的立法和其他措施，将下述故意实施的行为规定为犯罪：公职人员为其本人的利益或者其他人员或实体的利益，贪污、挪用或者以其他类似方式侵犯其因职务而受托的任何财产、公共资金、私人资金、公共证券、私人证券或者其他任何贵重物品。

第十八条　影响力交易

各缔约国均应当考虑采取必要的立法和其他措施，将下列故意实施的行为规定为犯罪：

（一）直接或间接向公职人员或者其他任何人员许诺给予、提议给予或者实际给予任何不正当好处，以使其滥用本人的实际影响力或者被认为具有的影响力，为该行为的造意人或者其他任何人从缔约国的行政部门或者公共机关获得不正当好处；

（二）公职人员或者其他任何人员为其本人或者他人直接或间接索取或者收受任何不正当好处，以作为该公职人员或者该其他人员滥用本人的实际影响力或者被认为具有的影响力，从缔约国的行政部门或者公共机关获得任何不正当好处的条件。

第十九条　滥用职权

各缔约国均应当考虑采取必要的立法和其他措施，将下述故意实施的行为规定为犯罪：滥用职权或者地位，即公职人员在履行职务时违反法律，实施或者不实施一项行为，以为其本人或者其他人员或实体获得不正当好处。

第二十条　资产非法增加

在不违背本国宪法和本国法律制度基本原则的情况下，各缔约国均应当考虑采取必要的立法和其他措施，将下述故意实施的行为规定为犯罪：资产非法增加，即公职人员的资产显著增加，而本人无法以其合法收入作出合理解释。

第二十一条　私营部门内的贿赂

各缔约国均应当考虑采取必要的立法和其他措施，将经济、金融或者商业活动过程中下列故意实施的行为规定为犯罪：

（一）直接或间接向以任何身份领导私营部门实体或者为该实体工作的任何人许诺给予、提议给予或者实际给予该人本人或者他人不正当好处，以使该人违背职责作为或者不作为；

（二）以任何身份领导私营部门实体或者为该实体工作的任何人为其本人或者他人直接或间接索取或者收受不正当好处，以作为其违背职责作为或者不作为的条件。

第二十二条　私营部门内的侵吞财产

各缔约国均应当考虑采取必要的立法和其他措施，将经济、金融或者商业活动中下述故意实施的行为规定为犯罪：以任何身份领导私营部门实体或者在该实体中工作的人员侵吞其因职务而受托的任何财产、私人资金、私人证券或者其他任何贵重物品。

第二十三条　对犯罪所得的洗钱行为

一、各缔约国均应当根据本国法律的基本原则采取必要的立法和其他措施，将下列故意实施的行为规定为犯罪：

（一）1. 明知财产为犯罪所得，为隐瞒或者掩饰该财产的非法来源，或者为协助任何参与实施上游犯罪者逃避其行为的法律后果而转换或者转移该财产；

2. 明知财产为犯罪所得而隐瞒或者掩饰该财产的真实性质、来源、所在地、处分、转移、所有权或者有关的权利；

（二）在符合本国法律制度基本概念的情况下：

1. 在得到财产时，明知其为犯罪所得而仍获取、占有或者使用；

2. 对本条所确立的任何犯罪的参与、协同或者共谋实施、实施未遂以及协助、教唆、便利和参谋实施；

二、为实施或者适用本条第一款：

（一）各缔约国均应当寻求将本条第一款适用于范围最为广泛的上游犯罪；

（二）各缔约国均应当至少将其根据本公约确立的各类犯罪列为上游犯罪；

（三）就上文第（二）项而言，上游犯罪应当包括在有关缔约国管辖范围之内和之外实施的犯罪。但是，如果犯罪发生在一缔约国管辖权范围之外，则只有当该行为根据其发生地所在国法律为犯罪，而且根据实施或者适用本条的缔约国的法律该行为若发生在该国也为犯罪时，才构成上游犯罪；

（四）各缔约国均应当向联合国秘书长提供其实施本条的法律以及这类法律随后的任何修改的副本或说明；

（五）在缔约国本国法律基本原则要求的情况下，可以规定本条第一款所列犯罪不适用于实施上游犯罪的人。

第二十四条　窝赃

在不影响本公约第二十三条之规定的情况下，各缔约国均应当考虑采取必要的立法和其他措施，将下述故意实施的行为规定为犯罪：行为所涉及的人员虽未参与根据本公约确立的任何犯罪，但在这些犯罪实施后，明知财产是根据本公约确立的任何犯罪的结果而窝藏或者继续保留这种财产。

第二十五条　妨害司法

各缔约国均应当采取必要的立法措施和其他措施，将下列故意实施的行为规定为犯罪：

（一）在涉及根据本公约确立的犯罪的诉讼中使用暴力、威胁或者恐吓，或者许诺给予、提议给予或者实际给予不正当好处，以诱使提供虚假证言或者干扰证言或证据的提供；

（二）使用暴力、威胁或恐吓，干扰审判或执法人员针对根据本公约所确立的犯罪执行公务。本项规定概不影响缔约国就保护其他类别公职人员进行立法的权利。

第二十六条　法人责任

一、各缔约国均应当采取符合其法律原则的必要措施，确定法人参与根据本公约确立的犯罪应当承担的责任。

二、在不违反缔约国法律原则的情况下，法人责任可以包括刑事责任、民事责任或者行政责任。

三、法人责任不应当影响实施这种犯罪的自然人的刑事责任。

四、各缔约国均应当特别确保使依照本条应当承担责任的法人受到有效、适度而且具有警戒性的刑事或者非刑事制裁，包括金钱制裁。

第二十七条　参与、未遂和中止

一、各缔约国均应当采取必要的立法和其他措施，根据本国法律将以共犯、从犯或者教唆犯等任何身份参与根据本公约确立的犯罪规定为犯罪。

二、各缔约国均可以采取必要的立法和其他措施，根据本国法律将实施根据本公约确立的犯罪的任何未遂和中止规定为犯罪。

三、各缔约国均可以采取必要的立法和其他措施，根据本国法律将为实施根据本公约确立的犯罪进行预备的行为规定为犯罪。

第二十八条　作为犯罪要素的明知、故意或者目的

根据本公约确立的犯罪所需具备的明知、故意或者目的等要素，可以根据客观实际情况予以推定。

第二十九条　时效

各缔约国均应当根据本国法律酌情规定一个较长的时效，以便在此期限内对根据本公约确立的任何犯罪启动诉讼程序，并对被指控犯罪的人员已经逃避司法处置的情形确定更长的时效或者规定不受时效限制。

第三十条　起诉、审判和制裁

一、各缔约国均应当使根据本公约确立的犯罪受到与其严重性相当的制裁。

二、各缔约国均应当根据本国法律制度和宪法原则采取必要措施以建立或者保持这样一种适当的平衡，即既照顾到为公职人员履行其职能所给予的豁免或者司法特权，又照顾到在必要时对根据本公约确立的犯罪进行有效的侦查、起诉和审判的可能性。

三、在因根据本公约确立的犯罪起诉某人而行使本国法律规定的任何法律裁量权时，各缔约国均应当努力确保针对这些犯罪的执法措施取得最大成效，并适当考虑到震慑这种犯罪的必要性。

四、就根据本公约确立的犯罪而言，各缔约国均应当根据本国法律并在适当尊重被告人权利的情况下采取适当措施，力求确保就判决前或者上诉期间释放的裁决所规定的条件已经考虑到确保被告人在其后的刑事诉讼中出庭的需要。

五、各缔约国均应当在考虑已经被判定实施了有关犯罪的人的早释或者假释可能性时，顾及这种犯罪的严重性。

六、各缔约国均应当在符合本国法律制度基本原则的范围内，考虑建立有关程序，使有关部门得以对被指控实施了根据本公约确立的犯罪的公职人员酌情予以撤职、停职或者调职，但应当尊重无罪推定原则。

七、各缔约国均应当在符合本国法律制度基本原则的范围内，根据犯罪的严重性，考虑建立程序，据以通过法院令或者任何其他适当手段，取消被判定实施了根据本公约确立的犯罪的人在本国法律确定的一段期限内担任下列职务的资格：

（一）公职；

（二）完全国有或者部分国有的企业中的职务。

八、本条第一款不妨碍主管机关对公务员行使纪律处分权。

九、本公约的任何规定概不影响下述原则：对于根据本公约确立的犯罪以及适用的法定抗辩事由或者决定行为合法性的其他法律原则，只应当由缔约国本国法律加以阐明，而且对于这种犯罪应当根据缔约国本国法律予以起诉和惩罚。

十、缔约国应当努力促进被判定实施了根据本公约确立的犯罪的人重新融入社会。

第三十一条　冻结、扣押和没收

一、各缔约国均应当在本国法律制度的范围内尽最大可能采取必要的措施，以便能够没收：

（一）来自根据本公约确立的犯罪所得或者价值与这种所得相当的财产；

（二）用于或者拟用于根据本公约确立的犯罪的财产、设备或者其他工具。

二、各缔约国均应当采取必要的措施，辨认、追查、冻结或者扣押本条第一款所述任何物品，以便最终予以没收。

三、各缔约国均应当根据本国法律采取必要的立法和其他措施，规范主管机关对本条第一款和第二款中所涉及的冻结、扣押或者没收的财产的管理。

四、如果这类犯罪所得已经部分或者全部转变或者转化为其他财产，则应当以这类财产代替原犯罪所得而对之适用本条所述措施。

五、如果这类犯罪所得已经与从合法来源获得的财产相混合，则应当在不影响冻结权或者扣押权的情况下没收这类财产，没收价值最高可以达到混合于其中的犯罪所得的估计价值。

六、对于来自这类犯罪所得、来自这类犯罪所得转变或者转化而成的财产或者来自已经与这类犯罪所得相混合的财产的收入或者其他利益，也应当适用本条所述措施，其方式和程度与处置犯罪所得相同。

七、为本条和本公约第五十五条的目的，各缔约国均应当使其法院或者其他主管机关有权下令提供或者扣押银行记录、财务记录或者商业记录。缔约国不得以银行保密为理由拒绝根据本款的规定采取行动。

八、缔约国可以考虑要求由罪犯证明这类所指称的犯罪所得或者其他应当予以没收的财产的合法来源，但是此种要求应当符合其本国法律的基本原则以及司法程序和其他程序的性质。

九、不得对本条的规定作损害善意第三人权利的解释。

十、本条的任何规定概不影响其所述各项措施应当根据缔约国法律规定并以其为准加以确定和实施的原则。

第三十二条　保护证人、鉴定人和被害人

一、各缔约国均应当根据本国法律制度并在其力所能及的范围内采取适当的措施，为就根据本公约确立的犯罪作证的证人和鉴定人并酌情为其亲属及其他与其关系密切者提供有效的保护，使其免遭可能的报复或者恐吓。

二、在不影响被告人权利包括正当程序权的情况下，本条第一款所述措施可以包括：

（一）制定为这种人提供人身保护的程序，例如，在必要和可行的情况下将其转移，并在适当情况下允许不披露或者限制披露有关其身份和下落的资料；

（二）规定允许以确保证人和鉴定人安全的方式作证的取证规则，例如允许借助于诸如视听技术之类的通信技术或者其他适当手段提供证言。

三、缔约国应当考虑与其他国家订立有关本条第一款所述人员的移管的协定或者安排。

四、本条各项规定还应当适用于作为证人的被害人。

五、各缔约国均应当在不违背本国法律的情况下，在对罪犯提起刑事诉讼的适当阶段，以不损害被告人权利的方式使被害人的意见和关切得到表达和考虑。

第三十三条　保护举报人

各缔约国均应当考虑在本国法律制度中纳入适当措施，以便对出于合理理由善意向主管机关举报涉及根据本公约确立的犯罪的任何事实的任何人员提供保护，使其不致受到任何不公正的待遇。

第三十四条　腐败行为的后果

各缔约国均应当在适当顾及第三人善意取得的权利的情况下，根据本国法律的基本原则采取措施，消除腐败行为的后果。在这方面，缔约国可以在法律程序中将腐败视为废止或者撤销合同、取消特许权或撤销其他类似文书或者采取其他任何救济行动的相关因素。

第三十五条　损害赔偿

各缔约国均应当根据本国法律的原则采取必要的措施，确保因腐败行为而受到损害的实体或者人员有权为获得赔偿而对该损害的责任者提起法律程序。

第三十六条　专职机关

各缔约国均应当根据本国法律制度的基本原则采取必要的措施，确保设有一个或多个机构或者安排了人员专职负责通过执法打击腐败。这类机构或者人员应当拥有根据缔约国法律制度基本原则而给予的必要独立性，以便能够在不受任何不正当影响的情况下有效履行职能。这类人员或者这类机构的工作人员应当受到适当培训，并应当有适当资源，以便执行任务。

第三十七条　与执法机关的合作

一、各缔约国均应当采取适当措施，鼓励参与或者曾经参与实施根据本公约确立的犯罪的人提供有助于主管机关侦查和取证的信息，并为主管机关提供可能有助于剥夺罪犯的犯罪所得并追回这种所得的实际具体帮助。

二、对于在根据本公约确立的任何犯罪的侦查或者起诉中提供实质性配合的被告人，各缔约国均应当考虑就适当情况下减轻处罚的可能性作出规定。

三、对于在根据本公约确立的犯罪的侦查或者起诉中提供实质性配合的人，各缔约国均应当考虑根据本国法律的基本原则就允许不予起诉的可能性作出规定。

四、本公约第三十二条的规定，应当变通适用于为这类人员提供的保护。

五、如果本条第一款所述的、处于某一缔约国的人员能够给予另一缔约国主管机关以实质性配合，有关缔约国可以考虑根据本国法律订立关于由对方缔约国提供本条第二款和第三款所述待遇的协定或者安排。

第三十八条　国家机关之间的合作

各缔约国均应当采取必要的措施，根据本国法律鼓励公共机关及其公职人员与负责侦查和起诉犯罪的机关之间的合作。这种合作可以包括：

（一）在有合理的理由相信发生了根据本公约第十五条、第二十一条和第二十三条确立的任何犯罪时，主动向上述机关举报；

（二）根据请求向上述机关提供一切必要的信息。

第三十九条　国家机关与私营部门之间的合作

一、各缔约国均应当采取必要的措施，根据本国法律鼓励本国侦查和检察机关与私营部门实体特别是与金融机构之间就根据本公约确立的犯罪的实施所涉的事项进行合作。

二、各缔约国均应当考虑鼓励本国国民以及在其领域内有惯常居所的其他人员向国家侦查和检察机关举报根据本公约确立的犯罪的实施情况。

第四十条　银行保密

各缔约国均应当在对根据本公约确立的犯罪进行国内刑事侦查时，确保本国法律制度中有适当的机制，可以用以克服因银行保密法的适用而可能产生的障碍。

第四十一条　犯罪记录

各缔约国均可以采取必要的立法或者其他措施，按其认为适宜的条件并为其认为适宜的目的，考虑另一国以前对被指控罪犯作出的任何有罪判决，以便在涉及根据本公约确立的犯罪的刑事诉讼中利用这类信息。

第四十二条　管辖权

一、各缔约国均应当在下列情况下采取必要的措施，以确立对根据本公约确立的犯罪的管辖权：

（一）犯罪发生在该缔约国领域内；

（二）犯罪发生在犯罪时悬挂该缔约国国旗的船只上或者已经根据该缔约国法律注册的航空器内。

二、在不违背本公约第四条规定的情况下，缔约国还可以在下列情况下对任何此种犯罪确立其管辖权：

（一）犯罪系针对该缔约国国民；

（二）犯罪系由该缔约国国民或者在其领域内有惯常居所的无国籍人实施；

（三）犯罪系发生在本国领域以外的、根据本公约第二十三条第一款第（二）项第 2 目确立的犯罪，目的是在其领域内实施本公约第二十三条第一款第（一）项第 1 目或者第 2 目或者第（二）项第 1 目确立的犯罪；

（四）犯罪系针对该缔约国。

三、为了本公约第四十四条的目的，各缔约国均应当采取必要的措施，在被指控罪犯在其领域内而其仅因该人为本国国民而不予引渡时，确立本国对根据本公约确立的犯罪的管辖权。

四、各缔约国还可以采取必要的措施，在被指控罪犯在其领域内而其不引渡该人时确立本国对根据本公约确立的犯罪的管辖权。

五、如果根据本条第一款或者第二款行使管辖权的缔约国被告知或者通过其他途径获悉任何其他缔约国正在对同一行为进行侦查、起诉或者审判程序，这些缔约国的主管机关应当酌情相互磋商，以便协调行动。

六、在不影响一般国际法准则的情况下，本公约不排除缔约国行使其根据本国法律确立的任何刑事管辖权。

第四章　国际合作

第四十三条　国际合作

一、缔约国应当依照本公约第四十四条至第五十条的规定在刑事案件中相互合作。在适当而且符合本国法律制度的情况下，缔约国应当考虑与腐败有关的民事和行政案件调查和诉讼中相互协助。

二、在国际合作事项中，凡将双重犯罪视为一项条件的，如果协助请求中所指的犯罪行为在两个缔约国的法律中均为犯罪，则应当视为这项条件已经得到满足，而不论被请求缔约国和请求缔约国的法律是否将这种犯罪列入相同的犯罪类别或者是否使用相同的术语规定这种犯罪的名称。

第四十四条　引渡

一、当被请求引渡人在被请求缔约国领域内时，本条应当适用于根据本公约确立的犯罪，条件是引渡请求所依据的犯罪是按请求缔约国和被请求缔约国本国法律均应当受到处罚的犯罪。

二、尽管有本条第一款的规定，但缔约国本国法律允许的，可以就本公约所涵盖但依照本国法律不予处罚的任何犯罪准予引渡。

三、如果引渡请求包括几项独立的犯罪，其中至少有一项犯罪可以依照本条规定予以引渡，而其他一些犯罪由于其监禁期的理由而不可以引渡但却与根据本公约确立的犯罪有关，则被请求缔约国也可以对这些犯罪适用本条的规定。

四、本条适用的各项犯罪均应当视为缔约国之间现行任何引渡条约中的可以引渡的犯罪。缔约国承诺将这种犯罪作为可以引渡的犯罪列入它们之间将缔结的每一项引渡条约。在以本公约作为引渡依据时，如果缔约国本国法律允许，根据本公约确立的任何犯罪均不应当视为政治犯罪。

五、以订有条约为引渡条件的缔约国如果接到未与之订有引渡条约的另一缔约国的引渡请求，可以将本公约视为对本条所适用的任何犯罪予以引渡的法律依据。

六、以订有条约为引渡条件的缔约国应当：

（一）在交存本公约批准书、接受书、核准书或者加入书时通知联合国秘书长，说明其是否将把本公约作为与本公约其他缔约国进行引渡合作的法律依据；

（二）如果其不以本公约作为引渡合作的法律依据，则在适当情况下寻求与本公约其他缔约国缔结引渡条约，以执行本条规定。

七、不以订有条约为引渡条件的缔约国应当承认本条所适用的犯罪为它们之间可以相互引渡的犯罪。

八、引渡应当符合被请求缔约国本国法律或者适用的引渡条约所规定的条件，其中包括关于引渡的最低限度刑罚要求和被请求缔约国可以据以拒绝引渡的理由等条件。

九、对于本条所适用的任何犯罪，缔约国应当在符合本国法律的情况下，努力加快引渡程序并简化与之有关的证据要求。

十、被请求缔约国在不违背本国法律及其引渡条约规定的情况下，可以在认定情况必要而且紧迫时，根据请求缔约国的请求，拘留被请求缔约国领域内的被请求引渡人，或者采取其他适当措施，确保该人在进行引渡程序时在场。

十一、如果被指控罪犯被发现在某一缔约国而该国仅以该人为本国国民为理由不就本条所适用的犯罪将其引渡，则该国有义务在寻求引渡的缔约国提出请求时将该案提交本国主管机关以便起诉，而不得有任何不应有的延误。这些机关应当以与根据本国法律针对性质严重的其他任何犯罪所采用的相同方式作出决定和进行诉讼程序。有关缔约国应当相互合作，特别是在程序和证据方面，以确保这类起诉的效率。

十二、如果缔约国本国法律规定，允许引渡或者移交其国民须以该人将被送还本国，按引渡或者移交请求所涉审判、诉讼中作出的判决服刑为条件，而且该缔约国和寻求引渡该人的缔约国也同意这一选择以及可能认为适宜的其他条件，则这种有条件引渡或者移交即足以解除该缔约国根据本条第十一款所承担的义务。

十三、如果为执行判决而提出的引渡请求由于被请求引渡人为被请求缔约国的国民而遭到拒绝，被请求缔约国应当在其本国法律允许并且符合该法律的要求的情况下，根据请求缔约国的请求，考虑执行根据请求缔约国本国法律判处的刑罚或者尚未服满的刑期。

十四、在对任何人就本条所适用的任何犯罪进行诉讼时，应当确保其在诉讼的所有阶段受到公平待遇，包括享有其所在国本国法律所提供的一切权利和保障。

十五、如果被请求缔约国有充分理由认为提出引渡请求是为了以某人的性别、种族、宗教、国籍、族裔或者政治观点为理由对其进行起诉或者处罚，或者按请求执行将使该人的地位因上述任一原因而受到损害，则不得对本公约的任何条款作规定了被请求国引渡义务的解释。

十六、缔约国不得仅以犯罪也被视为涉及财税事项为由而拒绝引渡。

十七、被请求缔约国在拒绝引渡前应当在适当情况下与请求缔约国磋商，以使其有充分机会陈述自己的意见和提供与其陈述有关的资料。

十八、缔约国应当力求缔结双边和多边协定或者安排，以执行引渡或者加强引渡的有效性。

第四十五条　被判刑人的移管

缔约国可以考虑缔结双边或多边协定或者安排，将因实施根据本公约确立的犯罪而被判监禁或者其他形式剥夺自由的人移交其本国服满刑期。

第四十六条　司法协助

一、缔约国应当在对本公约所涵盖的犯罪进行的侦查、起诉和审判程序中相互提供最广泛的司法协助。

二、对于请求缔约国中依照本公约第二十六条可能追究法人责任的犯罪所进行的侦查、起诉和审判程序，应当根据被请求缔约国有关的法律、条约、协定和安排，尽可能充分地提供司法协助。

三、可以为下列任何目的而请求依照本条给予司法协助：

（一）向个人获取证据或者陈述；

（二）送达司法文书；

（三）执行搜查和扣押并实行冻结；

（四）检查物品和场所；

（五）提供资料、物证以及鉴定结论；

（六）提供有关文件和记录的原件或者经核证的副本，其中包括政府、银行、财务、公司或者商业记录；

（七）为取证目的而辨认或者追查犯罪所得、财产、工具或者其他物品；

（八）为有关人员自愿在请求缔约国出庭提供方便；

（九）不违反被请求缔约国本国法律的任何其他形式的协助；

（十）根据本公约第五章的规定辨认、冻结和追查犯罪所得；

（十一）根据本公约第五章的规定追回资产。

四、缔约国主管机关如果认为与刑事事项有关的资料可能有助于另一国主管机关进行或者顺利完成调查和刑事诉讼程序，或者可以促成其根据本公约提出请求，则在不影响本国法律的情况下，可以无须事先请求而向该另一国主管机关提供这类资料。

五、根据本条第四款的规定提供这类资料，不应当影响提供资料的主管机关本国所进行的调查和刑事诉讼程序。接收资料的主管机关应当遵守对资料保密的要求，即使是暂时保密的要求，或者对资料使用的限制。但是，这不应当妨碍接收缔约国在其诉讼中披露可以证明被控告人无罪的资料。在这种情况下，接收缔约国应当在披露前通知提供缔约国，而且如果提供缔约国要求，还应当与其磋商。如果在特殊情况下不可能事先通知，接收缔约国应当毫不迟延地将披露一事通告提供缔约国。

六、本条各项规定概不影响任何其他规范或者将要规范整个或部分司法协助问题的双边或多边条约所规定的义务。

七、如果有关缔约国无司法协助条约的约束，则本条第九款至第二十九款应当适用于根据本条提出的请求。如果有关缔约国有这类条约的约束，则适用条约的相应条款，除非这些缔约国同意代之以适用本条第九款至第二十九款。大力鼓励缔约国在这几款有助于合作时予以适用。

八、缔约国不得以银行保密为理由拒绝提供本条所规定的司法协助。

九、(一)被请求缔约国在并非双重犯罪情况下对于依照本条提出的协助请求作出反应时，应当考虑到第一条所规定的本公约宗旨。

(二)缔约国可以以并非双重犯罪为理由拒绝提供本条所规定的协助。然而，被请求缔约国应当在符合其法律制度基本概念的情况下提供不涉及强制性行动的协助。如果请求所涉事项极为轻微或者寻求合作或协助的事项可以依照本公约其他条款获得，被请求缔约国可以拒绝这类协助。

(三)各缔约国均可以考虑采取必要的措施，以使其能够在并非双重犯罪的情况下提供比本条所规定的更为广泛的协助。

十、在一缔约国领域内被羁押或者服刑的人，如果被要求到另一缔约国进行辨认、作证或者提供其他协助，以便为就与本公约所涵盖的犯罪有关的侦查、起诉或者审判程序取得证据，在满足下列条件的情况下，可以予以移送：

(一)该人在知情后自由表示同意；

(二)双方缔约国主管机关同意，但须符合这些缔约国认为适当的条件。

十一、就本条第十款而言：

(一)该人被移送前往的缔约国应当有权利和义务羁押被移送人，除非移送缔约国另有要求或者授权；

(二)该人被移送前往的缔约国应当毫不迟延地履行义务，按照双方缔约国主管机关事先达成的协议或者其他协议，将该人交还移送缔约国羁押；

(三)该人被移送前往的缔约国不得要求移送缔约国为该人的交还而启动引渡程序；

(四)该人在被移送前往的国家的羁押时间应当折抵在移送缔约国执行的刑期。

十二、除非依照本条第十款和第十一款的规定移送某人的缔约国同意，否则，不论该人国籍为何，均不得因其在离开移送国领域前的作为、不作为或者定罪而在被移送前往的国家领域使其受到起诉、羁押、处罚或者对其人身自由进行任何其他限制。

十三、各缔约国均应当指定一个中央机关，使其负责和有权接收司法协助请求并执行请求或将请求转交主管机关执行。如果缔约国有实行单独司法协助制度的特区或者领域，可以另指定一个对该特区或者领域具有同样职能的中央机关。中央机关应当确保所收到的请求迅速而妥善地执行或者转交。中央机关在将请求转交某一主管机关执行时，应当鼓励该主管机关迅速而妥善地执行请求。各缔约国均应当在交存本公约批准书、接受书、核准书或者加入书时，将为此目的指定的中央机关通知联合国秘书长。司法协助请求以及与之有关的任何联系文件均应当递交缔约国指定的中央机关。这项规定不得影响缔约国要求通过外交渠道以及在紧急和可能的情况下经有关缔约国同意通过国际刑事警察组织向其传递这种请求和联系文件的权利。

十四、请求应当以被请求缔约国能够接受的语文以书面形式提出，或者在可能情况下以能够生成书面记录的任何形式提出，但须能够使该缔约国鉴定其真伪。各缔约国均应当在其交存本公约批准书、接受书、核准书或者加入书时，将其所能够接受的语文通知联合国秘书长。在紧急情况下，如果经有关缔约国同意，请求可以以口头方式提出，但应当立即加以书面确认。

十五、司法协助请求书应当包括下列内容：

（一）提出请求的机关；

（二）请求所涉及的侦查、起诉或者审判程序的事由和性质，以及进行该项侦查、起诉或者审判程序的机关的名称和职能；

（三）有关事实的概述，但为送达司法文书提出的请求例外；

（四）对请求协助的事项和请求缔约国希望遵循的特定程序细节的说明；

（五）可能时，任何有关人员的身份、所在地和国籍；

（六）索取证据、资料或者要求采取行动的目的。

十六、被请求缔约国可以要求提供按照其本国法律执行该请求所必需或者有助于执行该请求的补充资料。

十七、请求应当根据被请求缔约国的本国法律执行。在不违反被请求缔约国本国法律的情况下，如有可能，应当按照请求书中列明的程序执行。

十八、当在某一缔约国领域内的某人需作为证人或者鉴定人接受另一缔约国司法机关询问，而且该人不可能或者不宜到请求国领域出庭时，被请求缔约国可以依该另一缔约国的请求，在可能而且符合本国法律基本原则的情况下，允许以电视会议方式进行询问，缔约国可以商定由请求缔约国司法机关进行询问，询问时应当有被请求缔约国司法机关人员在场。

十九、未经被请求缔约国事先同意，请求缔约国不得将被请求缔约国提供的资料或者证据转交或者用于请求书所述以外的侦查、起诉或者审判程序。本款规定不妨碍请求缔约国在其诉讼中披露可以证明被告人无罪的资料或者证据。就后一种情形而言，请求缔约国应当在披露之前通知被请求缔约国，并依请求与被请求缔约国磋商。如果在特殊情况下不可能事先通知，请求缔约国应当毫不迟延地将披露一事通告被请求缔约国。

二十、请求缔约国可以要求被请求缔约国对其提出的请求及其内容保密，但为执行请求所必需的除外。如果被请求缔约国不能遵守保密要求，应当立即通知请求缔约国。

二十一、在下列情况下可以拒绝提供司法协助：

（一）请求未按本条的规定提出；

（二）被请求缔约国认为执行请求可能损害其主权、安全、公共秩序或者其他基本利益；

（三）如果被请求缔约国的机关依其管辖权对任何类似犯罪进行侦查、起诉或者审判程序时，其本国法律已经规定禁止对这类犯罪采取被请求的行动；

（四）同意这项请求将违反被请求缔约国关于司法协助的法律制度。

二十二、缔约国不得仅以犯罪也被视为涉及财税事项为理由而拒绝司法协助请求。

二十三、拒绝司法协助时应当说明理由。

二十四、被请求缔约国应当尽快执行司法协助请求，并应当尽可能充分地考虑到请求缔约国提出的、最好在请求中说明了理由的任何最后期限。请求缔约国可以合理要求被请求缔约国提供关于为执行这一请求所采取措施的现况和进展情况的信息。被请求缔约国应当依请求缔约国的合理要求，就其处理请求的现况和进展情况作出答复。请求国应当在其不再需要被请求国提供所寻求的协助时迅速通知被请求缔约国。

二十五、被请求缔约国可以以司法协助妨碍正在进行的侦查、起诉或者审判程序为理由而暂缓进行。

二十六、被请求缔约国在根据本条第二十一款拒绝某项请求或者根据本条第二十五款暂缓执行请求事项之前，应当与请求缔约国协商，以考虑是否可以在其认为必要的条件下给予协助。请求缔约国如果接受附有条件限制的协助，则应当遵守有关的条件。

二十七、在不影响本条第十二款的适用的情况下，对于依请求缔约国请求而同意到请求缔约国领域就某项诉讼作证或者为某项侦查、起诉或者审判程序提供协助的证人、鉴定人或者其他人员，不应当因其离开被请求缔约国领域之前的作为、不作为或者定罪而在请求缔约国领域内对其起诉、羁押、处罚，或者使其人身自由受到任何其他限制。如该证人、鉴定人或者其他人员已经得到司法机关不再需要其到场的正式通知，在自通知之日起连续十五天内或者在缔约国所商定的任何期限内，有机会离开但仍自愿留在请求缔约国领域内，或者在离境后又自愿返回，这种安全保障即不再有效。

二十八、除非有关缔约国另有协议，执行请求的一般费用应当由被请求缔约国承担。如果执行请求需要或者将需要支付巨额或者异常费用，则应当由有关缔约国进行协商，以确定执行该请求的条件以及承担费用的办法。

二十九、被请求缔约国：

（一）应当向请求缔约国提供其所拥有的根据其本国法律可以向公众公开的政府记录、文件或者资料；

（二）可以自行斟酌决定全部或部分地或者按其认为适当的条件向请求缔约国提

供其所拥有的根据其本国法律不向公众公开的任何政府记录、文件或者资料。

三十、缔约国应当视需要考虑缔结有助于实现本条目的、具体实施或者加强本条规定的双边或多边协定或者安排的可能性。

第四十七条　刑事诉讼的移交

缔约国如果认为相互移交诉讼有利于正当司法，特别是在涉及数国管辖权时，为了使起诉集中，应当考虑相互移交诉讼的可能性，以便对根据本公约确立的犯罪进行刑事诉讼。

第四十八条　执法合作

一、缔约国应当在符合本国法律制度和行政管理制度的情况下相互密切合作，以加强打击本公约所涵盖的犯罪的执法行动的有效性。缔约国尤其应当采取有效措施，以便：

（一）加强并在必要时建立各国主管机关、机构和部门之间的联系渠道，以促进安全、迅速地交换有关本公约所涵盖的犯罪的各个方面的情报，在有关缔约国认为适当时还可以包括与其他犯罪活动的联系的有关情报；

（二）同其他缔约国合作，就下列与本公约所涵盖的犯罪有关的事项进行调查：

1. 这类犯罪嫌疑人的身份、行踪和活动，或者其他有关人员的所在地点；

2. 来自这类犯罪的犯罪所得或者财产的去向；

3. 用于或者企图用于实施这类犯罪的财产、设备或者其他工具的去向；

（三）在适当情况下提供必要数目或者数量的物品以供分析或者侦查之用；

（四）与其他缔约国酌情交换关于为实施本公约所涵盖的犯罪而采用的具体手段和方法的资料，包括利用虚假身份、经变造、伪造或者假冒的证件和其他旨在掩饰活动的手段的资料；

（五）促进各缔约国主管机关、机构和部门之间的有效协调，并加强人员和其他专家的交流，包括根据有关缔约国之间的双边协定和安排派出联络官员；

（六）交换情报并协调为尽早查明本公约所涵盖的犯罪而酌情采取的行政和其他措施。

二、为实施本公约，缔约国应当考虑订立关于其执法机构间直接合作的双边或多边协定或者安排，并在已经有这类协定或者安排的情况下考虑对其进行修正。如果有关缔约国之间尚未订立这类协定或者安排，这些缔约国可以考虑以本公约为基础，进行针对本公约所涵盖的任何犯罪的相互执法合作。缔约国应当在适当情况下充分利用各种协定或者安排，包括利用国际或者区域组织，以加强缔约国执法机构之间的合作。

三、缔约国应当努力在力所能及的范围内开展合作，以便对借助现代技术实施的本公约所涵盖的犯罪作出反应。

第四十九条　联合侦查

缔约国应当考虑缔结双边或多边协定或者安排，以便有关主管机关可以据以就涉及一国或多国侦查、起诉或者审判程序事由的事宜建立联合侦查机构。如无这类协定或者安排，可以在个案基础上商定进行这类联合侦查。有关缔约国应当确保拟在其领域内开展这种侦查的缔约国的主权受到充分尊重。

第五十条　特殊侦查手段

一、为有效地打击腐败，各缔约国均应当在其本国法律制度基本原则许可的范围内并根据本国法律规定的条件在其力所能及的情况下采取必要措施，允许其主管机关在其领域内酌情使用控制下交付和在其认为适当时使用诸如电子或者其他监视形式和特工行动等其他特殊侦查手段，并允许法庭采信由这些手段产生的证据。

二、为侦查本公约所涵盖的犯罪，鼓励缔约国在必要情况下为在国际一级合作时使用这类特殊侦查手段而缔结适当的双边或多边协定或者安排。这类协定或者安排的缔结和实施应当充分遵循各国主权平等原则，执行时应当严格遵守这类协定或者安排的条款。

三、在无本条第二款所述协定或者安排的情况下，关于在国际一级使用这种特殊侦查手段的决定，应当在个案基础上作出，必要时还可以考虑到有关缔约国就行使管辖权所达成的财务安排或者谅解。

四、经有关缔约国同意，关于在国际一级使用控制下交付的决定，可以包括诸如拦截货物或者资金以及允许其原封不动地继续运送或将其全部或者部分取出或者替换之类的办法。

第五章　资产的追回

第五十一条　一般规定

按照本章返还资产是本公约的一项基本原则，缔约国应当在这方面相互提供最广泛的合作和协助。

第五十二条　预防和监测犯罪所得的转移

一、在不影响本公约第十四条的情况下，各缔约国均应当根据本国法律采取必要的措施，以要求其管辖范围内的金融机构核实客户身份，采取合理步骤确定存入大额账户的资金的实际受益人身份，并对正在或者曾经担任重要公职的个人及其家庭成员和与其关系密切的人或者这些人的代理人所要求开立或者保持的账户进行强化审查。对这种强化审查应当作合理的设计，以监测可疑交易从而向主管机关报告，而不应当将其理解为妨碍或者禁止金融机构与任何合法客户的业务往来。

二、为便利本条第一款所规定措施的实施，各缔约国均应当根据其本国法律和参照区域、区域间和多边组织的有关反洗钱举措：

（一）就本国管辖范围内的金融机构应当对哪类自然人或者法人的账户实行强化审查，对哪类账户和交易应当予以特别注意，以及就这类账户的开立、管理和记录应当采取哪些适当的措施，发出咨询意见；

（二）对于应当由本国管辖范围内的金融机构对其账户实行强化审查的特定自然人或者法人的身份，除这些金融机构自己可以确定的以外，还应当酌情将另一缔约国所请求的或者本国自行决定的通知这些金融机构。

三、在本条第二款第(一)项情况下，各缔约国均应当实行措施，以确保其金融机构在适当期限内保持涉及本条第一款所提到人员的账户和交易的充分记录，记录中应当至少包括与客户身份有关的资料，并尽可能包括与实际受益人身份有关的资料。

四、为预防和监测根据本公约确立的犯罪的所得的转移，各缔约国均应当采取适当而有效的措施，以在监管机构的帮助下禁止设立有名无实和并不附属于受监管金融集团的银行。此外，缔约国可以考虑要求其金融机构拒绝与这类机构建立或者保持代理银行关系，并避免与外国金融机构中那些允许有名无实和并不附属于受监管金融集团的银行使用其账户的金融机构建立关系。

五、各缔约国均应当考虑根据本国法律对有关公职人员确立有效的财产申报制度，并应当对不遵守制度的情形规定适当的制裁。各缔约国还应当考虑采取必要的措施，允许本国的主管机关在必要时与其他国家主管机关交换这种资料，以便对根据本公约确立的犯罪的所得进行调查、主张权利并予以追回。

六、各缔约国均应当根据本国法律考虑采取必要的措施，要求在外国银行账户中拥有利益、对该账户拥有签名权或者其他权力的有关公职人员向有关机关报告这种关系，并保持与这种账户有关的适当记录。这种措施还应当对违反情形规定适当的制裁。

第五十三条　直接追回财产的措施

各缔约国均应当根据本国法律：

(一)采取必要的措施，允许另一缔约国在本国法院提起民事诉讼，以确立对通过实施根据本公约确立的犯罪而获得的财产的产权或者所有权；

(二)采取必要的措施，允许本国法院命令实施了根据本公约确立的犯罪的人向受到这种犯罪损害的另一缔约国支付补偿或者损害赔偿；

(三)采取必要的措施，允许本国法院或者主管机关在必须就没收作出决定时，承认另一缔约国对通过实施根据本公约确立的犯罪而获得的财产所主张的合法所有权。

第五十四条　通过没收事宜的国际合作追回资产的机制

一、为依照本公约第五十五条就通过或者涉及实施根据本公约确立的犯罪所获得的财产提供司法协助，各缔约国均应当根据其本国法律：

(一)采取必要的措施，使其主管机关能够执行另一缔约国法院发出的没收令；

(二)采取必要的措施，使拥有管辖权的主管机关能够通过对洗钱犯罪或者对可能发生在其管辖范围内的其他犯罪作出判决，或者通过本国法律授权的其他程序，下令没收这类外国来源的财产；

(三)考虑采取必要的措施，以便在因为犯罪人死亡、潜逃或者缺席而无法对其起诉的情形或者其他有关情形下，能够不经过刑事定罪而没收这类财产。

二、为就依照本公约第五十五条第二款提出的请求提供司法协助，各缔约国均应当根据其本国法律：

(一)采取必要的措施，在收到请求缔约国的法院或者主管机关发出的冻结令或者扣押令时，使本国主管机关能够根据该冻结令或者扣押令对该财产实行冻结或者扣押，但条件是该冻结令或者扣押令须提供合理的根据，使被请求缔约国相信有充足理由采取这种行动，而且有关财产将依照本条第一款第(一)项按没收令处理；

(二)采取必要的措施，在收到请求时使本国主管机关能够对该财产实行冻结或者扣押，条件是该请求须提供合理的根据，使被请求缔约国相信有充足理由采取这种行动，而且有关财产将依照本条第一款第(一)项按没收令处理；

(三)考虑采取补充措施，使本国主管机关能够保全有关财产以便没收，例如基于与获取这种财产有关的、外国实行的逮捕或者提出的刑事指控。

第五十五条　没收事宜的国际合作

一、缔约国在收到对根据本公约确立的犯罪拥有管辖权的另一缔约国关于没收本公约第三十一条第一款所述的、位于被请求缔约国领域内的犯罪所得、财产、设备或者其他工具的请求后，应当在本国法律制度的范围内尽最大可能：

(一)将这种请求提交其主管机关，以便取得没收令并在取得没收令时予以执行；

(二)将请求缔约国领域内的法院依照本公约第三十一条第一款和第五十四条第一款第(一)项发出的没收令提交本国主管机关，以便按请求的范围予以执行，只要该没收令涉及第三十一条第一款所述的、位于被请求缔约国领域内的犯罪所得、财产、设备或者其他工具。

二、对根据本公约确立的一项犯罪拥有管辖权的缔约国提出请求后，被请求缔约国应当采取措施，辨认、追查和冻结或者扣押本公约第三十一条第一款所述的犯罪所得、财产、设备或者其他工具，以便由请求缔约国下令或者根据本条第一款所述请求由被请求缔约国下令予以没收。

三、本公约第四十六条的规定以经过适当变通适用于本条。除第四十六条第十五款规定提供的资料以外，根据本条所提出的请求还应当包括下列内容：

(一)与本条第一款第(一)项有关的请求，应当有关于应当予以没收财产的说明，尽可能包括财产的所在地和相关情况下的财产估计价值，以及关于请求缔约国所依据的事实的充分陈述，以便被请求缔约国能够根据本国法律取得没收令；

(二)与本条第一款第(二)项有关的请求，应当有请求缔约国发出的据以提出请求的法律上可以采信的没收令副本、关于事实和对没收令所请求执行的范围的说明、关于请求缔约国为向善意第三人提供充分通知并确保正当程序而采取的措施的具体陈述，以及关于该没收令为已经生效的没收令的陈述；

(三)与本条第二款有关的请求，应当有请求缔约国所依据的事实陈述和对请求采取的行动的说明；如有据以提出请求的法律上可以采信的没收令副本，应当一并附上。

四、被请求缔约国依照本条第一款和第二款作出的决定或者采取的行动，应当符合并遵循其本国法律及程序规则的规定或者可能约束其与请求缔约国关系的任何双边或多边协定或者安排的规定。

五、各缔约国均应当向联合国秘书长提供有关实施本条的任何法律法规以及这类法律法规随后的任何修订或者修订说明。

六、缔约国以存在有关条约作为采取本条第一款和第二款所述措施的条件时，应当将本公约视为必要而充分的条约依据。

七、如果被请求缔约国未收到充分和及时的证据，或者如果财产的价值极其轻微，也可以拒绝给予本条规定的合作，或者解除临时措施。

八、在解除依照本条规定采取的任何临时措施之前，如果有可能，被请求缔约国应当给请求缔约国以说明继续保持该措施的理由的机会。

九、不得对本条规定作损害善意第三人权利的解释。

第五十六条　特别合作

在不影响本国法律的情况下，各缔约国均应当努力采取措施，以便在认为披露根据本公约确立的犯罪的所得的资料可以有助于接收资料的缔约国启动或者实行侦查、起诉或者审判程序时，或者在认为可能会使该缔约国根据本章提出请求时，能够在不影响本国侦查、起诉或者审判程序的情况下，无须事先请求而向该另一缔约国转发这类资料。

第五十七条　资产的返还和处分

一、缔约国依照本公约第三十一条或者第五十五条没收的财产，应当由该缔约国根据本公约的规定和本国法律予以处分，包括依照本条第三款返还其原合法所有人。

二、各缔约国均应当根据本国法律的基本原则，采取必要的立法和其他措施，使本国主管机关在另一缔约国请求采取行动时，能够在考虑到善意第三人权利的情况下，根据本公约返还所没收的财产。

三、依照本公约第四十六条和第五十五条及本条第一款和第二款：

（一）对于本公约第十七条和第二十三条所述的贪污公共资金或者对所贪污公共资金的洗钱行为，被请求缔约国应当在依照第五十五条实行没收后，基于请求缔约国的生效判决，将没收的财产返还请求缔约国，被请求缔约国也可以放弃对生效判决的要求；

（二）对于本公约所涵盖的其他任何犯罪的所得，被请求缔约国应当在依照本公约第五十五条实行没收后，基于请求缔约国的生效判决，在请求缔约国向被请求缔约国合理证明其原对没收的财产拥有所有权时，或者当被请求缔约国承认请求缔约国受到的损害是返还所没收财产的依据时，将没收的财产返还请求缔约国，被请求缔约国也可以放弃对生效判决的要求；

（三）在其他所有情况下，优先考虑将没收的财产返还请求缔约国、返还其原合法所有人或者赔偿犯罪被害人；

四、在适当的情况下，除非缔约国另有决定，被请求缔约国可以在依照本条规定返还或者处分没收的财产之前，扣除为此进行侦查、起诉或者审判程序而发生的合理费用。

五、在适当的情况下，缔约国还可以特别考虑就所没收财产的最后处分逐案订立协定或者可以共同接受的安排。

第五十八条　金融情报机构

缔约国应当相互合作，以预防和打击根据本公约确立的犯罪而产生的所得的转移，并推广追回这类所得的方式方法。为此，缔约国应当考虑设立金融情报机构，由其负责接收、分析和向主管机关转递可疑金融交易的报告。

第五十九条　双边和多边协定和安排

缔约国应当考虑缔结双边或多边协定或者安排，以便增强根据公约本章规定开展的国际合作的有效性。

第六章　技术援助和信息交流

第六十条　培训和技术援助

一、各缔约国均应当在必要的情况下为本国负责预防和打击腐败的人员启动、制定或者改进具体培训方案。这些培训方案可以涉及以下方面：

（一）预防、监测、侦查、惩治和控制腐败的有效措施，包括使用取证和侦查手段；

（二）反腐败战略性政策制定和规划方面的能力建设；

（三）对主管机关进行按本公约的要求提出司法协助请求方面的培训；

（四）评估和加强体制、公职部门管理、包括公共采购在内的公共财政管理，以及私营部门；

（五）防止和打击根据本公约确立的犯罪的所得转移和追回这类所得；

（六）监测和冻结根据本公约确立的犯罪所得的转移；

（七）监控根据本公约确立的犯罪所得的流动情况以及这类所得的转移、窝藏或者掩饰方法；

（八）便利返还根据本公约确立的犯罪所得的适当而有效的法律和行政机制及方法；

（九）用以保护与司法机关合作的被害人和证人的方法；

（十）本国和国际条例以及语言方面的培训。

二、缔约国应当根据各自的能力考虑为彼此的反腐败计划和方案提供最广泛的技术援助，特别是向发展中国家提供援助，包括本条第一款中提及领域内的物质支持和培训，以及为便利缔约国之间在引渡和司法协助领域的国际合作而提供培训和援助以及相互交流有关的经验和专门知识。

三、缔约国应当在必要时加强努力，在国际组织和区域组织内并在有关的双边和多边协定或者安排的框架内最大限度地开展业务和培训活动。

四、缔约国应当考虑相互协助，根据请求对本国腐败行为的类型、根源、影响和代价进行评价、分析和研究，以便在主管机关和社会的参与下制定反腐败战略和行动计划。

五、为便利追回根据本公约确立的犯罪所得，缔约国可以开展合作，互相提供可以协助实现这一目标的专家名单。

六、缔约国应当考虑利用分区域、区域和国际性的会议和研讨会促进合作和技术援助，并推动关于共同关切的问题的讨论，包括关于发展中国家和经济转型期国家的特殊问题和需要的讨论。

七、缔约国应当考虑建立自愿机制，以便通过技术援助方案和项目对发展中国家和经济转型期国家适用本公约的努力提供财政捐助。

八、各缔约国均应当考虑向联合国毒品和犯罪问题办事处提供自愿捐助，以便通过该办事处促进发展中国家为实施本公约而开展的方案和项目。

第六十一条　有关腐败的资料的收集、交流和分析

一、各缔约国均应当考虑在同专家协商的情况下，分析其领域内腐败方面的趋势以及腐败犯罪实施的环境。

二、缔约国应当考虑为尽可能拟订共同的定义、标准和方法而相互并通过国际和区域组织发展和共享统计数字、有关腐败的分析性专门知识和资料，以及有关预防和打击腐败的最佳做法的资料。

三、各缔约国均应当考虑对其反腐败政策和措施进行监测，并评估其效力和效率。

第六十二条　其他措施：通过经济发展和技术援助实施公约

一、缔约国应当通过国际合作采取有助于最大限度优化本公约实施的措施，同时应当考虑到腐败对社会，尤其是对可持续发展的消极影响。

二、缔约国应当相互协调并同国际和区域组织协调，尽可能作出具体努力：

（一）加强同发展中国家在各级的合作，以提高发展中国家预防和打击腐败的能力；

（二）加强财政和物质援助，以支持发展中国家为有效预防和打击腐败而作出的努力，并帮助它们顺利实施本公约；

（三）向发展中国家和经济转型期国家提供技术援助，以协助它们满足在实施本公约方面的需要。为此，缔约国应当努力向联合国筹资机制中为此目的专门指定的账户提供充分的经常性自愿捐款。缔约国也可以根据其本国法律和本公约的规定，特别考虑向该账户捐出根据本公约规定没收的犯罪所得或者财产中一定比例的金钱或者相应价值；

（四）酌情鼓励和争取其他国家和金融机构参与根据本条规定所作的努力，特别是通过向发展中国家提供更多的培训方案和现代化设备，以协助它们实现本公约的各项目标。

三、这些措施应当尽量不影响现有对外援助承诺或者其他双边、区域或者国际一级的金融合作安排。

四、缔约国可以缔结关于物资和后勤援助的双边或多边协定或者安排，同时考虑到为使本公约所规定的国际合作方式行之有效和预防、侦查与控制腐败所必需的各种金融安排。

第七章　实施机制

第六十三条　公约缔约国会议

一、特此设立公约缔约国会议，以增进缔约国的能力和加强缔约国之间的合作，从而实现本公约所列目标并促进和审查本公约的实施。

二、联合国秘书长应当在不晚于本公约生效之后一年的时间内召开缔约国会议。

其后，缔约国会议例会按缔约国会议通过的议事规则召开。

三、缔约国会议应当通过议事规则和关于本条所列活动的运作规则，包括关于对观察员的接纳及其参与规则以及关于支付这些活动费用的规则。

四、缔约国会议应当议定实现本条第一款所述各项目标的活动、程序和工作方法，其中包括：

（一）促进缔约国依照本公约第六十条和第六十二条以及第二章至第五章规定所开展的活动，办法包括鼓励调动自愿捐助；

（二）通过公布本条所述相关信息等办法，促进缔约国之间关于腐败方式和趋势以及关于预防和打击腐败和返还犯罪所得等成功做法方面的信息交流；

（三）同有关国际和区域组织和机制及非政府组织开展合作；

（四）适当地利用从事打击和预防腐败工作的其他国际和区域机制提供的相关信息，以避免工作的不必要的重复；

（五）定期审查缔约国对本公约的实施情况；

（六）为改进本公约及其实施情况而提出建议；

（七）注意到缔约国在实施本公约方面的技术援助要求，并就其可能认为有必要在这方面采取的行动提出建议。

五、为了本条第四款的目的，缔约国会议应当通过缔约国提供的信息和缔约国会议可能建立的补充审查机制，对缔约国为实施公约所采取的措施以及实施过程中所遇到的困难取得必要的了解。

六、各缔约国均应当按照缔约国会议的要求，向缔约国会议提供有关其本国为实施本公约而采取的方案、计划和做法以及立法和行政措施的信息。缔约国会议应当审查接收信息和就信息采取行动的最有效方法，这种信息包括从缔约国和从有关国际组织收到的信息。缔约国会议也可以审议根据缔约国会议决定的程序而正式认可的非政府组织所提供的投入。

七、依照本条第四款至第六款，缔约国会议应当在其认为必要时建立任何适当的机制或者机构，以协助本公约的有效实施。

第六十四条　秘书处

一、联合国秘书长应当为公约缔约国会议提供必要的秘书处服务。

二、秘书处应当：

（一）协助缔约国会议开展本公约第六十三条中所列各项活动，并为缔约国会议的各届会议作出安排和提供必要的服务；

（二）根据请求，协助缔约国向缔约国会议提供本公约第六十三条第五款和第六款所规定的信息；

（三）确保与有关国际和区域组织秘书处的必要协调。

第八章　最后条款

第六十五条　公约的实施

一、各缔约国均应当根据本国法律的基本原则采取必要的措施，包括立法和行政措施，以切实履行其根据本公约所承担的义务。

二、为预防和打击腐败，各缔约国均可以采取比本公约的规定更为严格或严厉的措施。

第六十六条　争端的解决

一、缔约国应当努力通过谈判解决与本公约的解释或者适用有关的争端。

二、两个或者两个以上缔约国对于本公约的解释或者适用发生任何争端，在合理时间内不能通过谈判解决的，应当按其中一方请求交付仲裁。如果自请求交付仲裁之日起六个月内这些缔约国不能就仲裁安排达成协议，则其中任何一方均可以依照《国际法院规约》请求将争端提交国际法院。

三、各缔约国在签署、批准、接受、核准或者加入本公约时，均可以声明不受本条第二款的约束。对于作出此种保留的任何缔约国，其他缔约国也不受本条第二款的约束。

四、凡根据本条第三款作出保留的缔约国，均可以随时通知联合国秘书长撤销该项保留。

第六十七条　签署、批准、接受、核准和加入

一、本公约自 2003 年 12 月 9 日至 11 日在墨西哥梅里达开放供各国签署，随后直至 2005 年 12 月 9 日在纽约联合国总部开放供各国签署。

二、本公约还应当开放供区域经济一体化组织签署，条件是该组织至少有一个成员国已经按照本条第一款规定签署本公约。

三、本公约须经批准、接受或者核准。批准书、接受书或者核准书应当交存联合国秘书长。如果某一区域经济一体化组织至少有一个成员国已经交存批准书、接受书或者核准书，该组织可以照样办理。该组织应当在该项批准书、接受书或者核准书中宣布其在本公约管辖事项方面的权限范围。该组织还应当将其权限范围的任何有关变动情况通知保存人。

四、任何国家或者任何至少已经有一个成员国加入本公约的区域经济一体化组织均可以加入本公约。加入书应当交存联合国秘书长。区域经济一体化组织加入本公约时应当宣布其在本公约管辖事项方面的权限范围。该组织还应当将其权限范围的任何有关变动情况通知保存人。

第六十八条　生效

一、本公约应当自第三十份批准书、接受书、核准书或者加入书交存之日后第九十天起生效。为本款的目的，区域经济一体化组织交存的任何文书均不得在该组织成员国所交存文书以外另行计算。

二、对于在第三十份批准书、接受书、核准书或者加入书交存后批准、接受、核准或者加入公约的国家或者区域经济一体化组织，本公约应当自该国或者该组织交存有关文书之日后第三十天起或者自本公约根据本条第一款规定生效之日起生效，以较晚者为准。

第六十九条　修正

一、缔约国可以在本公约生效已经满五年后提出修正案并将其送交联合国秘书长。秘书长应当立即将所提修正案转发缔约国和缔约国会议，以进行审议并作出决定。缔约国会议应当尽力就每项修正案达成协商一致。如果已经为达成协商一致作出一切努力而仍未达成一致意见，作为最后手段，该修正案须有出席缔约国会议并参加表决的缔约国的三分之二多数票方可通过。

二、区域经济一体化组织对属于其权限的事项根据本条行使表决权时，其票数相当于已经成为本公约缔约国的其成员国数目。如果这些组织的成员国行使表决权，则这些组织便不得行使表决权，反之亦然。

三、根据本条第一款通过的修正案，须经缔约国批准、接受或者核准。

四、根据本条第一款通过的修正案，应当自缔约国向联合国秘书长交存一份批准、接受或者核准该修正案的文书之日起九十天之后对该缔约国生效。

五、修正案一经生效，即对已经表示同意受其约束的缔约国具有约束力。其他缔约国则仍受本公约原条款和其以前批准、接受或者核准的任何修正案的约束。

第七十条　退约

一、缔约国可以书面通知联合国秘书长退出本公约。此项退约应当自秘书长收到上述通知之日起一年后生效。

二、区域经济一体化组织在其所有成员国均已经退出本公约时即不再为本公约缔约方。

第七十一条　保存人和语文

一、联合国秘书长应当为本公约指定保存人。

二、本公约原件应当交存联合国秘书长，公约的阿拉伯文、中文、英文、法文、俄文和西班牙文文本同为作准文本。兹由经各自政府正式授权的下列署名全权代表签署本公约，以昭信守。

图书在版编目(CIP)数据

预防腐败 势在必行:国内外预防腐败问题研究/张法连主编.
—济南:山东大学出版社,2008.1
ISBN 978-7-5607-3522-1

Ⅰ.预...
Ⅱ.张...
Ⅲ.廉政建设—世界—文集
Ⅳ.D523.4-53

中国版本图书馆 CIP 数据核字(2007)第 205109 号

山东大学出版社出版发行
(山东省济南市山大南路 27 号 邮政编码:250100)
山东省新华书店经销
山东新华印刷厂印刷
787×1092 毫米 1/16 21.75 印张 484 千字
2008 年 1 月第 1 版 2008 年 1 月第 1 次印刷
定价:68.00 元